C·H·Beck

PAPERBACK

Seit Jahrzehnten leben Muslime in Deutschland, und doch werden sie von vielen als fremd, ja als Bedrohung empfunden. Mathias Rohe leistet mit seiner fundierten Bestandsaufnahme zum Islam in Deutschland einen Beitrag zur Versachlichung. Das Buch beschreibt die Geschichte des Islam in Deutschland und die Vielfalt muslimischen Lebens in der Gegenwart. Es schildert die Bedeutung unterschiedlicher Glaubensrichtungen und Kulturen und durchleuchtet die Vielzahl an muslimischen Organisationen, Initiativen und Positionen. Im Mittelpunkt steht die Frage, wie sich muslimisches Leben im Alltag entfalten kann: Welche Hindernisse gibt es für Moscheen, Minarette, Gebetsrufe oder religiöse Kleiderordnungen? Wie lassen sich im deutschen Alltag die Ritualvorschriften – etwa Fasten, Beschneidung, Schächten – beachten? Wie gestaltet sich die Zusammenarbeit zwischen Staat und muslimischen Organisationen? Sind islamische Normen mit deutschem Recht vereinbar? Abschließend fragt Mathias Rohe nach Perspektiven des Zusammenlebens in Zeiten von Flüchtlingen, muslimisch-religiösem Extremismus und Islamfeindlichkeit. – Das Buch ist eine unentbehrliche Grundlage für alle, die jenseits von Illusionen und Ängsten profund über den Islam in Deutschland mitreden wollen.

Mathias Rohe, Jurist und Islamwissenschaftler, ist Professor für Bürgerliches Recht, Internationales Privatrecht und Rechtsvergleichung an der Universität Erlangen-Nürnberg sowie Gründungsdirektor des Erlanger Zentrums für Islam und Recht in Europa. Von ihm erschien bei C.H.Beck bereits das Standardwerk «Das islamische Recht. Geschichte und Gegenwart» (3. Aufl. 2011).

Mathias Rohe

Der Islam
in Deutschland

Eine Bestandsaufnahme

C.H.Beck

Mit 16 Abbildungen

Originalausgabe
© Verlag C.H.Beck oHG, München 2016
Umschlaggestaltung: Kunst oder Reklame, München
Umschlagabbildung: © ullstein bild / CARO / Paulus Ponizak
Satz, Druck und Bindung: Druckerei C.H.Beck, Nördlingen
Printed in Germany
ISBN 978 3 406 69807 1

www.chbeck.de

Inhalt

Vierter Teil
Organisationen und Einrichtungen

Fünfter Teil
Islamisches Leben und deutsches Recht

Sechster Teil
Perspektiven des Zusammenlebens

Vorwort

Dieses Buch will zu einer sachorientierten Beschäftigung mit dem Islam in Deutschland beitragen. Es verbindet die aktuelle Aufbereitung von Fakten und Entwicklungen mit rechtlichen Einschätzungen, Erfahrungen und Hintergrundinformationen des Verfassers aus mehr als drei Jahrzehnten. Gesellschaftliche Vorverständnisse und kulturelle Prägungen sowie eine weitgehende Vermengung unterschiedlicher Themen und Argumentationsebenen bestimmen die öffentliche Debatte in erheblichem Umfang. Das gilt für Muslime und Nichtmuslime gleichermaßen. Darum steht die klare Bestimmung und Zuordnung von Themen und Argumenten im Vordergrund. Sie ist der Schlüssel zu einer sach- und problemorientierten Suche nach adäquaten Konfliktlösungen. So soll der Schwerpunkt dieses Buches in religionsbezogenen Fragen liegen.

Auch Muslime haben vielfältige Identitäten und Beweggründe für ihre Lebensführung und ihre Ansichten. Das kann nicht ausgeblendet bleiben. Jedoch werden allzu oft Themen und Probleme, die sich aus Migrationsvorgängen, aus ökonomischen, sozialen oder kulturellen Verhältnissen und Prägungen ergeben, (nur) bei Muslimen auf ihre Religion bezogen. Hier will dieses Buch zur Schärfung des Blickes beitragen. Um es zuzuspitzen: Wer nicht hinreichend Deutsch kann, um Zugang zu Bildung und Arbeit zu gewinnen, benötigt keine religiösen Instruktionen, sondern Deutschunterricht. Und umgekehrt: Wenn jemand wegen eines türkisch oder arabisch klingenden Nachnamens trotz guter Qualifikation nicht zum Vorstellungsgespräch eingeladen wird, zeigt sich ein Problem der deutschen Gesellschaft in ihrem Umgang mit den Folgen der Migration, aber keine religiöse Kontroverse. All dies ist wichtig, oft sogar entscheidend für das Zusammenleben, jedoch nicht eigentlich Thema dieses Buchs. Vielmehr muss es hier um Entwicklungen und Fragestellungen gehen, die zumindest im Schwerpunkt Bezüge zur Religion des Islam aufweisen. Leichtfertige Stellungnahmen ohne hinreichende Faktenbelege wird man vergebens suchen, auch bei der Einschätzung von Organisationen. Vergleichsweise breiten Raum nimmt die Wahrnehmung des Islam in Vergangenheit und Gegenwart ein, nicht zuletzt die Islamdebatten seit den Terrorattacken vom 11. September 2001. In diesem Zusammenhang soll auch verdeutlicht werden, welchen Schaden öffentlich wiederholte und sich verselbständigende Vorurteile und Fehlinformationen anrichten können.

Dieses Buch versucht, der Vielfalt muslimischen Lebens im Lande in Vergangenheit und Gegenwart gerecht zu werden. Dennoch ist eine Schwerpunktbildung nicht zu vermeiden. Das betrifft insbesondere diejenigen Bereiche, in denen heftige öffentliche Debatten geführt werden, in denen Ängste eine wesentliche Rolle spielen und deshalb Faktenkenntnis umso nötiger wird. Der Verfasser kann als Jurist und Islamwissenschaftler nicht für sich beanspruchen, alle anderen relevanten wissenschaftlichen Blickwinkel gleichermaßen anzulegen. Dennoch wurde auch der einschlägigen sozialwissenschaftlichen Literatur, insbesondere migrationswissenschaftlichen Studien, breiter Raum gegeben.

Um Laien die Lektüre zu erleichtern, wird, soweit möglich, darauf verzichtet, sprachlich schwer zugängliche Quellen zu zitieren. Stattdessen werden in erster Linie seriöse Werke in deutscher Sprache aufgeführt, auf deren Grundlage sich Interessierte weitere Quellen erschließen können. Geläufige Begriffe aus orientalischen Sprachen werden weitestgehend eingedeutscht. Das entspricht dem Umstand, dass mittlerweile auch der Islam zu Deutschland gehört, wie es z. B. der vormalige Bundespräsident Christian Wulff und Bundeskanzlerin Angela Merkel zu Recht formuliert haben. Im Interesse der Lesbarkeit wird für Personen das generische Maskulin verwendet, das selbstverständlich Frauen und Männer gleichermaßen einschließt. Das Manuskript wurde im Mai 2016 abgeschlossen.

Fachlich fundierte und leicht verständliche Einführungsliteratur zu allgemeinen Islamthemen findet sich kompakt in der Reihe C.H.Beck Wissen: Heinz Halm, «Der Islam. Geschichte und Gegenwart» und «Die Schiiten»; Hartmut Bobzin, «Der Koran. Eine Einführung» sowie «Mohammad»; Annemarie Schimmel, «Sufismus. Eine Einführung in die islamische Mystik»; Ulrich Rudolph, «Islamische Philosophie. Von den Anfängen bis zur Gegenwart»; Tilman Seidensticker, «Islamismus. Geschichte, Vordenker, Organisationen». Der Verfasser selbst hat den Band «Das Islamische Recht. Eine Einführung» beigesteuert. Die hier verwendeten Primär- und Sekundärquellen beziehen sich zum weitaus größten Teil auf Deutschland. Untersuchungen im breiteren europäischen Zusammenhang, die sich nicht hauptsächlich mit Deutschland befassen, aber interessante Vergleiche erlauben, konnten hier aus Platzgründen meist nicht eingearbeitet werden.[1]

Der Verfasser hat in den 1990er-Jahren seine Antrittsvorlesung in Erlangen zum Thema «Islam und deutsches Recht» gehalten. Seither hat er in einer Fülle von Begegnungen und wissenschaftlichem Austausch Informationen und Anregungen von vielen Menschen erhalten, die hier nicht alle genannt werden können, denen er aber dankbar verbunden ist. Besonders gedankt sei den Mitarbeitern des Erlanger Zentrums für Islam und Recht in Europa sowie meines Lehrstuhls, namentlich Frau Andrea Voigt für die wie immer zuverlässige und kompetente Betreuung der Arbeiten am Manuskript sowie Frau Verena Kühnel, Herrn Maximilian Schmitt und Frau Sabrina Knorr für die sorgfältige Durchsicht und die hilfreichen Änderungsvorschläge. Mein herzlicher Dank gilt nicht zuletzt Herrn Dr. Ulrich Nolte vom Verlag C.H.Beck, der den Anstoß zu diesem Buch gegeben und seine Entstehung mit Empathie, Geduld und vielen hilfreichen Anregungen begleitet hat, sowie Frau Sabine Höllmann für das bewährt gründliche und fachkundige Lektorat.

Einführung

Weshalb «Islam in Deutschland» und nicht «Muslime in Deutschland» als Titel dieses Buches? Tatsächlich ist Islam in Deutschland heute kaum denkbar ohne muslimische Menschen. Muslimisches Leben, muslimische Lebenshaltungen sind ein zentraler Teil dieses Buches – aber eben nicht alles. Auch Nichtmuslime haben ihre Vorstellungen vom Islam. Häufig sind solche Bilder so wirkungsmächtig, dass sie die hier und heute existierenden Muslime überschatten. Das zeigt sich an mancherlei Vorurteilen bis hin zum platten Islamhass, aber auch an verengenden Festlegungen: Ist nur ein Muslim, der fünf Mal täglich das Ritualgebet verrichtet und Kopftuch bzw. Bart trägt, ein (guter) Muslim? Sind andererseits Muslime, die das tun, des Extremismus verdächtig? Wer ist überhaupt Muslim, und wer entscheidet darüber? Ist die Errichtung einer muslimischen Infrastruktur – Moscheen, islamischer Religionsunterricht usw. – Teil einer «Islamisierung» Deutschlands oder aber Teil deutscher rechtsstaatlicher Normalität? Was genau macht den Muslim zum Muslim? Ist alles, was er tut, der Religion geschuldet, wie es die öffentliche Wahrnehmung nicht selten suggeriert? Und welche Aspekte der Religion sind für das Individuum wichtig? Muss man Muslime auffordern, «einen mitzutrinken», um nicht Spielverderber zu sein? Muss man umgekehrt muslimische Schüler, die sich bei einer Klassenfahrt Schweinebratwürste kaufen, danach fragen, weswegen sie das tun? Und wie überraschend-erfrischend kann dann die Antwort ausfallen: «weil wir Hunger haben».

All dies zeigt, dass es nicht nur muslimisches Leben als Realität im Lande gibt, sondern auch eine – teilweise nur erfundene – «Realität» des Islam in der allgemeinen Vorstellungswelt. Mit beidem will sich dieses Buch befassen. Aber aus welchem Blickwinkel?

Ein Wissenschaftler und Nichtmuslim wie der Autor hat nur

eine legitime Zugangsmöglichkeit: die möglichst objektive Beschreibung der Vielfalt muslimischer Lebenshaltungen und Erscheinungsformen des Islam in Deutschland, die Positionierung des Islam im Gefüge des demokratischen Rechtsstaats sowie die Auseinandersetzung mit dem Bild des Islam und der Muslime in der Öffentlichkeit und der Gesamtgesellschaft. In der vorliegenden Darstellung kann es nicht um die für Muslime gewiss bedeutsame Innensicht gehen – wie soll der Islam sein, wie und nach welchen Maßstäben verhält sich der gute Muslim? –, sondern nur um das zu beobachtende tatsächliche Verhalten und die öffentlich geäußerten Ansichten von Muslimen hier und heute. Deshalb werden Entwicklungen in den Weltregionen mit muslimischer Mehrheitsbevölkerung («islamische Welt») weitgehend ausgeklammert und nur dort berücksichtigt, wo sie Auswirkungen auf Deutschland haben. Das ist auch deshalb erforderlich, weil in der deutschen Öffentlichkeit häufig Dinge vermengt werden, die wenig oder überhaupt nichts miteinander zu tun haben: beispielsweise Fragen der Religion mit solchen der Migration; negative Entwicklungen in manchen islamisch geprägten Staaten mit der Lebenssituation in Deutschland und Europa. Andererseits müssen wir zur Kenntnis nehmen, dass sich der Islam in der jüngeren Vergangenheit wieder zum diffusen «Angstthema» entwickelt hat. Deshalb ist es hier erforderlich, die historischen Hintergründe der Begegnungen mit dem Islam nachzuzeichnen, an die – oft selektiv – in der Gegenwart angeknüpft wird oder die doch zumindest unterbewusst die gegenwärtige Debatte mitprägen.

All diese Aspekte formen die Gegenwart. Für ein zukunftsfähiges Miteinander müssen wir sie kennen, ohne uns von ihnen fesseln zu lassen. Dazu gehört auch, die zur Verfügung stehenden Quellen aus Vergangenheit und Gegenwart angemessen einzuordnen: Wollen sie nur möglichst sachlich beschreiben oder wollen sie das Behandelte bewerten? Meist fließen Bewertungen ohnehin ein, sei es bewusst oder unbewusst. Handelt es sich um Gegenstände wie Religionen oder Völkerschaften, die in der Vergangenheit oft eine grundlegende Unterscheidung zwischen «wir» (Zugehörigkeit) und «die anderen» (Abgrenzung) erfahren haben, so sagen diese Quellen vieles über die Eigenwahrnehmung aus, während die Wahrnehmung der «anderen» vom eigenen Vorverständnis getrübt sein kann.[2] Dasselbe gilt für die Konstruktion von vermeintlich homogenen und geschlossenen «Kulturkreisen», die gegeneinander gestellt werden. Almut Höfert beschreibt die Folgen solcher Wahrnehmung in der europäischen Geschichtswissenschaft so: «Die derzeitige Klassifizierung von Europa und dem Islam als zwei unterschiedliche ‹Kulturen› kann unter diesen Umständen kaum in Frage gestellt werden. Es gilt der Primat der Andersartigkeit, der gemeinsame Entwicklungen und Strukturen verdeckt.»[3] Solche Gemeinsamkeiten finden sich schon in den ambivalenten Türkendrucken der Renaissance. Wolfgang Neuber kommt zu dem Schluss, «der Türke» sei in den untersuchten Texten, anders als z. B. der indigene Amerikaner, nur «punktuell exotisch», weil seine Fremdheit immer wieder im Eigenen aufgelöst werden könne.[4]

In der kollektiven Erinnerung West- und Mitteleuropas hat sich die kriegerische Auseinandersetzung mit muslimischen Heeren viel stärker festgesetzt[5] als der vielfältige fruchtbare Kulturaustausch über die Jahrhunderte hinweg, bis hin zu der Darstellung des Islam in deutschen Schulbüchern.[6] Daran ändert auch der Umstand nichts, dass islamische Kultur seit der Neuzeit mehr und mehr als schauerlich-schönes Faszinosum und stellenweise auch ernsthaft als Teil der Menschheitskultur wahrgenommen wurde. Die Grenzen Europas waren immer fließend und durchlässig. Politische Akteure wie die muslimischen Staaten Spaniens und das Osmanische Reich waren Teil des europäischen Machtkonzerts, mit denen christlich geprägte Staaten die unterschiedlichsten Allianzen gegen andere europäische Konkurrenten eingingen. Gewiss wurden die religiösen Unterschiede häufig zu politischen Zwecken mobilisiert. Christentum und Islam waren aber ebensowenig notwendige Gegner wie lateinisches Christentum und Orthodoxie oder Katholizismus und Protestantismus, obgleich zwischen diesen insgesamt wohl mehr Blut vergossen wurde als im Kampf zwischen christlich und islamisch geprägten Staaten. Die Erinnerung an solche Wechselfälle entlarvt die nur scheinbar geschichtlich begründete gegenseitige Zurückweisung als «die strukturell Anderen» als Zeichen mangelnden Wissens. Solches Halbwissen kann gefährlicher sein als erkanntes Unwissen.

Nicht zu vergessen ist auch die Hervorhebung des erlebten «Fremden» in vielen Reise- und Erfahrungsberichten, während dem unspektakulären Ähnlichen oder Gleichen wenig Nachrichtenwert zugemessen wird. Davon ist auch die gegenwärtige Debatte über das Zusammenleben in Deutschland geprägt, obwohl sich die Vorzeichen dieses Zusammenlebens im demokratischen Rechtsstaat der Gegenwart grundlegend gewandelt haben: Die vielen guten Nachrichten über gelingendes Miteinander oder wenigstens friedliches Nebeneinander werden oft von wichtigen, aber im Gewicht sehr überzeichneten schlechten Nachrichten überlagert, seien es die Morde des «NSU» oder die Terrorpläne muslimischer Extremisten. Deshalb wird auch der Debatte über den Islam in Deutschland breiter Raum gegeben: Sie schafft nicht selten Scheinfakten entgegen der Realität.

Erster Teil
Begegnungen mit dem Islam

I. Erste Annäherungen

Die Begegnungen mit dem Islam auf heutigem deutschem Boden sind älter als Deutschland selbst. Die deutsche Geschichte ist eng mit derjenigen Europas und der asiatischen und afrikanischen Nachbarländer verbunden. Kenntnisreiche Überblicksdarstellungen über kulturelle Begegnungen von Muslimen, Juden und Christen in Europa finden sich etwa in vielen Aufsätzen der beiden von Joseph Schacht und C. E. Bosworth herausgegebenen Bände «Das Vermächtnis des Islam», in Juan Vernets «Die spanisch-arabische Kultur in Orient und Okzident» und in dem reich illustrierten Band von Gabriele Crespi «Die Araber in Europa». Einen konzisen Überblick sowie eine ausführliche Darstellung friedlicher und kriegerischer Begegnungen bietet Michael Borgolte.[7]

Dennoch haben die Begegnungen in Spanien, Frankreich, Italien oder auf dem Balkan andere Wendungen genommen als in Deutschland. Während z. B. in den Jahren 674–678 und 717/18 Konstantinopel belagert und 846 Rom mit dem Vatikan geplündert wurde, erlebte Deutschland in den ersten Jahrhunderten des Islam keine unmittelbare militärische Konfrontation, wenngleich Berichte davon auch hier rezipiert wurden.[8] Andererseits ermöglichte die nur sporadische Präsenz einzelner Muslime über lange Zeit auch keinen tiefer reichenden Kulturaustausch im Zusammenleben. Deshalb ist es im Rahmen dieses Buches angemessen, nur diejenigen Ereignisse herauszugreifen, die im Schwerpunkt mit

Deutschland verbunden sind. Dessen ungeachtet dürfen wir nicht vergessen, dass Erlebnisse und Ideen gerade im Europa und Mittelmeerraum des Mittelalters und der frühen Neuzeit über Staatsgrenzen hinweg wirksam wurden.

Punktuelle Begegnungen mit Muslimen gab es seit deren Präsenz auf europäischem Boden im 8. Jahrhundert. In den fränkischen Reichsannalen wird davon berichtet, dass Karl der Große 777 auf dem Reichstag in Paderborn den vom Emir von Cordoba vertriebenen Statthalter von Zaragoza Sulayman al-Arabi empfangen und mit ihm einen Beistandspakt abgeschlossen habe.[9] Dies dürfte im Zusammenhang mit den letztlich gescheiterten Bemühungen Karls gestanden haben, seinen Herrschaftsbereich bis zum Ebro auszudehnen. Arabische Geschichtsschreiber berichten von einem Friedensschluss mit dem Emir von Cordoba um 781/82 nach einem Gesandtschaftsempfang bei Karl. Der muslimische Gouverneur von Barcelona war zwei Mal in Aachen, zunächst 797, um Karl seine Stadt zu unterstellen, später als von Karl abgefallener Gefangener. Der Sohn des Emirs wurde 797, spätere Gesandtschaften des Emir-Enkels wurden 810 und 812 in der Aachener Pfalz empfangen.[10] Karls Biograph Einhard berichtet im 16. Kapitel der Vita Karoli Magni[11] auch von dessen schon legendären diplomatischen Beziehungen zum Abbasidenkalifen Harun al-Raschid («Aaron»), der uns vielfach in den Erzählungen aus Tausendundeiner Nacht begegnet.

Bei derlei Zusammentreffen standen machtpolitische Beweggründe im Vordergrund. Das gilt vermutlich besonders für die «Freundschaftsgabe» des christlichen Königs von Asturien, der Karl nach der Eroberung Lissabons im Jahre 798 sieben muslimische Kriegsgefangene mit Rüstung und Tieren sandte.[12]

Kulturaustausch dürfte mangels Gelegenheit allenfalls am Rande stattgefunden haben, denn anders als in Spanien oder Süditalien und Sizilien fanden sich in hiesigen Breiten kaum Muslime. Deutschland war für die damals hoch entwickelte islamisch geprägte Welt schlicht nicht von Interesse. Insgesamt wusste man wohl wenig voneinander. Al-Mas'udi, der herausragende arabischmuslimische Geograph des 10. Jahrhunderts, hat die europäischen Völkerschaften (Slawen, «Franken» und ihre Nachbarvölker) so beschrieben:

> Der warme Humor fehlt ihnen; ihre Körper sind groß, ihr Charakter derb, ihre Sitten schroff, ihr Verständnis stumpf und ihre Zungen schwer (...). Ihren religiösen Überzeugungen fehlt Beständigkeit, und das liegt an der Art der Kälte und dem Fehlen von Wärme. Je weiter nördlich sie sich aufhalten, desto dümmer, derber und primitiver sind sie.[13]

Man kann erkennen, dass pauschale Urteile zu allen Zeiten in allen Teilen der Welt gängige Währung sind.

II. Kreuzzüge und Kulturtransfer

Deutlich intensiver wirkten die Vorgänge, die sich ab dem Jahr 1095 mit mehr als 200 Jahren Kreuzzugsgeschichte verbinden.[14] Zwar gab es auch zuvor Kontakte über Pilgerreisen wie die im Jahre 1064 vom Bischof Gunther von Bamberg geführte Gruppe von mehr als siebentausend Pilgern,[15] doch wurden sie durch die Kreuzzüge auf politischer wie kultureller Ebene erheblich ausgeweitet. Selbst wenn die Begegnungen weitab von Deutschland stattfanden, schlugen sich jedoch auch hierzulande Kämpfe, Feindbilder, aber ebenso Anerkennung und Kulturtransfer nieder.

Die wechselseitigen Bilder waren ambivalent. Einerseits beruhten sie auf wiederholten unfriedlichen Begegnungen und religiös-ideologischen Gegensätzen. Der Islam wurde dabei über lange Zeit als christliche Häresie verstanden.[16] Erst später wuchs die Erkenntnis, dass es sich um eine neue eigenständige Religion handelte, wenngleich sie auf Vorläuferreligionen wie Judentum und Christentum intensiv Bezug nimmt und sich selbst als deren Fortsetzung und Korrektur versteht.[17]

Francesco Gabrieli hat die psychologische Grundierung der darauf aufbauenden Sichten des westlichen Mittelalters so zugespitzt: Das westliche Mittelalter habe Aufstieg und Ausbreitung des Islam

> als diabolischen Riß durch das Herz der christlichen Kirche [betrachtet], nachdem sie kaum drei Jahrhunderte früher über das Heidentum gesiegt hatte, als perverses, von einem barbarischen Volk heraufbeschworenes Schisma.

Die zentrale Aussage der Botschaft Muḥammads, die strikte Behauptung des Monotheismus gegenüber althergebrachtem Polytheismus, wurde für Gefühl und Urteil der Christenheit verdunkelt von ihrer antitrinitarischen[18] Polemik sowie vor allem von der erklärten prophetischen und messianischen Identität des Stifters des neuen Glaubens. Daher wurden das Erscheinen der Araber im Mittelmeerbecken, die Verstümmelung des byzantinischen Reiches und das rasche Verschwinden der Latinität Nordafrikas vor allem von den Zeitgenossen, aber auch von den mittelalterlichen Menschen als religiöse Katastrophe angesehen (…).[19]

Solche Ablehnung hat sich an manchen Stellen fratzenhaft in der sakralen Kunst der spanischen und französischen Romanik niedergeschlagen,[20] ähnlich wie spätere Darstellungen in der deutschen und europäischen Gotik, in denen Juden äußerst grob herabgewürdigt wurden. Zur Unterstützung der Kreuzzugsidee wurden Epen und Gedichte geschaffen wie etwa die Adaption des französischen Rolandsepos über die Kämpfe in Spanien im späten 8. Jahrhundert im Rolandslied des Pfaffen Konrad um 1170. Dichter wie Friedrich von Hausen (gest. 1190 auf dem Kreuzzug in Kleinasien) schufen Kreuzlieder, Neidhart von Reuental (erste Hälfte 13. Jahrhundert) und Tannhäuser (gest. nach 1265) beschrieben in Kreuzzugsklagen aber auch Beschwernisse und Entbehrungen des Kreuzzugs.[21]

Der deutsche Kaiser Friedrich I. Barbarossa, der 1188 auf dem Hoftag zu Mainz das Kreuz genommen hatte, verlor 1190 sein Leben auf dem Weg nach Palästina in der heutigen Osttürkei, was Ludwig Uhland im 19. Jahrhundert in seiner berühmten Ballade vom wackeren Schwaben aufgriff. Zuvor hatte Kaiser Friedrich allerdings diplomatische Kontakte mit dem Ayyubidenherrscher Saladin geknüpft, der 1173 eine Gesandtschaft zu ihm nach Aachen schickte; das gemeinsame politische Interesse dürfte sich gegen das byzantinische Reich gerichtet haben.[22] Derartige Allianzen zwischen christlichen und muslimischen Reichen gegen «interne» Rivalen haben die gemeinsame Geschichte nachhaltig geprägt, auch wenn sie nicht ins allgemeine Bewusstsein gedrungen sind. Insgesamt mäßig erfolgreich waren die Versuche, mit Herrschern in der islamischen Welt Bündnisse zu bilden. Dazu gehörten beispielsweise die Reisen des flämischen Franziskaners Wilhelm von Rubruk an den Hof des Mongolenkhans Mitte des 13. Jahrhunderts,[23] der Gesandtschaftsaustausch mit muslimischen Rivalen des Osmanischen Reiches wie dem Ak Konyunlu-Herrscher Karayülük Osman in Ostanatolien und der Goldenen Horde in Südrussland im 15. Jahrhundert[24] oder die Reise des westfälischen Gelehrten Engelbert Kaempfer zum persischen Schah im späten 17. Jahrhundert.[25]

Orientalische Architekturformen schlugen sich nun, vielleicht als Zeichen des Triumphs, aber auch der Dankbarkeit für die Rückkehr aus dem Heiligen Land, in rheinischen Kirchtürmen nieder, so in der bedeutenden Kirche St. Paul in Worms.[26] In der Kreuzzugspropaganda wurden muslimische Krieger als Menschen dargestellt, denen nichts heilig ist, z. B. in Bildern von der angeblichen Schändung des Heiligen Grabes in Jerusalem.[27] Es sollte indes auch nicht vergessen werden, dass mit dem Aufruf zu Kreuzzügen brutale Pogrome gegen Juden einhergingen, deren alteingesessene, teils große Gemeinden etwa in Xanten, Köln, Trier, Mainz, Worms, Speyer, Straßburg und Regensburg angegriffen, geplündert und stellenweise fast völlig ausgelöscht wurden.[28] Der Vierte Kreuzzug 1203/04 richtete sich gegen die ostchristliche Metropole Konstantinopel, in der erbarmungslos geplündert und gemordet wurde.

Dennoch verbreiteten sich auch positive Vorstellungen und Nachrichten voneinander. Große Epen des Mittelalters wie der Parzival und der Willehalm in der Fassung des Wolfram von Eschenbach (gest. um 1220) stellen sich kritisch zum Kreuzzug und dem damit verbundenen Verlust von Menschenleben und betonen das auf christlicher wie muslimischer Seite vorzufindende

Ideal der Ritterlichkeit.[29] Nina Berman[30] erkennt hierin eine von Begegnungen geprägte Entwicklung weg von der ursprünglichen Kreuzzugspropaganda, in welcher der edle christliche Kämpfer dem niedrigen muslimischen gegenübergestellt wurde.

Der andalusisch-muslimische Gelehrte und Mekkapilger Ibn Dschubair, den ein genuesisches Schiff nach Alexandria beförderte, berichtete im späten 12. Jahrhundert über das Leben der Muslime im Herrschaftsbereich der Kreuzfahrer («Franken»):

> Unser Weg führte dauernd durch bestellte Ländereien und geordnete Siedlungen, deren Bewohner alle Muslime waren und mit den Franken angenehm lebten. (...) [Man] mischt (...) sich nicht in ihre Angelegenheiten ein, außer einer geringen Besteuerung (...). Ihre [sc: der Muslime] Herzen sind verführt worden, denn sie beobachten, wieviel mühseliger ihre Brüder in den muslimischen Regionen unter ihren eigenen Gouverneuren leben. Dies ist ein Unglücksfall für die Muslime! Die muslimische Gemeinschaft klagt über die Ungerechtigkeit eines Gutsherrn ihres eigenen Glaubens und spendet dem Verhalten seines Gegenübers und Feindes, dem fränkischen Gutsherrn, Beifall und gewöhnt sich an dessen Gerechtigkeit.[31]

Die Resonanz auf die großzügige Aufnahme von Flüchtlingen in Deutschland im Herbst 2015 fiel in vielen Ländern der islamischen Welt übrigens ähnlich aus.

Auch Sultan Saladin, der 1187 Jerusalem eroberte, wurde – nicht zuletzt wegen seines vergleichsweise sehr rücksichtsvollen Umgangs mit christlichen Gefangenen und Untertanen – von der deutschen und europäischen Nachwelt zum «edlen Heiden» stilisiert.[32] Gotthold Ephraim Lessing hat ihm in seinem 1779 erschienenen und später weltweit rezipierten Drama «Nathan der Weise» das literarische Denkmal eines gerechten, toleranten Herrschers gesetzt, wie übrigens auch dem befreundeten jüdischen Aufklärer Moses Mendelssohn in der Gestalt des Nathan.[33] Im siebten Auftritt des dritten Aufzugs greift die berühmte Ringparabel den Gedanken der inneren Verwandtschaft der Religionen auf, die ihre Überzeugungskraft durch der Gläubigen Bemühen um Gutes entfalten sollen. Das Werk ist vor dem Hintergrund einer Auseinandersetzung mit dem Hamburger Hauptpastor Goeze über die Publikation religionskritischer Texte entstanden. Sie führte zu einem Schreibverbot über religiöse Gegenstände, das der Herzog von Braunschweig-Wolfenbüttel über Lessing verhängte. Dieser Vorgang ist nicht untypisch für eine Zeit, in welcher der Islam als Projektionsfläche für interne Debatten genutzt wurde. 1898 ließ der deutsche Kaiser Wilhelm II. bei seinem Besuch in Damaskus Saladins Grabausstattung erneuern und legte einen goldenen Kranz nieder, der sich heute im Londoner Imperial War Museum befindet.[34]

Ein Ergebnis friedlicher Kontakte waren mehr und mehr belastbare Verträge über Waffenstillstände und die Einräumung gegenseitiger Rechte.[35] In der Kirchenrechtssammlung Gratians aus der Mitte des 12. Jahrhunderts und der Glossa ordinaria, der sukzessive formulierten Standardkommentierung aus dem 13. Jahrhundert, wird ausgeführt, die Muslime dürften nicht angegriffen werden, wenn sie selbst friedlich seien.[36]

Vielfältiger Wirtschafts- und Kulturtransfer, oft aus der islamisch geprägten Welt in Richtung Europa, hat auch das Leben hierzulande erheblich geprägt. Kostbare Kunstgegenstände gelangten als Geschenke, Beute oder Handelsware nach Deutschland, darunter auch Reliquiare in Kirchen in Bremen, Halberstadt, Münster, Osnabrück, Quedlinburg etc.[37] Der reiche Kulturtransfer[38] hat sich in der Übernahme zahlreicher arabischer,[39] persischer und türkischer Fremdwörter ins Deutsche niedergeschlagen – von Algebra bis Zenit. Als Beispiel für Wissenstransfer bewahrt die Bayerische Staatsbibliothek in München das Vorlesungsmanuskript einer Würzburger medizinischen Handschrift aus dem Jahr 1347 auf, in welchem der dortige Magister und Stiftsherr auf Erkenntnisse des großen zentralasiatisch-iranischen Gelehrten Ibn Sina (Avicenna, gest. 1037) aus dem 11. Jahrhundert aufbaut.[40] Dieser Gelehrte wurde in Europa für seine medizinischen ebenso wie für seine philosophischen Werke berühmt, in welchen er Glauben, Mystik und wissenschaftliches Denken zu einen suchte. Heute ist in Deutschland die muslimische Einrichtung zur Förderung besonders begabter und sozial engagierter

Studierenden und Doktoranden nach ihm benannt.[41] Am Hofe
Kaiser Friedrichs II. von Hohenstaufen (1194–1250) waren
christliche und muslimische Gelehrte und Handwerker tätig; der
Kaiser erhielt wegen seiner Politik der geordneten Ansiedlung
von Muslimen in Süditalien und seines Interesses am Islam gar
den spöttischen Beinamen «Sultan von Lucera».[42] Eine Vielzahl
von Kunstwerken und kunsthandwerklichen Objekten, die in
arabisch-normannischer Kultursymbiose in Sizilien und Süditalien entstanden, gelangte nach Deutschland. Prominentestes Beispiel ist der in der normannischen königlichen Hofwerkstatt um
1133/34 geschaffene spätere Krönungsmantel der Kaiser des Heiligen Römischen Reichs mit arabisch-islamischem Bild- und
Schriftdekor. Bis 1796 wurde er als Teil der Reichskleinodien im
Nürnberger Heilig-Geist-Spital aufbewahrt und danach in die
Wiener Hofburg verbracht.[43] Kostbare orientalische Teppiche
und Textilien waren geschätzte Güter, wurden für unterschiedlichste Zwecke weltlicher und kirchlicher Prachtentfaltung genutzt und fanden auch Eingang in die Malerei (z. B. sogenannte
«Holbein-Teppiche»).[44] Eingedeutschte Begriffe wie Baldachin,
Damast, Kattun, Musselin oder Matratze und Sofa belegen diesen
Kulturaustausch.

Umfangreiche Funde von aus islamischen Reichen stammenden
Silbermünzen im Ostseeraum[45] bezeugen zudem eine reiche Handelstätigkeit und die wirtschaftliche Stärke dieser Reiche. Solche
Funde lösten bereits im 18. Jahrhundert wissenschaftliches Interesse aus. So brachte der Theologe und Orientalist Oluf Gerhard
Tychsen 1794 in Rostock eine erste wissenschaftliche Publikation
solcher islamischen Münzen heraus.[46] (Zur Entwicklung islambezogener Wissenschaften in Deutschland siehe S. 313 ff.)

Mit der Rückeroberung Spaniens und Süditaliens durch christliche Herrscher verminderten sich die Möglichkeiten zur kulturellen Begegnung zunächst in erheblichem Maße. Viele Muslime
wurden – wie die ansässigen Juden – verfolgt, zwangskonvertiert,
vertrieben oder getötet. Umgekehrt empfahlen muslimische Gelehrte zumeist, sich nicht über längere Zeit in nichtislamischen

Der Krönungsmantel der Kaiser des Heiligen Römischen Reichs deutscher Nation wurde im 12. Jahrhundert mit arabisch-islamischem Dekor für den normannischen König Roger II. von Sizilien angefertigt. Das «Reichskleinod» befindet sich in der Schatzkammer des Kunsthistorischen Museums Wien.

Herrschaftsgebieten aufzuhalten, weil dort die Gefahr bestehe, Glauben und Familie zu verlieren. Den Bewohnern der zurückeroberten Gebiete in Europa wurde nach Möglichkeit die Emigration in islamisch beherrschte Territorien empfohlen.[47] So entstanden große Ansiedlungen von muslimischen, aber auch jüdischen Andalusiern von Marokko bis ins Osmanische Reich.

III. Aufstieg und Niedergang des Osmanischen Reichs

Die früh- und hochmittelalterlichen Schreckensbilder, aber auch abwägende Berichte wiederholten sich ab dem 14. Jahrhundert in der Zeit militärischer Konfrontation mit dem Osmanischen Reich.[48] Dem Münchener Johannes Schiltberger, der 1396 als sechzehnjähriger Knappe eines bayerischen Ritters in osmanische Gefangenschaft geriet und dort 31 Jahre verbleiben musste, verdanken wir die erste faktenreiche Beschreibung des osmanischen und mongolischen Reichs durch einen Deutschen.[49] Michael Weithmann würdigt sie als «den ersten um Objektivität bemühten abendländischen Bericht über den Nahen Osten und den Islam».[50] In vergleichbarer Sachlichkeit schrieb ein 1438 in osmanische Gefangenschaft geratener Siebenbürger, der «Rumeser Student», über Kultur und Religion der Muslime, die er zwar als – vergleichsweise tolerante[51] – Ungläubige ansieht, deren positive menschliche Eigenschaften er indes anerkennt. Martin Luther lobte diesen Bericht in einer Vorrede.[52] Mit dem Fall Konstantinopels 1453 wurde die «Türkengefahr» zum neuen Topos europäischer Beschäftigung mit der islamisch geprägten Welt, aber auch zum Katalysator für eine eher ethnographische Behandlung des Gegenstandes nach einem wiederkehrenden Schema von objektungebundenen Kategorien wie Hof, Regierung, Militär, Sitten und Gebräuche oder Religion.[53]

Mit der Erfindung des Buchdrucks erlangten derartige Berichte wie auch mehr oder weniger phantastische kurze «Türkendrucke»[54] große Verbreitung. Ähnlich ambivalent erscheinen Osmanen in den Kunstwerken Albrecht Dürers, der Abbildungen von ihnen während seiner Aufenthalte in Venedig kennengelernt hatte. Neugieriges Interesse an Menschen aus anderen Kulturen mischte sich mit Faszination gegenüber Herrschern wie Süleyman dem Prächtigen, von dem Dürer 1526 ein imaginiertes Porträt schuf, aber auch mit Darstellungen von Orientalen als grausamen Christenverfolgern.[55] Andererseits liegen uns Berichte von Jerusalempilgern aus dem 16. Jahrhundert über Kairo vor, die die ästhetischen Qualitäten von Moscheen würdigen und neutral-interessiert anmerken, dass frühere christliche Kirchen in Moscheen umgestaltet wurden, und sogar die dort praktizierte Reinlichkeit und Andächtigkeit der Muslime loben.[56]

Dennoch dominierte lange Zeit eine fundamental ablehnende Sicht. Die Schedel'sche Weltchronik von 1493, eines der bedeutendsten Druckwerke der frühen Neuzeit, wurde in einer Buchhändleranzeige unter anderem mit folgenden Versen beworben,

die auf die osmanische Eroberung Konstantinopels unter Sultan
Mehmet II. im Jahre 1453 anspielen:

> Was der Türke, der wild die weite Erde durchreitet, Konstantinopel Gräss-
> liches angetan, Überlieferst Du uns ebenfalls wie die himmlischen schreck-
> lichen Zeiten, Die Kometen, und manch gräuliche Missgestalt.[57]

Dieser historische Aspekt ist geeignet, noch in der Gegenwart Be-
fremden und Spannung zu erzeugen, wenn Moscheen in mehreren
Städten in Deutschland nach dem in der Türkei hoch angesehenen
Sultan Mehmet «dem Eroberer» (Fatih) benannt werden.[58]

Besonders drastisch drückte sich die gegenseitige Missachtung
in der offenbar verbreiteten Praxis aus, abgeschlagene Köpfe getö-
teter gegnerischer Soldaten als Siegestrophäen zu verkaufen. Auch
wurden Leichenteile zur Wundermedizin «Mumia» verarbeitet.[59]
Kriegsgefangene Männer, Frauen und Kinder wurden auf beiden
Seiten versklavt.[60] Schlechtigkeiten aller Art und Herkunft wurden auf den Erzfeind projiziert.[61] Der Dominikanermönch Felix
Fabri, der im späten 15. Jahrhundert Palästina und Ägypten als
Pilger bereiste, beklagte in eindrucksvollen Schilderungen die «bei
allen Sarazenen, Türken und den übrigen Ungläubigen» vorhandene «Gier, eigene gekaufte Menschen zu besitzen». «Unerhört»,
wie er schreibt, war dieses Phänomen im christlichen Europa keineswegs (zu «Beutetürken» in Deutschland siehe S. 53 ff.).[62]

Wenig beliebtheitsförderlich dürfte zudem der Umstand gewesen sein, dass im Heiligen Römischen Reich Deutscher Nation
das erste allgemeine Reichssteuergesetz von 1495 unter anderem
«zum Widerstand gegen die Feinde Christi, die Türken und andere Anfechter desselben Reichs und Deutscher Nation» eingeführt wurde; weitere Türkensteuergesetze zur Finanzierung der
militärischen Verteidigung folgten.[63] Aus den bislang erforschten
Türkensteuerakten ergibt sich für die Jahre von 1556 bis 1607 die
gewaltige Summe von 30 Millionen Gulden für die Reichskasse;
ein Gulden bedeutete für die Landbevölkerung den Verlust eines
Kalbs oder von fünf Lämmern.[64] Nicht immer wurden die erhobenen Steuern tatsächlich ihrem Bestimmungszweck zugeführt; gele-

gentlich fanden sie, wie im Bistum Osnabrück unter Bischof Konrad III. von Diepholz, ihren Weg in eigene Kassen.[65]

In Städten wie Burghausen, Regensburg und Nürnberg wurden im 16. und 17. Jahrhundert die Stadtmauern aus Furcht vor dem osmanischen Heer verstärkt. In verschiedenen Kirchen finden sich Fresken mit Darstellungen, wie Sankt Jakob die Muslime vertreibt.[66] Eine eindrucksvolle Verschränkung aktueller Kriegsereignisse mit religiösen Themen zeigt sich in einer groß angelegten Radierung des Bamberger Künstlers Hanns Lautensack zum dreißigsten Jubiläum der erfolglosen osmanischen Belagerung Wiens 1529:[67] Vor der detailreichen Darstellung Wiens wird das geschlagene Heer des Assyrerkönigs Sanherib platziert, der nach der biblischen Schilderung[68] Jerusalem unter der Herrschaft des Königs Hiskia belagert hatte und über dessen Heer ein Engel Gottes Verderben brachte, sodass der König zum Abzug gezwungen war.

Übrigens trafen die militärischen Auseinandersetzungen mit dem Osmanischen Reich unmittelbar auch die ins Heilige Römische Reich eingewanderten Roma: Auf dem Freiburger Reichstag von 1498 und in Folgeentscheidungen wurden sie pauschal der Spionage verdächtigt, für vogelfrei erklärt und ausgewiesen, ohne eine realistische Möglichkeit zur Auswanderung zu haben. Stattdessen wurden sie in den Territorien des Reichs hartnäckig verfolgt.[69]

Noch im späten 16. Jahrhundert schrieb der Württembergische Theologe Salomon Schweigger, der 1577–1580 an einer Gesandtschaft ins Osmanische Reich beteiligt war, empört von den demütigenden Zeremonien beim Empfang kaiserlicher Gesandten durch den osmanischen Sultan.[70] Auch die beiden 1545 auf Deutsch veröffentlichten Bändchen des Kroaten Bartholomej Georgijević, der nach der Schlacht von Mohács 1526 für dreizehn Jahre in osmanische Gefangenschaft geraten war, zeichnen ein düsteres Bild der Türken und der Lage der Christen im Osmanischen Reich. Der zweite Band trägt den Titel «von dem iammer der Christen under dem Türckischen joch».[71] Immerhin enthalten diese Schriften auch Erklärungen türkischer Termini, kurze Glossare der türki-

Notgeld aus dem Jahr 1529 erinnert an die türkische Belagerung Wiens. Es wurde auf zerschnittenem Tafelsilber geprägt und später wohl als Schmuckanhänger benutzt (Lochung). Rund 150 Jahre später hielten Medaillen die zweite Belagerung Wiens durch das Osmanische Reich fest.

schen Sprache und sogar eine türkisch-deutsche Gesprächsanleitung im Stil moderner Reisewörterbücher.[72] Informativ ist auch die «Reysbeschreibung eines Gefangenen Christen Anno 1604» des Nürnbergers Johann Wild, der als neunzehnjähriger kaiserlicher Soldat in osmanische Hände fiel, sieben Mal als Sklave verkauft wurde und unter anderem Mekka besuchte. Zum ersten Mal an einen Türken verkauft wurde er übrigens als gefangener kaiserlicher Soldat von einem gegnerischen calvinistischen Magnaten in Ungarn.

Auf theologischer Ebene spiegeln sich die Zeitenläufe drastisch in den Schriften Martin Luthers und in den aufkommenden «Türkenpredigten».[73] Wie andere Zeitgenossen sah Luther im Aufkommen der türkischen Militärmacht eine Strafe Gottes und ein Zeichen für das nahende Ende der Welt.[74] Auf einer Wandinschrift in Luthers Studierzimmer in Wittenberg war zu lesen, dass um 1600 der Türke kommen und ganz Deutschland verwüsten werde.[75] So speist sich Luthers Islambild mehr aus dessen christlich-theologischer Dimension als aus realen inhaltlichen Beobachtungen.[76] Nach Hartmut Bobzins plausibler Interpretation zielen

Medaille von 1683. Zum Gedenken an die zweite Belagerung Wiens
durch die Osmanen vom 14. Juli bis zum 12. September 1683.
Auf der Textseite Waffen und Insignien des geschlagenen Gegners, auf
der anderen Seite religiöse Symbolik und das Habsburger Wappen.

Luthers Türkenschriften – anders als ihre mittelalterlichen Vorläufer – nicht in Richtung der Muslime, sondern «nach innen».
Auch werde nicht primär zum Kampf gegen die Türken aufgeru-
fen, sondern zu Buße und Gebet.[77] In einer Predigt vom 5. Juni
1535 zur «Ausrottung» des christlichen Glaubens in Griechen-
land formuliert Luther:

> Aber das hat den schaden gethan und alles verheeret und verderbet, das
> Christus alda hat aufgehört zu predigen, Welches Schuld ist nicht des Teuf-
> fels noch seiner Mahometh Rotten toben und bosheit, sondern die leidige
> Undanckbarkeit und verachthung des Evangelii bei denen, so es haben und
> doch nicht mit ernst und sorgen dencken, wie sie es behalten mögen, Wie
> denn Rom und dem ganzen Bapstum auch geschehen ist (...).[78]

Die eschatologische Ausrichtung wird dadurch bestätigt, dass Lu-
ther auch die «Papisten» und später die Juden mit dem Islam/den
Türken in eine Linie stellte.[79] Damit verstellt sich mit Ludwig
Hagemann[80] für Luther der Blick auf die Eigenheiten des Islam.

Umgekehrt setzten katholische Theologen Luthers 95 Thesen in
ihrer «Verkehrtheit» mit dem Koran gleich.[81] Der Islam diente so
als Folie für interne Auseinandersetzungen, ein Phänomen, das

*Medaille von 1686. Zum Gedenken an die Rückeroberung von Ofen (Buda)
in Ungarn am 2. September 1686. Auf der Bildseite kämpfende Soldaten
vor der Stadtsilhouette mit Minaretten, über der ein Engel mit Kranz und
Palmzweig schwebt, unter dem Motto ‹Der Christen Ruhm›.*

sich später in den aufklärerischen Schriften Montesquieus und
Voltaires wiederholen sollte.[82] Die im 16. und 17. Jahrhundert verbreiteten «Türkenpredigten» stehen in diesem Zusammenhang.
Sie wirkten aber auch intern konfessionsübergreifend sinnstif-
tend, soweit sie heilsgeschichtliche Dimensionen im Sinne des
«Türken als Strafe Gottes» für die Fehlentwicklungen der Christenheit entwickelten.[83] Nachwirkungen solcher Sichtweisen zeigen sich in der US-amerikanischen Orientmission des 18. Jahrhunderts, aber auch in heilsgeschichtlichen Begründungen für die
Unterstützung des Staates Israel.[84]

Jedoch war das Osmanische Reich über Jahrhunderte hinweg
ein Teilhaber im europäischen Machtkonzert,[85] neben dem Terri-
torialbesitz auch durch wiederholte Allianzen insbesondere mit
Frankreich gegen das Römisch-Deutsche Reich. Bereits 1535/36
hatte Frankreich mit dem Osmanischen Reich Abkommen geschlossen, die den Franzosen erhebliche Bewegungsfreiheit und
Sonderrechte wie Glaubensfreiheit und Steuerprivilegien im Osmanischen Reich und Frankreich eine Sonderstellung zusicherten.
Im Gegenzug öffneten sie aber auch der osmanischen Flotte französische Häfen zu einer Zeit, in welcher Kaiser Karl V. einen

Kreuzzug plante.[86] König Ludwig XIV. ermutigte Sultan Mehmet IV. 1683 zum Feldzug gegen das Römisch-Deutsche Reich, der letztlich mit der vergeblichen zweiten Belagerung Wiens endete. 1688 begann er den Pfälzischen Erbfolgekrieg, der im Westen erhebliche militärische Kräfte des Reichs zur Entlastung der in die Defensive gedrängten osmanischen Armee band.

Aus alledem wird die Geschichtsvergessenheit deutlich, die in einem Ende 2014 unter dem eigenartigen Titel «Wie die Christen schon einmal die Türken schlugen» veröffentlichten Artikel aufscheint, in dem nostalgische Betrachtungen zur Seeschlacht von Lepanto im Jahre 1571 angestellt werden.[87] In ahistorisch-selektiver Betrachtung wird hier offenbar eine vermeintliche christlich-europäische Homogenität für die gegenwärtige politische Debatte über die «Verteidigung des Abendlands» in Stellung gebracht.[88] Das passt nicht einmal zum konkreten Ereignis: Es waren nämlich keineswegs «die Christen», die hier kämpften, sondern eine Allianz Spaniens mit dem Papst, Venedig, Genua und ein paar anderen italienischen Mächten. Das Römisch-Deutsche Reich blieb gemäß einem Friedensvertrag mit dem Osmanischen Reich ebenso neutral wie das den Türken gegen Spanien verbundene Frankreich und andere bedeutende europäische Kräfte. Umso wichtiger ist es, an vergangene und gegenwärtige Realitäten in all ihrer Vielschichtigkeit zu erinnern.

Seit dem späten 17. Jahrhundert wendete sich das Kriegsglück. Das Osmanische Reich wandelte sich allmählich vom Angstgegner zum Faszinosum und zum militärischen Verbündeten. Der berühmte osmanische Reisende Evliya Çelebi berichtete noch 1663 von einem – erfolglos bleibenden – Befehl an die Armee, durch Deutschland bis ans «deutsche Meer» (Alman denizi) zu ziehen und alles zu verbrennen und niederzureißen.[89] Nach der verlustreichen vergeblichen Belagerung Wiens 1683 verlor das Osmanische Reich nach und nach große Teile seines in Europa gelegenen Territoriums. Im Badischen Landesmuseum Karlsruhe[90] und in der über lange Zeit aufgebauten Dresdener Türckischen Cammer[91] sind herausragende Sammlungen von Beute- und Sammelstücken ausgestellt. Noch 1843 wurden für das Markgrafendenkmal auf dem Erlanger Schlossplatz erbeutete osmanische Kanonen umgeschmolzen.[92] 250 Jahre nach den Reiseberichten Schiltbergers zeigt sich indes ein ähnlich differenziertes Bild in Flugblättern, die den Sieg über die osmanischen Belagerer von Wien 1683 feiern. Sonja Neubauer kommt in ihrer Analyse solcher Blätter zu dem Schluss, dass zwar einige Formulierungen an die traditionelle Darstellung des Antichristen anknüpften, insgesamt aber sich schon weitreichende Kenntnisse des Orients und der Sitten und Bräuche des Osmanischen Reichs zeigten. Die Osmanen würden vielleicht noch als falschgläubig, aber nicht mehr als gottlos dargestellt. Einerseits würden sie als moralisch verwerflich oder dumm handelnd porträtiert, andererseits als ursprünglich stolze Krieger, menschlich, ehrenwert und zivilisiert.[93]

In der Folgezeit entwickelten sich aus deutscher Perspektive zunehmend friedlichere Kontakte, die zum Teil dem wachsenden preußisch-österreichischen Gegensatz geschuldet waren. Sie schlugen sich im preußisch-osmanischen Freundschafts- und Handelsabkommen von 1761 nieder, auf dessen Basis 1763 eine ständige osmanische Kommission in Berlin etabliert wurde. 1790 folgte ein preußisch-osmanisches Offensiv- und Defensivbündnis:[94] Die frühere kostspielige Truppenfinanzierung («Türkenhilfe»[95]) hatte sich zum Militärbündnis mit dem früheren Feind gewandelt. Wien, das 1529 und 1683 osmanischen Belagerungen ausgesetzt war, begrüßte 1867 den auf der Durchreise befindlichen osmanischen Herrscher Abdul Aziz ehrenvoll und begeistert. Der Sultan seinerseits hinterließ 10000 Gulden als Spende für die Armen.[96]

IV. Orient und Islam: Objekte der Neugierde, Sehnsuchtsorte und Projektionsflächen

Seit dem 17. Jahrhundert liegen uns vermehrt Reiseberichte vor, die teils von wirtschaftlichen oder militärischen Interessen geprägt sind, teils aber auch schlicht wissenschaftliche Neugierde dokumentieren, die aber in jedem Fall die Kenntnisse über den Islam und seine Kultur in Deutschland deutlich verbesserten. Beispielhaft genannt seien die Werke des sächsischen Gelehrten Adam Olearius[97] aus der ersten Hälfte des 17. Jahrhunderts und des hannoverschen Gelehrten Carsten Niebuhr[98] aus der zweiten Hälfte des 18. Jahrhunderts, der grundlegende Informationen über den bis dahin fast völlig unbekannten Jemen vermittelte. Aus den Jahrhunderten zuvor sind etwa die bereits oben genannten Berichte von Wilhelm von Rubruk, Engelbert Kaempfer, Johannes Schiltberger, Felix Fabri und Salomon Schweigger zu erwähnen, denen erste Einblicke in die bereisten Regionen, in ihre Religionen und Kultur zu entnehmen sind.[99]

Im 18. und 19. Jahrhundert wurde die islamisch-orientalische Welt zum Faszinosum für Künstler, aber auch für ein breiteres Publikum, das sich an Tulpen, türkischem Honig, orientalischer Gewitztheit und nicht zuletzt an Haremsphantasien ergötzte und vor «orientalischer Barbarei» erschauderte.[100] Das sagt allerdings oft mehr über die Empfänger aus als über die Absender – ein imaginierter, phantastischer Orient als Projektionsfläche für eigene Anschauungen und Bedürfnisse.[101] Eine Fundgrube in dieser Hinsicht sind die Orient-Romane Karl Mays, der die Region kaum kennengelernt, sie jedoch mit einer Mischung aus Bewunderung und Verachtung beschrieben hat.[102] Gerdien Jonker[103] hat die europäische Wahrnehmung mit vielen Belegen nachgezeichnet.

Als Elemente einer «imaginativen Weltaneignung» entstanden wie in anderen Staaten Europas orientalisierende Bauten in größerer Zahl.[104] Herausragende Beispiele sind die barockisierende «Moschee» im Schwetzinger Schlosspark aus den Jahren 1782 bis

Der preußische Generalleutnant Eduard von Hoffmeister (1852–1920)
fotografierte auf seiner Orientreise zu Beginn des 20. Jahrhunderts diese
Araberin und stimulierte damit Haremsphantasien.

1795,[105] das 1841–1843 errichtete, im mamlukischen Stil gehaltene Pumpwerk im Park von Sanssouci in Potsdam,[106] die
1842–1864 geschaffenen «maurischen» Bauten in der Stuttgarter
Wilhelma,[107] im Park von Schloss Linderhof[108] und auf dem Schachen,[109] oder das im Moscheestil errichtete Gebäude der Yenidze-
Tabakwarenfabrik in Dresden aus den Jahren 1908 und 1909.[110]
Eine eigentümliche Symbiose aus Barock und islamisch inspirierter Architektur findet sich in der monumentalen, in den Jahren 1716–1739 erbauten Wiener Karlskirche («Moschee an der
Wien»).[111] Viele andere orientalisierende Bäder, Kaffeehäuser,
Fabrikgebäude oder Pavillons sind im Bombenhagel des Zweiten
Weltkriegs untergegangen.[112]

Nicht als Moschee gedacht, diente das Schwetzinger Gebäude
nach dem deutsch-französischen Krieg von 1870/71 kriegsgefangenen Muslimen in einem Schwetzinger Lazarett als Gebetsstätte.[113] Heute ist es ein beliebtes Fotomotiv, insbesondere für
türkischstämmige Hochzeitspaare.

Ebenfalls seit dem 18. Jahrhundert intensivierte sich die Beschäftigung mit der orientalischen Literatur. Zugleich wurde der
Orient zum Gegenstand literarischer, insbesondere poetischer
Kunst.[114] Inspirierend wirkten die Erzählungen aus tausendundeiner Nacht, deren Anfang 1711 erstmals relativ frei aus der französischen Übersetzung Antoine Gallands ins Deutsche übertragen
und die im 19. Jahrhundert auf der Basis arabischer Quellen seriös übersetzt wurden. Eine vorzügliche Neuübersetzung auf der
Grundlage der ältesten arabischen Fassung stammt aus der Feder
von Claudia Ott.[115] Berühmt ist Goethes Gedichtsammlung «West-
östlicher Divan» von 1819. Sie nimmt Bezug auf die Gedichtsammlung, den Diwan, des persischen Dichters Hafiz aus dem
14. Jahrhundert, mit der sich Goethe in einer Übersetzung des
Wiener Orientalisten Joseph von Hammer-Purgstall intensiv befasst hatte.[116] Auch mag Goethe der Umstand inspiriert haben,
dass er 1814 an Gottesdiensten baschkirischer muslimischer Soldaten in Weimar teilnahm, die dort als Teil der zaristischen Armee zeitweilig im Kampf gegen Napoleon stationiert waren. So

*Die «Moschee» im Schlosspark Schwetzingen auf einer Radierung
von Christian Haldenwang, 1820. Kurfürst Carl Theodor von der Pfalz
ließ die Moschee Ende des 18. Jahrhunderts von Nicolas de Pigage im
Türkischen Garten seines Schlossparks erbauen. Der Park insgesamt sollte
die Toleranz gegenüber allen Religionen und Kulturen der Welt
zum Ausdruck bringen.*

konnte er an seinen Freund Friedrich Wilhelm Heinrich von Tre-
bra schreiben:

> Wer durfte wohl vor einigen Jahren verkünden, dass in dem Hörsaale un-
> seres protestantischen Gymnasiums mahometanischer Gottesdienst werde
> gehalten und die Suren des Koran würden hergemurmelt werden; und doch
> ist es geschehen, wir haben der baschkirischen Andacht beigewohnt, ihren
> Mulla geschaut und ihren Prinzen im Theater bewillkommt.[117]

Bis heute werden die unsterblichen Verse aus dem Gedicht «Talis-
mane» als Grundlage und Anreiz für Zusammengehörigkeit in
Vielfalt zitiert:

> Gottes ist der Orient!
> Gottes ist der Okzident!
> Nord- und südliches Gelände
> Ruht im Frieden seiner Hände.

Er, der einzige Gerechte,
Will für jedermann das Rechte.
Sei, von seinen hundert Namen,
Dieser hoch gelobet! Amen.[118]

Der Dichter und Orientwissenschaftler Friedrich Rückert würdigte das Werk mit den launigen Zeilen: «Als der West war durchgekostet, hat er nun den Ost entmostet.»[119] Rückert war der erste Orientalist in Erlangen (1826–1841), später in Berlin.[120] Von ihm stammt eine Teilübersetzung des Koran, die die sprachliche Ästhetik meisterlich ins Deutsche überträgt.[121] Auch Dichter wie August Graf von Platen (1796–1835)[122] und der epigonale Friedrich von Bodenstedt[123] (1819–1892) veröffentlichten orientalisierende und vom Orient inspirierte Werke («Der Orient ist abgethan, Nun seht die Form als unser an»),[124] die erhebliche Verbreitung fanden. Inhaltlich interessierten sich diese Dichter nicht zuletzt für die mystischen Richtungen des Islam (Sufismus), die in den Werken der großen Dichter Hafiz, Rumi oder Yunus Emre meisterlich eingefangen werden,[125] und flochten sie in ihre Poesie ein.[126] Manche indes zogen sich den Spott Karl Leberecht Immermanns zu, eines Zeitgenossen Heinrich Heines, dessen Verse dieser veröffentlichte: «Groß mérite ist es itzo, nach Saadis Art zu girren, doch mir scheint's égal gepudelt, ob wir westlich, östlich irren.» Platen bezog diesen Spott auf sich, woraufhin es zu einem bösen Schlagabtausch zwischen Platen und Heine («Platen-Affäre») kam. Der bedeutende muslimische Philosoph und Dichter Muhammad Iqbal wiederum antwortete auf Goethes Divan mit seiner 1923 erstmals veröffentlichten «Botschaft des Ostens» (Payam-i Maschriq).[127]

Zugleich wurde im 19. Jahrhundert erstmals eine Fülle von Literatur – Reiseberichte, diplomatische Berichte, geographische und naturwissenschaftliche Werke – über die muslimische Welt publiziert. Den Zeitläufen entsprechend standen Themenfelder wie Türkei/orientalische Frage und europäische Politik, Militärwesen, Christenverfolgungen, Wirtschaft, Orientbahn, Architektur, Reisen sowie Islam und moderne Kultur im Zentrum des Interesses.[128] Bemerkenswert ist beispielsweise der Reisebericht des sächsischen Juristen Heinrich von Maltzan, der einige orientalische Sprachen beherrschte. Nach Studien in München, Heidelberg und Erlangen trieben ihn ein Lungenleiden und die familiär wohlfinanzierte Neugierde dazu, sich als Muslim ausgebend unter dem Decknamen Sidi Abd-er-Rahman ben Mohammed nach Mekka zu reisen.[129] Einem neuen Kapitel in den politischen Beziehungen zwischen Deutschland und der islamischen Welt verdankt sich der Bericht des preußischen Militärs Helmuth von Moltke, der 1835 als Instrukteur der türkischen Truppen nach Konstantinopel abgeordnet wurde, um beim Aufbau eines an europäischem Vorbild orientierten Heeres mitzuwirken. 1838/39 war er an der blutigen Niederschlagung eines kurdischen Aufstandes beteiligt.[130]

Es gab zwar deutsche Regionalinteressen, aber anders als die großen europäischen Kolonialmächte Großbritannien, Frankreich und Russland erhob Deutschland keine territorialen Ansprüche im Hinblick auf das wirtschaftlich und militärisch immer schwächer werdende Osmanische Reich, sondern beschränkte sich auf wirtschaftliche und politische Belange.[131] Der Bau der Bagdadbahn und anderer strategisch bedeutsamer Bahnlinien unter maßgeblicher deutscher Mitwirkung waren Kooperationsprojekte, die neben wirtschaftlichen Erschließungsaspekten auch Truppentransporte in die britische Interessensphäre ermöglichten. In Konstantinopel konnte die deutsche Kolonie auf neu gegründete deutschsprachige Zeitungen wie die Osmanische Post (1890–1895) und das Konstantinopler Handelsblatt (ab 1896) zurückgreifen. Umgekehrt veröffentlichte die jungtürkische Reformbewegung ab 1900 ihr Publikationsorgan Osmanlı in deutscher Sprache.[132]

Von kolonialer Herrschaft in der Region unbelastet konnte Wilhelm II. bei seiner Orientreise 1898 am Grabe Saladins die legendäre Freundschaft zwischen Karl dem Großen und Harun al-Raschid heraufbeschwören und sich zum Freund der 300 Millionen Mohammedaner stilisieren.[133] Manche Wissenschaftler propagierten politische Allianzen des Reichs mit der islamischen Welt, so der bedeutende Orientalist, Ministerialbeamte und spä-

tere preußische Kultusminister Carl Heinrich Becker in seiner
Schrift «Deutschland und der Islam» oder der Archäologe und
Vertreter des Auswärtigen Amts Max von Oppenheim mit dem
Traktat «Über die Revolutionierung der islamischen Gebiete unserer Feinde»[134] kurz nach Ausbruch des Ersten Weltkriegs. Dabei
ging es weniger um religiös-kulturelle Verständigung als Eigen-
wert als vielmehr um machtpolitische Interessen.[135]

Eine fast schon skurrile Facette der Begegnungen ist die Initiative der deutschen Regierung zu Beginn des Ersten Weltkriegs, den
osmanischen Kalifen und verbündeten Mehmet V. zur Ausrufung
des Dschihad gegen die Entente-Mächte zu bewegen. Diese Erklärung, die Mehmet tatsächlich am 11. November 1914 abgab,
stieß auf wenig Resonanz.[136] Der niederländische Kolonialbeamte
und Islamwissenschaftler Snouck Hurgronje verspottete sie als
Dschihad made in Germany.[137] Der vermutlich ersten deutschen
arabisch- und tatarischsprachigen Zeitschrift «al-Ǧihād. Zeitung
für die muhammedanischen Kriegsgefangenen», die ab 1915 im
«Halbmondlager» bei Wünstorf und im Lager Zossen (dazu
S. 59 f.) den gefangenen muslimischen Soldaten der Entente-
Mächte zur Verfügung gestellt wurde,[138] war offenbar ebenfalls
kein durchschlagender Erfolg beschieden. Auch das Propaganda-
material, das von der 1914 von Max von Oppenheim angeregten
und zunächst geleiteten Nachrichtenstelle für den Orient (NfO)
des Auswärtigen Amts verbreitet wurde, scheint wenig bewirkt zu
haben. Mit seiner Hilfe sollten muslimische Soldaten der Entente-
Mächte zum Übertritt zu den Mittelmächten (Deutsches Reich,
Österreich-Ungarn, Bulgarien, Osmanisches Reich) bewegt werden. So bezeichneten zehn Religionsgelehrte aus Nordafrika und
dem Vorderen Orient in einer Schrift Franzosen, Engländer und
Russen in etablierter Scharia-Terminologie als «Feinde Gottes
und seines Gesandten», deren Unterstützung im Kampf Unglaube
sei, der den ewigen Zorn und Groll Gottes nach sich ziehe.[139] In
den arabischen Reichsteilen des Osmanischen Reichs, die nach
Unabhängigkeit strebten, waren die britischen Bemühungen, etwa
des legendären Lawrence von Arabien, ungleich erfolgreicher.

*Zwei Kaiser und ein Sultan einträchtig beieinander: Die Medaille
aus dem Jahr 1915 erinnert an das Bündnis der Mittelmächte Deutsches
Reich, Österreich-Ungarn und Osmanisches Reich im Ersten Weltkrieg. Eine
Seite zeigt die Herrscher der verbündeten Staaten, die andere Seite mit dem
Staatswappen trägt das Motto ‹Soli deo gloria› – Gott allein zur Ehre.
Stempel von F. König*

Im Umfeld der militärischen Allianz fanden sich namhafte Orientalisten wie Carl Heinrich Becker und Martin Hartmann, die den
«Kulturislam» priesen und in Gegensatz zu einem angeblichen
«Negerislam» stellten. So konnte man den gemeinsamen Kampf
mit dem Osmanischen Reich rechtfertigen und zugleich im Stil
des letzten Krieges von 1870/71 gegen Frankreich die Entente-
Mächte angreifen, in deren Reihen schwarze Soldaten kämpften.[140] Parallel zu dieser Entwicklung wurden die Massenmorde
an Armeniern im Osmanischen Reich seit den Pogromen der
1890er-Jahre ignoriert, die Volksgruppe diffamiert und von der
rechtskonservativen Presse als «Juden des Orients» tituliert –
Anti-Armenismus als eine Metamorphose des grassierenden Antisemitismus.[141]

Umgekehrt pries die 1916 zum ersten Mal in Berlin erschienene
iranische Zeitschrift «Kaveh» den Kampf Deutschlands an der
Seite des Osmanischen Reiches als «erstem unabhängigem islamischem Staat». Der Sieg Deutschlands und seiner Alliierten werde
von den Muslimen als sehr hilfreich für die Gegenwart und die

Zukunft gesehen, und man bete für den Sieg des deutschen Kaisers und der deutschen Truppen.[142] Die religiöse Facette diente der politischen Mobilisierung gegen die Kolonialmächte Großbritannien und Russland, die seit dem 19. Jahrhundert den formell unabhängigen Iran weitgehend in Interessensphären aufgeteilt hatten. Ähnliche antikoloniale Zwecke, aber unter Verzicht auf religiöse Anspielungen, verfolgten prominente Vertreter der ägyptischen Unabhängigkeitsbewegung in Berlin seit dem ausgehenden 19. Jahrhundert.[143]

Wenig bekannt sind Berichte muslimischer Reisender in Deutschland[144] wie derjenige des persischen Schah Nasreddin im Jahre 1873. Wie manche andere war er fasziniert von der Arbeitsmoral des Landes, und so schrieb er im Juni 1873 in Berlin:

> Man kommt nicht umhin, diesen Ungläubigen hier eine gewisse Hochachtung zu zollen, wenn man ihre Geschäftigkeit, ihr rastloses Arbeiten auf den Straßen, in den Häusern, Palästen und Werkstätten sieht. (…) man muß ihre Anstrengungen einfach bemerken, selbst wenn man dafür keinen Blick haben möchte.[145]

Pointierte Ansichten vertrat er zum Kulturkampf zwischen der Reichsregierung und der römisch-katholischen Kirche zu jener Zeit:

> Den Deutschen geht es nicht anders als uns im Iran. Diese Mullahs scheinen in aller Welt und unter allen Konfessionen gleich zu sein. Eine ganze Reihe von Schahs hat sich schon mit ihnen herumgeschlagen. (…). Was hat sich mein verstorbener Minister Nizam angestrengt, die Oberimams und die Imams der einzelnen Provinzen der Gewalt des Schahs zu unterwerfen. Er hat nicht mehr geschafft, als ihnen die weltliche Rechtsprechung abzunehmen, was sie zwar akzeptieren, aber nicht anerkannten. Es scheint mir, als würden die deutschen Erzbischöfe und Bischöfe einen ähnlichen Versuch der Auflehnung gegen die staatliche Macht unternehmen (…). Was ich so höre, klingt mir so verdächtig, als käme es aus meiner eigenen Umgebung. Der Erzbischof der Ungläubigen könnte in der Tat der leibliche Bruder des Obermullahs von Iran sein. (…).[146]

Neben tagespolitisch und wirtschaftlich ausgerichteten Interessen an der islamisch geprägten Welt und orientalisierenden Modeerscheinungen entwickelte sich auch eine seriöse wissenschaftliche Erforschung des Islam (weiter dazu S. xxx) und die Wertschätzung seiner kulturellen Leistungen. Sie schlug sich beispielsweise in der ersten großen Ausstellung islamischer Kunst in München 1910 mit etwa 3600 Objekten[147] und in kulturgeschichtlichen Sammlungen wie der mittlerweile weltbedeutenden, von Wilhelm von Bode und vor allem Friedrich Sarre angelegten Kollektion des Museums für Islamische Kunst in Berlin[148] nieder, dem ältesten derartigen Museum außerhalb der islamisch geprägten Welt. Damals wurde allerdings kein breiteres Publikum erreicht.[149] Das hat sich nun deutlich gewandelt. In München erschien gut hundert Jahre nach der ersten großen Ausstellung ein Prachtband über «München und der Orient».[150] Das Museum für islamische Kunst in Berlin zählt jährlich ca. 900000 Besucher, auch aufgrund wertvoller museumspädagogischer Arbeit wie dem für Schulen im Jahr 2015 aufgelegten Pilotprojekt «Kulturgeschichten».[151] Der Präsident der Stiftung Preußischer Kulturbesitz Hermann Parzinger betonte 2015, die bereits im 19. Jahrhundert entwickelte Vision der Berliner Museumsinsel habe den Islam schon als eine der großen Zivilisationen gesehen, die Europa geprägt haben, auch ohne die Zuwanderung der vergangenen Jahrzehnte sei der Islam Teil unserer abendländischen Kulturgeschichte.[152]

Auch andere deutsche Museen beherbergen herausragende Sammlungen islamischer Kunst und Kultur, so das Linden-Museum in Stuttgart mit bedeutenden Stücken insbesondere aus Zentralasien, das Museum Fünf Kontinente in München mit einer Akzentsetzung auf islamischer religiöser Alltagskultur, das Grassi-Museum in Leipzig mit bedeutenden Beständen an Textilien und Schmuck und das Museum für Kunst und Gewerbe Hamburg mit einer Fülle antiker Kostbarkeiten, aber auch einem Brückenschlag zur Gegenwartskunst. Weitere wichtige Kollektionen und Einzelstücke finden sich in öffentlichen Sammlungen und Domschatzkammern etwa in Bamberg, Bonn, Braunschweig, Coburg, Dres-

*Die Südfassade der jordanischen Wüstenresidenz von Mschatta aus
der Mitte des 8. Jahrhunderts wurde 1932 im Berliner Pergamonmuseum
aufgebaut. Die 1840 von Europäern «entdeckte» Fassade gelangte um 1900
als Geschenk des osmanischen Sultans an Kaiser Wilhelm II. nach Berlin.*

den, Düsseldorf, Frankfurt, Gotha, Halle, Hamburg, Hannover, Heidelberg, Jena, Kassel, Köln, Krefeld, Mannheim, Münster und Nürnberg[153] sowie in mancher Privatsammlung.[154]

Herausragende Bestände islamischer und orientalischer Manuskripte zeichnen insbesondere die Staatsbibliothek zu Berlin und die Bayerische Staatsbibliothek in München aus. Die dort aufbewahrten Sammlungen gehen bis ins 16. bzw. 17. Jahrhundert zurück. Nach dem Zweiten Weltkrieg entstanden besonders geförderte Schwerpunkte der wissenschaftlichen Literatur zu Vorderem Orient/Nordafrika an der Universitätsbibliothek in Tübingen (bis 1997) und seither an der Universitäts- und Landesbibliothek in Halle. Die mittlerweile umfangreichste Sammlung wissenschaftlicher Literatur zum Thema Islam in Europa pflegt die Universitätsbibliothek Erlangen-Nürnberg.

Die Universität Tübingen besitzt und erschließt eine der weltweit besten Kollektionen islamischer Numismatik. Auch in Berlin, Jena und München befinden sich bedeutende Sammlungen, die teils leider seit Jahrzehnten nicht mehr bearbeitet werden.

Mit all diesem finden sich in Deutschland zum einen international herausragende Grundlagen für die wissenschaftliche Erforschung der islamischen und vom Islam (mit)geprägten Kulturen. Zum anderen, und nicht weniger wichtig, erschließen sie auch dem Laien einen ästhetischen Zugang zum Verständnis dieser Kulturen. Vieles im muslimischen Leben wird weit mehr von Alltagsfaktoren außerhalb religiös-normativer Denk- und Lehrmodelle geprägt als von diesen selbst. Für den verbreiteten, von Mystik (sog. Sufismus)[155] und Volksislam[156] bestimmten Zugang zur Religion versteht sich das von selbst, wenngleich auch die islamische Mystik nicht auf anspruchsvolle theologische Erörterungen verzichtet.[157] Viele Artefakte, die von muslimischen, jüdischen oder christlichen Kunsthandwerkern für einen gleichfalls religiös gemischten Abnehmerkreis angefertigt wurden, zeigen die islamisch geprägten Welten als eine vielfältige und dynamische Mischung der Kulturen und Ideen. Stefan Weber, Direktor des Museums für Islamische Kunst in Berlin, wies in diesem Zusammenhang darauf hin, dass die islamische Kulturtradition auch die Auseinandersetzung mit der Moderne seit dem 19. Jahrhundert fortsetzt. Sie ist also keine «Entfremdung» von etwas als feststehend verstandenem Ursprünglichen, sondern die «lokale Ausformung eines globalen Phänomens».[158]

Zudem bietet das in deutschen Museen und Bildungseinrichtungen gepflegte Interesse an vorislamischen Kulturen nicht zuletzt für Muslime wertvolle Einsichten in die Grundlagen islamischer Kultur, ihre Eingebundenheit in ältere lokale Kulturen und ihre historische Bedingtheit. Aus traditioneller islamisch-theologischer Sicht wird die Zeit vor dem Islam als die Epoche der Unwissenheit (Dschahiliya) herabgewürdigt. Die Beschäftigung mit dieser Epoche zeigt indes, wie viel von ihr in die islamische Zivilisation eingeflossen ist. Diese ist in vielerlei Hinsicht eher eine Fortentwicklung des Vorgefundenen als ein Bruch mit ihm. Der

Stolz vieler Ägypter auf die pharaonische Kultur ihres Landes zeugt von solchem Bewusstsein ebenso wie der von Syrern, Irakern und Iranern auf das levantinische, mesopotamische und altiranische Kulturerbe. Die Spätantike hat maßgeblich im islamisch geprägten Raum weitergelebt und wurde dort auch weiterentwickelt. Selbst Saudi-Arabien, wo noch bis in die jüngste Zeit hochrangige frühislamische Kulturdenkmäler aus religiösem Fanatismus zerstört wurden, hat sich in den letzten Jahrzehnten seiner vorislamischen Kultur angenommen.[159] All dies steht in deutlichem Kontrast zur Kulturbarbarei des «Islamischen Staats» oder der Taliban.

Ein weiteres wichtiges Element im Alltagsleben wie auch in religiösen Zeremonien bei Aleviten (zu ihnen siehe S. 145 ff.) oder Mystikern aller Richtungen ist die Musik, auch in religiösmeditativer Gestalt. Das von manchen ästhetikfeindlichen, misanthropischen Gelehrten vertretene Musikverbot findet keine greifbare Grundlage im Koran – allenfalls in sehr umstrittenen Prophetenüberlieferungen – und steht im krassen Gegensatz zur reichen Musiktradition in der islamischen Welt. Schon im Mittelalter nutzte man Musik auch zu psychotherapeutischen Zwecken, etwa im seldschukischen Kayseri und Sivas. Und der Renaissancekomponist Heinrich Isaac (gest. 1517) ließ sich vermutlich von meditativer Derwischmusik über das islamische Glaubensbekenntnis *la ilaha illa Allah* (Es gibt keinen Gott außer Gott) zu dem um 1500 komponierten vierstimmigen Stück «Allahoy» (La la hö hö) inspirieren.[160]

In der orientalischen Musik verschränken sich jüdische, christliche und muslimische Traditionen mit Auswirkungen auch auf die europäische und deutsche Musikkultur.[161] So ist die Bezeichnung der Laute, eines Schlüsselinstruments mittelalterlicher und frühneuzeitlicher Musik, vom arabischen Wort für Holz («al-'Ud») abgeleitet. Notationssysteme für Lautenmusik gehen auf Diagramme zurück, die der arabische Musiktheoretiker al-Kindi (gest. 874) entwickelte.[162] Auch die Brettzither/Psalterium (arabisch Qanun von griechisch Kanon) ist gemeinsames antikarabisch-europäisches Kulturerbe.[163] Musiktheoretische Schriften großer Gelehrter wie al-Farabi (gest. 950), die auf dem Erbe der klassischen Antike aufbauten, wurden beispielsweise bei der Aufteilung der Oktave zur Grundlage europäischer Musikwissenschaft seit dem Mittelalter.[164] Anspruchsvolle Ensembles wie Sarband[165] widmen sich der Pflege solcher Künste.

Die Einschätzung orientalischer Musik schwankte in gewisser Parallele zu eher kriegerischen oder friedlichen Phasen der Begegnung. Der Komponist, Organist und Theologe Michael Prätorius schrieb in einer gegen den Islam polemisierenden Passage seines 1619 erschienenen Syntagma musicum[166] über die türkische Janitscharenmusik:

Denn es hat Mahometh (...) alles was zur frölichkeit dienlich/alß Wein und Säytenspiel in seinem gantzen Lande verbotten/unnd an deren stadt eine Teuffels Glocke und Rumpelfaß mit einer schnarrenden und kikakenden Schalmeyen verordnet/welche annoch bey den Türcken in hohen Wert und so wol auff Hochzeiten unnd Frewdenfesten/alß im Kriege gebrauchet werden.[167]

Die musikhistorische Verwandtschaft zwischen der «kikakenden Schalmey» – gemeint ist offenbar die Zurna – und der europäischen Schalmei war ihm offenbar unbekannt; auch ist nicht überliefert, dass die Janitscharenmusik auf das Arabien des 7. Jahrhunderts zurückgeht. Die kulturhistorischen Wechselfälle brachten es mit sich, dass im Osmanischen Reich des 19. Jahrhunderts die Zurna von der französisch-europäischen Oboe verdrängt wurde, die ihrerseits auf der Schalmei beruhte.

Indes hatte die Janitscharenmusik wie alle Militärmusik den Zweck, mit durchdringenden Bässen und pompöser Struktur den Gegner einzuschüchtern und die eigenen Reihen von Furcht zu befreien und aufzuheizen – man denke an die musikalischen Schlachtengemälde in der in Europa damals populären Form der «Battaglia». Zu Prätorius' Zeiten konnte Janitscharenmusik tatsächlich noch Furcht und Ablehnung auslösen. Erst nach der vernichtenden Niederlage vor Wien 1683 durften osmanische Gesandte dort

mit dem Gepränge ihrer Janitscharen-Kapelle öffentlich in Erschei-
nung treten.[168] Mit dem zunehmenden Verfall der osmanischen
Militärmacht hat später dieselbe Janitscharenmusik europäische
Komponisten inspiriert: z. B. Christoph Willibald Gluck in den
«Türkenopern» «Der betrogene Kadi» und «Die Pilger von
Mekka», Wolfgang Amadeus Mozart in seinem Rondo alla turca
für Klavier oder in der Oper «Die Entführung aus dem Serail»,
Josef Haydn in der «Militärsymphonie» oder Ludwig van Beetho-
ven im «Alla Marcia»-Teil der 9. Symphonie.[169] Janitscharenka-
pellen unterschiedlicher Qualität wurden als Exotikum an deutschen Fürstenhöfen eingerichtet, adaptierte Janitscharenmusik in
deutschen Heeren gespielt.[170] Auch in der Volkskultur wurde diese
Musik rezipiert, so auf dem Erlanger Fastnachtsumzug 1721 mit
gleich zwei Kapellen.[171]

Der württembergische Dichter-Musiker Christian Friedrich Da-
niel Schubart schrieb und diktierte während seiner zehnjährigen
Festungshaft die «Ideen zu einer Ästhetik der Tonkunst», in welchen er sich kenntnisreich lobend äußert:

> Wie original, wie einzig sind hier die Töne zusammen gesucht! (...). Kurz,
> die türkische Musik ist unter allen kriegerischen Musiken die erste, aber
> auch die kostbarste (...).[172]

Hier zeigt sich ein Wandel von furchtgesteuerter Ablehnung hin
zu inhaltlichem Erkenntnisinteresse. 1826 übrigens wurde das Ja-
nitscharenkorps im Zuge eines internen Machtkampfes in Konstantinopel niedergemetzelt; dessen Musik wird in der Türkei erst
in jüngerer Zeit als kulturelles Erbe wiederbelebt. Unabhängig
von der Aufnahme orientalischer Musikelemente changierte das
Bild des «Türken» oder «Moslem» in den zahlreichen Opern des
18. und 19. Jahrhunderts immer noch zwischen demjenigen eines
edlen und weisen, gelegentlich jähzornigen Herrschers und dem
eines grausamen und verschlagenen Menschen.[173]

Religiöse Gebote und Verbote haben die Entwicklung von islamischer Kunst und Kultur mit geprägt. Manche puristischen
Richtungen lehnen jegliche Musik ab, zumindest alle Arten von

*Schmuckanhänger aus Indien mit religiösen Beschwörungsformeln
und einem magischen Rechteck. Die Buchstaben können
Beinamen Gottes oder magische Zahlen symbolisieren
(vgl. Kriss/Kriss-Heinrich, S. 68 ff.).*

Instrumentalmusik und Gesang, der nicht der Gottesverehrung
dient oder die Sinne reizen könnte. Die im Koran angelegte rigide
Ablehnung der Götzenverehrung und das von manchen daraus
abgeleitete Verbot, Lebewesen abzubilden, hatte in der islamischen Geschichte immer wieder stark einschränkende Wirkungen
z.B. auf die bildenden Künste. Einerseits trifft es nicht zu, dass im
Islam ein generelles Bilderverbot herrscht. Die Darstellungen von
Menschen und Tieren in Manuskripten und an anderen Stellen
sind Legion, insbesondere im persisch-indischen und osmanischen
Kulturraum. Auch der Prophet Muhammad wird häufig dargestellt, meist, aber nicht immer, mit verhülltem Antlitz. Andererseits hat sich eine ebenfalls im Koran angelegte[174] hohe religiös-

Schmuckanhänger aus Syrien mit dem populären
«Thronvers» aus Koran Sure 2, 255 zum Schutz vor bösen Kräften
(vgl. Kriss/Kriss-Heinrich S. 61)

kulturelle Wertschätzung der Schriftkultur in Höchstleistungen in der Kalligraphie und in der Schriftnutzung bei Stukkaturen, Holzschnitzereien oder Keramiken niedergeschlagen. Die religiös begründete Ablehnung prunkvoller Goldgefäße führte zur Erfindung der Lüsterkeramik, die in anspruchsvollen Brennverfahren den Metallglanz nachahmt.[175] Derartig gestaltete Apothekergefäße («Albarellos»)[176] verbreiteten sich seit dem ausgehenden Mittelalter auch im europäischen Kunsthandwerk. In der Kultur des Volksislam finden sich Amulette mit religiösem Hintergrund, wie das «Auge der Fatima» oder Schmuckanhänger mit Koranversen und Beschwörungsformeln.

Insgesamt hat der umfangreiche kulturelle und wirtschaftliche Austausch Europa wie auch die islamische Welt beeinflusst. Wissenschaftlich spannende Untersuchungen zeichnen für einzelne Bereiche und Phänomene die Wege dieses Austauschs nach. Vieles wird sich kaum mehr exakt aufklären lassen. Wenig sinnvoll erscheint es hingegen, den jeweiligen Einfluss quantifizieren zu wollen nach der Fragestellung: Wieviel islamische Kultur steckt in Europa? Welches Europa? In welchen Bereichen? Im Verhältnis zu welchen anderen Entwicklungen? Zudem wäre schon die Perspektive zweier getrennter Welten verfehlt, die sich nur auf einzelnen Wegen verbinden. Der Mittelmeerraum, der Balkan und Osteuropa waren und sind Übergangszonen zu den angrenzenden Gebieten. Die islamisch geprägte Welt ist ihrerseits höchst plural: Juden, Christen und Angehörige anderer Religionen, Araber, Perser, Türken, Inder und viele weitere Völkerschaften haben wesentliche Beiträge zur dortigen kulturellen Entwicklung geleistet. Kennzeichnend für die Begegnungen ist also letztlich die nicht mehr auseinander zu dividierende Mischung aus gegenseitiger Beeinflussung und Befruchtung.

Zweiter Teil
Geschichte der Muslime in Deutschland

I. Die Anfänge: «Türkenbeute», Söldner und Gesandte

Wie oben erwähnt, waren seit dem Mittelalter wiederholt Muslime in Deutschland, allerdings anders als in Spanien, Italien oder auf dem Balkan in sehr geringen Zahlen und meist nicht für längere Zeit. Sie stellten insofern exotische Erscheinungen dar, die Neugierde weckten, aber kaum Anlass zur vertieften Beschäftigung mit ihrer Religion boten. Dessen ungeachtet entwickelten sich, wie gezeigt, sehr wohl allerlei Vorstellungen vom Islam, die von den jeweiligen politisch-militärischen und kulturellen Entwicklungen geprägt waren. Es ist wichtig, dies in Erinnerung zu behalten: Das Bild vom Islam in Deutschland hat sich über lange Zeit ohne breitere persönliche Kontakte zu Muslimen entwickelt.

Erst in der Folge der militärischen Zurückdrängung des Osmanischen Reichs seit dem späten 17. Jahrhundert im «Großen Türkenkrieg» (1683–1699) gelangten später konvertierte oder zwangsgetaufte osmanisch-muslimische Kriegsgefangene in größerer Zahl als «Beutetürken» nach Deutschland, zuvor auch schon vereinzelt als Sklaven.[1] So nahm ein fränkischer Adliger, der bei der Seeschlacht von Lepanto 1571 und später am Landkrieg teilgenommen hatte, einen türkischen Gefangenen nach Nürnberg mit, der dort 1600 getauft wurde.[2] Der bayerische Kurfürst Max Emanuel brachte 1686 345 solcher Sklaven nach München.[3] Unter den von Hartmut Heller[4o] für Franken identifizierten 75 «Beutetürken» waren mindestens die Hälfte Kinder unter sech-

zehn Jahren. Familiennamen wie Aly, Morath, Oßmann oder Sol-
dan sollen auf osmanische Ursprünge (Ali, Murad, Osman, Sultan) zurückzuführen sein.[5]

Manche der Gefangenen wurden zusammen mit anderen Menschen aus Übersee (z. B. «Hofmohren») als exotische Erscheinung
in den Hofstaat aufgenommen, beispielsweise in Berlin, Kassel,
Hannover und München.[6] Einzelne heirateten sogar in adlige Familien ein, wie die 1755 im Kloster Markdorf am Bodensee bestattete Maria Anna Augusta Fatma, Mätresse des badischen
Markgrafen Ludwig Wilhelm («Türkenlouis») und später Ehefrau
des Grafen Friedrich Magnus von Castell-Remlingen,[7] oder die in
Ofen (Buda) 1686 gefangen genommene Suleika, die in einem adligen Haus aufwuchs und zur Mätresse Augusts des Starken avancierte. Ihr Sohn wurde zum Grafen Rutkowski geadelt, ihre Tochter heiratete einen Grafen Bielinski.[8] Andere gelangten in ländliche
Umgebungen, so etwa in Württemberg, Franken, Bayern,[9] Lüneburg, Mitteldeutschland[10] und Schlesien.[11]

Hartmut Heller[12] berichtet von gesellschaftlich gut angenom-
menen Offizieren, Kammerdienern, Leinewebern, Schustern, Bä-
ckern, Hofkonditoren, Gymnasiallehrern, Bürgermeistern, Hos-
pitalschwestern und Ehefrauen angesehener Berufsgruppen, so
z. B. eine «Türkenchristel» in der Oberlausitz, derer in einem
Nachruf 1720 freundlich gedacht wurde. Bemerkenswert ist auch
das Leben des 1686 im Alter von zwanzig Jahren in Ofen (Buda)
gefangen genommenen Janitscharenoffiziers Hussin, der aus einer
vornehmen osmanischen Familie stammend für 45 Reichstaler an
einen fränkischen Adligen verkauft wurde. Später per «Gnaden-
brief» freigelassen, trat er in den Dienst eines Nürnberger Patri-
ziers, wurde 1694 getauft, heiratete die Tochter eines Laufer
Branntweinbrenners und führte schließlich als Friedrich Carl
Wilhelm Benedict den Betrieb seines Schwiegervaters in Schwaig
weiter.[13]

Einige ehemalige Gefangene blieben Zeit ihres Lebens Muslime
und erlangten dessen ungeachtet eine sozial sichere Position.[14] An
einzelnen Orten war es möglich, religiöse Riten wenigstens an-

satzweise zu pflegen, beispielsweise bei Bestattungen.[15] Die muslimischen Gräber in Hannover sollen sich im 18. Jahrhundert gar zur «Touristenattraktion» entwickelt haben.[16] Viele wurden jedoch Christen, häufig wohl unter sozialem Druck, um ihren Status zu verbessern. Ein spezieller Fall in dieser Hinsicht dürfte derjenige des Spahi (Reitersoldaten) Ibrahim gewesen sein, der von einem Nürnberger Adligen 1686 nach Schloss Rückersdorf verbracht wurde. Der Wandel zum Christen und die Taufe im März 1689 könnte mit seiner zwei Tage später abgehaltenen Hochzeit mit einer Schlossmagd im Zusammenhang stehen, die von ihm im vierten Monat schwanger war.[17] Einzelne konvertierten offenbar auch aus Überzeugung und traten in kirchlichen Dienst.[18] Anderen gelang eine militärische Karriere, wie dem vom Kurfürsten von Hannover 1716 geadelten «Mehmet von Königstreu», der eine Frau aus einem der bekanntesten hannoverschen Ratsgeschlechter heiratete.[19]

Für die Frühe Neuzeit sind bislang aus Bayern 166 Taufen an 69 Orten bekannt geworden, aus Deutschland deutlich mehr als 500.[20] Hartmut Heller[217] beschreibt eindrucksvoll das Leben und Sterben des Carl Osman, der 1655 in Konstantinopel geboren, 1688 vor Belgrad gefangen und in die fränkische Ortschaft Rügland gebracht wurde, wo er nach 39 Dienstjahren als Kammerdiener im Crailsheimschen Schloss 1727 die Taufe erhielt und 1735 verstarb. Seinen Wunsch nach einer «großen Leich» konnte er dadurch realisieren, dass er an jeden Trauergast fünf Kreuzer auszahlen ließ, was die Rekordzahl von 925 Personen zur Teilnahme an der Beerdigung motiviert haben mag. So starb er nach den Worten des Pfarrers als christlicher Wohltäter und gutes Vorbild. Immerhin stiftete er seiner Taufkirche auch zwei Augsburger Silberleuchter für 85 Gulden.[22]

Die Versklavung muslimischer Kriegsgefangener endete im 18. Jahrhundert. Seit dieser Zeit gelangten einzelne Muslime in offizieller Funktion nach Deutschland,[23] wie etwa der 1763 als erster Gesandter in Preußen empfangene Ahmad Rasmi Effendi oder der 1798 in der Hasenheide in Berlin bestattete osmanische Ge-

sandte Ali Aziz Effendi. Andere kamen als Händler, zu Studien-
zwecken oder als Reisende.[24] In größerer Zahl wurden Muslime
für Militärdienste angeworben, wie beispielsweise die muslimischen tatarischen, bosniakischen oder albanischen Soldaten im
preußischen Heer, die ab 1743 in einem heute nicht mehr existierenden Friedhof im ostpreußischen Goldap bestattet wurden,
oder der polnisch-litauische Tatar Mustapha Sulkiewicz, der im
Siebenjährigen Krieg 1762 als Premierleutnant in sächsischen
Diensten gegen Preußen fiel und in Dippoldiswalde seine letzte
Ruhestätte fand.[25]

Die Aufnahme von Muslimen in die preußische Armee machte
den Islam auch architektonisch sichtbar: 1732 richtete König
Friedrich Wilhelm I. in der Potsdamer Garnison eine Moschee
ein, die heute nicht mehr erhalten ist. Die Bezeichnung der späteren preußischen «Ulanen»-Regimenter geht auf das türkisch-ta-
tarische Wort «Oğlan» (Sohn, junger Mann, Soldat) zurück, eine
Erinnerung an die ursprüngliche Zusammensetzung dieser Truppen in der Regierungszeit Friedrichs des Großen.[26] Offenbar über-
wog der militärische Nutzen auch theologische Aversionen, wie
eine Anekdote aus Goldap in Ostpreußen zeigt, die Muhammad
Salim Abdullah in seinem Abriss der Geschichte der islamischen
Minderheit in Deutschland wiedergibt:[27]

Ein türkischer Offizier hatte mit einem jungen Mädchen Zwil-
linge gezeugt. Das Konsistorium Lyck befand, das Mädchen habe
sich des gemeinen fleischlichen Umgangs mit einem Heiden schul-
dig gemacht und sei deshalb zu verbrennen. Daraufhin schrieb der
Leutnant an den König, der die geistlichen Herren sehr drastisch
zurechtwies. Dagegen wurde dem türkischen Leutnant die aller-
höchste Erlaubnis erteilt, «kleine Heiden zu machen soviele er
wolle». Mit orientalischer Höflichkeit lud dieser nun das Konsistorium ein, an der islamischen Beschneidungszeremonie teilzunehmen und seine und seiner jungen Frau Gäste zu sein.

Insgesamt war die religiös-kulturelle Atmosphäre in Brandenburg-Preußen zu dieser Zeit von einem vergleichsweise hohen Maß
an Toleranz geprägt, die teils wohl pragmatische Gründe hatte

und zur Vermehrung der im Dreißigjährigen Krieg und danach stark dezimierten Bevölkerung beitragen sollte.[28] Allerdings blieben die Zahlen eingewanderter Muslime insgesamt sehr überschaubar. Den Überlegungen des preußischen Königs Friedrich II. nach der ersten Teilung Polens 1775, Tataren als Soldaten und zur Mehrung der Bevölkerung anzusiedeln, war kein dauerhafter Erfolg beschieden.[29] Immerhin zeigte seine religiöse Toleranz neue Ansätze für das künftige Zusammenleben in Deutschland. Berühmt geworden ist seine in mäßigem Deutsch verfasste Randbemerkung auf einem Bericht des General-Direktoriums in seinem ersten Regierungsjahr 1740:

> alle Religionen Seindt gleich und guht wan nuhr die leüte so sie profsiren Erliche leüte seindt, und wen Türken und Heiden kähmen und wollten das Land Pöpliren, so wollen wier sie Mosqueen und Kirchen bauen.[30]

König Friedrich Wilhelm III., der Großneffe Friedrichs, erwarb 1798 ein Grundstück am heutigen Columbiadamm in Berlin für die Bestattung des osmanischen Gesandten Ali Aziz Effendi. Daraus entwickelte sich der erste, noch heute bestehende muslimische Friedhof auf dem Gelände der Şehitlik-Moschee, das 1866 dem Osmanischen Reich geschenkt wurde.[31] Dort stechen heute die vor wenigen Jahren aufwendig restaurierten «Märtyrer»-Gräber von Kemal Azmi und Bahaddin Sakir hervor, die beide maßgeblich am Massenmord an den Armeniern im Ersten Weltkrieg beteiligt waren und 1922 von armenischen Attentätern in Berlin erschossen wurden[32] – eine befremdliche Symbolik auf dem Gelände einer Moschee, die sich vorbildlich um Verständigung verdient macht.

Im 19. und frühen 20. Jahrhundert verstärkte sich der Austausch mit dem Osmanischen Reich in Diplomatie, Ausbildung und Wissenschaft, Kunst, Handel und nicht zuletzt in militärischer Hinsicht, jedoch nicht kontinuierlich. Prominent wurde der Philosoph, Dichter und geistige Gründungsvater des späteren Pakistan Muhammad Iqbal (geb. 1877). Nach Studien in Heidelberg und München wurde er 1907 mit einer Arbeit über persische Metaphysik promoviert. In Heidelberg erinnert das am Neckar gelegene Iqbal-Ufer an seinen berühmten Studenten.[33] Einzelne Muslime gelangten auch als politische Flüchtlinge ins Land,[34] andere als Wissenschaftler wie etwa der 1896 geborene osmanische Tatar Kemaletdin Bedri, der zum Studium aus Istanbul nach Berlin übersiedelte und später der erste Lektor für die tatarische Sprache in Deutschland wurde.[35]

Religiöse Fragen spielten bei alledem keine Rolle. Die Zahl der Muslime in Deutschland blieb insgesamt gering. Zum Islam konvertierten einzelne herausragende Persönlichkeiten:[36] der schlesische Afrikaforscher Isaak Eduard Schnitzer, der zunächst vom Judentum zum Protestantismus übertrat und nach verweigerter Zulassung zum medizinischen Staatsexamen ins Osmanische Reich emigrierte, wo er später als «Mehmed Emin Pascha» Gouverneur der ägyptischen Äquatorialprovinz wurde;[37] der Westfale Gustav Adolf von Wrede, der vor der Unterbringung beim Militär durch seinen Vater floh, als Schiffsjunge im osmanischen Reich landete, dort zum Truppeninspekteur avancierte und grundlegende Entdeckungsreisen in Hadramaut unternahm;[38] und nicht zuletzt Karl Detroit, der als Schiffsjunge ins Osmanische Reich geflohene Sohn eines preußischen Hofmusikers, der Jahrzehnte später als Marschall das Osmanische Reich beim Berliner Kongress 1878 vertrat – zum Unwillen Bismarcks («Taktlosigkeit») und des deutschen Generalstabs.[39] Unter seinen Nachkommen findet sich der bedeutende türkische Dichter Nazim Hikmet. Insgesamt ist unsere Kenntnis über Muslime im Deutschland des 19. Jahrhunderts bislang eher bruchstückhaft, vieles bleibt noch zu erforschen.

Die kurze koloniale Epoche Deutschlands brachte zeitweise ca. 2 Millionen Muslime in Deutsch-Ostafrika, Kamerun und Togo, wo teilweise islamisches Recht galt, unter deutsche Herrschaft.[40] Vergleichsweise enge Verbindungen zu diesen Regionen bestehen bis heute etwa im Bildungswesen und in der Entwicklungszusammenarbeit, in religiösen Angelegenheiten jedoch anscheinend fast ausschließlich im Hinblick auf das Christentum.

II. Der Erste Weltkrieg und die Folgen

Während bis zum Beginn des 20. Jahrhunderts muslimische Präsenz in Deutschland eine Ausnahmeerscheinung war, brachten der Erste Weltkrieg und die politischen Entwicklungen in seiner Folge eine größere Zahl von Muslimen ins Land. Insbesondere der Orientalist Gerhard Höpp hat sich um die Erforschung dieses Themas verdient gemacht.[41]

Bei den in jener Zeit nach Deutschland gelangten Muslimen handelte es sich überwiegend um kriegsgefangene Soldaten, die zu Hunderttausenden in den Armeen der Entente-Mächte kämpften.[42] Um die 12000 waren im Lager Wünstorf bei Berlin inhaftiert, einige in überwiegend in Preußen gelegenen weiteren Lagern. Als die deutsche Regierung die Idee entwickelte, diese Gefangenen für pan-islamische Ideen und damit für die eigenen außenpolitischen Zwecke zu gewinnen, wurde das nahegelegene Propagandalager Zossen eingerichtet.[43] Dort wurden Gefangene aus der britischen und der französischen Armee untergebracht und die erste hölzerne Moschee errichtet, die allerdings 1930 abgerissen wurde.[44] Zwei osmanische Tataren, Abdurraschid Ibrahim (1857–1944) und Alimjan Idris (1887–1954), wurden als «Lagerimame» aus Istanbul entsandt. Der deutsche Botschafter in Konstantinopel hatte schon kurz nach Kriegsbeginn vorgeschlagen, die in deutsche Gefangenschaft geratenen

> Mohammedaner besonders rücksichtsvoll zu behandeln, namentlich bei Verpflegung auf Religionsvorschriften zu achten und ihnen Gelegenheit zur Erfüllung (ihrer) Religionspflicht zu geben.[45]

Rund 1100 Tataren erklärten sich 1915/16 bereit, in der osmanischen Armee zu kämpfen,[46] daneben auch über 1000 arabische und rund 50 indische Muslime.[47] Schon zuvor war eine kleine Zahl Gefangener in einer deutsch-osmanischen Propagandaaktion als Zeichen der Verbundenheit ins Osmanische Reich geschickt worden.[48]

In den Lagern starben in den Kriegsjahren einige hundert muslimische Gefangene, die auf einem eigens angelegten gemischt-
konfessionellen, später vernichteten Friedhof in Zehrensdorf ihre
letzte Ruhe fanden; dort wurden mehrere Gedenkmonumente errichtet.[49]

Nach Kriegsende entstanden kurzlebige Einrichtungen für muslimische Besatzungssoldaten, z. B. eine Moschee für französische
Soldaten aus Nordafrika und dem Senegal im Soldatenlager Gon-
senheim in Rheinland-Pfalz; ähnliches wiederholte sich dort nach
dem Zweiten Weltkrieg.[50] Andererseits verließen in dieser Zeit die
meisten Tataren Deutschland; nur einige Dutzend blieben, die teilweise zunächst die dann 1924 geschlossenen Lager bewohnten.
Andere siedelten sich in Berlin an und ergriffen verschiedenste Be-
rufe oder nahmen ein Studium auf. Ein nennenswertes Gemeindeleben entwickelte sich unter ihnen jedoch nicht. Vereinzelt werden eher politische Aktivitäten überliefert, wie Erinnerungsfeiern
an wichtige Ereignisse der tatarischen Geschichte oder Versuche,
anti-bolschewistische Allianzen zu bilden, nicht indes die Formie-
rung oder institutionelle Beteiligung am muslimisch-religiösen
Gemeindeleben.[51] Erfolgreicher waren Versuche der pro-deutschen
Tataren in den 1920er-Jahren, russische Muslime aus Tatarstan
und Turkestan zu Studium und Ausbildung nach Deutschland zu
bringen.[52] Anderen in Deutschland verbliebenen Gefangenen, insbesondere «Überläufern», wurde nach Kriegsende kaum Hilfe zu-
teil, manche wurden ohne Weiteres abgeschoben.[53]

Auch für Muslime aus anderen Weltgegenden war Deutschland
nach dem Ersten Weltkrieg als Studienort attraktiv. Einige von
ihnen erlangten später verantwortliche Positionen im Herkunftsland und förderten eine pro-deutsche, Großbritannien und Frankreich feindlich gesonnene Politik.[54] Hierbei ist zu bedenken, dass
in den wachsenden anti-kolonialistischen Bewegungen die Hin-
wendung zu Deutschland in erheblichem Umfang der politischen
Devise «der Feind meines Feindes ist mein Freund» zu verdanken
war.[55] So konnten in den 1920er-Jahren vor allem in Berlin pan-
islamisch ausgerichtete Vereinigungen gedeihen, wie der «Orient

Klub e. V.», der 1920 von 1918 hierher geflüchteten Türken gegründet wurde, das 1922 ins Leben gerufene «Ägyptische natio-
nale Verteidigungskomitee» oder die 1923 gebildete «Arabische
Vereinigung», später «Vereinigung der arabischen Studenten in
Berlin». Zudem entstanden Publikationen, zu denen etwa die
1921 gegründete «Ägyptische Korrespondenz. Organ der ägyptischen Nationalpartei in Deutschland», «Liwa el-Islam» (arab.
Banner des Islam) oder «Āzādī-e šarq» (pers. Freiheit des Ostens)
gehörten.[56]

Dementsprechend wurden muslimische Organisationen in nen-
nenswertem Umfang etabliert. In Berlin entstand 1922 die Islamische Gemeinde zu Berlin e.V, die Mitglieder aus mehr als 40 Ländern versammelte. Die Vielfalt schlug sich im Vorstand nieder, der
aus dem Inder Abdul Jabbar Kheiri (Vorsitzender und Imam),
dem türkischen Botschaftsgeistlichen Hafiz Schükrü und dem
Arabischlektor Ahmad Wali (Stellvertreter des Vorsitzenden) sowie dem deutschen Geschäftsführer Khalid Banning bestand.[57] In
einer Mitgliederliste findet sich der Name des prominenten, vom
Judentum zum Islam konvertierten Gelehrten Leopold Weiss/Mu-
hammad Asad, der unter anderem eine bedeutende kommentierte
Koranübersetzung vorgelegt hat.[58] Aus der Gemeinde heraus bildete sich 1930 die «Deutsch-Moslemische Gesellschaft, Berlin
e. V.», die mit ca. 1800 Mitgliedern unterschiedlichen religiösen
und ethnischen Hintergrunds einige Öffentlichkeitswirkung erzielte.[59]

In München und Berlin entstanden in den 1920er-Jahren zudem Gemeinschaften, die sich der mystischen Richtung des Islam
(Sufismus) verbunden fühlten. Inspiriert waren sie durch Missi-
onsreisen des Sufi-Lehrers, Sängers und Musikers Hazrat Inayat
Khan aus Baroda/Indien, der lange Jahre in verschiedenen westlichen Ländern wirkte.[60] Das Wirken dieser Gemeinschaften, die
zumeist deutsche Konvertiten anzogen, wurde durch den Nationalsozialismus unterbrochen. Seit den siebziger Jahren finden sich
als Folge von Migrationsvorgängen verschiedene weitere Vereinigungen, die die sufischen Traditionen der jeweiligen Herkunfts-

länder pflegen.[61] Zu einem internationalen Orden mit deutscher Beteiligung hat sich seit den 1970er-Jahren die Naqschbandiyya-Haqqaniyya entwickelt. Daneben existiert eine Zahl weiterer Sufi-Gemeinschaften.[62]

In Berlin-Wilmersdorf wurde 1925 am Fehrbelliner Platz eine Moschee der Lahore-Ahmadiyya-Gemeinde errichtet (siehe weiter zu dieser Richtung S. 144). Initiiert wurde der Bau von dem Inder Sadr ud-Din, der auch die «Moslemische Revue» ins Leben rief.[63] 1928 hielt dort der Präsident der Ahmadiyya in Lahore eine Freitagspredigt, in der er betonte, der Islam habe für seine Ausdehnung nie der Gewalt bedurft und bedürfe ihrer auch in Zukunft nicht. Er benötige keine «äußerliche Macht», seine Erfolge beruhten auf seiner «inneren Kraft».[64] Während die Gemeinde zunächst bei anderen Organisationen wie der Islamischen Gemeinde zu Berlin e. V. auf Ablehnung stieß, folgten Muslime aus verschiedenen Ländern schon 1926 einer Einladung zum Fastenbrechen.[65] Aus dem Kreis der in der Moschee um Imam Sadr ud-Din versammelten Gläubigen entstand die inter-konfessionelle «Moslemische Gemeinschaft», die auch Nichtmuslime als außerordentliche Mitglieder zuließ.

Auch einige Zeitschriften mit Islambezug sehr unterschiedlicher Ausrichtung wurden seit dieser Zeit auf den Markt gebracht, häufig nur über kürzere Zeit.[66] Die Lahore-Ahmadiyya-Gemeinde in Berlin veröffentlichte seit 1924 die «Moslemische Revue», die mit längeren Unterbrechungen (1927/28; 1941–1985) bis heute unter diesem Namen, wenngleich in neuer Ausrichtung erscheint.[67] Es wäre lohnenswert, die dort geführten islambezogenen Debatten (z.B. über eine islamische Wirtschaftsethik) ausführlicher zu untersuchen. Daneben wurden andere Zeitschriften auf Deutsch, Deutsch-Arabisch oder ausschließlich in Arabisch publiziert.[68]

Als erste Einrichtung mit wissenschaftlichem Anspruch entstand 1927 in Berlin das Islam-Institut, das 1942 als Islamisches Zentral-Institut firmierte und ab 1962 als Zentral-Institut Islam-Archiv e. V. in Saarbrücken und 1982 in Soest wiederaufgebaut wurde. Gründer war der Aleppiner Ingenieur Mohammed Abdul

Nafi Tschelebi, der damit eine Brücke zwischen der islamischen Welt und Deutschland, aber zudem zwischen den unterschiedlichen muslimischen Richtungen in Deutschland spannen wollte. Es umfasste die drei Abteilungen Kultus, Wissenschaft und Wirtschaft sowie ein Studienamt für muslimische Studierende und brachte die Zeitschrift «Die islamische Gegenwart» heraus.[69] Eine ähnliche Zielrichtung verfolgte die 1932 in Berlin ins Leben gerufene deutsche Sektion des Islamischen Weltkongresses, die sich unter anderem zum Ziel gesetzt hatte, den Islam in Deutschland zu einen. Im Zweiten Weltkrieg und in der Folge der deutschen Teilung nach 1945 wurde die Arbeit unterbrochen, die Organisation schließlich 1956 als nicht mehr bestehend im Vereinsregister gelöscht.[70]

III. Instrumentalisierung und Widerstand im Dritten Reich

Auch für die muslimischen Gemeinschaften in Deutschland brachte die Naziherrschaft Umwälzungen mit sich. Das Naziregime unternahm ab 1933 Versuche, den Islam politisch zu instrumentalisieren, auch um Kriegsverbündete zu gewinnen.[71] David Motadel hat eine sehr materialreiche Studie vorgelegt,[72] welche diese Politik eindrucksvoll dokumentiert und dabei Initiativen auf britischer, US-amerikanischer und sowjetischer Seite einbezieht, die ihrerseits auf eine Loyalitätsbindung und Instrumentalisierung[73] abzielten. Beispielsweise unterstützte das Naziregime finanziell den libanesischen politischen Aktivisten Schakib Arslan, der 1921 in Berlin den «Orient Club» gegründet hatte, später von der Schweiz aus ein Netzwerk von Verbindungen mit Muslimen in Deutschland und andernorts unterhielt und pro-deutsche Pressepropaganda verbreitete. Er war es auch, der den gegen die britische Mandatsmacht in Palästina kämpfenden, extrem judenfeindlichen Großmufti von Jerusalem Amin al-Hussaini nach Deutschland brachte.[74] Derselbe Amin al-Hussaini verteilte Stipendiengelder

der Naziregierung für 125–150 arabische Studenten in Frankreich.[75] Vom deutschen Rundfunk wurde al-Hussainis Dschihad-Aufruf gegen Großbritannien und die Juden aus Berlin in den Nahen Osten ausgestrahlt.[76] Gänzlich scheitern musste das Unterfangen, Hitler religiös zum «Werkzeug des Propheten» und zum zwölften Imam (der messianischen Gestalt des zwölferschiitischen Islam) zu stilisieren.[77]

Bereits 1926 soll Hitler den indischen Unabhängigkeitskämpfer Inayatullah Khan al-Maschriqi getroffen haben, der von ihm und der entstehenden SA sehr beeindruckt war.[78] Die deutsche Gesandtschaft in Kairo ließ in den 1930er-Jahren der gegen den britischen Imperialismus agierenden ägyptischen Muslimbruderschaft finanzielle Unterstützung zukommen.[79] Auch das vormalige Islam-Institut, das nach dem Unfalltod seines Gründers 1933 stark an Bedeutung verloren hatte und sich in interne Streitigkeiten verstrickte, wurde 1941 als Islamisches Zentral-Institut neu eingerichtet und für die Zwecke des Nationalsozialismus instrumentalisiert; so hielt al-Hussaini eine Festrede zur Neueinrichtung.[80] Die politische, nicht religiöse Zielrichtung solcher Aktivitäten des Naziregimes zeigt sich z. B. in der Unterstützung nichtmuslimischer indischer Unabhängigkeitsaktivisten wie Subhas Chandra Bose, der Sozialismus und Naziideologie als Modell für ein unabhängiges Indien kombinieren wollte.[81] Umgekehrt verfolgten manche Sympathisanten des deutschen Regimes vor allem Ziele, die sich auf die Zukunft ihrer von Kolonialmächten besetzten Heimatregionen bezogen.[82] Die Motivation solcher Anhänger war in der Regel rein nationalistisch – auf ihre Herkunftsregion bezogen –, nicht nationalsozialistisch bestimmt.[83] Die Versprechungen der Nazis wurden noch dazu nicht eingehalten.[84]

Nazideutschland genoss jedoch keineswegs ungeteilte Unterstützung. Der ägyptische Geschäftsmann Sayyid al-Lauzi etwa brach wegen der zunehmenden rassistischen Flut alle seine Geschäftsbeziehungen mit deutschen Firmen ab.[85] Zudem wurden auch arabische Muslime (und Juden) Opfer der nationalsozialistischen Politik.[86] Bernd Bauknecht hat in einer belegreichen Arbeit seine These untermauert, dass sich die Kollaboration von Muslimen mit der Nazi-Diktatur auf einzelne Personen beschränkte, während der überwiegende Teil Repressionen des Regimes ausgesetzt war. Die «Sufi-Bewegung e. V.» löste sich ebenfalls wegen der Machtübernahme der Nazis auf. [87]

Seine auf Rassismus beruhende Abneigung gegenüber den (auch muslimischen) Völkern des Nahen Ostens[88] und deren bloße politische Instrumentalisierung hatte Adolf Hitler in einer Rede auf dem Obersalzberg am 22. August 1939 deutlich zum Ausdruck gebracht:

> Wir werden weiterhin die Unruhe in Fernost und in Arabien schüren. Denken wir als Herren und sehen wir in diesen Völkern bestenfalls lackierte Halbaffen, die die Knute spüren wollen.[89]

Es wäre wünschenswert, wenn die Bewunderer Hitlers in einzelnen arabischen Milieus derartige Aussagen zur Kenntnis nehmen würden. Die rassistische Ablehnung wurde später vor allem aus pragmatischen Gründen aufgeweicht, weil in den Kriegsjahren ab 1941 dringlich Soldaten gesucht wurden, um die Herrschaft in den eroberten Gebieten zu stabilisieren und die Frontkämpfe zu unterstützen.[90] Der rassistische Chefideologe Heinrich Himmler sprach von «Muselgermanen», ein Ausdruck, der sich allerdings nicht durchsetzte.[91] Vor allem in Bosnien und unter den Krimtataren fand sich einige Resonanz, weil hier – weitgehend wohl aufgrund innenpolitischer Bedrängnis und Verfolgung – die deutsche Besatzungsmacht als das geringere Übel angesehen wurde; zum Teil führte man aber auch Zwangsrekrutierungen durch. Mit dem Islam-Institut der Universität Göttingen wurden unter Leitung des Orientalisten Bertold Spuler Kurse für Heeresimame («Mullah-Lehrgänge») zur Betreuung der Soldaten veranstaltet.[92] Im «Unternehmen Zeppelin» sollten ab 1942 muslimische sowjetische Kriegsgefangene zu Sabotageaktivitäten in der Sowjetunion eingesetzt werden, ein letztlich erfolgloses Projekt.[93] Andererseits wurde auch eine nicht mehr aufzuklärende Zahl von Muslimen in den von Nazideutschland betriebenen Konzentrationslagern er-

mordet.[94] Außerdem litten die für militärische Zwecke rekrutier-
ten Muslime unter erheblichen Diskriminierungen.[95]

Nach der Befreiung Deutschlands 1945 standen die hier lebenden Muslime organisatorisch, teils auch ganz gegenständlich vor
den Trümmern ihrer Existenz. Die Berliner Moschee war schwer
zerstört, die Gemeinden befanden sich in Auflösung.[96] Mohammed Aman Hobohm, ein deutscher muslimischer Diplomat, übernahm die kleine Berliner Gemeinde, die er bis 1954 als Imam lei-
tete.[97] Wenig bekannt ist über die wohl beträchtliche Zahl von
Muslimen, die im Verlauf des Krieges als Soldaten, Zwangsarbei-
ter oder Flüchtlinge nach Deutschland gekommen waren. Viele
verließen das Land wieder, teils unter Zwang auf der Grundlage
von Vereinbarungen der Alliierten.[98] Manche früheren Unter-
stützer des Nazi-Regimes wurden im beginnenden Kalten Krieg
für US-Stellen angeworben.[99] In den 1950er-Jahren entstanden –
auch mit Unterstützung der Bundesregierung und der bayerischen
Staatsregierung – erste Strukturen für vormalige muslimische
Wehrmachtsangehörige wie z.B. die 1958 etablierte «Geistliche
Verwaltung der Muslimflüchtlinge in der Bundesrepublik Deutschland». Erster Hauptimam wurde Nureddin Namangani, der zuvor im Krieg und im Kriegsgefangenenlager Pisa als Feldgeist-
licher einer muslimischen Einheit gearbeitet hatte. Zudem wurden
muslimische Emigranten für Zwecke des Kalten Krieges eingesetzt, auch mit Verbindungen zur CIA.[100] Ein «Islamischer Fern-
unterricht» zur zeitgemäßen Glaubensvermittlung wurde konzi-
piert, der auf einige Nachfrage stieß. 1974 übernahm Hauptimam
Ibrahimović in Nürnberg die Leitung der von ihm mitgegründeten
Geistlichen Verwaltung.[101] Die von ihr Betreuten und deren Nachkommen sind längst Teil der deutschen Gesellschaft geworden.

Bis heute existiert ferner die von Hamburger Gymnasiasten
1944 und dann erneut 1952 gegründete, 1954 dort registrierte
Deutsche Muslim-Liga e.V., in der sich muslimische Deutsche
versammelten. Vertreter der syrischen und der ägyptischen Muslimbruderschaft etablierten islamische Zentren in Aachen und
München.[102]

IV. Arbeitsmigration und Asyl: Der Islam wird einheimisch

Eine qualitativ völlig neue Entwicklung ergab sich in der Bundesrepublik Deutschland seit den 1960er-Jahren mit der Zuwanderung von «Gastarbeitern». Sie erfolgte auf der Basis verschiedener
Anwerbeabkommen (1961 mit der Türkei, 1963 mit Marokko,
1965 mit Tunesien, 1968 mit Jugoslawien) und nach dem Anwerbestopp 1973 durch Familiennachzug, später auch in größerer
Zahl auf der Grundlage von Asylgesuchen. So stieg die Zahl türkischer Staatsangehöriger in der Bundesrepublik Deutschland von
ca. 8600 im Jahre 1961 auf über 1,5 Millionen 1982.[103] Neben
den Gastarbeitern kam eine größere Anzahl von muslimischen
Asylbewerbern insbesondere aus dem Libanon, aus Syrien, Irak,
Iran, Afghanistan, Pakistan, Eritrea, Somalia und der Türkei nach
Deutschland. Weitere reisten zu Aus- und Fortbildungszwecken
ein und blieben zum Teil im Land.

Als weitaus größte Gruppe wanderten im Gefolge des Anwer-
beabkommens von 1961 ungefähr 4 Millionen türkische Muslime
ein, von denen allerdings zahlreiche wieder in die Türkei zurückgekehrt sind. Für das Jahr 1987 wird auf der Grundlage der
Volkszählung eine Zahl von etwa 1,3 Millionen muslimischer
Türken und rund 280000 anderer Muslime genannt, insgesamt
etwa 1,65 Millionen. Sie verteilten sich zu rund zwei Drittel auf
die industriell geprägten Bundesländer Nordrhein-Westfalen
(ca. 570000), Baden-Württemberg (ca. 270000) und Bayern
(ca. 220000).[104] Wegen großer statistischer Unschärfen sind solche Daten vorsichtig zu verwenden; sie können jedoch zumindest
Größenordnungen belegen.

Seit den 1970er-Jahren entstanden – meist in sprachlich-
ethnischer Gliederung – Moscheegemeinden in großer Zahl und
auch muslimische Verbandsstrukturen.[105] Hatten bislang deutsche
Muslime die Entwicklung im Lande angesichts insgesamt geringer
Zahlen maßgeblich geprägt, wurde der Islam nun als Massener-
scheinung zunächst zu einer Angelegenheit von «Ausländern»,

*Türkische Gastarbeiter bei Ford in Köln sprechen 1964 mit dem
türkischen Arbeitsminister Bülent Ecevit (links), der seinen Landsleuten
einen Besuch abstattet.*

vor allem aus der Türkei und vom Balkan (vgl. zu den Zahlen
S. 75 ff.). Mit Auswirkungen bis heute vermischten sich Fragen
der Religion und der Migration. In der DDR entwickelte sich
muslimisches Leben nur in geringem Umfang, hier vor allem in
Ost-Berlin und Leipzig, wo einige Studenten und Berufstätige aus
verbündeten Staaten wie Syrien, Algerien und der Volksrepublik
Jemen lebten.[106] Bis heute ist die Zahl der Muslime in Ostdeutschland außerhalb Berlins im Vergleich zu Westdeutschland sehr gering; dies ändert sich nun mit der Flüchtlingszuwanderung. Die
Ausführungen beziehen sich deshalb bis zur Wiedervereinigung
weitgehend auf die Entwicklung in der Bundesrepublik Deutschland.

2012 waren unter den rund 2,8 Millionen türkischstämmigen
Menschen in Deutschland ungefähr 1,55 Millionen türkische
Staatsangehörige. Etwa 74 % lebten seit mindestens zwanzig Jah-

ren in Deutschland; 52% wurden in Deutschland geboren.[107] Viele von ihnen pflegen selbstverständlich weiterhin Kontakte mit der Türkei, die ihrerseits versucht, über eine mehr und mehr strukturierte Diasporapolitik ihren politischen, ökonomischen und kulturellen Einfluss zu erhalten[108] – nicht ungewöhnlich für ein Auswanderungsland. Religiöse Fragen sind dabei nur eine Facette, wenngleich eine wichtige: Die türkische Religionspolitik versteht sich als Bollwerk des Laizismus, einer gemäßigten Mitte gegen islamistische Bestrebungen und grenzt sich auch deutlich gegenüber dem eher arabisch-kulturell geprägten Islam ab. So mischte sich die Etablierung der DİTİB[109] als deutsche Repräsentanz der türkischen Religionsbehörde Diyanet (Diyanet İşleri Başkanlığı, Präsidium für religiöse Angelegenheiten) 1984 mit Fragen der Migrationspolitik auf deutscher wie auf türkischer Seite. Nicht von ungefähr zieren türkische und deutsche Flaggen oft das Innere von DİTİB-Moscheen. Zugleich markiert die Einrichtung der DİTİB einen Wandel im Verständnis der Arbeitsmigration aus der Türkei: Während zuvor die Vorstellung vorherrschte, dass die «Gastarbeiter» mittelfristig wieder in die Türkei zurückkehren würden, verbreitete sich nun die Einsicht, dass viele von ihnen auf Dauer in Deutschland verbleiben würden. Damit ging die Zeit der bewusst angelegten Provisorien allmählich zu Ende.

Auch aufseiten des deutschen Staates spiegelt sich die Verbindung von Migrationsvorgängen und Islam. Mitglied der zweiten und dritten von Bundesinnenministerium organisierten Deutschen Islam Konferenz ist unter anderem die Türkische Gemeinde in Deutschland (TGD), die nach ihrem Selbstverständnis keineswegs als religiöse Organisation, sondern als Repräsentantin der türkischen «kulturellen Minderheit» gesehen werden will. Ihr liegt daran, die deutsch-türkische Kooperation zu fördern, und sie bearbeitet insbesondere «migrationsbedingte Arbeitsfelder» (Ziffer 3.3. der Satzung der TGD).[110] Gerade hier ist es wichtig, migrationsbedingte Konfliktlagen von Religionsfragen zu trennen. So gibt es typische Interessengegensätze zwischen Ein- und Auswanderungsländern, unabhängig von religiösen oder kulturellen

*Eine muslimische Lehrerin erklärt im Februar 2014 in
Frankfurt am Main Erstklässlern im bekenntnisorientierten islamischen
Religionsunterricht die Gebetswaschung.*

Zugehörigkeiten. Auswanderungsländer tendieren dazu, den Kontakt zu den Ausgewanderten zu halten und institutionell zu unterstützen, auch um sie möglicherweise als «Botschafter» bzw. Interessenvertreter nutzen zu können. Einwanderungsländer wiederum haben ein Interesse daran, dass dauerhaft Einwandernde in möglichst großem Umfang Teil der Aufnahmegesellschaft werden, auch wenn keine Assimilation verlangt wird. Als Deutschland noch ein Auswanderungsland war, hat es ebenfalls die typische Politik eines Auswanderungslandes vertreten;[111] heute ist es ein Einwanderungsland mit geänderter politischer Ausrichtung. Wenn man sich dies vor Augen hält, wird es leichter, Formen der Kooperation zu finden, die den Anliegen aller Beteiligten Rechnung tragen. Vor allem kann es dann gelingen, Menschen nicht meist unnötige oder gar absurde Entscheidungen aufzuzwingen – Türke oder Deutscher, Muslim oder guter Demokrat?

In der DDR gab es keine annähernd vergleichbare Entwicklung. Einige wenige Muslime gelangten über internationale Zusammenarbeit ins Land, wobei ihre Religionszugehörigkeit im Hintergrund stand. Im Zusammenspiel mit der religionsfeindlichen Politik der DDR-Diktatur hatten die Menschen kaum Gelegenheit, andere Religionen und ihre Eigenheiten bewusst wahrzunehmen. Die vergleichsweise wenigen Ausländer wurden oft von der Gesamtbevölkerung isoliert. Dieser Umstand scheint das religiöse Leben in Teilen Ostdeutschlands bis in die Gegenwart hinein mitzuprägen, wie der Verfasser es von politischen Entscheidungsträgern aus der Region mehrfach erfahren hat. Die Dresdner Sozialwissenschaftlerin Uta Karstein benennt dies prägnant mit der «doppelten Fremdheit des Islam» im säkularen Kontext Ostdeutschlands.[112] Eine muslimische Infrastruktur entsteht erst allmählich. Größere Moscheebauprojekte wie dasjenige der Ahmadiyya Muslim Jamaat in Leipzig sind eher die Ausnahme. Noch 2016 wurde die Moscheenlandschaft Thüringens vom Islambeauftragten des Bistums Erfurt als «jämmerlich»[113] beschrieben – improvisierte Gebetsstätten teils in heruntergekommenen Kellerräumen vergleichbar den Anfangsjahren in Westdeutschland.

So lässt sich vielleicht erklären, dass die von einer vielfach kriminell in Erscheinung getretenen Person gegründete[114] islamfeindliche Bewegung «Pegida» in Dresden – und neben Leipzig nur dort – 2014 und wieder im Herbst 2015 einigen Zulauf gewinnen konnte, obgleich die Anzahl der in Sachsen lebenden Muslime verschwindend gering ist. Die viel kleineren Parallelkundgebungen in Städten Westdeutschlands trafen hingegen auf ein Vielfaches an Gegendemonstranten und versandeten kläglich. Kleine Restbestände haben sich zum Sammelbecken von Rechtsradikalen entwickelt und stehen zum Teil unter Beobachtung von Verfassungsschutzbehörden. Der damalige Bischof des Bistums Dresden-Meißen Koch deutete diese Bewegung als «tiefen Ausdruck seelischer und religiöser Leere».[115] Bundesinnenminister de Maizière bezeichnete es angesichts der Haltlosigkeit der Behauptung, es gebe eine «Islamisierung» Deutschlands oder gar Sachsens, treffend als «Unverschämtheit», dass die Veranstalter sich «Patrioten» nannten.[116] Marie Hakenberg und Verena Klemm haben

2016 einen verdienstvollen Band über Muslime in Sachsen vorgelegt, der Fakten an die Stelle von Vorurteilen setzt.

Bemerkenswerterweise nimmt die Verteidigung des «Abendlands», die sich Pegida auf die Fahnen geschrieben hat, zumindest teilweise auch Bezug auf dessen christliche Prägung. Im Kontrast dazu scheint der größte Teil der Demonstranten keinen persönlichen Bezug zum Christentum zu haben. Das wird überdeutlich an den mitgeführten Kreuzen, die mit den Farben der deutschen Nationalflagge angemalt waren:[117] eine Anmaßung von staatlichen und religiösen Symbolen durch Menschen, die offenbar weder den Hintergrund der deutschen Farben noch denjenigen des Kreuzes verstanden haben.

Hier zeigen sich von der Wissenschaft schon länger beobachtete Trends: Die englische Religionssoziologin Grace Davie hat den passenden Begriff von der «vicarious religion» geprägt.[118] Er bezieht sich auf Menschen, die selbst der etablierten Religionsszene distanziert gegenüberstehen, die jedoch generell wünschen, dass sie fortbesteht. Wenn vor diesem Hintergrund Religion und national-kulturelle Identität eng verbunden werden, bleibt ein der Religion entkleideter, nur noch religiös verbrämter Nationalismus übrig, der zu Ab- und Ausgrenzungszwecken instrumentalisiert wird. Wenn sich Politiker und Regierungsvertreter öffentlich auf Gespräche mit solchen Leuten einlassen, sollten sie bedenken, dass dieselben von diffusen Ängsten getriebenen Menschen in Dresden ihrerseits ein reales Klima der Furcht unter Muslimen und allgemeiner unter Flüchtlingen und Zuwanderern erzeugt haben.[119] Die Opfer solcher Einschüchterung sollten nicht zusehen müssen, wie mit den Tätern und Mitläufern debattiert wird.

Die Dramatik der Entwicklungen zeigt sich auch in dem Umstand, dass 2014 47 % der rassistisch motivierten Gewalttaten in den ostdeutschen Bundesländern verzeichnet wurden, die nur etwa 20 % der Gesamtbevölkerung ausmachen, darunter mit 4,7 % einem insgesamt weit unterdurchschnittlichen Ausländeranteil.[120] Dazu zählt eine massive Gruppenkriminalität in der Umgebung von Dresden, wie etwa in Heidenau, Freital, Clausnitz und Bautzen in den Jahren 2015 und 2016; auch der Bundespräsident und die Bundeskanzlerin wurden dort vom Pöbel beschimpft. Der Leipziger Polizeipräsident hat Anfang 2016 vor einer «Pogromstimmung» in Sachsen gewarnt.[121] Der frühere Bundestagspräsident Thierse sprach davon, dass im Osten Hass und Gewalt stärker sichtbar und hörbar seien, und konstatiert, dass wegen der vielen Veränderungen der letzten 25 Jahre weniger Festigung in demokratischen und moralischen Überzeugungen herrsche.[122]

Bei alledem darf aber nicht übersehen werden, dass auch in Ostdeutschland die übergroße Zahl der Menschen entsprechend dem Grundgesetz und zivilgesellschaftlicher Konventionen ein respektvolles Miteinander fordert und lebt. Sie haben sich auch in Dresden in anerkennenswerter Weise den dumpfen Parolen entgegengestellt. Vielleicht hilft dabei auch der Humor, der in der fränkischen Fastnacht 2015 in Veitshöchheim aufschien: «So mancher ist schon alarmiert und sieht das Land islamisiert, wenn zweimal pro Monat ganz konkret ein Halbmond nachts am Himmel steht.»[123]

Noch nicht abzuschätzen sind die Entwicklungen, die sich seit 2015 aus der Zuwanderung einer außergewöhnlich hohen Zahl von Flüchtlingen ergeben, die zu erheblichen Anteilen aus muslimisch geprägten Staaten wie Syrien, Irak und Afghanistan stammen. Die überwältigende Hilfsbereitschaft in allen Teilen des Landes und die Erkenntnis, dass schnelle umfangreiche Maßnahmen zur Eingliederung derer nötig sind, die voraussichtlich lange oder auf Dauer bleiben werden, lassen – trotz der beängstigenden Zahl krimineller Angriffe auf Flüchtlinge und deren Unterkünfte im ganzen Land – einigen realistischen Optimismus zu. Zum Realismus gehört, dass Probleme aus einer verbreiteten – und keiner bestimmten Religion zuzuschreibenden, aber gelegentlich auch von religiösen Haltungen unterstützten – Machokultur angegangen werden (vgl. S. 250 ff.), sei es mit rechtlichen Mitteln wie nach den verheerenden Übergriffen auf Frauen in der Silvesternacht in Köln und andernorts, sei es durch Erziehung. Realitätsfremde, dumpfe Pauschalverdächtigungen vom fremdenfeindlichen rechten politischen Rand wie etwa die Rede von einer «Flutung Deutschlands mit erwartungsfrohen, leicht enttäuschbaren und gewaltaffinen jungen Männern überwiegend muslimischen Glaubens»[124] und offen rassistische Äußerungen in Politik und auf Internetblogs müssen jedoch ebenso entschieden entlarvt und zurückgewiesen werden.

Dritter Teil
Religiöse und soziokulturelle Prägungen
in der Gegenwart

I. Wie viele Muslime gibt es in Deutschland?

In der europäischen Vergangenheit gab es selten Debatten darüber, wer eigentlich Muslim ist. Eigen- und Fremdwahrnehmung deckten sich anscheinend weitgehend. Wie aber steht es heute? Wer ist überhaupt Muslim?[1] Bekanntlich kennt der Islam keinen rituellen Aufnahmeakt vergleichbar der christlichen Taufe. Die traditionelle islamische Theologie geht davon aus, dass der Islam die «natürliche Bestimmung» (Fitra) des Menschen ist, erkennt aber auch an, dass viele Menschen in nichtmuslimische Familien hineingeboren werden. Daraus resultieren Debatten über die «Mindestanforderungen»: Genügt die Abstammung von muslimischen Eltern oder das eigene Bekenntnis zur Grundaussage des Islam «es gibt keinen Gott außer Gott,[2] und Muhammad ist der Gesandte Gottes»? Ist die Erfüllung von Ritualgeboten maßgeblich oder aber die religiös-ethische Lebensführung?

Aus juristischer Sicht ist grundsätzlich ein Selbstdefinitionsrecht gegeben: Muslim ist, wer es sein will. Innermuslimische religiös-theologische Debatten über die Grenzen der Zugehörigkeit sind zur Kenntnis zu nehmen, aber für die Zugehörigkeit zum Islam (nicht: zu bestimmten Richtungen des Islam/Organisationen von Muslimen) ohne Bedeutung. Belastbare Zahlen auf der Grundlage dieses Ansatzes liegen bislang nicht vor. Der Zensus aus dem Jahr 2011 hat bedauerlicherweise keine neuen Erkenntnisse gebracht:

Die Frage nach der Religionszugehörigkeit war freiwillig zu be-
antworten, und der Rücklauf bei der muslimischen Bevölkerung
war zu gering, um daraus tragfähige Schlüsse zu ziehen.[3] Der
Blick auf absolute Zahlen bringt aber ebenfalls nur begrenzten Erkenntnisgewinn, weil auch der weitreichende Binnenpluralismus
des Islam für die sehr unterschiedlichen Lebenswelten der Muslime im Land und ihre Rolle in der Gesamtgesellschaft prägend
ist. In vielen wichtigen Lebensfragen finden Muslime Gleichge-
sinnte nicht selten eher bei Angehörigen anderer Religionen und
Weltanschauungen als unter den «eigenen» Glaubensangehöri-
gen. Die abstrakte «Gesamtzahl» der Muslime verschleiert diesen
grundlegenden Umstand und dient nicht selten islamfeindlicher
Propaganda, die einen nicht existierenden einheitlichen muslimischen Block zur Bedrohung für das Land stilisieren will (siehe
hierzu außerdem S. 259 ff.).

Viele Untersuchungen in der Vergangenheit beruhen maßgeblich auf Rückschlüssen von der Staatsangehörigkeit auf die Religionszugehörigkeit. Das kann zu grundlegend falschen Annah-
men führen. Abgesehen davon, dass kaum ein Staat dieser Welt
religiös homogen ist, steht es in einem den Menschenrechten verpflichteten Rechtsstaat allein den Individuen zu, über ihre religiöse Zugehörigkeit zu befinden. So ergeben sich z. B. unter Iranern in Deutschland signifikante Abweichungen zwischen ihrer
Staatsangehörigkeit und ihrer vermuteten islamischen Religionszugehörigkeit (nämlich ca. 10 % Christen, ca. 38 % ohne Religionszugehörigkeit). Auch unter den befragten Türken bezeichneten sich nur 81,4 % als Muslime.[4] Die Verzerrungen nehmen
noch zu, wenn die steigende Zahl deutscher Muslime ausgeblendet bleibt. Studien, die an die (ausländische) Staatsangehörigkeit anknüpfen, können also nicht mehr als Trendaussagen
stützen, lassen aber keine prozentual ausgefächerten Einordnun-
gen zu.[5]

Trotz all dieser Erkenntnisprobleme sind wissenschaftlich seriös abgesicherte Näherungswerte heute zu ermitteln. Interessan-
terweise hat man sich in Studien bis in die 1990er-Jahre hinein

kaum für die Religionszugehörigkeit der nichtchristlichen Bevölkerung interessiert. Im Vordergrund stand vielmehr der Migra-
tionsaspekt, der sich zunächst in Erhebungen zu «Ausländern»
niederschlug. Es folgten verstärkt Untersuchungen bestimmter
ethnisch definierter Milieus (insbesondere der Türken und Türkischstämmigen), zunehmend auch im Hinblick auf religiöse Haltungen.[6] Mit den Attentaten vom 11. September 2001 rückte der
Islam vollständig ins Zentrum des Interesses.[7] In der öffentlichen
Debatte sind seither zwei Trends zu beobachten: Zum einen werden Muslime häufig auf ihre Religionszugehörigkeit reduziert.
Zum anderen werden Probleme, die sich aus den Folgen der
Migration ergeben, oft zu Unrecht der Religionszugehörigkeit zu-
geschrieben – nicht bei christlichen Einwanderern aus Ost- oder
Südeuropa, wohl aber bei Muslimen. Hinzu tritt eine verbreitete
Wahrnehmung des Islam, die ihn auf seine extremistischen Aus-
wüchse reduziert.

Nach alledem ist es unerlässlich, sich möglichste Klarheit über
die tatsächlichen Verhältnisse zu verschaffen. Trotz der – offen
ausgewiesenen – statistischen Unsicherheiten bietet die von Sonja
Haug, Stephanie Müssig und Anja Stichs im Auftrag der Deutschen Islam Konferenz erstellte Studie zu muslimischem Leben in
Deutschland aus dem Jahr 2009 (DIK-Studie 2009) die bei Weitem verlässlichste Grundlage.[8] Die Daten wurden von Haug und
Stichs in einer 2014 vorgelegten Publikation weiterentwickelt.[9]
Dort wird auch festgehalten, dass sich die Vermutungen bestätigt
hätten, wonach in früheren, auf die Herkunftsländer gestützten
Studien die Zahl der Muslime überschätzt wurde.[10]

Die Ergebnisse der DIK-Studie 2009 beruhen auf 6004 Telefoninterviews mit Personen aus 49 muslimisch geprägten Herkunftsländern. Mit den Angaben über Haushaltsmitglieder fußen
die Auswertungen auf Informationen über fast 17 000 Personen.[11]
Zahlenmäßig kleinere Herkunftsgruppen wurden im Vergleich
zur bei Weitem größten Gruppe der Türken überproportional berücksichtigt, sodass auch die auf sie bezogenen Stichproben eine
ausreichende Basis für die Auswertungen im Einzelnen liefern.[12]

Die Studie ist im Internet abrufbar[13] und soll hier deshalb nur in ihren wesentlichen Ergebnissen gewürdigt werden.

Die Zahl der in Deutschland wohnenden Muslime wird aus den erhobenen Daten mit 3,8 bis 4,3 Millionen Menschen berechnet. Das entspricht ungefähr 4,6 bis 5,2 % der Gesamtbevölkerung. Etwa 45 % waren deutsche Staatsangehörige; diese Zahl dürfte sich bis 2014 wegen des seit 2000 erleichterten Erwerbs der deutschen Staatsangehörigkeit erhöht haben. Seither wiederum hat sich der Anteil der Muslime mit ausländischer Staatsangehörigkeit durch die stark gestiegene Zahl von Flüchtlingen aus Syrien, dem Irak, Afghanistan, Pakistan und aus afrikanischen Staaten sehr deutlich vergrößert.[14] Allerdings ist einstweilen noch nicht einmal grob abzuschätzen, wie viele dieser Menschen sich längerfristig in Deutschland aufhalten werden. Deshalb erscheint es sinnvoll, sich weiterhin auf die vorhandenen Daten zu stützen und diese in drei bis fünf Jahren nach Möglichkeit zu aktualisieren.

Die meisten Muslime deutscher Staatsangehörigkeit entstammen einer muslimischen Familie mit Migrationsgeschichte. Mit diesem Begriff soll deutlich gemacht werden, dass die betreffenden Menschen zu Deutschland gehören wie jeder andere im Lande auch, wenngleich die familiären Wurzeln in der Vergangenheit im Ausland lagen. Für diejenigen, die in Deutschland geboren sind, passt der Begriff des «Migranten» nicht. «Migrationshintergrund» wird häufig in Statistiken verwendet, zieht aber eine zeitliche Grenze (Geburt der betreffenden Person oder zumindest eines Elternteils im Ausland), die im Hinblick auf die religiös-kulturelle Prägung wenig aussagekräftig erscheint. Zumindest in diesem Zusammenhang ist der offenere Begriff der Migrationsgeschichte nach Ansicht des Verfassers hilfreicher. Er ist deshalb nützlich, weil die religiös-kulturelle Familienherkunft nicht verleugnet werden soll, soweit sie nicht von den betroffenen Menschen selbst aufgegeben wird. Zudem lassen sich manche der hier zu behandelnden Fragen nicht von Begleitumständen der Migration trennen.

Die Zahl der zum Islam übergetretenen Deutschen lässt sich

nicht seriös ermitteln. Schon vor den 1960er-Jahren konvertierten einige teils prominent gewordene Deutsche, aber wohl nicht mehr als mehrere tausend. Von den Konvertiten aus der Zeit nach dem Zweiten Weltkrieg erlangten gleichfalls einige eine breitere Bekanntheit in sehr unterschiedlichen Zusammenhängen.[15] Gelegentlich kursierende Zahlenangaben (10000–100000) sind empirisch nicht abgesichert. Überdies sind einige Konversionen im Zusammenhang mit interreligiösen Heiraten nach Kenntnis des Verfassers darauf zurückzuführen, dass in vielen muslimischen Familien die Eheschließung von Familienangehörigen mit Angehörigen anderer Religionen abgelehnt wird, das heißt die «Konvertiten» oft religionsdistant sind oder die Konversion nur pro forma vollziehen.

Unkenntnis und wohl auch der Umstand, dass «der Islam» in Deutschland verbreitet zum Angstfaktor geworden ist (siehe auch S. 261 ff.), schlagen sich in eklatanten Fehleinschätzungen der tatsächlichen Verhältnisse nieder. Nach breit angelegten Untersuchungen des Sachverständigenrats deutscher Stiftungen für Integration und Migration aus dem Jahre 2014 schätzten 70% der Befragten die Zahl teils deutlich zu hoch ein, ein Drittel nannte gar mehr als 10 Millionen.[16] Das ist nicht trivial, stimmen doch diejenigen (Basis 8270 Befragte in ganz Deutschland), die den Anteil stark überschätzen, laut der Studie «Deutschland postmigrantisch I»[17] auch eher der Aussage zu: «Muslime in Deutschland bedrohen viele Dinge, die ich für gut und richtig halte.»

Manche Autoren nutzen unzuverlässige Daten und wissenschaftlich unseriöse Ableitungen offenbar auch zur Panikmache. Ein Beispiel hierfür findet sich in dem 2010 erschienenen Bestseller des Volkswirts Thilo Sarrazin, der zuvor nicht durch wissenschaftliche Studien oder Arbeiten über Fragen der Demographie, der Migration oder des Islam in Erscheinung getreten war.[18] Nur ein Beispiel: Anstelle der bei Weitem verlässlichsten Daten, die aus der DIK-Studie von 2009 hervorgehen, nutzt Sarrazin veraltete, in Bezug auf religiöse Fragen sehr unpräzise Zahlen aus dem Jahr 2007, aus denen er eine Zahl von 5,7 Millionen hochrechnet

(S. 261). Beim Umblättern auf die nächste Seite erhöht sich diese
Zahl ohne greifbare Belege in wundersamer Weise («sehr hohe
Kinderzahl») auf sechs bis sieben Millionen.

Von kompetenten Wissenschaftlern wurde der unseriöse Umgang mit Daten und demographischen Prognosen hinlänglich belegt.[19] Auch im demokratischen Parteienspektrum stieß das Werk
auf deutliche Kritik. Der damalige Bundesinnenminister kritisierte
die «angelernten, halbwissenschaftlichen Ausführungen» und vor
allem, dass der Autor «mit seiner für ihn finanziell einträglichen
Provokation eine Debatte zerstören will». Das angebliche Aufbre-
chen von Tabuthemen ignoriere, dass die angesprochenen Themen längst diskutiert würden. Die vorhandenen Erfolge im Zusammenleben leugne er, um seine Thesen zu stützen. Der Mann
habe einen großen Geltungsdrang und lebe von Provokationen.[20]

Dennoch scheinen die Publikation des Buches und die anschlie-
ßende Debatte Ängste in der Mitte der deutschen Gesellschaft be-
feuert zu haben, denen man nur mit wissenschaftlich seriös ermit-
telten und sorgsam ausgewerteten Fakten entgegentreten kann.
Einen guten Überblick über einschlägige Studien bieten Sonja
Haug und Anja Stichs in ihrem Beitrag zum «Handbuch Christentum und Islam in Deutschland».[21]

II. Religiöse Orientierungen

Bis in die Neunzigerjahre des 20. Jahrhunderts hinein war muslimisches Leben und Selbstverständnis in Deutschland nur in geringem Umfang Gegenstand wissenschaftlicher Forschung.[22] Zuvor
wurden vor allem qualitative (nicht repräsentative), meist sozial-
wissenschaftlich orientierte Einzelstudien vorgelegt, die bedeutsame und weiterführende Einblicke in muslimisches Leben geben
können.

Manche dieser Studien lassen allenfalls indirekte Rückschlüsse
auf Islamfragen zu, weil sie nicht nach religiösen, sondern nach

ethnischen Kategorien strukturiert sind. Wenn beispielsweise über «Türken in Deutschland» und ihre Wertvorstellungen geforscht wurde, so blieb zunächst offen, ob diese vorwiegend auf individuellen Präferenzen, soziokulturellen Prägungen oder religiösen Einstellungen beruhten. Bei Weitem nicht alles, was dem Islam zugeschrieben wird, findet tatsächlich dort seine Wurzeln, z.B. die sogenannten «Ehrenmorde» (siehe S. 255). Gelegentlich fehlt es schon an fachlichen Basiskenntnissen.[23] Einen sehr informativen Überblick über die Forschungslandschaft bis 2015 bietet Riem Spielhaus in zwei umfassend angelegten Publikationen.[24]

Seit 2008 liegen uns mit der DIK-Studie 2009 «Muslime in Deutschland» und dem Bertelsmann Religionsmonitor 2008 «Muslimische Religiosität in Deutschland»[25] einschließlich seiner Sonderauswertungen «Religiosität und Zusammenhalt in Deutschland» 2013[26] und «Lebenswelten deutscher Muslime» 2015[27] repräsentative bzw. zumindest breite quantitative Daten über die religiöse Orientierung der muslimischen Bevölkerung vor. Für Nordrhein-Westfalen wurde im Anschluss an die DIK-Studie von 2009 im Jahre 2010 eine spezielle Studie erstellt.[28] Trotz aller verbleibenden Unschärfen[29] liefern sie verlässliche Größenordnungen. Auf diese Untersuchungen stützen sich die folgenden Ausführungen in erheblichem Umfang. Spezielle statistische Daten werden unten in den Kapiteln zu Rechtsfragen und zum gesellschaftlichen Zusammenleben wiedergegeben.

1. Verschiedene Glaubensrichtungen

Für die DIK-Studie 2009 wurden Personen im Alter ab sechzehn Jahren nach ihrer Religiosität und religiösen Praxis befragt.[30] Die zugrundeliegende Befragungsstruktur ist nach Sunniten, Schiiten, Aleviten und Sonstigen unterteilt, wobei zu Letzteren die Gruppen der Sufis/Mystiker, der Ahmadis und der Ibaditen zählen. In der Tat repräsentiert die Gesamtheit dieser Gruppen einen wesentlichen Teil der islamischen Religions- und Konfessionsgeschichte. Die Trennung zwischen Sunniten und Schiiten bildet das bis heute wirkende Urtrauma der islamischen Gemeinde nach dem Tod des Propheten Muhammad im Jahre 632. Sie beruht auf gegensätzlichen Ansichten darüber, wer Nachfolger (Kalif) des verstorbenen Propheten als Leiter der Gemeinde und des entstehenden Gemeinwesens (Imam) sein sollte und nach welchen Grundsätzen die Auswahl zu treffen sei.[31] Die Mehrheit, die einen verdienten Kämpfer zum ersten Kalifen bestimmte, sah sich damit in der Tradition (Sunna) des Propheten Muhammad. Dagegen stand die Minderheit der Schiiten, die den Vetter und Schwiegersohn Muhammads, Ali, als einzig legitimen Nachfolger Muhammads anerkannten, der indes erst vierter Kalif wurde. Sie spalteten sich später in drei unterschiedliche Richtungen auf (Fünfer-, Siebener- und Zwölferschiiten, benannt nach der Anzahl der von ihnen anerkannten Imame, d. h. Nachfolger Muhammads). In Deutschland leben fast nur Anhänger der dominierenden zwölferschiitischen Richtung. Die Ibaditen wiederum bilden eine Abspaltung derjenigen Anhänger Alis, die nicht akzeptierten, dass Ali sich im Streit über die Herrschaft auf ein Schiedsgericht eingelassen hatte. Ihre Lehren unterscheiden sich abgesehen von staatsrechtlichen Fragen wenig von denen der Sunniten. Ibaditen leben heute schwerpunktmäßig im Oman und in Teilen Libyens und Algeriens, nur wenige in Deutschland. Die Aleviten gehen auf mystische Bewegungen in Anatolien zurück, die sich mit den Lehren des Hacı Bektaş Veli im 14. Jahrhundert konsolidierten.[32] Besondere Verehrung genießt der genannte Ali, Vetter und Schwiegersohn Muhammads. Die Riten entsprechen teilweise denen des Mehrheitsislam, jedoch bestehen einige Besonderheiten. So werden Gottesdienste in speziell errichteten Cem-Häusern abgehalten und nicht in Moscheen. Frauen und Männer nehmen gemeinsam an den Zeremonien teil, die stark von mystisch-meditativen Elementen mit Musik geprägt sind. Die Gemeindeleitung obliegt nicht Imamen, sondern Dedes (männliche) bzw. Anas (weibliche) Personen. Mitte Februar wird zu Ehren des wichtigen Propheten Hızır sowie in schiitischer Tradition im Monat Muharram gefastet und das Aschura-Gedenken gefeiert. Konversionen zum Alevi-

tentum sind nicht möglich. Das religiöse Selbstverständnis changiert; manche verstehen das Alevitentum als Ausprägung des
Islam, andere als eine eigenständige, aus dem Islam heraus entwickelte Religion.[33] Etwa drei Viertel der Aleviten in Deutschland
bezeichnen sich als Muslime.[34] Die Ahmadis (zu ihnen siehe
S. 143 ff.) gehören zu einer Reformbewegung des 19. Jahrhunderts, die vom Mehrheitsislam nicht anerkannt wird.

Hier nicht weiter behandelt wird die Religion der Baha'i. Sie
hat sich im 19. Jahrhundert im Iran aus dem Islam heraus entwickelt, versteht sich aber als eine eigenständige Religion, die aus
Elementen aller großen Weltreligionen schöpft.[35]

Besonders hervorzuheben ist zunächst der Umstand, dass sich
17% der in der DIK-Studie 2009 Befragten keiner der genannten
spezifischen Richtungen zugeordnet haben: 9% verzichteten auf
Angaben, 8% antworteten mit «weiß nicht».[36] Für diese nicht un-
beträchtliche Gruppe hat die konfessionelle Untergliederung offenbar keine signifikante Bedeutung. Das ist nach Einschätzung
des Verfassers ein eminent wichtiger Befund für die weitere Entwicklung der muslimischen Religionslandschaft und das Zusammenleben von Muslimen in Deutschland.

Zuordnung zu einer Glaubensrichtung
(nur 83% der Befragten, 17% ordnen sich nicht zu)

	Selbst- zuordnung	Anteil unter allen Befragten
Sunniten	74,1%	62%
Aleviten	12,7%	11%
Schiiten	7,1%	6%
Sonstige (u. a. Sufi/Mystiker, Ahmadis, Ibaditen)	6,1%	
Sonstige, incl. derer, die sich keiner der angefragten Glaubensrichtung zuordnen		21%

Von denjenigen, die sich einer bestimmten Gruppe zuordneten, zählen nach der neuesten Ausarbeitung von Haug/Stichs auf der Basis der DIK-Studie 2009[37] 74,1% zu den Sunniten, 12,7% zu den Aleviten, 7,1% zu den Schiiten und 6,1% zu den «Sonstigen» (unter anderem Sufi/Mystiker, Ahmadis, Ibaditen). Rechnet man die Angaben derjenigen heraus, die sich keiner dieser Gruppen zurechneten, verringern sich die Anteile an der Gesamtheit der Befragten auf 62% Sunniten, 11% Aleviten und 6% Schiiten. Aus dem Iran sind fast ausschließlich Schiiten eingewandert, hinzu kommen 28%, die aus dem Nahen Osten stammen. Während ein Viertel der Muslime aus Süd- und Südostasien Angehörige der Ahmadiyya sind, stammen die Aleviten fast ausnahmslos aus der Türkei.[38]

Allen Richtungen ist gemeinsam, dass sich ihre Ausprägungen in Staaten mit muslimischer Bevölkerungsmehrheit oft deutlich vom Leben in Deutschland und Europa abheben. Rückschlüsse sind deshalb mit Vorsicht zu genießen. Vergleichende Untersuchungen des Bertelsmann Religionsmonitors 2015 belegen signifikante Unterschiede zwischen Gruppen scheinbar gleicher Grundausrichtung in der Türkei und in Deutschland. Von den nach Selbsteinschätzung «hochreligiösen» Sunniten verrichteten in der Türkei 63% und in Deutschland 71% mindestens einmal täglich das Ritualgebet. In der Türkei nahmen 80%, in Deutschland 56% der männlichen Befragten mindestens einmal pro Monat am Gottesdienst teil. Dieser Unterschied mag sich damit erklären lassen, dass in der Türkei anders als in Deutschland eine religiöse Infrastruktur flächendeckend vorhanden ist und die Teilnahme am Gebet sich in der Arbeitswelt dort leichter einrichten lässt. Interessant ist der auffällige Unterschied bei der Frage nach dem Überdenken persönlicher religiöser Einstellungen: In der Türkei tun dies 36% oft oder sehr oft, in Deutschland hingegen 63%.[39]

Vergleichbare Unterschiede ergaben sich aus parallelen Befragungen des Bertelsmann Religionsmonitors 2015 zu ethisch-moralischen Fragen unter Muslimen in der Türkei und in Deutschland.[40] Die Möglichkeit eines homosexuellen Paares zu heiraten befürworteten 67% unter den nicht und wenig Religiösen sowohl in der Türkei als auch in Deutschland. Unter den Mittelreligiösen fand dies Zustimmung bei 33% in der Türkei, aber 60% in Deutschland, unter den Hochreligiösen bei nur 12% in der Türkei, aber bei 40% in Deutschland.

Zustimmung zur Möglichkeit der Heirat Homosexueller

	in der Türkei	in Deutschland
nicht und wenig Religiöse	67%	67%
Mittelreligiöse	33%	60%
Hochreligiöse	12%	40%

Die im Bertelsmann Religionsmonitor 2013 enthaltenen Daten[41] zu dieser Frage positionieren die Muslime in Deutschland (48% befürworten diese Möglichkeit) zwischen denjenigen in der Türkei, die Ehen von Homosexuellen akzeptieren, und der Bevölkerungsmehrheit in Deutschland. Hier finden sich noch deutlich mehr Befürworter unter katholischen (70%) und evangelischen (78%) Christen sowie unter 87% der Konfessionslosen.

Auch die Akzeptanz des Rechts auf Sterben für unheilbar Kranke auf deren ausdrücklichen Wunsch unterscheidet sich bei den mittel- und hochreligiösen Muslimen in Deutschland und der Türkei. Schließlich haben die Untersuchungen ermittelt, dass in der Türkei, nicht jedoch in Deutschland, ein Zusammenhang zwischen dem Grad der Religiosität und Werten wie Sicherheit und Konformität festzustellen ist.[42] All dies verdeutlicht, dass auch muslimische Religiosität und ethisch-moralische Einstellungen von Muslimen sich in geographischer Vielfalt zeigen und abhängig von Prägungen der gesellschaftlichen Umgebung entwickeln. Das ist für Fachkreise nicht überraschend, widerlegt aber das verbreitete und gelegentlich kultivierte Bild einer monolithischen und statischen Religion.

Signifikante regionale Unterschiede finden sich im Übrigen nicht nur bei traditionalistischen schriftorientierten Haltungen. Sie zeigen sich auch in mystischen Richtungen, dem Sufismus. Er ist zwar insgesamt eher von persönlicher spiritueller Erfahrung geprägt als von Schriftorientierung. In muslimischen Mehrheitsbevölkerungen, etwa in Westafrika, im Sudan, in Zentralasien und zumindest früher im türkischen Teil des Osmanischen Reichs, hat er aber auch eine stark gesellschaftsstrukturierende Ausprägung mit politischen Auswirkungen. In Deutschland und Europa hingegen tritt er öffentlich kaum in Erscheinung und konzentriert sich auf eine spirituell ausgerichtete Lebenspraxis. Er scheint nicht zuletzt für Konvertiten attraktiv zu sein, aber auch für die vielen Muslime, die einem minutiös mit Verboten und Geboten strukturierten Alltag wenig abgewinnen können. Navid Kermani hat in seinem Roman «Große Liebe» von 2014 eindrucksvoll islamische Mystik mit einer großen Liebe auf einem westfälischen Schulhof verknüpft.

2. Religiosität und religiöse Praxis

Die DIK-Studie 2009 bat die Befragten um die subjektive Einschätzung ihrer Religiosität.[43] Die Ergebnisse lauten wie folgt:

Subjektive Einschätzung der eigenen Religiosität nach Herkunftsland und Glaubensrichtung

	sehr stark gläubig	eher gläubig	eher nicht gläubig	gar nicht gläubig
Insgesamt	36%	50,4%	9,6%	4%
Türkischer Migrationshintergrund	41,4%	47,1%	8,4%	3,1%
aus «sonstiges Afrika» (ohne Nordafrika)	46,7%	40,0%	6,7%	6,7%
aus Nordafrika	34,3%	58,1%	5,2%	2,3%
aus Südosteuropa	15,4%	63,0%	18,8%	2,7%

	sehr stark gläubig	eher gläubig	eher nicht gläubig	gar nicht gläubig
aus dem Iran	10,1%	34,8%	24,6%	30,4%
Schiiten	21,1%	53,8%	13,5%	11,7%
Aleviten	24,4%	53,7%	11,1%	10,8%
Sunniten	42,1%	48,3%	7,5%	2,1%
Sonstige	42,9%	47,6%	8,2%	1,2%

Tendenziell beschrieben sich Frauen als stärker gläubig als Männer. Nach den Herkunftsregionen zeigen sich deutliche Unterschiede. So sahen sich 41,4% der Muslime aus der Türkei und 46,7% aus dem «sonstigen Afrika» (außer Nordafrika) als «sehr gläubig», aber nur 15,4% der Muslime aus Südosteuropa und 10,1% derer aus dem Iran. Umgekehrt bezeichneten sich nur insgesamt 7,5% der Muslime aus Nordafrika und 11,5% der Muslime aus der Türkei als «eher nicht gläubig» oder «gar nicht gläubig», unter denjenigen aus Südosteuropa waren es 21,5%, unter denen aus dem Iran 55% («gar nicht gläubig» alleine 30,4%). Hier mag sich die Fluchtentwicklung aus der islamistischen Religionsdiktatur nach 1979 niederschlagen.

Ebenfalls erhebliche Unterschiede hinsichtlich der Religiosität zeigen sich zwischen den Konfessionen, mit den hohen Anteilen stark gläubiger Sunniten und Sonstiger einerseits und den vergleichsweise niedrigen Anteilen unter Schiiten und Aleviten andererseits.[44]

Für die altersmäßige Schichtung der Religiosität von Sunniten in Deutschland bietet der Bertelsmann Religionsmonitor 2015 Erkenntnisse.[45]

Subjektive Einschätzung der eigenen Religiosität unter den Sunniten nach Alter

	hochreligiös	mittelreligiös	wenig religiös
51 Jahre und älter	20%	65%	15%
41–50 Jahre	49%	51%	0%
31–40 Jahre	63%	35%	2%
16–30 Jahre	57%	38%	5%

Hierbei fällt auf, dass die Religiosität unter jüngeren tendenziell deutlich stärker ausgeprägt ist als unter älteren Befragten. Diese Entwicklung lässt sich schon seit den 1990er-Jahren beobachten[46] und steht in starkem Gegensatz zur – insgesamt schon deutlich geringeren – Religiosität der Gesamtbevölkerung in Deutschland, wobei die Religiosität unter Jüngeren besonders schwach ausgeprägt ist.[47] Eindeutige Erklärungen dafür sind nicht ersichtlich. Vermutet wird etwa, dass die jüngere Generation mehr als die eher unter sich lebenden Älteren gezwungen ist, sich in der deutschen Gesellschaft zu positionieren. Ebenso könnte eine intensive religiöse Erziehung eine Rolle spielen, unter Migranten vielleicht auch zur Wahrung der Familienidentität innerhalb der Aufnahmegesellschaft.[48] Dafür könnte sprechen, dass z.B. in der Türkei die Zentralität von Religiosität nach der länderübergreifenden Sonderauswertung des Bertelsmann Religionsmonitors unter den Älteren deutlich stärker ist als unter den jüngeren Befragten (hochreligiös ca. 60% der über 45-Jährigen, ca. 40% der 16–29-Jährigen).[49] Ein denkbares (Teil-)Erklärungsmuster ist auch eine «jetzt erst recht»-Reaktion auf verbreitete Vorurteile und Diskriminierungen.

Statistische Erhebungen zur Messung von Religiosität (jenseits der Selbsteinschätzungen) knüpfen häufig an die rituellen Elemente der «Fünf Säulen» des Islam an, vor allem an die fünf täglichen Ritualgebete und das Fasten im Monat Ramadan sowie an Speise- und Bekleidungsvorschriften traditioneller Prägung (Ver-

meidung von Schweinefleisch und Alkohol, Konsum von Halal-
geschlachtetem Fleisch, Kopftuch bei Frauen). Die DIK-Studie
2009 fragte etwa: «Wie oft beten Sie?»[50] Dabei wurde die Differenzierung zwischen den zeitlich festgelegten fünf Ritualgebe-
ten (Salat, Namaz) und möglichen individuellen Gebeten (Du'a)
nicht beachtet. Hier zeigen sich indes signifikante Unterschiede
zwischen den Geschlechtern: Nach dem Bertelsmann Religionsmonitor 2008 sprechen 33% der befragten Männer, aber 51%
der befragten Frauen mehrmals täglich ein persönliches Gebet
(Du'a).[51]

Die Befragten der DIK-Studie 2009 gaben zu 33,9% an, täglich
zu beten, zu 9,4% mehrmals in der Woche, zu 9,7% einmal in der
Woche, zu 8,1% ein paar Mal im Monat, zu 15,3% ein paar Mal
und zu 20,4% nie.[52] Da das gemeinschaftliche Gebet am Freitagmittag als (zumindest für Männer) obligatorisch angesehen
wird, bildet die Gruppe derer, die sich einigermaßen regelmäßig
(also zumindest einmal wöchentlich) an den traditionellen Vorstellungen der Ritualpraxis orientieren, ungefähr die Hälfte aller
Befragten.

Gebetspraxis

täglich	33,9%
mehrmals wöchentlich	9,4%
wöchentlich	9,7%
mehrmals im Monat	8,1%
ein paar Mal	15,3%
nie	20,4%

Ähnliche Zahlenverhältnisse ergaben sich für die Begehung von
großen religiösen Festen und Feiertagen.[53]

**Begehung großer religiöser Feste und Feiertage insgesamt
und nach Glaubensrichtungen**

	Befragte insg.	Sunniten	Schiiten	Aleviten	«Sonstige»
Begehung	68,9 %	78,7 %	38,6 %	51,7 %	51,7 %
teilweise	11,5 %	7,1 %	32,7 %	17,0 %	7,4 %
gar nicht	19,5 %	14,1 %	28,7 %	31,3 %	35,4 %

Aus der Studie geht allerdings nicht hervor, inwieweit die geringere Neigung zum Begehen von religiösen Festen und Feiertagen
damit zusammenhängt, dass kleinere Konfessionen oft über eine
gering ausgeprägte Infrastruktur in der Fläche verfügen und ge-
meinschaftliches Feiern deshalb auf größere Realisierungspro-
bleme stößt. Für die Gruppe der Iraner, die derartige Feste und
Feiertage nur zu 10,3 % begeht (66,2 % «teilweise») vermutet die
DIK-Studie 2009 Religionsdistanz als Ursache.[54]
   Das bisherige Bild spiegelt sich im Wesentlichen auch bei der
Beachtung religiöser Speise- und Getränkevorschriften[55] sowie
beim religiös gebotenen Fasten.[56] Zahlenangaben für Aleviten
sind auch hier wegen unterschiedlicher Grundauffassungen zu
derartigen Vorschriften kein brauchbarer Indikator für die Religiosität der Befragten. Überdies wurde in der DIK-Studie nicht
zwischen dem Konsum von Schweinefleisch, von Halal-geschlach-
tetem Fleisch und von Alkohol unterschieden, um nur die wichtigsten Facetten von Speise- und Getränkevorschriften zu benennen. Hier wird der Bertelsmann Religionsmonitor 2008 teilweise
konkreter und bestätigt auch die Zunahme orthopraktischer Religiosität in der jüngeren Generation. 73 % der Befragten ab 60 Jahren, aber 84 % der 40–49-Jährigen und 90 % der 18–29-Jähri-
gen essen nie Schweinefleisch. Beim Verzicht auf Alkoholkonsum
liegen die Vergleichszahlen dieser Altersgruppen bei 54 %, 52 %
und 59 %.[57] Frauen verzichten laut Bertelsmann Religionsmonitor
2008 übrigens deutlich häufiger als Männer auf Schweinefleisch
(91 % zu 82 %) und Alkohol (69 % zu 47 %).[58]

Offenkundig konsumieren demnach nicht wenige Muslime Alkohol, lehnen aber Schweinefleisch ab; das deckt sich mit den Erfahrungen des Verfassers. Letzteres geht offenbar auf allgemeine kulturelle Prägungen zurück und ist kein sehr aussagekräftiger Indikator für religiöse Einstellungen.

Insgesamt kann man feststellen, dass sich sunnitische Muslime aus der Türkei, Nordafrika und Süd-/Südostasien zum großen Teil und deutlich mehr als Angehörige anderer Konfessionen der traditionellen Ritualpraxis verbunden fühlen. Nach Ansicht des Verfassers verbietet es sich allerdings aus mehreren Gründen, daraus Schlüsse auf die persönliche Religiosität zu ziehen. Für die Aleviten wäre das schon deshalb verfehlt, weil für sie weite Teile der traditionellen sunnitischen Praxis nicht als verbindlich gelten und sie sich auch von der schiitischen Mehrheitsrichtung deutlich unterscheiden. Zudem könnte auch die unterschiedliche personelle Größe der einzelnen Konfessionen für die Ausübung der Ritualpraxis eine Rolle spielen. Vor allem aber existiert noch eine beklagenswerte Forschungslücke im Hinblick auf die religiösen Präferenzen der muslimischen Bevölkerung jenseits der Ritualpraxis. Erst wenn Untersuchungsergebnisse vorliegen, die in Breite der Befragten und Detailreichtum der Fragen den hier verwendeten Studien über die Ritualpraxis vergleichbar sind, lassen sich Aussagen treffen, die die Religiosität von Muslimen nicht auf einen Teilaspekt ihrer Religion reduzieren.

Die noch dominierende Verengung auf solche Teilaspekte kann überdies praktische Auswirkungen auf die Wahrnehmung muslimischen Lebens und auf das muslimische Selbstverständnis haben. Wenn muslimische Religiosität vornehmlich an der Intensität der Ritualpraxis gemessen wird, wird dieser eine besondere Bedeutung zugemessen, die sie bei vielen Muslimen offenbar überhaupt nicht hat. Dies wiederum kann sich auf das Selbstverständnis von Muslimen niederschlagen, wenn etwa die Frage gestellt wird, ob ein Muslim die fünf täglichen Ritualgebete verrichtet, was weder für eine Mehrheit der Muslime in Deutschland noch in den meisten anderen Teilen der Welt zutrifft. Muss man aber deshalb ein schlechtes Gewissen haben, ist man deshalb ein schlechterer Muslim als diejenigen, die sich an den traditionellen Ritualvorschriften orientieren? Darüber sollten allein die Muslime selbst und individuell befinden, ohne dass über wenig reflektierte Zuschreibungen von außen in die Debatte eingegriffen wird.

Vor diesem Hintergrund müssen auch die oben genannten statistischen Daten zur Selbsteinschätzung der Religiosität mit Vorsicht behandelt werden: Es ist gerade wegen der dann folgenden Konzentration auf ritualpraktische Aspekte, Speise-, Getränke- und Bekleidungsnormen nicht auszuschließen, dass auch Befragte ihre Antworten an diesen Parametern ausgerichtet und Religiosität, die sich nicht darin niederschlägt, nicht als maßgeblich für die Antwort eingestuft haben. Diese Vermutung kann sich auf Befragungsergebnisse des Bertelsmann Religionsmonitors 2008 zur Bedeutung der fünf täglichen Ritualgebete stützen.[59] Hier tut sich zwischen den Altersgruppen eine Schere zwischen eigener Praxis und generellem Zumessen von Bedeutung auf. Von den ab 60-Jährigen benannten 42% die Ritualgebete als «sehr wichtig» und führten sie zu 35% auch aus. Bei den 40–49-Jährigen liegen die Vergleichszahlen bei 46% «sehr wichtig» und 30% persönlicher Ausführung, bei den 18–29-Jährigen bei 52% «sehr wichtig» und 23% eigener Praxis. Damit wird das Ritualgebet bei vielen eher zum Identitätsmarker als zum Element eigener Lebensführung.

Möglicherweise ist hier ein Ansatzpunkt für neo-salafistische (siehe zu dem Begriff S. 161) Jugendarbeit zu sehen: Wenn die eigene Identität bereits über die Bedeutung der Ritualpraxis definiert wird, gewinnt die dann oft demonstrative Ausübung dieser Ritualpraxis eine starke gruppenbildende Funktion. Der Verfasser erinnert sich an zahlreiche in den Medien veröffentlichte Fotografien, auf denen junge Männer bei neo-salafistischen Veranstaltungen mit einem Gesichtsausdruck zu sehen sind, der zwischen Verlegenheit und offensiver Inanspruchnahme des öffentlichen Raums changiert. Ähnliches lässt sich für die bei manchen – nicht zuletzt Konvertiten – populär gewordene Bekleidung sagen (Gewänder und Kappe bei Männern, Niqab bei Frauen), die viele äl

tere Muslime eher amüsiert wahrnehmen, die aber in der Gesamtgesellschaft auf starke, meist negative Beachtung, stößt.

Einzelne qualitative Studien über Alltagsreligiosität und generelle religiöse Einstellungen liegen trotz des genannten Forschungs-
defizits vor. Auf vergleichsweise umfangreiche Daten stützt sich
der Bertelsmann Religionsmonitor mit seinen Sonderauswertungen für Deutschland. Diese Studien wollen fünf religiöse Kern-
dimensionen erfassen: Intellekt (Auseinandersetzung mit Glau-
bensfragen), Ideologie (Glaube und Glaubensinhalte), öffentliche
religiöse Praxis (z. B. Moscheebesuche), private religiöse Praxis
(u. a. persönliches Gebet) und religiöse Erfahrung/Gotteserfah-
rung).[60] Der 2015 vorgelegten Studie zu Lebenswelten deutscher
Muslime[61] ist zu entnehmen, dass von den 322 Befragten 89%
«ziemlich stark» oder «sehr stark» an «etwas Göttliches» glauben. 56% haben «oft» oder «sehr oft» Erfahrung von etwas Göttlichem. Ebenfalls 56% verrichten mindestens einmal täglich ein
persönliches Gebet (Fürbitte). 47% überdenken oft oder sehr oft
ihre persönlichen religiösen Einstellungen. 46% schließlich (unter
170 befragten Männern) nehmen mindestens einmal monatlich
am Freitagsgebet in einer Moschee teil. Daran lässt sich ablesen,
dass sich Ritualpraxis und Religiosität keineswegs decken.

Solche Untersuchungen lassen jedoch keine Rückschlüsse zum
Beispiel darauf zu, wie viele Gläubige sich eher dem Sufismus,
einer scharia-religionspraktischen Orientierung oder volksislami-
schen Gewohnheiten – es gibt Überschneidungen – verbunden
fühlen. Gerade unter Frauen scheinen Meditation und sufistische
Erfahrungen besonders verbreitet zu sein. Nach Befragungen des
Bertelsmann Religionsmonitors 2008 gaben mehr als 50% der
Frauen an, über Einheits-Erfahrungen (mit Gott) zu verfügen, wie
sie für den Sufismus typisch sind. 16% sagten aus, häufig zu medi-
tieren.[62]

Das für viele wohl überraschendste Ergebnis der DIK-Studie
2009 ist schließlich, dass sich fast 15% derer, die sich generell
zum Islam bekennen, als «nicht» oder «eher nicht» gläubig bezeichnen.[63] Nicht minder neu dürfte der Umstand erscheinen, dass

nach dem Bertelsmann Religionsmonitor 2013[64] 42% der befragten Muslime angaben, dem Synkretismus zuzuneigen («Ich greife für mich selbst auf Lehren verschiedener religiöser Traditionen zurück»), im Vergleich zu nur 26% der befragten katholischen und 24% der befragten evangelischen Christen. Im Bertelsmann Religionsmonitor 2008 bejahten dementsprechend 67% der Befragten die Aussage, dass jede Religion einen wahren Kern hat, von den Hochreligiösen sogar 71%. Nur 31% der Muslime (45% der Hochreligiösen) glauben nach dieser Studie, dass vor allem Muslime zum Heil gelangen, während 37% (24% der Hochreligiösen) dies ablehnen.[65]

Allerdings bekannten sich im Bertelsmann Religionsmonitor 2013 von den befragten Muslime auch 39% zum Dogmatismus («in religiösen Fragen hat vor allem meine Religion recht und haben andere Religionen eher unrecht»), im Vergleich zu nur 12% der katholischen und 11% der evangelischen Christen.[66] Ähnliche Ergebnisse liefert schon der Bertelsmann Religionsmonitor 2008 (33% mit synkretistischen Ansätzen, 36% ablehnend).[67] Daran wird die besondere Bandbreite muslimischer Religiosität in Deutschland deutlich. Zugleich wird ein Spannungspotential im Hinblick auf eine Gesamtgesellschaft offenkundig, die religiöser dogmatischer Gewissheit weitgehend nur wenig abgewinnen kann.

Wissenschaftlich noch weniger erfasst sind die verbreiteten Praktiken des «Volksislam». Hier mischen sich religiöse und alltagskulturelle Elemente. Manche Gelehrte und religiöse Funktionsträger lehnen sie als Verstoß gegen die eher schriftorientiert verstandenen Lehren des Islam ab, andere beteiligen sich selbst daran. Hier geht es beispielsweise um das populäre Amulettwesen,[68] um «Prophetenmedizin» und allerlei Heilpraktiken bei Erkrankungen oder Kinderlosigkeit. Gerade im Bereich psychischer Erkrankungen suchen nach Erkenntnissen des Verfassers aus Untersuchungen in Berlin im Jahr 2015 nicht wenige Menschen Hilfe bei Imamen oder anderen religiösen Personen ihres Vertrauens. Dies scheint besonders in Kreisen verbreitet zu sein, die sprachlich und kulturell wenig Zugang zur deutschen Zivilgesellschaft finden; die orientalisch-bildhafte Schilderung von Krankheitserscheinungen bis hin zur Benennung von Geistern stößt gelegentlich auf Unverständnis. Der Verfasser weiß von einem Fall, in dem eine des Deutschen kaum mächtige Frau einen Facharzt fragte, ob man ihre psychischen Beschwerden «operieren» könne, was dieser verständnislos verneinte; tatsächlich gemeint war «behandeln». Die Frau fand erst nach Jahren den Weg zu einem anderen Arzt, der ihr Anliegen dann auch verstand.

Manche der einschlägig Tätigen sind sensibilisiert und kooperieren im Bedarfsfall mit fachlich ausgebildeten Personen oder staatlichen und zivilgesellschaftlichen Institutionen. Andere erkennen darin ein Marktmodell für sich selbst, gelegentlich auch in Form von evidenter Scharlatanerie.[69] Gerade im Bereich sozialer und gesundheitlicher Beratung zeigt sich noch ein erheblicher Bedarf an interkultureller Sensibilisierung und Steigerung der Kommunikationsfähigkeiten, bei hier aktiven Muslimen teils auch an Professionalisierung.

3. Die Migrationsgeschichte von Muslimen in Deutschland

Was ist Integration?
Es ist unangemessen, sich mit dem Islam in Deutschland primär unter dem Blickwinkel der «Integration» zu befassen.[70] Abgesehen von der häufig unklaren Ausfüllung dieses Begriffs kann und muss keine Religion in Deutschland «integriert» werden. Auch was die muslimischen Menschen angeht, klänge es absurd, die ca. 2 Millionen Deutschen unter ihnen in Deutschland integrieren zu wollen, genauso wie die vielen anderen, die schon lange hier leben und längst ein Teil der Gesellschaft geworden sind. Damit soll keineswegs gesagt werden, dass es keine Integrationsaufgaben mehr gebe. Bestehende Probleme wie mangelnde Sprachkenntnisse nicht nur in der ersten Generation von Einwanderern, erschwerter Zugang zu höherer Bildung und zum Arbeitsmarkt aufgrund von Vorurteilen oder wegen geringer Qualifikation sind nicht zu

leugnen, haben aber weitgehend nichts mit der Religionszugehörigkeit zu tun. Der Sachverständigenrat deutscher Stiftungen für Integration und Migration bringt es in seinem Jahresgutachten 2016, das sich auf sehr breiter empirischer Basis mit religiöser Vielfalt und Teilhabe im Einwanderungsland befasst, so auf den Punkt: «Insgesamt wird der Zusammenhang von Religion und Integration (...) in der öffentlichen Debatte ‹doppelt überschätzt›: Zum einen existieren keine systematischen Belege dafür, dass Religion bzw. individuelle Religiosität grundsätzlich die Teilhabe an Bildung und am Arbeitsmarkt erschwert. Zum anderen zeigt die empirische Forschung, dass Unterschiede im Integrationserfolg zwischen verschiedenen religiösen Gruppen nicht in erster Linie auf Diskriminierungen aufgrund der Religionszugehörigkeit zurückzuführen sind. Der zentrale Erklärungsfaktor für Erfolg und Misserfolg im Bildungssystem und darüber vermittelt auch am Arbeitsmarkt ist und bleibt der soziale Faktor.»[71] Anders ist es nur bei Disputen über öffentlich sichtbar werdende Religiosität – Stichwort Kopftuch im Arbeitsleben – oder bei religiös-ideologischer Selbstausgrenzung.

Mit dem Begriff der «Integration» im Zusammenhang mit Muslimen in Deutschland generell zu operieren wäre aber auch deshalb verfehlt, weil er suggeriert, dass es eine feststehende deutsche Gesellschaft gibt, in die hinein Menschen (erst) integriert werden müssen. Eine solche Sicht würde jedoch gleichfalls unzutreffend eine einseitige Aufgabenverteilung nahelegen: Muslime müssen sich integrieren. Tatsächlich ist das Arrangement des Zusammenlebens aber eine Aufgabe aller Beteiligten, weshalb der Begriff der Akkulturation[72] deutlich präziser und hilfreicher ist.

Selbstverständlich findet der Prozess der Akkulturation nicht im luftleeren Raum statt, und er setzt auch keinesfalls voraus, die Grundlagen des Zusammenlebens zur Disposition zu stellen. Vielmehr sind verlässliche Rahmenbedingungen für eine gleichberechtigte Entfaltung der Freiheitsrechte und ein friedvolles Zusammenleben unverzichtbar. Diese Aufgabe übernimmt die Rechtsordnung.

Sie ist in ihren Grundfesten gerade nicht «multikulturell» im Sinne gleichberechtigter Beliebigkeit, sondern beansprucht zu Recht die Letztentscheidung über den gesellschaftlichen Interessenausgleich und die Wahrung des sozialen Friedens. Dieselbe Rechtsordnung öffnet jedoch auch weitreichende Freiräume für individuelle, gleichberechtigte Lebensgestaltung innerhalb des von ihr gesetzten Rahmens (siehe auch S. 181 ff.). Der Schutz von Vielfalt ist deshalb kein Gegensatz zu dieser Rechtsordnung, sondern geradezu ihr Markenzeichen.[73]

Nur aus dieser Sicht lässt sich auch die «Gegenpropaganda» insbesondere mancher türkischer nationalistischer und islamistischer Organisationen entkräften, die Deutschland pauschal unterstellt, die hier lebenden Türken und Türkischstämmigen assimilieren[74] zu wollen – die Urangst kultureller Entfremdung bei Migranten wird hier instrumentalisiert. Auch hierbei werden immer wieder kulturelle und religiöse Aspekte vermengt. Exemplarisch hierfür seien die Aussagen eines Redners zitiert,[75] die dieser bei der Versammlung einer «islamisch-fundamentalistischen» Vereinigung in Bielefeld mit über 2000 Personen machte:

Meine Brüder! Wir sind hier versammelt, um darüber nachzudenken, was wir in diesen 30 Jahren unserer Anwesenheit hier gewonnen oder verloren haben. Es ist sicherlich richtig, daß wir zuerst ein Haus, dann das zweite Haus in der Heimat erstanden haben, wir haben uns Felder in der Heimat gekauft, Geschäfte eröffnet, wir haben Geld gespart und einige von uns sind auch reich geworden. Aber was haben wir verloren? Habt Ihr darüber einmal nachgedacht? Wir haben unsere Kinder verloren! Stellt Euch vor, der Vater kommt von der Nachtschicht nach Hause, da sieht er, wie der Sohn seine Beine übereinander geschlagen auf dem Tisch liegen hat, weil er sich die Nacht in den Diskotheken herumgetrieben hat, und der Sohn bemerkt die Anwesenheit des Vaters nicht einmal. Oder der Vater möchte seine Jacke aufhängen und geht vor dem Fernseher her und wird von seiner Tochter angemault: «Vater geh zur Seite, sonst verpasse ich die Szene!»

Diese schlicht strukturierte Rede soll im Saal lautes Schluchzen ausgelöst haben, einige Anwesende seien in Ohnmacht gefallen. Deutlicher soll sich der Attaché für religiöse Angelegenheiten beim Düsseldorfer türkischen Konsulat Aksari bei einer DİTİB-

Veranstaltung in Duisburg-Rheinhausen am 24. Dezember 1990 geäußert haben:

> Allah sei mit Ihnen, die Sie an dieser Veranstaltung teilnehmen, gnädig. Sie leben hier inmitten von Gotteslästerern. Wir sind ringsum von Gotteslästerern umlagert.[76]

Der Verfasser weiß aus zahlreichen Gesprächen mit türkischstämmigen Anwälten in Deutschland, dass ihre türkischen/türkischstämmigen Mandanten vor solchem Hintergrund nicht selten unbegründetes pauschales Misstrauen in die Neutralität des staatlichen Justizsystems hegen. Ähnlich verhält es sich mit der wiederholt entfachten Debatte über angebliche Versuche des deutschen Staats, muslimische Kinder durch gezielte Zuweisung in nichtmuslimische Familien ihrer Religion zu entfremden.[77] Tatsächlich ist die Berücksichtigung der Religionszugehörigkeit ein bedeutsames Element bei der Auswahl von Pflegefamilien (ausdrücklich geregelt in § 1801 Abs. 2 BGB). Es finden sich jedoch bislang nur sehr wenige muslimische Familien, die bereit sind, muslimische oder andere Pflegekinder aufzunehmen.[78]

Der überbordende religiös grundierte Nationalismus ist immer noch erkennbar, nicht nur bei den extrem-nationalistischen Grauen Wölfen. In einer europaweit beworbenen Veranstaltung mit dem türkischen Staatspräsidenten und Vorsitzenden der AKP in Straßburg im Oktober 2015 wurden vor dem nach Geschlecht getrennt sitzenden Publikum zunächst Koranverse gelesen. Dann skandierten die Anhänger die Parole «Eine Fahne, ein Land, ein Glaube».[79] Das muss befremdlich wirken, schon im Hinblick auf den Umstand, dass viele der Anwesenden wohl schon seit Langem in Europa leben und möglicherweise auch die Staatsangehörigkeit europäischer Staaten besitzen. Und die Reduktion der Türkei auf «einen Glauben» ignoriert die religiöse Vielfalt auch in der (angeblich) laizistischen Türkei. Das unterscheidet übrigens den türkischen Nationalismus vom arabischen: Letzterer wurde maßgeblich von Christen mitgetragen, und bis heute unterstützen gerade dortige Nationalisten die religiöse Vielfalt gegen den Islamismus.

Schon vor einigen Jahren beschrieb Kemal Bozay[80] die negativen Wirkungen türkischer religiös-national zentrierter Mobilisierungskampagnen so:

> Die islamischen und nationalistischen Dachverbände betrachten diese Entwicklung als Chance, ihren Einfluss unter den Migrant(inn)en türkischer Herkunft zu verstärken. Damit erschweren sie sowohl das Zusammenleben von Mehrheits- und Minderheitsgesellschaften als auch den Integrationsprozess innerhalb der muslimischen Gemeinden.

Andererseits ist es weder überraschend noch generell anstößig, wenn auch die Abdeckung religiöser Bedürfnisse von Herkunftsstaaten oder dort ansässigen Organisationen gewährleistet wird. Auch die römisch-katholische Kirche ist ja keine deutsch-nationale Einrichtung; der unselige Ultramontanismusstreit des 19. Jahrhunderts sollte der Vergangenheit angehören. Es kommt allein auf die Inhalte sowie auf die Frage an, ob mit den Aktivitäten aus dem Herkunftsstaat auch – nicht hinzunehmende – Eingriffe in deutsche staatliche Befugnisse oder eine Politik der Selbstausgrenzung verbunden sind. Für das respektvolle bürgerliche Miteinander im Rahmen der geltenden Rechtsordnung empfiehlt es sich, die individuellen Besonderheiten von Menschen, einschließlich einer möglichen Migrationsgeschichte, zu respektieren und sie nicht unnötig in eine Entscheidung zugunsten des einen oder anderen Landes zu drängen, wo solche Entscheidungen überhaupt nicht erforderlich sind.[81] Das sollte sich auch in Befragungen niederschlagen: So erscheint die allgemeine Frage danach, ob dem Befragten das Herkunftsland (der Familie) oder Deutschland wichtiger sei, ob Gesetze oder der Glaube wichtiger seien und Ähnliches, geradezu unsinnig, weil sie Gegensätze unterstellen, die überhaupt nicht vorhanden sein müssen. Denselben Respekt ihrer Lebenshaltungen verdienen auch die Menschen ohne Migrationsgeschichte.

Nach alledem ist danach zu unterscheiden, ob die primäre Fragestellung sich auf die «Integration von Migranten» richtet oder auf die Relevanz der Religion für das Zusammenleben in einer

Gesellschaft.[82] Deshalb liegt diesem Buch nicht das von Hartmut Esser entwickelte und mittlerweile als Standard etablierte[83] viergliedrige Modell (kognitive, strukturelle, soziale und identifikatorische [emotionale] Integration) zugrunde, wenngleich Untersuchungen auf der Basis dieses Modells auch hier wichtige Informationen liefern können und insoweit auch im Folgenden behandelt werden. Zudem kann Religion im Kontext von Migration an Bedeutung gewinnen, soweit sie «in vertrauter Form und Sprache (...) als vertraute Welt gesucht und erfahren» wird und soweit religiöse Organisationen auch Hilfestellung bei der Deckung wirtschaftlicher und sozialer Bedürfnisse leisten.[84]

Insbesondere bei der kognitiven Integration (vor allem Sprache, aber auch Wissen, Bildung, Fertigkeiten) gibt es kaum Bezüge zur Religion. Auch in den anderen Bereichen spielt sie meist nur eine untergeordnete und überdies je nach Interpretationen ambivalente (positive, neutrale oder negative) Rolle. Darüber hinaus ist die Trennung zwischen kognitiven und emotionalen Aspekten der Integration keine geeignete Basis für die hier bedeutsame Fragestellung, inwieweit religiöse Auffassungen die Identifikation mit dem «Aufnahmeland» unterstützen oder verhindern. Vor allem aber wäre ein Ansatz bei der «Integration» unsinnig für die Angehörigen einer Religion, die längst auch zu einem Inlandsphänomen geworden ist. Der Verfasser schlägt vielmehr ein einfaches dreigliedriges Modell vor, das die Bereiche Zugang zu Bildung und Arbeit, Zusammenleben im Alltag sowie Verhältnis zu den staatlichen Grundlagen des Zusammenlebens umfasst, dies unabhängig davon, ob es sich um Menschen mit Migrationshintergrund handelt oder nicht. Das ist auch deshalb erforderlich, weil die in den letzten Jahren zunehmenden extremistischen Erscheinungen (politischer und gewaltbereiter Salafismus) zum größten Teil ein inländisches Phänomen darstellen.

Auf der Grundlage dieses Modells lassen sich konkrete Einzelaspekte benennen, bei denen die Religiosität der Beteiligten Bedeutung gewinnen kann. Das gilt insbesondere für diejenigen Formen der Religiosität, die nach außen sichtbar werden, wie Kleidung, Essgewohnheiten, Teilnahme an religiösen Riten und Veranstaltungen. Auch primär kulturelle Aspekte, die teilweise von religiösen Ansichten unterstützt werden, wie etwa Haltungen zum Geschlechterverhältnis und seiner Handhabung in der Öffentlichkeit, können so erfasst werden.

Diese Einschätzung bestätigt sich in der «Gegenprobe» des sich in Deutschland entwickelnden Neo-Salafismus. Die ideologischen Abschottungstendenzen aller Richtungen des Neo-Salafismus werden zu einem bislang überproportionalen Anteil von deutschen Konvertiten und von meist jungen Menschen getragen, die zum größten Teil in Deutschland sozialisiert sind und zumindest Teile des deutschen Ausbildungssystems durchlaufen haben (siehe auch S. 161 ff.).

Statistische Daten

Sozioökonomische Verhältnisse und kulturelle, teilweise auch religiöse Prägungen können mit der Migrationsgeschichte vieler muslimischer Familien in Verbindung stehen. Deshalb sind die Herkunftsregionen von Interesse. Nach den verlässlichsten zur Verfügung stehenden Daten aus dem Jahre 2008[85] sind die Herkunftsregionen von insgesamt 4,055 Millionen Muslimen (angenommener Mittelwert) die Folgenden:

Herkunft der 4,055 Millionen Muslime

Türkei	63,2%	2 561 000
Südosteuropa	13,6%	550 000
Naher Osten	8,1%	330 000
Nordafrika	6,9%	280 000
Süd- und Südostasien	4,6%	186 000
Iran	1,7%	70 000
sonstiges Afrika	1,5%	61 000
Zentralasien/GUS	0,4%	17 000

Ihre Migration nach Deutschland hatte abhängig von der Herkunftsregion im Wesentlichen zwei Gründe: Arbeitsmigration mit anschließendem Familiennachzug einerseits, Flucht und Asylsuche andererseits. Nach den einschlägigen Daten der DIK-Studie 2009[86] kamen von der ersten Einwanderergeneration zur Arbeitsaufnahme unter den Türken 33,9%, aus Nordafrika (vorwiegend Marokko) 21,1% und aus Südosteuropa 17,4%, aus dem Iran jedoch nur 6,3% und aus Süd- und Südostasien 9,5%. Umgekehrt nannten von den Immigranten der ersten Generation aus Süd- und Südostasien 68,4%, aus Südosteuropa 52%, aus dem Nahen Osten 49,7% Flucht/Asyl als Migrationsgrund, von den Iranern 37,5%. Die Zahlen für die Miteinreise oder den Nachzug der Familie als Migrationsgrund liegen für die Staaten mit beträchtlichem Anteil an Arbeitsmigration deutlich höher als bei den anderen Migranten.

Herkunft und Einwanderungsgrund der
ersten Einwanderergeneration

	Türkei	Nord-afrika (vorw. Marokko)	Südost-europa	Iran	Süd- und Südost-asien	Naher Osten
Arbeitsaufnahme	33,9%	21,1%	17,4%	6,3%	9,5%	15,1%
Flucht/Asyl	4,9%	9,6%	52%	37,5%	68,4%	49,7%

Der Bildungsgrad der Einwanderer der ersten Generation unterschied sich signifikant zwischen den Arbeitsmigranten und ihren Familien einerseits und Teilen der Flüchtlinge/Asylsuchenden andererseits.[87] Mehrheitlich kamen die Arbeitsmigranten, um schwere körperliche Arbeiten ohne größere Anforderungen an Vorbildung zu übernehmen. Dementsprechend hatten nur 9,2% der Türken ein Studium absolviert.[88] Unter den Angehörigen von Staaten mit hohem Anteil an Flüchtlingen/Asylbewerbern finden sich Studienabsolventen mit ganz erheblichen Unterschieden je nach Herkunftsregion: 34,4% der Iraner und 32,1% der Immigranten aus dem Nahen Osten, aber nur 14,6% aus Südosteuropa und 17,9% aus Süd- und Südostasien. Die gesellschaftliche Akzeptanz und der Zugang zu höherer Bildung und qualifizierter Arbeit waren für Bildungsorientierte um vieles leichter zu erreichen als für Ungelernte. Das gilt auch für Menschen aus bestimmten Herkunftsregionen – syrische Ärzte und staatenlose marginalisierte Flüchtlinge aus dem Libanon haben eben außer der gemeinsamen Herkunftssprache an Lebensperspektiven wenig gemein.

Die ökonomisch-soziale Komponente schlägt sich unter anderem in der regionalen Verteilung nieder. Ein erheblicher Teil der Muslime blickt wie erwähnt auf eine Gastarbeiter-Migrationsgeschichte in den (früheren) industriellen Zentren Westdeutschlands zurück, einschließlich des Familiennachzugs. Deshalb konzentriert sich die muslimische Bevölkerung bis heute zu fast drei Vierteln auf einige wenige Bundesländer wie Nordrhein-Westfalen (33,1%), Baden-Württemberg (16,6%), Bayern (13,2%) und Hessen (10,3%). Es folgen Berlin (6,9%), Niedersachsen (6,2%), Rheinland-Pfalz (4,0%), Hamburg (3,5%), Schleswig-Holstein (2,1%), Bremen (1,6%) und das Saarland (0,8%). In Ostdeutschland sind die Zahlen dagegen zwischen 0,1% (Mecklenburg-Vorpommern und Brandenburg) und 0,7% (Sachsen) sehr gering.

Auffällig sind gewisse regionale Schwerpunkte von Menschen aus verschiedenen Herkunftsregionen. In den südlichen Bundesländern Baden-Württemberg und Bayern finden sich – auch unter Berücksichtigung der Gesamtbevölkerungszahl – vergleichsweise viele Menschen aus Südosteuropa (21,7% bzw. 12,7% aller Migranten aus dieser Region), in Nordrhein-Westfalen haben sich besonders viele Migranten aus der Türkei, Iran und dem Nahen Osten niedergelassen (35,3%, 38% und 29,3%). In Berlin fällt ein hoher Anteil von Migranten aus dem Nahen Osten auf (16,4%).[89] Größere iranisch-schiitische Gemeinden finden sich in Hamburg und Berlin.[90]

Die Zuwanderung erfolgte keineswegs nur in die Ballungszentren. Auch kleinere Städte mit industriellen Arbeitsplätzen waren Anziehungspunkte. So leben beispielsweise in Bad Kreuznach, das ca. 44 000 Einwohner hat, 3300–3500 Muslime (davon ungefähr 1000 Eingebürgerte) aus 27 verschiedenen Nationen, darunter ca. 2700 Türkischstämmige. Sie haben ein vielfältiges Geflecht von Vereinen, Organisationen und Unternehmen in Verbindung mit der Stadtgesellschaft geschaffen.[91]

Die Migrationsgeschichte vieler Muslime in Deutschland schlägt sich schließlich auch in der Altersstruktur nieder. Migranten sind im Durchschnitt deutlich jünger als die Gesamtbevölkerung. Nach den Daten der DIK-Studie 2009[92] sind die Unterschiede zwischen der Altersstruktur der Gesamtbevölkerung und der Muslime mit Migrationsgeschichte besonders deutlich. Die muslimische

Bevölkerung ist im Schnitt deutlich jünger als die Gesamtbevölkerung.

Altersgruppenanteil in Deutschland

	Gesamtbevölkerung	Muslime
0–15 Jahre	14,5 %	24,8 %
16–24 Jahre	10,8 %	16,9 %
65 Jahre und älter	20,2 %	3,5 %

Eine Binnendifferenzierung zeigt, dass unter den Muslimen Schiiten und Aleviten näher an der Altersstruktur der Gesamtbevölkerung liegen, Sunniten und kleinere konfessionelle Gruppen dagegen einen besonders niedrigen Altersdurchschnitt aufweisen. Die Haushaltsgröße der muslimischen Vergleichsgruppe liegt mit durchschnittlich 3,9 Mitgliedern pro Familie deutlich über dem Durchschnitt der Gesamtbevölkerung (2,1 Personen pro Familie). Auch hier gibt es Unterschiede nach Herkunftsregionen (4,1 Familienmitglieder bei Herkunft aus Südosteuropa, dem Nahen Osten und Süd-/Südostasien, 3,2 Familienmitglieder bei Herkunft aus dem Iran).[93]

Die Arbeitsimmigration aus der Türkei und Nordafrika begann bereits in den 1960er-Jahren und schlägt sich in dem Umstand nieder, dass Muslime aus diesen Regionen sich insgesamt deutlich länger in Deutschland aufhalten und häufiger schon in Deutschland geboren wurden als diejenigen aus Südosteuropa oder anderen Bereichen der Welt mit späterer Immigration.[94] Dieser Aspekt ist für die Organisationsstruktur von Bedeutung; muslimische Organisationen mit türkischem Hintergrund zählen zu denjenigen, die mittlerweile am längsten bestehen.

Religion und Zugang zum Arbeitsmarkt
Auch wenn sozioökonomische Faktoren, Sprachkenntnisse und

formale Bildung für den Zugang zum Arbeitsmarkt von primärer Bedeutung sind,[95] so hat doch auch die islamische Religionszugehörigkeit Auswirkungen. Hierzu haben Anja Stichs und Stephanie Müssig 2014 eine aufschlussreiche Untersuchung vorgelegt, die sich auf die Daten der DIK-Studie 2009 stützt und diese weiterentwickelt.[96] Es zeigt sich – auch in Vergleichsuntersuchungen mit christlichen Migranten aus denselben Regionen –, dass eher die Geschlechtszugehörigkeit als die Religionszugehörigkeit die Partizipation am Arbeitsmarkt und die Übernahme qualifizierter Posten prägt.[97] Die berufliche Positionierung wird maßgeblich von formaler Bildung (anerkannte Berufsabschlüsse) und Sprachkenntnissen bestimmt, religiöse Aspekte spielen bei Männern wie Frauen keine signifikante Rolle.[98]

Allerdings sind Musliminnen deutlich seltener berufstätig als die Vergleichsgruppe christlicher Migrantinnen aus derselben Herkunftsregion. Parallelen zeigen sich dagegen beim Grad der Gläubigkeit von Musliminnen und Christinnen; je stärker sich die Befragten als gläubig auswiesen, desto seltener waren sie erwerbstätig – ein Zeichen für ein geschlechtsspezifisches, in ihrem Religionsverständnis verankertes bzw. durch dieses unterstütztes Rollenverständnis. Die Studie von Becher und El-Menouar im Auftrag des BAMF von 2014 kommt zu dem Schluss, dass die unterschiedliche Religiosität bei den muslimischen Befragten nur teilweise Auswirkungen auf die Erwerbstätigkeit hat; sowohl unter wenig wie unter stark Religiösen liegt die Konstellation Ehemann mit Vollzeiterwerb – Ehefrau nicht erwerbstätig bei ca. 2 zu 3, in der Folgegeneration abnehmend.[99]

Zudem sind kopftuchtragende Frauen weit weniger in den Arbeitsmarkt integriert als Musliminnen oder Nichtmusliminnen ohne Kopftuch. Diese weisen sich auch als die Vergleichsgruppe mit den geringsten Deutschkenntnissen und der niedrigsten formalen Bildung aus.[100] Unklar bleibt, ob und in welchem Umfang das eigene Rollenverständnis oder aber Diskriminierung für den vergleichsweise geringen Zugang kopftuchtragender Musliminnen zum Arbeitsmarkt verantwortlich sind. Beide Faktoren dürften eine Rolle spielen, wenngleich letzteres sich nicht aus den Daten der DIK-Studie 2009 ableiten lässt.[101] Fälle diskriminierender Ablehnung sind jedenfalls gerichtskundig geworden (vgl. S. 96 ff.). Problematisch ist hierbei nicht nur die religiöse Komponente der Diskriminierung, sondern auch der Gender-Aspekt: Es sind nur Frauen betroffen, während z. B. bart- oder kappentragende Männer anscheinend nicht in vergleichbarer Weise abgelehnt werden. Spätestens hieran zeigt sich die Absurdität der Ablehnung des Kopftuchs wegen angeblicher Frauendiskriminierung. Auch eine muslimische explizite Kopftuchgegnerin findet folgende Formulierung: «Das Kopftuch ist eine Schande für den Islam, das staatliche Verbot eine Schande für die Demokratie.»[102] Andererseits dürfte die (bislang recht geringe) Zahl von Frauen mit freiwilliger Gesichtsverschleierung (Niqab) aufgrund der selbstgewählten Verhinderung wichtiger Kommunikationsmöglichkeiten sich von weiten Teilen des Arbeitsmarkts selbst ausschließen.

Im Übrigen ist festzustellen, dass nach mehreren Untersuchungen junge Menschen aus Familien mit türkischen oder arabischen Wurzeln einen schlechteren Zugang zu Ausbildungsstellen haben als solche mit gleicher Qualifikation, aber Familienwurzeln in Südeuropa und solchen ohne Migrationshintergrund. Die sehr breit angelegte Analyse des Bundesinstituts für Berufsbildung (BIBB) von 2011 auf der Basis aller bei der Bundesagentur für Arbeit gemeldeten Bewerber für Ausbildungsstellen[103] hat signifikante Unterschiede in den Ausbildungszugängen (betriebliche Ausbildung) von Schulabgängern mit mittlerem Schulabschluss festgestellt: Anders als bei Bewerbern ohne Migrationshintergrund (Übergangsquote 47,7 %, bei Hauptschulabschluss nur 27,8 %) oder solchen mit Familienwurzeln in Südeuropa (Übergangsquote 40,0 %, bei Hauptschulabschluss nur 22,4 %) gewinnen sie keine Vorteile aus einem mittleren Schulabschluss im Vergleich zum Hauptschulabschluss (Übergangsquote in beiden Fällen 19,8 bzw. 19,7 %). Selbst mit (Fach)Hochschulreife erlangen nur 26,4 % einen betrieblichen Ausbildungsplatz (59,2 % derer mit südeuropäischen Familienwurzeln). Auch bei der Einladung zu Vorstellungsgesprächen haben Bewerber mit türkischem oder arabischem Familienhintergrund schlechtere Chancen als solche ohne Migrationshintergrund.

Ähnliche Ergebnisse zeigt die 2014 veröffentlichte Studie des Sachverständigenrats deutscher Stiftungen für Integration und Migration. Sie stützt sich auf eine Analyse von deutschlandweit 3588 Bewerbungen bei 1794 Unternehmen, die auf der Online-Jobbörse der Bundesagentur für Arbeit einen Ausbildungsplatz ausgeschrieben hatten. Einer der zwei besonders nachgefragten Ausbildungsberufe war der Kfz-Mechatroniker. Hier ergaben sich bei inhaltlich (nach Lebenslauf und Qualifikation) gleichwertigen Bewerbungen deutliche Nachteile des fiktiven Bewerbers «Hakan Yilmaz» gegenüber dem fiktiven Bewerber «Tim Schultheiß».[104]

Die Ursachen für derartig unterschiedliche Behandlungen können vielfältig sein und wirken oft unbewusst. Stereotype und Vorurteile spielen eine Rolle, die Bevorzugung von Bewerbern aus der «eigenen» sozialen Gruppe, aber auch vermeintliche negative Kundenerwartungen oder die Befürchtung innerbetrieblicher Spannungen.[105]

Da die genannten Studien an ethnische, nicht an religiöse Kriterien anknüpfen, bleibt unklar, ob und inwieweit Vermutungen, dass die Betroffenen Muslime sind, eine Rolle gespielt haben. Zu vermuten ist, dass die ethnische Komponente jedenfalls größere Bedeutung hat, weil es Diskriminierungserscheinungen auch schon gab, als primär die Ethnie, nicht aber die Religion der Betroffenen (z.B. «Türken») ablehnend wahrgenommen wurde.[106] Allerdings gibt es auch Erkenntnisse darüber, dass manche Unternehmen die islamische Religionszugehörigkeit oder das Tragen eines Kopftuchs als Ausschlusskriterium betrachten.[107]

Soziale Einbindung

Ein erheblicher Teil der sozialen Einbindung ist nicht von der Religionszugehörigkeit der Beteiligten abhängig. Defizitäre Deutschkenntnisse, geringe schulische und berufliche Bildung und fehlender Zugang zu den komplexen Strukturen der deutschen

Zivilgesellschaft sind ebenso maßgebliche Faktoren für geringe soziale Integration wie Diskriminierungserfahrungen. Örtliche Konzentrationen in einzelnen Straßenzügen oder Stadtvierteln finden ihre Ursachen in der Miet- und Immobilienpreisstruktur und dem Umstand, dass Migranten sich erfahrungsgemäß bevorzugt dort niederlassen, wo sich bereits Landsleute aufhalten und eine kulturell vertraute Infrastruktur vorhanden ist.[108] Eine solche räumliche Konzentration ist nicht generell problematisch, sehr wohl aber dann, wenn sie nach ihrer Struktur Kontakte zur Gesamtgesellschaft und soziale Durchlässigkeit erschwert oder ganz vereitelt. Sie löst sich vor allem dann nicht oder nur langsam auf, wenn auch die nachfolgenden Generationen nicht über genügend finanzielles oder soziales Kapital verfügen, um wechseln zu können. Leichter Zugang zu Bildung und Arbeit und der Erhalt sozialer Durchlässigkeit fördern deshalb auch hier den gesellschaftlichen Zusammenhalt. Andernfalls besteht die Gefahr, dass sich hermetische, soziokulturell segregiert lebende Großstrukturen bilden, in denen der rechtliche und gesellschaftliche Grundkonsens infrage gestellt wird.[109]

Religiöse Motive können vor allem in Verbindung mit kulturellen Prägungen zur Ausgrenzung führen, wenn der Kontakt mit der Umgebungsgesellschaft aus solchen Gründen gemieden wird. Das ist aber auch für hochreligiöse Muslime keineswegs typisch. Am ehesten schlägt sich eine Mischung aus patriarchalischer Kultur und diese stützender religiöser Haltung im Alltag von Mädchen und Frauen nieder. Das wird etwa dann deutlich, wenn Ehemänner darauf bestehen, bei Arztbesuchen ihrer Ehefrauen anwesend zu sein und für sie zu sprechen, oder wenn männliche Schüler oder Eltern Lehrerinnen nicht akzeptieren (siehe auch S. 250 ff.).[110]

Soziale Einbindung kann aber auch «von außen» behindert oder ganz verhindert werden. Ausgrenzung und Diskriminierung richten sich allerdings häufig auf die ethnische Zugehörigkeit der Betroffenen, knüpfen an deren niedriges Sozialprestige an oder bezwecken gezielt soziale Abwertung. Zudem ist anzunehmen, dass sich das mittlerweile überwiegend negative Islambild (siehe dazu auch S. 261 ff.) auch auf die individuellen Lebensperspektiven von Muslimen auswirkt.[111]

Die folgenden Daten knüpfen an ethnische Kategorien und den Migrationshintergrund der Befragten an, erfassen also nicht deutsche Muslime ohne Migrationshintergrund und weisen hinsichtlich der religiösen Zuordnung Unschärfen auf. Dennoch sind sie die aussagekräftigsten, die gegenwärtig zur Verfügung stehen. Ein wichtiger Indikator sind die Angaben zu interethnischen Kontakten, die insgesamt sehr häufig sind.[112]

Interethnische Kontakte zu Deutschen

	am Arbeits-platz	in der Nach-barschaft	im Freundes-kreis	in der Familie
häufig	79,6%	77,4%	69,8%	67,3%
nie	14,6%	9,8%	12,1%	18,3%

Gewisse Unterschiede ergeben sich in Korrelation mit der Häufigkeit des Besuches religiöser Veranstaltungen: Häufigen Kontakt mit Deutschen hatten 72,7% bzw. 80,1% der Befragten ab sechzehn Jahren, die nie oder selten solche Veranstaltungen besuchen, aber nur 68,7% derer, die sie häufig besuchen. Umgekehrt hatten unter letzteren 7,1% nie Kontakt mit Deutschen, im Vergleich zu 2,7% bzw. 3,0% der Erstgenannten.[113] Dem entsprechen auch die Angaben zur Mitgliedschaft in einem deutschen Verein.[114] Allerdings sind diese Abweichungen nicht sehr groß; auch eine sehr deutliche Mehrheit der religiös sehr Aktiven ist in Kontakte eingebunden.

Zudem mögen sich seit dem Erhebungszeitraum Änderungen aufgrund der soziodemographischen Entwicklung ergeben haben. Beispielsweise zeigt die DIK-Studie 2009, dass Personen, die in Deutschland die Schule besucht haben, zu 80% häufig Kontakte zu einheimischen Deutschen halten und nur zu 5% nie, während diejenigen, die im Herkunftsland die Schule besucht haben, nur zu 58% häufig und zu 19% nie Kontakt haben. 69% der befragten Muslime mit Migrationshintergrund wünschten mehr Kontakt zu Deutschen. Die Studie kommt zu dem Schluss, dass es praktisch keine Gruppe gibt, die keine Kontakte zu Deutschen im Alltag hat und auch keinen Kontaktwunsch äußert (nur ca. 1% der Befragten). Damit ließen sich keine Belege für eine Abgrenzung der Personen aus muslimischen Herkunftsländern gegenüber Angehörigen der Aufnahmegesellschaft finden.[115] Die tatsächlich zu beobachtende Segregation salafistischer Milieus (vgl. dazu S. 161 ff.) ist ein im Inland entstandenes Phänomen. Die Herausbildung von Parallelgesellschaften mit eigenen Gesetzen im Konflikt mit dem deutschen Recht ist weitgehend nicht auf die Religion der Beteiligten, sondern auf soziokulturelle Prägungen zurückzuführen.[116]

Eine interethnische Partnerwahl wurde bei den Befragten mit Migrationshintergrund nur selten getroffen. Unter den Muslimen aus dem Iran stammten die Partner bei 100% der Befragten aus derselben Herkunftsregion, aus Südosteuropa bei 98,2%, aus der Türkei bei 97,8%, aus Süd-/Südostasien bei 94,7%, aus dem Nahen Osten bei 90,6%, aus Nordafrika bei 85,3% und aus Zentralasien/GUS bei 74,1%.[117] Andererseits konnten sich 64,7% der befragten alleinstehenden Muslime im Alter ab sechzehn Jahren vorstellen, in einer interreligiösen Partnerschaft zu leben; unter den verheirateten waren es 58,4%.[118] In Haushalten mit Söhnen antworteten 81,6% der Befragten, sie wären mit einer interreligiösen Ehe des Sohnes einverstanden, während es in Haushalten mit Töchtern nur 66% (in Haushalten ohne Töchter 75,6%) waren.[119] Hier mögen islamrechtliche Traditionen eine gewisse Rolle spielen: Nach sunnitischer Auffassung dürfen zwar Muslime Nichtmusliminnen aus den «Buchreligionen» (insbesondere Judentum und Christentum) heiraten, nicht aber umgekehrt Musliminnen Männer aus diesem Kreis.[120]

Ein wichtiger Indikator für die soziale Integration ist ferner die Mitgliedschaft in Vereinen. Hier liegen mehrere, teils breit angelegte Untersuchungen von Menschen mit Migrationshintergrund vor,[121] die von Sonja Haug und Anja Stichs zusammenfassend und weiterführend analysiert wurden.[122]

Danach sind Muslime aus muslimisch geprägten Staaten stärker in deutschen Vereinen engagiert (36,6%) als Angehörige sonstiger Religionen (32,9%). Auch insgesamt sind sie im Vereinsleben aktiver als Angehörige anderer Religionen.[123]

Engagement im Verein

	Mitgliedschaft in deutschem Verein	Mitgliedschaft in deutschem und herkunftslandbezogenem Verein
Muslime	36,6%	17,9%
Angehörige sonstiger Religionen	32,9%	15%

Die Schwerpunkte entsprechen der Vereinszugehörigkeit der Gesamtbevölkerung.[124] Für sie wurden folgende Anteile ermittelt:[125]

Engagement nach Vereinsart

Sportverein	28,3%
Gewerkschaft	19,6%
Berufsverband	11,2%
Freizeit-, Bildungs- oder Kulturverein	jeweils ca. 10%
Politische Partei	2,8%

Während Männer zu 65,2% Mitglied (auch) in einem deutschen Verein waren, traf dies nur auf 42,5% der Frauen zu. Bei Sportvereinen liegt der Frauenanteil ungefähr bei der Hälfte des Männeranteils. Haug/Stichs vermuten hierfür auch geschlechtsspezifische soziale Normen als Ursache.[126] Insgesamt kommen Haug/Stichs zu dem Schluss, dass die soziale Integration der Muslime gemessen an der Vereinspartizipation auf sehr hohem Niveau liegt. Es gebe keinen Beleg für einen Rückzug aus Institutionen der Aufnahmegesellschaft.[127]

Ein weiterer bedeutsamer Faktor ist auch die Mitgliedschaft in politischen Parteien. Nach der DIK-Studie 2009 traf dies auf 2,8 % der befragten Muslime zu. Das ist eine vergleichsweise hohe Zahl, auch angesichts des Umstandes, dass viele von ihnen wegen ihrer ausländischen Staatsangehörigkeit nicht wahlberechtigt sind: Im Jahr 2014 gab es unter den ca. 62 Millionen wahlberechtigten Deutschen ca. 1,25 Millionen Parteimitglieder, also etwa 2 %.

Politische Parteien in Deutschland öffnen sich zunehmend muslimischen Mitgliedern und auch islamisch-religiösen Themen. Beides ist zunächst voneinander zu trennen: Die Entscheidung, sich in einer politischen Partei zu engagieren, kann, muss aber nicht im religiösen Selbstverständnis begründet sein. Umgekehrt haben sich auch Parteien mit religiösen Referenzen wie CDU und CSU nichtchristlichen Mitgliedern geöffnet, die die von diesen Parteien vertretenen Grundwerte mittragen. Auch muslimische Mandatsträger finden sich hier wie in anderen Parteien in zunehmender Zahl. Bei Bündnis 90/Die Grünen in Nordrhein-Westfalen hat sich schon 2008 ein Arbeitskreis «Grüne Muslime» gebildet. 2014 wurde ein Arbeitskreis Muslime in der SPD gegründet. Allerdings spiegeln sich in den Parteien ebenfalls deutlich unterschiedliche Haltungen zu Muslimen und muslimischem Leben, auch innerparteilich. Nicht überall scheint dieser meines Erachtens normale Prozess verstanden zu werden, wenn etwa eine der großen überregionalen Tageszeitungen die Vereidigung einer der CDU angehörenden Ministerin mit der Schlagzeile «Hilfe, diese Muslima ist gar keine Christin!» präsentiert.[128] Wer soll hier gegen was helfen?

Eigentlich banal ist abschließend die Feststellung, dass muslimisches Leben und Selbstverständnis so vielgestaltig und dynamisch sind. Diese Selbstverständlichkeit muss hier aber aus zwei Grün-

den betont werden. Zum einen finden sich extremistische muslimische Stimmen, die nur den «einen» Islam gelten lassen wollen,
wie sie ihn verstehen, und dies im Gegensatz zu einer sehr vor-
urteilsgeprägten Wahrnehmung des deutschen demokratischen
Rechtsstaats und seiner offenen Zivilgesellschaft. Zum anderen
sind erhebliche Teile der Gesamtgesellschaft von einem recht eindimensionalen Bild des Islam und der Muslime geprägt, das mit
der deutschen Realität wenig zu tun hat. Die Entwicklung eines
stabilen und gesellschaftsoffenen Selbstbewusstseins der Muslime
in Deutschland wird durch realitätsfremde Fremdzuschreibung
ebenso negativ beeinflusst wie durch extremistische Abgrenzungs-
propaganda. Jenseits der oben geschilderten historischen Polarisierung hat die Welt schon seit den Neunzigerjahren des 20. Jahrhunderts einen Aufbau gegensätzlicher Fronten erlebt, getragen
von den populär gewordenen, wenngleich wissenschaftlich mehr
als fragwürdigen Kulturkampftheorien eines Samuel Hunting-
ton,[129] die auch in Deutschland schnell aufgegriffen wurden,[130]
ebenso wie von anti-westlichen und anti-christlichen Kampagnen
extremistischer muslimischer Gruppierungen und Initiativen z. B.
aus Saudi-Arabien.

Die emotionsgeladene Großwetterlage in der öffentlichen Debatte seit den Attentaten von 9/11 hat die Polarisierung auch in
Deutschland massiv verschärft und zu einer verbreiteten «Islamisierung der Muslime» geführt in dem Sinne, dass sie nur noch unter dem Blickwinkel ihrer Religionszugehörigkeit wahrgenommen
werden.[131] Das steht im Gegensatz zu der Erkenntnis, dass Menschen hybride Identitäten bilden, also in ihren Ansichten und Verhaltensweisen nicht nur von einem einzigen Faktor bestimmt werden.[132] Mit den Worten Navid Kermanis:[133]

> Ich bin Muslim, ja – aber ich bin auch vieles andere. Der Satz ‹Ich bin Mus-
> lim› wird also in dem Augenblick falsch, ja geradezu ideologisch, wo ich
> mich ausschließlich als Muslim definiere – oder definiert werde. Deshalb
> stört es mich auch, daß die gesamte Integrationsdebatte sich häufig auf ein
> Für und Wider des Islams reduziert – als ob die Einwanderer nichts anderes
> seien als Muslime. Damit werden alle anderen Faktoren ausgeblendet, die

ebenfalls wichtig sind: woher sie stammen, wo sie aufgewachsen sind, wie sie erzogen wurden, was sie gelernt haben.

Auf dem Nährboden von Pauschalisierungen gedeihen extremistische innermuslimische Sichtweisen, die ihrerseits das Leben von Muslimen auf ihre Religion reduzieren wollen, noch dazu in einer obsessiv verengten und intoleranten Interpretation des Islam, die es so in der Vergangenheit kaum gegeben hat. Deshalb ist es umso wichtiger, dass die breite, verständigungsbereite Mitte der Gesamtbevölkerung und der Muslime in Deutschland nicht in die Falle der eigenartigen Koalition von muslimischen Extremisten und Islamhassern tappt, die die Menschen aus ideologischer Verblendung gegeneinander aufbringen.

Ebenso erforderlich ist es, tatsächlich bestehende Probleme nicht zu negieren, sondern offen anzugehen und nach Lösungen zu suchen. So kommen die genannten Analysen des vorhandenen Datenmaterials von Haug/Stichs[134] zu dem Schluss, dass bei der strukturellen und sozialen Integration von Muslimen mit Migrationshintergrund Frauen durchgängig benachteiligt seien. Das betreffe zentrale Bereiche wie den Arbeitsmarkt, das Vereinsleben und das religiöse Gemeindeleben. Es könne allerdings nicht festgestellt werden, inwieweit dies mit ausgeprägten gruppeninternen geschlechtsspezifischen Rollenerwartungen und Präferenzen zu tun habe oder mit Ausgrenzungswahrscheinlichkeiten und Rückzugsstrategien. Vermutlich spielen all diese Faktoren eine Rolle. Die geringere Teilhabe von Musliminnen stelle aber weniger ein generelles religionsspezifisches Muster dar, sondern hänge mit einem bei Musliminnen stärker ausgeprägten geschlechtsspezifischen Muster zusammen. Bildung verringere die Differenzen. Nach alledem scheinen patriarchalische Familienstrukturen und frauenspezifische Diskriminierungen von besonderer Bedeutung zu sein.

Die weitere vielfältige Vernetzung im Alltag wird unten (S. 243 ff.) behandelt. Ein kleines Schlaglicht auf eine offenbar religionsübergreifende Jugendkultur wirft eine Begegnung, die der

Verfasser vor wenigen Jahren mit einem türkischstämmigen Jugendlichen hatte. Der junge Mann hatte sich in den Probenraum unserer Kantorei verirrt, wo wir geistliche Werke einübten. Als ich ihm den Weg aus dem Gebäude zeigte, fragte er mich, ob wir «von Gott» sängen. Seine Reaktion auf meine bejahende Antwort war: «Mann cool, ey!»

Vierter Teil
Organisationen und Einrichtungen

I. Integration und Vielfalt

Eine muslimische Organisationslandschaft ist in Deutschland seit dem Beginn des 20. Jahrhunderts entstanden. Häufig wurden Organisationen von deutschen Konvertiten gegründet und wiesen meist nur geringe Mitgliederzahlen auf. In der Nazizeit wurden viele zerschlagen oder lösten sich auf. Nach dem Ende des Zweiten Weltkriegs entstanden in der BRD zunächst vor allem Auffangorganisationen für «hängengebliebene» muslimische Immigranten aus den Kriegsjahren. Ihre Herausbildung wurde aus außenpolitischen Gründen zum Teil staatlich gefördert, insbesondere in Bayern (vgl. S. 66). Insgesamt aber blieb die Zahl der Organisationen und ihrer Mitglieder bis zur Gastarbeiteranwerbung in den 1960er-Jahren sehr gering.

Die Entwicklung des Islam in Deutschland wurde und wird teilweise noch maßgeblich durch seine Migrationsgeschichte bestimmt: Erst seit der Zuwanderung muslimischer «Gastarbeiter» ist der Islam ein zahlenmäßig signifikantes Phänomen geworden. Dachten zunächst alle Beteiligten, dass die «Gastarbeiter» nur vorübergehend verbleiben würden, sind diese dann doch aus unterschiedlichsten Gründen zumeist im Lande geblieben. Sie bilden nun einen Teil der Gesellschaft. Allerdings erfolgten in den ersten Jahrzehnten nach der Zuwanderung keine systematischen Maßnahmen zur Integration und Selbstorganisation. Vieles verlief improvisiert und stark abhängig vom Engagement von Einzelpersonen.

Jörn Thielmann hat die Entwicklung exemplarisch für das rheinland-pfälzische Bad Kreuznach aufgearbeitet.[1] Dort initiierte ein türkischer Arzt 1969 die Gründung des Türkischen Arbeitervereins, zunächst nur mit einem Vereinslokal als Raum für Begegnungen. Religiöse Angebote gab es in der ersten Zeit nicht; 1972 wurden dann zwei Kellerräume in einem nahegelegenen, heruntergekommenen Gebäude als Gebetsraum angemietet. Noch 1968 fand das erste kollektive Ritualgebet zum Abschluss des Opferfests als Gastveranstaltung in einer katholischen Kirche statt, wohl eine Frucht des Zweiten Vatikanums (vgl. S. 305 ff.). Nach dem Anwerbestopp 1973 und dem dadurch ausgelösten Familiennachzug wurde 1977 für einen Kinder-Sommerkurs ein Hoca (religiöser Lehrer) für den Religionsunterricht engagiert, 1981 war dann eine ganzjährige Anstellung eines Hoca möglich. Sie wurde zunächst durch den Verein finanziert, nach dessen Beitritt zu DİTİB (vgl. S. 131 ff.) durch diese Organisation. 1988 wurde eine aufgelassene Möbelfabrik in zentraler Lage erworben und in Eigenarbeit umgebaut. Seither beherbergt sie einen Gebetsraum, eine Teestube mit Friseurladen, einen Versammlungs- und Jugendraum sowie eine Dienstwohnung für den Imam. Ab den 1980er-Jahren fächerte sich die Organisationslandschaft auf. In bescheidenen Räumlichkeiten etablierten sich weitere kleine Organisationen wie der 2001 verbotene Kalifatsstaat, ein multiethnischer, vorwiegend arabischer Moscheeverein sowie Gruppen der Ahmadiyya und der Schiiten.

Während die Aufnahme in säkulare Organisationen und Kontexte teils recht zögerlich verlief, konnten religiös orientierte Vereinigungen «Nestwärme» (Vural Öger)[2] für Migranten vermitteln, von denen sich viele in der deutschen Gesellschaft fremd fühlten oder so behandelt wurden. Vielfach stellten sich die ersten Verbände als Mischgebilde zwischen Migrantenverein und Religionsorganisation dar. Die wenigen schon bestehenden Organisationen konnten keine größere Anziehungskraft entwickeln, weil die Zuwanderer sich schwerpunktmäßig in anderen Regionen niederließen, nur andere als in den bestehenden Vereinigungen domi nierende Sprachen kannten und eine andersgeartete religiöse Prägung mitbrachten.[3]

In den neu gegründeten Migrantenorganisationen vollzieht sich nun mit dem Generationenwechsel auch ein Perspektivenwechsel: Man sieht sich als Bestandteil Deutschlands und Teil der deutschen Gesellschaft in Gestalt einer religiösen Organisation. Die Zahl der muslimischen Gruppierungen und ihrer Mitglieder hat sich in den letzten Jahrzehnten deutlich erhöht. M. S. Abdullah[4] konstatierte noch 1993 eine «extrem niedrige» Mitgliederzahl bei den nach seinen Angaben 1200 in deutschen Vereinsregistern eingetragenen Organisationen (ohne DİTİB). Gemäß den Befragungen in der DIK-Studie 2009 waren hingegen ca. 20% der Muslime Mitglied in einem religiösen Verein oder einer Gemeinde, darunter ca. 22% der Sunniten, aber nur ca. 10% der Schiiten und der Aleviten.[5] Abschreckend, nicht zuletzt auf Jugendliche, können religiöse Organisationen wirken, in denen tatsächlich eine ausländisch-nationale Ausrichtung dominiert.[6]

II. Entwicklungen seit den 1980er-Jahren

Seit den 1980er-Jahren ist ein struktureller Wandel in der Selbstorganisation und der Kooperation mit deutschen Behörden im Rahmen des Religionsverfassungsrechts zu beobachten. Zunächst stand dabei im Vordergrund, die lokalen Bedürfnisse für ein religiöses Leben abzudecken. Dies geschah weitgehend durch die Gründung von Moscheevereinen in Form gemeinnütziger eingetragener Vereine oder auch durch informelle Zusammenschlüsse. Wurden nach den Daten der DIK-Studie 2012 nur 21 Gemeinden vor 1970 gegründet und 193 im Zeitraum von 1970–1979, so stieg die Zahl auf 386 im Zeitraum von 1980–1989 und 335 im Zeitraum von 1990–1999. Seither gehen die Zahlen zurück (145 Gründungen im Zeitraum von 2000–2009).[7] Die Vereine verteilen sich ziemlich gleichmäßig auf Städte aller Größen

(24,4% Kleinstädte von 5000–19 999 Einwohnern, 33,7% Mittelstädte von 20 000–99 999 Einwohnern, 20,7% größere Städte von 100 000–499 999 Einwohnern, 11,3% Großstädte ab 500 000 Einwohnern).[8] Größe und Ressourcenausstattung variieren stark. Laut der DIK-Studie 2012 versammeln sich an Festtagen in ca. 40% der Gemeinden zwischen 20 und 200 Personen, in einem Drittel zwischen 200 und 500 Personen, im verbleibenden Viertel mehr als 500 Personen.[9]

Die meisten Moscheegemeinden entstanden als Zusammenschluss muslimischer Migranten, teils in völliger Eigeninitiative, teils mit mehr oder weniger umfangreicher Unterstützung durch die Herkunftsstaaten. In DİTİB-Moscheen wird dies schon äußerlich daran deutlich, dass in aller Regel türkische und oft auch deutsche Flaggen gezeigt werden – ein eher ungewöhnliches Bild an religiösen Stätten. Die Moscheevereine waren und sind zum Teil bis heute in sprachlicher und (religionskultureller Hinsicht stark ethnisch geprägt.[10] Allerdings vollzieht sich mit der stetigen zahlenmäßigen Verschiebung zwischen Migranten und Einheimischen insgesamt ein Wandel im Selbstverständnis hin zu mehr und mehr pluralistischen deutschen religiösen Organisationen, ohne die Migrationsgeschichte zu verleugnen. Bei manchen Moscheegemeinden zeigt sich indes auch ein deutliches Selbstverständnis als Träger und Bewahrer der Herkunftskultur, z.B. mit neo-osmanischem Erscheinungsbild.

Die Migrationsgeschichte schlägt sich zudem in den Tätigkeitsfeldern nieder. Neben der Funktion als Zentrum der Religionspraxis entfalten viele Moscheevereine soziale Aktivitäten unterschiedlichster Art, je nach personellen und finanziellen Ressourcen. Häufig finden sich Teestuben, Ladengeschäfte für religiöse Literatur und typische Waren aus den Herkunftsregionen, oft auch Räumlichkeiten für Hausaufgabenhilfe, Deutschunterricht und Freizeitgestaltung. Manche Vereine bieten Beratungsdienste an, zum einen im Bereich von Schule, Ausbildung und Familienkonflikten, zum anderen in rechtlichen und administrativen Fragen wie z.B. bei Behördengängen oder hinsichtlich aufenthalts- oder sozialrechtlicher Probleme. Ferner werden Spenden für Bedürftige organisiert.[11]

Mit der erheblichen Steigerung der Flüchtlingszahlen seit 2014 ist die Betreuung muslimischer Flüchtlinge hinzugetreten, die allerdings eine große Herausforderung darstellt: Im Ramadan des Jahres 2015 hat das Vorstandsmitglied eines Erlanger Moscheevereins berichtet, dass die Moschee täglich 100–150 Gäste zum Fastenbrechen erwarte. Die Zahl der Besucher erreichte jedoch an einzelnen Tagen ohne jede Vorankündigung 400 Personen, wenn der Stadt an einem Tag mehr als 100 Flüchtlinge zugewiesen wurden. Die meist ehrenamtlich Tätigen engagieren sich in diesen Dingen oft bis an die Grenze des noch Möglichen. Ähnliches geschieht in vielen Teilen des Landes, ohne dass die Akteure sich dessen öffentlich brüsten würden. Umso verletzender wirken auf diesen Personenkreis öffentliche Aufforderungen, die Gemeinden sollten sich doch auch in der Flüchtlingsarbeit engagieren, es sei davon nichts ersichtlich.

Mittlerweile gibt es bei der Betreuung von Flüchtlingen Kooperationsprojekte zwischen muslimischen Organisationen und den zuständigen staatlichen Behörden sowie NGOs wie Stadtmission und Verein Moabit hilft e. V. Dort hat eine Berliner muslimische Organisation (Dar al-Hikma) im Sommer 2015 eine Unterkunft für Flüchtlinge (aller Religionszugehörigkeiten) eröffnet, seit November 2015 im Auftrag des Bezirks. Mit immensem ehrenamtlichen Einsatz werden dort mehrere Dutzend Menschen untergebracht, ernährt und mit Kleidung, Hygieneartikeln und unterschiedlichsten Hilfsangeboten versorgt. Auch Moscheevereine mit türkischem, afghanischem, pakistanischem und arabischem Hintergrund engagieren sich. Ähnliche Projekte wurden in Duisburg und Oberhausen zwischen Stadt und dem VIKZ verhandelt. Auf Bundesebene werden Angebote etwa durch den ZMD[12] und die IGS koordiniert.[13] An alledem wird deutlich, dass entgegen einer verbreiteten Wahrnehmung muslimische Organisationen keineswegs nur Adressaten staatlicher oder zivilgesellschaftlicher Unterstützung sind, sondern auch in erheblichem Umfang Leistungen für die Gesamtgesellschaft erbringen.

Über die eigenen Gemeinden hinaus entfalten viele Moscheevereine Aktivitäten als Teil der Zivilgesellschaft und kooperieren mit staatlichen und gesellschaftlichen Akteuren. Beispielsweise betreiben sie Öffentlichkeitsarbeit durch den «Tag der offenen Moschee», Führungen für interessierte Gruppen und Straßenfeste, beteiligen sich am interreligiösen Dialog, der indes noch häufig durch sprachliche Barrieren und vergleichsweise geringe theologische Vorkenntnisse behindert wird, an Runden Tischen, in Gremien für Integrationsfragen und als allgemeine zivilgesellschaftliche Interessenvertreter.[14]

Vielen dieser Organisationen ist gemeinsam, dass sie kein scharf abgrenzbares religiöses Profil aufweisen, sondern eher religiöskulturelle Prägungen, die mit der Migrationsgeschichte der Mitglieder zusammenhängen. Auch innerhalb größerer Organisationen zeigt sich ein erhebliches Maß an Binnenpluralität. Zudem wandeln sich die Profile und Schwerpunkte auch mit dem Generationenwechsel.[15] Ferner ist nicht zu übersehen, dass jedenfalls auf der Ebene der einfachen Mitglieder häufig Verwandtschaft, ethnische und sprachliche Nähe, räumliche Verbindung zur nächstgelegenen Moschee und andere nicht religiös-inhaltliche Gründe wichtig, sogar entscheidend dafür sein können, sich der einen oder anderen Vereinigung anzuschließen. Das gilt auch für die Organisationen der großen Dachverbände. Die deutschen Gerichte berücksichtigen diesen Umstand beispielsweise bei der Prüfung, ob einer Einbürgerung inhaltliche Gründe gemäß § 11 Staatsangehörigkeitsgesetz entgegenstehen: Den einfachen Mitgliedern werden inhaltliche Positionen der Organisation nicht ohne Weiteres zugerechnet. Insbesondere die Ausführung der Ritualgebete in einer bestimmten Moschee lässt meist keine Rückschlüsse auf inhaltliche Zugehörigkeit zu. Das gilt nicht zuletzt für die große Zahl neu angekommener Flüchtlinge, die sich ihre Bezugsorte vor allem nach geographischer Nähe und dominierender Sprache auswählen.

An alledem zeigt sich, dass der von Bauknecht[16] genannte «nivellierende Aspekt» des Islam hinsichtlich ethnischer und kultureller Faktoren vielfach noch eher schwach ausgeprägt ist. Bis heute ist häufig noch von der «türkischen, arabischen, albanischen, bosnischen, etc.» Moschee die Rede, sicherlich auch wegen der dort jeweils dominierenden Sprache.[17] Der Wandel ist allerdings im Gange.

Die Herausbildung einer muslimischen Organisationsinfrastruktur wird gelegentlich mit pauschalem Misstrauen beobachtet – Mitgliedschaft in religiösen Organisationen als Form der Abschottung von der Mehrheitsgesellschaft. Empirisch belegbar ist weitgehend das Gegenteil. Das gilt auch für das angebliche Schweigen der Verbände zu Erscheinungen des muslimischen Extremismus. Tatsächlich findet sich eine Fülle von ablehnenden Stellungnahmen, die häufig durch ehrenamtlich Agierende veranlasst und in der Öffentlichkeit wenig zu Kenntnis genommen wurden.[18]

Nach den obigen Ausführungen kann der generelle Verdacht der Abschottung allenfalls für kleinere Gruppierungen gelten, die sich bewusst von der Gesamtgesellschaft abgrenzen, wie der Neo-Salafismus (siehe S. 161 ff.). Im Übrigen scheint ein Phänomen zu wirken, das der Ethnologe Georg Elwert 1982[19] als «Binnenintegration» beschrieben hat: Die Gemeinschaftsbildung Zugewanderter ermöglicht es, vergleichsweise schnell von den Kenntnissen schon integrationserfahrener Mitglieder zu profitieren, die ihrerseits die bestehenden gesellschaftlichen Regeln erklären und vermitteln können. Zudem setzt rechtliche und gesellschaftliche Teilhabe in vielen Bereichen kollektives Auftreten voraus.[20] Wichtig ist dann allerdings, dass gesellschaftliche Durchlässigkeit möglich bleibt. Insofern kann die Bildung von muslimischen Organisationen im Grundsatz als Instrument der Eingliederung in eine gesellschaftliche Normalität verstanden werden. Diskussionswürdig bleiben selbstverständlich konkrete Ausrichtungen und Inhalte. Insgesamt jedoch ist es nicht nur für die Organisationen und ihre Mitglieder selbst, sondern für die Glaubwürdigkeit des Rechtsstaats und das gesellschaftliche Zusammenleben bedeutsam, muslimischen Vereinigungen diejenige Anerkennung und Teilhabe einzuräumen, die ihnen das deutsche Recht bietet und die ihr Engagement im konkreten Fall verdient.[21]

Mitglieds- und finanzstarke Verbände können ihre religiösen und religionspolitischen Anliegen in weitem Umfang selbständig vertreten, beispielsweise als Kooperationspartner (Religionsgemeinschaft) beim islamischen Religionsunterricht in öffentlichen Schulen. Kleinere Organisationen sind dazu kaum in der Lage. Deshalb haben sich in manchen Bundesländern wie Bremen,[22] Hamburg,[23] Niedersachsen,[24] Rheinland-Pfalz[25] und Schleswig-Holstein[26] sogenannte «Schuren» (von arabisch «Schura», Ratsversammlung/Beratungsgremium) bzw. islamische Religionsgemeinschaften wie Inssan (Islamische Föderation in Berlin),[27] die Islamische Glaubensgemeinschaft Baden-Württemberg (IGBW),[28] die Islamische Landesreligionsgemeinschaft Bayern (ILRB),[29] die Islamische Religionsgemeinschaft Hessen (IRH)[30] und der Koordinationsrat der Muslime Mecklenburg-Vorpommern[31] als Sammelbecken für kleinere Organisationen gebildet, die ansonsten aufgrund einer vergleichsweise geringen Mitgliederzahl praktisch von vielen Wirkungsbereichen ausgeschlossen wären. Auf diese Weise konnte es gelingen, die Vielzahl kleinerer Gemeinden als Partner der Verträge («Staatsverträge») in Bremen und Hamburg[32] zu repräsentieren (siehe hierzu S. 205). Seit 2008 hat sich die KILV (Konferenz der Islamischen Landesverbände) etabliert, in welcher solche Landesorganisationen kooperieren.

Auch hier werden Grenzen zu extremistischen Vereinigungen gezogen: So hat die Schura Niedersachsen die 2011 aufgelöste Vereinigung «Einladung zum Paradies»[33] aus Braunschweig nicht aufgenommen, ebensowenig eine Moschee, in der der Extremist Pierre Vogel als Gastredner aufgetreten war.[34]

Die Bildung und Weiterentwicklung muslimischer Organisationen kann kein völlig autonomer Prozess sein. Erstens setzt das geltende Religionsverfassungs- und -organisationsrecht Rahmenbedingungen. Zweitens hängen Etablierung und Tätigkeit maßgeblich von Zahl, Vorbildung und Engagement der Mitglieder und den zur Verfügung stehenden finanziellen Ressourcen ab. Drittens wird das – veränderliche – Bündel von Motiven bedeutsam, das der Gründung und Selbstpositionierung der Organisationen zugrunde liegt (neben religiösen auch ethnische, ideologische oder andere Prägungen). Viertens ist der öffentliche Diskurs über diese Organisationen bedeutsam für deren Selbstdarstellung und Handlungsmöglichkeiten. Insgesamt ist festzustellen, dass abgesehen von Vereinigungen, die umfangreiche Unterstützung aus dem Ausland erhalten, ehrenamtliche Tätigkeit mit all ihren Begrenzungen noch völlig im Vordergrund steht. So sehen alle Organisationen, die sich nicht auf wenige Menschen auf rein lokaler Ebene beschränken, einen erheblichen Professionalisierungsbedarf, zumal die internen und externen Erwartungen an ihre Tätigkeit stetig steigen. Davon umfasst ist die Notwendigkeit vermehrter theologischer Expertise, die Antworten auf in Deutschland formulierte Fragen über muslimisches Leben und Selbstverständnis in Deutschland geben kann.

III. «Neo-Moslems»

Insbesondere deutsche oder in Deutschland sozialisierte Muslime mit und ohne Migrationsgeschichte haben sich in den vergangenen Jahren in losen Gruppierungen oder in Vereinen zusammengeschlossen, deren Profil sich deutlich vom traditionellen Moscheeverein abhebt, wenngleich auch sie genuine religiöse Anliegen verfolgen. In der Literatur – nicht als Eigenbezeichnung – ist in diesem Zusammenhang von «Neo-Moslems» die Rede.[35] Sie engagieren sich in innerislamischen Debatten, aber auch in der deutschen Zivilgesellschaft, mit Schwerpunkt auf sozialen und politischen Themen und Aktivitäten. Die innermuslimische Debatte zielt auf muslimische Identitätsbildung und Lebensführung als Teil der deutschen Gesellschaft ab. Die auf die deutsche Gesellschaft bezogene Ausrichtung und die Offenheit gegenüber allen unterscheidet sie vor allem von neo-salafistischen Gruppierungen aller Richtungen, die sich von der Gesamtgesellschaft bestenfalls abschotten und im schlechtesten Fall eine grundsätzlich feindselige Gegenstruktur aufzubauen suchen, aber auch von vielen traditionalistischen Richtungen. Ihre Zielrichtung ist im Gegenteil die Entfaltung muslimischen Lebens als Teil der deutschen Gesellschaft und in positiver Haltung zu ihr.

Im Folgenden werden aus der zunehmenden Zahl solcher Organisationen beispielhaft einige vorgestellt, die in unterschiedlichen Bereichen bereits seit längerer Zeit tätig sind. Frauengruppierungen sind in diesem Feld besonders häufig anzutreffen.

Der Prototyp einer solchen Initiative ist das 1995 von Islamwissenschaftlerinnen, Theologinnen und Pädagoginnen initiierte Zentrum für Islamische Frauenforschung und Frauenförderung e. V. in Köln. Seinen Ausgangspunkt nahm es von der Feststellung, dass – anders als migrationsbedingte und soziale Faktoren – für die Identitätsprobleme und Diskriminierungsprozesse muslimischer Frauen «ein religiös tradiertes Umfeld und die daraus erwachsenen reglementierenden Anforderungen und Konzeptionen Mit-Verantwortung an den beklagten Zuständen tragen».[36] Deshalb soll Grundlagenforschung von Musliminnen jenseits «gutmeinend-bevormundender Angebote» und tradierter Erziehung und Lebensgestaltung für ein religiös selbstverantwortetes Leben betrieben werden. Auf theoretischer Ebene arbeitet man an einer frauenzentrierten, hermeneutisch gestützten Theologie, auf der praktischen Ebene durch vielfältige Fördermaßnahmen für Mädchen und Frauen.

Weitere Vereinigungen sind etwa das Aktionsbündnis Muslimischer Frauen in Deutschland e. V., das multiethnisch angelegt ist und verschiedene Richtungen des Islam repräsentiert. Es strebt vorrangig die Verbesserung der politischen und gesellschaftlichen Teilhabe muslimischer Frauen sowie eine interne Vernetzung an.[37] Auf lokaler Ebene agiert beispielsweise das Kompetenzzentrum Muslimischer Frauen e. V. in Frankfurt a. M. Es ist ebenfalls multiethnisch und multikonfessionell strukturiert und will religiösspirituelle Elemente mit sozialen Aufgabestellungen verbinden, etwa im Gesundheits- und Erziehungsbereich. Zudem sieht es sich nicht als religiöser, sondern als sozial engagierter Verein mit religiöser Konnotation, der Integration, Partizipation, Chancengleichheit und Geschlechtergerechtigkeit zum Ziel hat.[38] Exemplarisch für Aktivitäten vor allem im Sozial- und Bildungsbereich seien weitere Vereinigungen wie die Begegnungs- und Fortbildungsstätte muslimischer Frauen e. V. in Köln[39] oder das Iman Bildungs- und Freizeitzentrum muslimischer Frauen e. V. in Darmstadt[40] genannt.

Ein Beispiel bietet auch das 2010 von sozialen Unternehmern (so die Selbstbeschreibung) gegründete «Zahnräder Netzwerk».[41] Es sieht seine Aufgaben insbesondere darin, gesellschaftliches Engagement von Muslimen zu vernetzen und einen internen Austausch zu ermöglichen, das muslimische Engagement zu professionalisieren und zu stärken sowie die bestehenden Anstrengungen öffentlich zugänglich zu machen und mit wichtigen Akteuren außerhalb der muslimischen Gemeinschaften zu verknüpfen. Die gesellschaftliche Öffnung wird in dem Satz deutlich: «Wir als Zahnräder denken, dass einander zu helfen ein zentraler islamischer Wert ist, auf den wir – man könnte sagen Gott sei Dank – kein Monopol anmelden.»[42]

Die Aktivitäten und Organisationsformen umfassen auch Kooperationsprojekte mit staatlichen oder anderen zivilgesellschaftlichen Akteuren. Beispielsweise hat die Stadt Augsburg in Zusammenarbeit mit muslimischen Fachleuten das Projekt MUSA (Muslimische Seelsorge Augsburg) initiiert, nachdem sich die lokalen Moscheevereine und Verbände über Jahre hinweg nicht einigen konnten, dieses wichtige und nachgefragte Vorhaben zu tragen.[43] Als vorteilhaft erwies sich, dass die Kommune als «neutraler» Kooperationspartner auch fachlich sehr gut ausgebildete und engagierte muslimische Beteiligte gewinnen konnte, die sich von der bestehenden Organisationslandschaft nicht vertreten fühlen. Im Mittelpunkt der Arbeit steht nach Aussagen der Leiterin, einer Traumatherapeutin, «der Mensch und seine Nöte».[44] Die religiöse und kulturelle Prägung der Hilfsbedürftigen wie der Helfer – meist Frauen – werden respektiert und berücksichtigt, im Zentrum stehen aber die konkreten Anliegen.

Nicht zu unterschätzen ist die generell zunehmende Bedeutung eher spontaner Aktionen ohne dauerhafte organisatorische Verfestigung, sowohl für Muslime selbst als auch für die Gesamtgesellschaft. Hier nur ein Beispiel: In Düsseldorf veranstalteten junge Muslime im Februar 2015 einen Trauermarsch unter dem plakativen Motto «Der Islam ist tot». Sie trugen dabei symbolisch einen Sarg bis zum Rathaus. Gefordert wurde ein reformierter Islam, und Waffenlieferungen an Saudi-Arabien wurden ebenso kritisiert wie salafistische Umtriebe und pauschale Medienberichterstattungen über den Islam.[45] Nicht zuletzt sind Publikationen zu erwähnen, die muslimisches Leben in Deutschland nicht «zwischen den Welten» ansiedeln, sondern – wie das erfrischende Buch von Sineb El Masrar «Muslim Girls» – in der einen gemeinsamen Welt.

IV. Deutschlandweit agierende Organisationen

Die mittlerweile entstandene Fülle unterschiedlichster lokaler und regionaler Vereinigungen macht es schwer, hier eine repräsentative Darstellung zu bieten. Außerhalb und innerhalb der schon lange bestehenden größeren Organisationen vollzieht sich ein schneller Wandel, der jeden Überblick schnell veralten lässt. Immerhin bietet das Internet gute Möglichkeiten, sich über den aktuellen Stand zu informieren. Beispielhaft für eine lokale, international zusammengesetzte islamische Gemeinde sei hier auf die Studie von Ina Wunn und Hilal Al-Fahad zur 1993 gegründeten Ummah-Gemeinde Hannover hingewiesen.[46] Eine Übersicht jüngeren Datums über die vielfältige Landschaft von Moscheen und Gebetsräumen in Hamburg bietet die Studie von Marion Koch und Joachim Reinig aus dem Jahr 2013.[47] Susanne Schröter hat

2016 eine dichte Untersuchung über das facettenreiche Organisations- und Glaubensleben von Muslimen in Wiesbaden vorgelegt.[48]

Im Folgenden sollen die größeren Dachorganisationen mit deutschlandweitem Aktionsradius vorgestellt werden. Ihre Entstehung und Entwicklung war Gegenstand mehrerer wissenschaftlicher Arbeiten, die nach Einzelstudien in den 1990er-Jahren[49] vor allem seit Beginn dieses Jahrhunderts publiziert worden sind. Die ersten breit angelegten Darstellungen hat Thomas Lemmen[50] erarbeitet. Es folgten Studien von Marfa Heimbach,[51] Gerdien Jonker,[52] Ina Wunn,[53] Aysun Yaşar,[54] Kerstin Rosenow-Williams[55] und wiederum Gerdien Jonker.[56] Die Deutsche Islam Konferenz hat 2012 eine von ihr beauftragte umfangreiche Erhebung zu islamischem Gemeindeleben in Deutschland[57] veröffentlicht, nachdem schon in der DIK-Studie 2009 einige Facetten aufgearbeitet worden waren. Sie beruht auf Informationen aus 2342 islamischen einschließlich alevitischen Gemeinden. Dort sollen zwischen 1700 und 2500 Religionsbedienstete regelmäßig tätig sein, darunter ca. 60 alevitische Dedes.[58]

Allerdings ist zu beachten, dass sich in den 2010er-Jahren bedeutende neue Entwicklungen in Organisationsstrukturen und inhaltlichen Ausrichtungen ergeben haben, sodass älteren Studien nur noch ein eingeschränkter Erkenntniswert für die Gegenwart zukommt. Das gilt erst recht seit der Flüchtlingszuwanderung in jüngster Zeit. Die Zahlenangaben zu Mitgliedern, Anzahl der betreuten Moscheen usw. beruhen weitgehend auf Eigenangaben und Erkenntnissen aus den genannten Studien. Verlässliche Daten zu erhalten ist auch für neutrale Wissenschaftler nicht leicht, die Transparenz einiger Organisationen insoweit noch steigerungsfähig.

Insgesamt fällt die Herausbildung deutschlandweit agierender Vereinigungen in eine zweite Welle der Selbstorganisation, nachdem zunächst in Kellern von Arbeiterwohnheimen, angemieteten Läden oder Ähnlichem gebetet wurde und zugleich Treffpunkte wie Teestuben angeschlossen wurden. Seit den 1970er-Jahren begann die Gründung örtlicher Moscheevereine. Vielfach entstanden zunächst «Hinterhofmoscheen» in aufgelassenen Industriegebäuden oder anderen günstig zu erwerbenden Baulichkeiten.[59] Erst allmählich entstand die Erkenntnis, dass die muslimische Einwanderung kein zeitlich eng begrenztes Phänomen bleiben würde, das sich mit Provisorien bescheiden kann. So bildeten sich Dachorganisationen als Voraussetzung für überregionale Aktivitäten und zur Bündelung von Ressourcen heraus. Mit Ausnahme von DİTİB (sogleich im Folgenden) erfolgte dies nicht auf Veranlassung ausländischer Staaten, sondern in Eigeninitiative. Allerdings bestanden zum Teil Verbindungen zu Organisationen, deren Tätigkeit in den Herkunftsländern eingeschränkt oder verboten war.

In ihrer Selbstdarstellung bekennen sich all diese Organisationen zur deutschen Rechtsordnung und zur Integration. Neben der religiösen Versorgung im engeren Sinne engagieren sich viele Organisationen auch im sozialen und Bildungsbereich. Die DIK hat im November 2015 eine ausführliche Studie über soziale Dienstleistungen der acht in der DIK vertretenen religiösen Dachverbände und ihrer Gemeinden vorgelegt.[60] Sie steht im Zusammenhang mit einem der Schwerpunktthemen der dritten Runde der DIK, der Etablierung einer muslimischen Wohlfahrtspflege.[61] Darin wird davon ausgegangen, dass mindestens 6000, wahrscheinlich aber weit mehr soziale Dienstleistungen für Kinder, Jugendliche und Senioren erbracht werden, die von mindestens 900 haupt- und mindestens 10 000 ehrenamtlichen Mitarbeitern getragen und von mindestens 150 000 Empfängern genutzt werden.[62] Noch nicht eingerechnet sind die zahlreichen Initiativen zur Unterstützung von Flüchtlingen. Entscheidend für den Umfang der Angebote sei nur nachrangig die Zugehörigkeit zu einem bestimmten Verband; maßgeblich seien vielmehr die vorhandenen Ressourcen, die organisatorische Ausdifferenzierung und der örtliche Bedarf. Ein gravierender Einschränkungsgrund ist bislang die vergleichsweise geringe Ausstattung mit hauptamtlichen Kräften, was vor allem den begrenzten finanziellen Ressourcen geschuldet ist.[63]

1. Türkisch-Islamische Union der Anstalt für Religion (DİTİB)

Die nach Zahl von Moscheegemeinden (wohl ungefähr 900) und Mitgliedern bei Weitem größte Dachorganisation in Deutschland ist DİTİB (Diyanet İşleri Türk İslam Birliği, Türkisch-Islamische Union der Anstalt für Religion). Sie wurde 1984 nach der Etablierung eines lokalen Vorläufers in Berlin als eingetragener Verein mit Sitz in Köln gegründet.[64] Seit den 2010er-Jahren richtet sie zahlreiche Landesverbände und regionale Untergliederungen ein (2016 in allen alten Bundesländern und Berlin). Es bestehen enge Verbindungen zur staatlichen türkischen Religionsbehörde (Diyanet İşleri Başkanlığı, Präsidium für religiöse Angelegenheiten, kurz Diyanet), die bislang die Imame für die deutschen Moscheegemeinden entsendet und finanziert.[65] Diese Verbindung erklärt ein bestimmtes, von den Entwicklungen in der Türkei nach dem Ende des Osmanischen Reichs geprägtes Religionsverständnis. Der Republikgründer Mustafa Kemal «Atatürk» war bestrebt, ein laizistisches System zu etablieren und die Religionsausübung unter enge staatliche Kontrolle zu bringen. Der Umstand, dass in der Türkei seit den 1950er-Jahren immer wieder nationalistische und islamistische Kräfte an türkischen Regierungen beteiligt waren, hat aber auch die Religionspolitik beeinflusst.[66] Schon seit Langem betreibt Diyanet eine Politik, die sich von laizistischen Grundsätzen abhebt und wegen mancher Traditionalismen auch von türkischen Theologen kritisiert wird.[67] Der später in Deutschland aufgetretene Extremist Cemalettin Kaplan war zuvor Imam des Diyanet in Adana, wurde allerdings wegen seiner Aktivitäten entlassen.[68]

Mittlerweile repräsentiert das Amt eher einen religiös moderaten, teils recht traditionalistischen sunnitischen Staatsislam (unter weitestgehendem Ausschluss der zahlreichen Aleviten).[69] Der spätere Diyanet-Vorsitzende Mehmet Görmez erklärte bei einer Tagung in Istanbul in Anwesenheit des Verfassers, Religion sei wie ein wildes Wasser, das zerstörerisch wirke, wenn man es nicht bändige, aber Frucht bringen könne, wenn man es kanalisiere.

Damit sollte eine Abgrenzungspolitik gegenüber islamistischem Extremismus formuliert werden.

Die Gründung von DİTİB steht in engem Zusammenhang mit der deutschen und türkischen Migrationspolitik. Bis in die 1980er-Jahre zeigte der türkische Staat kaum Interesse an den in Deutschland lebenden Staatsangehörigen. Mit den deutschen Rückführungsinitiativen Anfang der 1980er-Jahre wurde zusehends erkannt, dass ein erheblicher Teil der Betroffenen auf Dauer in Deutschland bleiben würde. Nachdem ihre religiöse Versorgung davor durch Einrichtungen wie den VIKZ erfolgte, die in Distanz zur türkischen Religionspolitik standen, wollte der türkische Staat diese Aufgabe übernehmen und zugleich die Entwicklung in Deutschland kontrollieren.[70] In den ersten Jahrzehnten war DİTİB die Repräsentanz der türkischen Religionsbehörde in Deutschland. So hat es auch ein türkischer Religionsattaché noch Anfang dieses Jahrhunderts in Anwesenheit des Verfassers formuliert. Organisatorisch schlug sich dies etwa darin nieder, dass der Diyanet-Präsident von Amts wegen Ehrenvorsitzender und Beiratsvorsitzender von DİTİB und der Vorsitzende stets ein Angehöriger der türkischen Botschaft in Deutschland war.[71] Eine wesentliche Intention lag einerseits darin, die türkischstämmige Bevölkerung in Deutschland religiös zu betreuen, sie andererseits aber auch möglichst eng an die Türkei zu binden. Über lange Zeit hat sich DİTİB im Einklang mit den türkischen diplomatischen Vertretungen deshalb auch vehement dafür eingesetzt, dass der einzuführende islamische Religionsunterricht in türkischer Sprache erteilt wird, was den erheblichen Anteil nicht türkischsprechender Muslime an der Schülerschaft ausgeschlossen hätte und sich als religiöses Anliegen kaum hätte begründen lassen.

Vertreter von DİTİB verweisen allerdings seit längerem darauf, dass ihre Vereinigung eine deutsche, unabhängige Organisation sei. In der Vergangenheit fanden sich dafür über Formalien hinaus nur wenige Anhaltspunkte. Jedoch ist in den vergangenen Jahren ein gewisser Richtungswechsel erkennbar. Er trägt dem Umstand Rechnung, dass auch die türkischstämmige Bevölkerung mehr und mehr ein integraler Bestandteil der deutschen Gesellschaft wird, ohne deshalb die kulturellen Wurzeln aufgeben zu müssen. Nunmehr wird die Tatsache, dass die meisten entsandten Imame kaum des Deutschen mächtig und wenig mit den Lebensumständen der von ihnen betreuten Gemeindemitglieder vertraut sind, als unbefriedigend angesehen. Neu entsandte Imame werden deshalb mehr als früher mit den Gepflogenheiten des Lebens in Deutschland vertraut gemacht, z. B. durch sprach- und landeskundliche Fortbildungen wie dem von DİTİB und dem BAMF entwickelten Programm «Imame für Integration».[72] Problematisch bleibt, dass die meist kurze Entsendeperiode wenige Anreize bietet, sich intensiv mit Sprache und Kultur Deutschlands zu befassen. Deshalb wird auch von DİTİB-Vertretern vermehrt die Ausbildung religiösen Personals in und für Deutschland befürwortet, bislang allerdings mit Zurückhaltung gegenüber der neu entstandenen islamischen Theologie. Vielmehr wird seit 2007 in der Türkei ein theologischer Studiengang für türkischstämmige Studierende aus Deutschland angeboten, die nach ihrem Abschluss die religiöse Versorgung in Deutschland übernehmen sollen.[73] Die Anbindung an die türkische Religionsbehörde ist nach wie vor (2016) sehr eng.[74]

Im Übrigen widmet sich DİTİB nicht nur dem Kultus (Moscheebetrieb, Aktivitäten im Fastenmonat Ramadan, Organisation von Pilgerfahrten und Bestattungswesen), sondern entfaltet laut Eigendarstellung auch eine Fülle von sozialen Aktivitäten: Bildungsangebote, Bereitstellung von Stipendien, Frauen- und Jugendarbeit, Wohlfahrtspflege, Kulturarbeit und interreligiöser Dialog.[75]

Der Wandel im Selbstverständnis schlug sich auch in Satzungsänderungen nieder, die die vormals sehr enge Anbindung an die türkische Staatsverwaltung gelockert haben. Die erste DIK hatte schon 2008 in einem einvernehmlich (!) verabschiedeten Papier zum islamischen Religionsunterricht (IRU) festgehalten, dass die Grundsätze der religiösen und weltanschaulichen Neutralität des Staates auch im Hinblick auf ausländische Staaten gelten. Die Religionsgemeinschaften selbst müssen über ihre Grundsätze bestimmen. Ein Religionsunterricht, dessen Grundsätze nicht Ausdruck religiöser Selbstbestimmung, sondern wesentlich durch einen anderen Staat beeinflusst sind, entspräche nicht dem Grundgesetz. Daher kann auch eine Gemeinschaft, die durch einen anderen Staat so beeinflusst wird, dass ihre Grundsätze nicht Ausdruck ihrer religiösen Selbstbestimmung sind, kein Kooperationspartner für den IRU sein. Zugleich wurde darauf hingewiesen, dass es zulässig ist, wenn ausländische Würdenträger, die zugleich staatliche Ämter innehaben, Einfluss in einer Religionsgemeinschaft haben. Es muss dann aber ausgeschlossen sein, dass dieser Einfluss auf der Grundlage einseitiger obrigkeitlicher Bestimmung durch diesen Staat erfolgt.[76]

Nur auf der Grundlage der Satzungsänderungen konnte es DİTİB 2013 in Hessen gelingen, im Zusammenhang mit der Einrichtung islamischen Religionsunterrichts als Religionsgemeinschaft anerkannt zu werden.[77] Hier ist darauf hinzuweisen, dass die hessische Regierung Gutachten renommierter Wissenschaftler zu den relevanten rechtlichen und religionswissenschaftlichen Fragen eingeholt hat, die zwar nicht veröffentlicht wurden, aber offenbar zu dem Schluss gekommen sind, dass diese Voraussetzungen gegeben sind. Die von einer Lehrervereinigung beauftragten und von fachfremden Wissenschaftlern eingeholten kritischen Stellungnahmen sind hingegen nach Meinung des Verfassers nicht tragfähig.

Kontrovers wird beurteilt, inwieweit die einzelnen lokalen und regionalen Untergliederungen eigenständig agieren können. Der Umstand, dass viele Moscheeliegenschaften Eigentum der Zentrale sind, dürfte den lokalen Bewegungsspielraum einschränken. Der Verfasser weiß aus erster Hand von mehreren örtlichen Initiativen, an denen sich die lokalen DİTİB -Vereinigungen gemeinsam mit anderen religiösen Gruppen beteiligen wollten, die letztlich aber an gelegentlich brachialen Interventionen der Zentrale gescheitert sind. Hieran zeigt sich die immer noch starke Tendenz innerhalb von DİTİB, bei Kooperationen mit staatlichen Stellen einen Alleinvertretungsanspruch zu formulieren.[78] Eine bedeut-

same Ausnahme ist die Entwicklung in Niedersachsen, wo DİTİB
sich nach langwierigen Verhandlungen mit der Schura Niedersachsen, einem Dachverband kleinerer Organisationen, darauf
geeinigt hat, als Kooperationspartner für den islamischen Religionsunterricht zu fungieren.[79] Zudem scheint der VIKZ in jüngerer Zeit als Kooperationspartner akzeptiert zu werden. Darin
wird eine Annäherung sichtbar, die noch der religionswissenschaftlichen Aufarbeitung bedarf. Problematisch bleibt hingegen
der Umstand, dass der fortbestehende Bezug auf die Türkei die
Aleviten gleichermaßen erfasst, die jedoch bei Diyanet weder per-
sonell noch inhaltlich auch nur annähernd adäquat repräsentiert
sind. Irritierend wirken überdies anscheinend nicht dementierte
Berichte aus dem Jahre 2015, wonach DİTİB Dank für Wahlhilfe
für die türkische Regierungspartei AKP erhielt und Moscheegemeinden dafür ausgezeichnet wurden.[80] Auch im Hinblick auf
Entwicklungen in der islamischen Religionslehre und Theologie
in Deutschland hat der Verfasser erfahren, dass die Einflussnahme
aus der Türkei wieder zunehme. Insgesamt zeigt sich kein einheit-
liches Bild der Organisation, vielmehr eine deutliche Binnenpluralität und auch kein kontinuierlicher Wandel.

2. Verband der Islamischen Kulturzentren (VIKZ)

Der ebenfalls in Köln ansässige Verband der Islamischen Kulturzentren (VIKZ, İslam Kültür Merkezleri Birliği) wurde 1980 geschaffen und geht auf das 1973 dort gegründete Islamische Kulturzentrum e. V. zurück. Heute umfasst er ungefähr 300 Ortsvereine
und 160 eigene Liegenschaften. Wie DİTİB ist der VIKZ eine türkisch geprägte Organisation, die allerdings zunächst in Distanz
zum türkischen Staatsislam entstanden ist.[81] Er ordnet sich dem
sunnitisch-hanafitischen Islam zu, der in der Türkei dominiert,
vertritt aber eine mystische (sufistische) Ausrichtung.[82] In zurück-
haltender Formulierung führt die Selbstdarstellung der VIKZ insoweit aus, dass «viele Mitglieder» «auch» eine mystische Ausrichtung praktizierten. Das wird folgendermaßen beschrieben:

Vertreter des Sufismus setzen die absolute Liebe zum Schöpfer in den Mittelpunkt ihres Denkens und Handelns. Neben der Erfüllung der religiösen Pflichten sucht der Sufi das direkte Erleben Gottes (marifetullah[83]). Die mystische Ausrichtung des Verbandes ist geprägt durch die Elemente der Sufigemeinschaft der Naqschibandiyya.[84] Die Naqschibandiyya ist eine «nüchterne» Sufigemeinschaft des Islam, der[85] im 14. Jahrhundert in Zentralasien entstand. In der Mitte des 20. Jahrhunderts entstand um den Gelehrten Süleyman Hilmi Tunahan (k.s.) eine Gemeinschaft in der Türkei, die in ihrer religiösen Ausrichtung auch den Prinzipien der Naqschibandiyya folgte.

Die Ausrichtung auf den genannten Gelehrten hat der Bewegung die aus Sicht des türkischen Staatsislam abwertende Bezeichnung «Süleymancilar» (Süleymancis) eingetragen.[86] In den 1970er-Jahren soll die Richtung 60% der türkischstämmigen Muslime in 150 Gemeinden betreut haben.[87] Mit der Etablierung von DİTİB ging diese Stellung verloren.

Die Positionierung in der deutschen Gesellschaft und im innermuslimischen Spektrum war in den letzten Jahrzehnten einigen Schwankungen unterworfen. Um die Jahrhundertwende ließen sich starke Öffnungstendenzen zur deutschen Gesellschaft und zum interreligiösen Dialog erkennen. Die Einrichtung einer ambitionierten Akademie in Köln-Mülheim (Villa Hahnenburg) unterstrich diese Entwicklung. Dies änderte sich im Zuge eines Leitungswechsels in der Türkei drastisch, wie es der Verfasser von mehreren prominenteren Mitgliedern des Verbandes erfahren hat. Die Kölner Akademie wurde zeitweilig geschlossen und die engagierte Leiterin Nigar Yardim verlor ihre Ämter; heute ist die Akademie nicht mehr sichtbar. Zeitgleich trat der VIKZ aus dem ZMD aus, der damit seine mitgliederstärkste Organisation verlor.[88]

Seither stand das Anliegen einer «inneren Mission» der Muslime in Deutschland aus Sorge um den Verlust ihrer religiösen Identität im Vordergrund. In diesem Zusammenhang wurden Schülerheime und Bildungseinrichtungen eingerichtet, deren pädagogische und organisatorische Grundlagen immer wieder Gegenstand kritischer Einschätzungen waren und sind.[89] Eine vom VIKZ beauftragte, breit angelegte Studie von Ursula Boos-Nünning aus dem Jahre 2010[90] kommt zu differenzierten Ergebnissen. Danach sind die Standards in den einzelnen Einrichtungen sehr unterschiedlich, teilweise verbesserungsbedürftig. Es sei eine deutliche Bildungsorientierung erkennbar, die sich nicht auf religiöse Erziehung beschränke; eine gewisse «Selbstisolation» sei festzustellen, aber nicht zwingend auf den Heimaufenthalt zurückzuführen. Die Einschränkung von Freiräumen missfalle manchen Schülern; traditionelle religiöse Haltungen seien verbreitet, aber auch ein erhebliches Maß an Offenheit für individuelle Werte und Freiheiten. In den letzten Jahren gibt es gewisse Zeichen einer erneuten Öffnung, etwa bei der Mitarbeit in der DIK.

In jüngerer Zeit ist zu beobachten, dass der VIKZ bei religionspolitischen Aktivitäten wie der Etablierung islamischen Religionsunterrichts oder beim Abschluss von «Staatsverträgen» (vgl. S. 205) eng mit DİTİB kooperiert. Auch der VIKZ beschränkt sich nicht auf Kultuspflege, sondern betätigt sich überdies im sozialen und kulturellen Bereich.[91]

3. Islamrat für die Bundesrepublik Deutschland (IRD)

Der in Köln ansässige Islamrat für die Bundesrepublik Deutschland (IRD) wurde im Jahre 1986 als Dachorganisation gegründet. Die sehr kursorische Selbstdarstellung auf der Website[92] gibt keinen Aufschluss über die Mitgliedsorganisationen. Die nach Mitgliederzahlen bedeutendste Mitgliedsorganisation ist die Islamische Gemeinschaft Milli Görüş (IGMG) mit Sitz in Kerpen.[93] In Deutschland ist sie nach eigenen Angaben in 15 Regionalverbände mit insgesamt 323 Moscheegemeinden gegliedert und umfasst verschiedene Unterorganisationen wie Frauen-, Jugend-, Sport- und Bildungsverbände.[94] Auch auf der Website der IGMG sind die Mitgliedsorganisationen nicht genannt.

Die Organisation hat ihren Ursprung in der sunnitisch-islamistischen Parteienlandschaft der Türkei, die sich seit den 1970er-Jahren herausgebildet hat. 1985 spaltete sich die Vorläuferbewe-

gung[95] in den extremistischen, später (2001/2002) verbotenen
Kalifatsstaat (Hilavet Devleti) – zunächst Verband der islamischen
Vereine und Gemeinden (İslami Cemaat ve Cemiyetler Birliği,
İCCB)[96] – und die unmittelbare Vorläuferorganisation Avrupa
Milli Görüş Teşkilatları (AMGT). Die AMGT benannte sich 1994
in Europäische Moscheebau- und Unterstützungsgemeinschaft
e. V. (EMUG) um, die seither die Immobilien der Organisation
verwaltet. Anfang 1995 entstand aus einem Ortsverein der AMGT
die IGMG, die die religiösen, sozialen und kulturellen Aufgaben
übernimmt.[97]

In den 1990er-Jahren vertrat die Vereinigung Lehren, die auf
der Ideologie der «gerechten Weltordnung» (Adil Düzen) des türkischen Islamisten Necmettin Erbakan basierten, der ab 1996
kurzzeitig Ministerpräsident wurde.[98] Die propagierte Errichtung
eines islamischen Staats mit traditioneller islamischer Rechtsordnung stand den deutschen Verfassungsprinzipien des demokratischen Rechtsstaats entgegen, weshalb die Organisation viele Jahre
unter der Beobachtung der deutschen Verfassungsschutzbehörden
stand.[99] Dies hatte unter anderem zur Folge, dass Funktionären
der IGMG die Einbürgerung verweigert und die Organisation
nicht zu offiziellen Foren der Zusammenarbeit mit staatlichen Behörden eingeladen wurde. Mittlerweile hat sich jedoch ein grundlegender ideologischer Wandel vollzogen,[100] der dazu geführt hat,
dass mehrere Verfassungsschutzbehörden die Organisation nicht
mehr beobachten.[101] Bemerkenswert ist auch die Betonung der
deutschen Sprache für muslimisches Leben in Deutschland, die in
Kontrast zur in diesem Zusammenhang deutlich zögerlicheren
Politik von DİTİB steht. In der dritten Deutschen Islam Konferenz
ist auch der IRD vertreten. Seit der Regierungsübernahme der
AKP in der Türkei ist eine Annäherung zwischen Milli Görüş und
DİTİB erkennbar.

Wie die anderen Organisationen bietet auch die IGMG nicht
nur religiöse Dienstleistungen und Aktivitäten im engeren Sinne,
sondern entfaltet außerdem umfangreiches Engagement im sozialen und kulturellen Bereich.[102]

4. Zentralrat der Muslime in Deutschland (ZMD)

Die nach Mitgliederzahlen vermutlich kleinste Dachorganisation ist der Zentralrat der Muslime in Deutschland (ZMD) mit Sitz in Köln. Seine informelle Vorläuferorganisation wurde 1987 als «Islamischer Arbeitskreis» (IAK) gegründet, dem bis 1994 auch große türkische Organisationen einschließlich DİTİB angehörten.[103] Der ZMD repräsentiert, anders als insbesondere DİTİB und der VIKZ, ein breites ethnisches Spektrum von Muslimen mit Wurzeln in arabischen Staaten, der Türkei, den Balkanstaaten, Iran, Afrika und Deutschland. Nach der Eigendarstellung umfasst er 33[104] sunnitische und schiitische Dachorganisationen, Gemeinden sowie auch Einzelmitglieder. 300 Moscheevereine sollen ihm angehören. Entsprechend dem föderalen Aufbau der Bundesrepublik Deutschland mit starken Länderkompetenzen im Kultus- und Bildungsbereich hat der ZMD (Stand Januar 2016) Landesverbände in Bayern, Berlin, Hessen, Niedersachsen, Nordrhein-Westfalen und Rheinland-Pfalz gegründet; weitere sollen folgen.[105] Im September 2015 wurde ein Jugendverband ins Leben gerufen.[106] In den letzten Jahren verzeichnete der ZMD einen Zuwachs vor allem aus dem Spektrum der Muslime mit Wurzeln auf dem Balkan. Wegen der starken arabischen Prägung sind der ZMD und seine Organisationen offenbar zudem für viele Flüchtlinge aus diesen Regionen attraktiv.

Auch der ZMD und die angeschlossenen Organisationen[107] beschränken ihre Aktivitäten nicht auf das mit dem Kultus verbundene Aufgabenfeld, sondern werden ebenso im sozialen und kulturellen Bereich aktiv. Bemerkenswert ist die vergleichsweise umfangreiche Öffentlichkeitsarbeit über die Website und Präsenz in den Medien.

Einzelne Mitgliedsorganisationen werden seit vielen Jahren in Verfassungsschutzberichten aufgeführt.[108] Das betrifft etwa die Islamische Gemeinschaft in Deutschland e. V. (IGD), die sich in personeller und ideologischer Nähe zur ägyptischen Muslimbruderschaft entwickelt hat. Sie wurde 1960 als «Moscheebau-Kommission e. V.» in München gegründet und 1982 nach regionalen Erweiterungen zur IGD geformt.[109] Die kursorischen Ausführungen z. B. im Jahresbericht des Bundesamts für Verfassungsschutz 2014 sind allerdings wenig aussagekräftig.[110] Im Berliner Verfassungsschutzbericht 2014 finden sich deutlich differenziertere Aussagen.[111] Im Bericht des Bundesamts für Verfassungsschutz 2014 wird ferner das 1962 gegründete, schiitisch ausgerichtete Islamische Zentrum Hamburg (IZH) aufgeführt, ebenfalls mit sehr allgemeinen Aussagen.[112] Es basiert auf Aktivitäten iranischer Kaufleute in Hamburg in den 1950er-Jahren und hält enge Verbindungen zum iranischen Staat.[113] Frühere Leiter waren z. B. der prominente Aktivist und Vertreter der islamistischen Revolution 1979 Mohammed Hosseini-Beheschti, aber auch Mohammed Chatami, der später als iranischer Präsident einen (wenig erfolgreichen) Reformkurs verfolgte, sowie zuvor Muhammad Schabestari, einer der prominentesten iranischen Reformdenker. Das Zentrum gibt mit «Al-Fadschr» eine der wenigen deutschsprachigen muslimischen Periodika heraus.[114] Andere, früher erwähnte Organisationen sind in dem genannten Bericht nicht mehr enthalten.

Der ZMD hat in den vergangenen Jahren weit mehr Außenwirkung erzielt als andere, mitgliederstärkere Organisationen. Das hängt sicherlich auch mit der vergleichsweise sehr professionellen Öffentlichkeitsarbeit zusammen. Im Jahr 2002 legte der ZMD eine «Islamische Charta» vor, die strittig diskutiert wurde (siehe dazu S. 237).[115] Im Januar 2015 kam es im Zusammenhang mit der höchstrangig besetzten Kundgebung in Berlin anlässlich der islamistischen Terrorattacken in Paris nach Kenntnis des Verfassers zu erheblichen Reibereien mit anderen Organisationen, insbesondere DİTİB. Mit der Zuwanderung vieler Flüchtlinge aus arabischen Staaten dürfte die Stellung des ZMD im Gesamtspektrum der Organisationen gestärkt werden.

5. Koordinationsrat der Muslime in Deutschland (KRM)

DİTİB, VIKZ, Islamrat und ZMD haben sich 2007 zum Koordinationsrat der Muslime in Deutschland (KRM) zusammengeschlossen.[116] Nicht zufällig geschah dies im engen zeitlichen Zusammenhang mit der Einrichtung der Deutschen Islam Konferenz durch das Bundesinnenministerium. Die Schaffung eines einheitlichen Ansprechpartners wurde von Vertretern der Politik befürwortet, zunächst für kurze Zeit auch der Abschluss eines «Gesellschaftsvertrags»; dies stellte sich indes schnell als allzu ambitioniert heraus.[117] Zugleich wurde die Bedeutung des KRM öffentlich relativiert. Das liegt nicht nur an einer geänderten Haltung der Politik, sondern auch an der fragilen Konstruktion und dem Umstand, dass viele muslimische Organisationen nicht vertreten sind. Bis heute (Januar 2016) verfügt der KRM weder über eine Satzung noch über eine eigene Infrastruktur. DİTİB genießt ein internes Vetorecht.[118]

Die Ereignisse des Jahres 2015 haben die Bereitschaft zum «Sprechen mit einer Stimme» geschwächt. Zuvor war es bei Veranstaltungen in Kooperation mit staatlichen Behörden oder Bildungseinrichtungen häufiger vorgekommen, dass der jeweilige Sprecher des KRM – das Amt wechselt zwischen den vier Mitgliedsorganisationen im halbjährlichen Turnus – eine gemeinsame Position formulierte, die dann noch ergänzt werden konnte. Seit 2015 legen die Mitgliedsverbände Wert darauf, eigenständig zu sprechen und zu verhandeln.[119] Andererseits gibt es Überlegungen, die Mitgliederbasis zu verbreitern und eine Plattform für eine Debatte innermuslimischer Meinungsunterschiede zu bilden.[120] Dies harrt indes noch der Umsetzung, es gibt auch gegenläufige Tendenzen.

6. Islamische Gemeinschaft der Bosniaken in Deutschland (IGBD)

Die Muslime bosnischer Herkunft gelangten zum Teil ähnlich wie die türkischen seit den 1960er-Jahren als «Gastarbeiter» nach

Deutschland. Größere Zahlen von Flüchtlingen folgten im Zuge des jugoslawischen Bürgerkriegs in den 1990er-Jahren. Die erste Gemeinde wurde 1978 in Aachen gegründet. 1994 bildete sich die Vereinigung islamischer Gemeinden der Bosniaken in Deutschland e. V./VIGB als Dachverband mit sechs regionalen Untergliederungen.[121] Später erhielt diese den heutigen Namen Islamische Gemeinschaft der Bosniaken in Deutschland e. V. mit heute (Stand Januar 2016) 76 Gemeinden, wobei die regionalen Schwerpunkte in Nordrhein-Westfalen, Bayern und Baden-Württemberg liegen.[122] Der Verband repräsentiert nach seiner Selbstdarstellung ein «zeitgemäßes» Islamverständnis und eine vernunftorientierte Gläubigkeit in der pluralistischen religiösen Tradition Bosnien-Herzegowinas. Neben der religiösen Gemeindearbeit ist die Organisation auch im sozialen Bereich tätig und betreibt Öffentlichkeitsarbeit, etwa durch Stellungnahmen auf der Website. Sie ist assoziiertes Mitglied des ZMD.

7. Zentralrat der Marokkaner in Deutschland (ZRMD)

Der Zentralrat der Marokkaner in Deutschland wurde 2008 gegründet und hat seinen Sitz in Offenbach. Laut Selbstdarstellung vertritt er deutschlandweit 50 Moscheen und ist mit 150 marokkanischen Gemeinden in Deutschland vernetzt. Er will die religiösen, sozialen und kulturellen Interessen der in Deutschland lebenden Marokkaner vertreten, um Erziehung, Bildung, Religion, Jugendfürsorge, Völkerverständigung und Integration zu fördern.[123] Der breite Aufgabenbereich auch über religiöse Anliegen hinaus zeigt sich an der Bestimmung möglicher Mitglieder nach § 5 der Satzung: Geeignet ist jeder Religions-, Kultur-, Sozial- oder Sportverein unter marokkanischer Führung. Regionale Schwerpunkte liegen im Rhein-Main- und im Ruhrgebiet.

8. Islamische Gemeinschaft der schiitischen Gemeinden Deutschlands (IGS)

Eine weitere bundesweit agierende Dachorganisation ist die im März 2009 von 110 schiitischen Gemeinden ins Leben gerufene Islamische Gemeinschaft der schiitischen Gemeinschaften Deutschlands (IGS) mit Sitz in Hamburg, die mittlerweile (Januar 2016) mehr als 140 Gemeinden umfasst.[124] Sie sieht sich als Dienstleister der schiitischen Gemeinden, bemüht sich, diese zu vernetzen und ihre Aktivitäten zu bündeln, und vertritt die Interessen der Mitgliedergemeinden in der Gesellschaft. Intern will sie das islamische Bewusstsein und die Einheit der Schiiten stärken, innerislamisch Kooperation mit sunnitischen und alevitischen Organisationen betreiben und sich in den Schuren engagieren. Für eine zahlenmäßig eher kleinere muslimische Gemeinschaft ist dies eine in verschiedenen Bundesländern bestehende Möglichkeit, sich mit anderen zusammenzuschließen, um Interessen zu bündeln und das politische Gewicht zu stärken, insbesondere in der Zusammenarbeit mit staatlichen Einrichtungen. Zudem ist es das Ziel der IGS, sich interreligiös und im politischen Raum zu engagieren.[125] Beispielsweise veranstaltete sie im Jahr 2015 einen Iftar-Empfang in Berlin mit dem Bundestagspräsidenten Norbert Lammert als Ehrengast. Zudem engagiert sie sich in der Jugendarbeit.

Bemerkenswert ist die satzungsmäßige Zusammensetzung des Gelehrtenrats, der über religiöse theologische Fragen zu entscheiden hat (§ 10 der Satzung in der Fassung vom 21. April 2013). Gemäß § 9 besteht er aus dem Vorstandsvorsitzenden sowie zwei in Europa ansässigen Gelehrten. Nach Hamideh Mohagheghi vertritt der Rat der Schiiten in Europa mehrheitlich die Meinung, dass sich ein eigenständiger Islam in Europa entwickeln solle.[126]

9. Ahmadiyya Muslim Jamaat (AMJ)

Ahmadiyya-Gemeinden bilden die ältesten muslimischen Gemeinden in Deutschland. Sie gehen auf den Reformer Mirza Ghulam

Ahmad zurück, der im späten 19. Jahrhundert im damaligen Britisch-Indien an die Öffentlichkeit trat. Sein Anspruch, als «Sekundärprophet» (Zilli Nabi) und Mahdi (Messias) Empfänger göttlicher Offenbarungen zu sein, wurde außerhalb seiner Gemeinde als nicht vereinbar mit dem islamischen Glauben abgelehnt. Nach seinem Tod bildeten sich zwei Gruppierungen, die nach ihren Hauptsitzen als Lahore-Ahmadiyya und als Qadiyan-Ahmadiyya benannt werden. Die erstgenannte Gruppierung lehnt die Verbindung des Gründers zum Prophetentum ab und wird durch die Organisation als solche fortgeführt. Die Qadiyan-Richtung etablierte ein (spirituelles) Kalifat in der Nachfolge des Gründers; der Kalif hat seinen Sitz in London und reist einmal jährlich zu einer großen Versammlung der Gläubigen (Jalsa Salana) nach Deutschland. Hier wurden von ihnen bereits in den Zwanziger Jahren des 20. Jahrhunderts erste Moscheen gegründet. Auch hinter den ersten Moscheebauten der Nachkriegszeit standen Ahmadiyya-Gemeinden, so 1957 in Hamburg und 1959 in Frankfurt a. M. die Nur-Moschee, wo sich heute der Hauptsitz der Gemeinde befindet.[127] Viele Angehörige sind seit 1974 eingewandert, nachdem sie in Pakistan gesetzlich aus dem Islam ausgeschlossen worden waren.

Während die Ahmadiyya in der Vorkriegszeit erfolgreich verschiedene islamische Richtungen organisatorisch zusammenführen konnte, wurde sie in der Nachkriegszeit von anderen Glaubensströmungen überwiegend abgelehnt. Inhaltlich finden sich zwischen der Lehre der Ahmadiyya und den anderen muslimischen Gruppierungen weitreichende Übereinstimmungen, auch im verbreiteten traditionellen Geschlechterbild. Gewalt lehnt sie nachdrücklich ab, gegenüber anderen Konfessionen und Religionen pflegt die Ahmadiyya besondere Offenheit: Religiöse Gestalten, Religionsstifter und Propheten wie Zarathustra, Krishna, Buddha, Konfuzius, Lao Tse und Guru Nanak werden neben jüdischen und christlichen Propheten als Spender ursprünglicher Wahrheiten anerkannt, die dann im Islam zusammenfließen.[128]

Die Ahmadiyya Muslim Jamaat wurde 1988 in Frankfurt a. M.

gegründet.[129] Sie repräsentiert die Qadiyan-Richtung, der die überwältigende Mehrheit der Ahmadis angehört. Nach ihrer Selbstdarstellung zählt sie ungefähr 35000 Mitglieder in ca. 225 örtlichen Gemeinden. Sie versteht sich nicht als Abspaltung vom Islam, sondern als «Renaissance des tatsächlichen Islam».[130] Mit einem TV-Sender und einem Verlag entfaltet die Organisation umfangreiche Öffentlichkeits- und Bildungsaktivitäten und ist auch im sozialen Bereich tätig. Seit April 2013 ist sie in Hessen als Körperschaft des öffentlichen Rechts anerkannt,[131] was ihr im innermuslimischen wie auch im allgemeinen gesellschaftlichen Raum einen Bedeutungsgewinn verschafft hat.[132] In Hessen ist sie überdies neben DİTİB Kooperationspartnerin des Landes für den als ordentliches Schulfach eingerichteten islamischen Religionsunterricht. Seit 2012 betreibt sie im hessischen Riedstadt ein eigenes Institut für islamische Theologie. Wie die anderen Organisationen engagiert sich die AMJ in Jugend-, Sozial und Öffentlichkeitsarbeit sowie im interreligiösen Dialog.[133]

Die Zuerkennung des Körperschaftsstatus hat eine Debatte darüber ausgelöst, wie eine zahlenmäßig eher kleine Organisation dies erreichen konnte, während die viel größere Zahl z.B. sunnitischer Muslime keinen Erfolg hatte. Hier geht es indes nicht um sozialpolitische Fördermaßnahmen, sondern um Rechtsfragen. Wenn eine Organisation die inhaltlichen und organisatorischen Voraussetzungen für die Anerkennung erfüllt, ist sie anzuerkennen. Tut sie es nicht, kann auch keine Anerkennung erfolgen. Es liegt also in der Hand der Antragsteller, die Voraussetzungen dafür zu schaffen. Wenn sie sich zu Unrecht falsch beurteilt fühlen, steht im deutschen Rechtsstaat der Rechtsweg offen.

10. Alevitische Gemeinde Deutschlands (AABF)

Wie DİTİB und VIKZ ist auch die Alevitische Gemeinde Deutschland (türk. Almanya Alevi Birlikleri Federasyonu, AABF)[134] mit Sitz in Köln aus der türkischen Arbeitsmigration heraus entstanden. 1978 gründeten Aleviten den Verein Türkiyeli Yurtseverler

Birliği (Patriotische Einheit der Türken), 1979 den Türkischen Ar-
beiterbund, der seit 1986 verschiedene Regionalverbände einrich-
tete. In diesem Zusammenhang gewannen die Beschäftigung mit
der alevitischen Religion und ihre Positionierung an Bedeutung,
was sich auch in Namensänderungen von Organisationen niederschlug. 1989 trat man erstmals mit einer Erklärung zum alevitischen Glauben an die deutsche Öffentlichkeit. Zwei Jahre später
erfolgte dann der Zusammenschluss vieler alevitischer Vereine zur
Vereinigung der Aleviten-Gemeinden (türk. Alevi Cemaatleri Federasyonu, ACF). Nach dem Massaker an alevitischen Intellektuellen und Künstlern in Sivas 1993 erhöhte sich die Zahl der Mitgliedsvereine. 1994 wurde die ACF umbenannt in die Föderation
der Aleviten-Gemeinden in Europa (Avrupa Alevi Birlikleri Federasyonu), 1997 folgte die Etablierung einer europäischen Kon-
föderation alevitischer Verbände und zugleich die Gründung der
AABF. Sie umfasst 146 Mitgliedsvereine (Stand Januar 2016) mit
geographischem Schwerpunkt in Nordrhein-Westfalen und
Baden-Württemberg.[135]

Die Selbstdarstellung der AABF benennt als wesentliche Aufga-
benfelder unter anderem die Revitalisierung des Alevitentums in
Deutschland und in der Türkei, die Verschriftlichung und Veröffentlichung der alevitischen Lehre, den interreligiösen Dialog und
Bildungsarbeit, daneben aber auch die Beratung von Politik und
Gesellschaft, Antidiskriminierung und Menschenrechtsbildung
sowie die Förderung und Bekräftigung einer demokratischen Be-
wusstseinsbildung. Hier scheint die Entwicklung der Organisation aus eher politisch-säkular ausgerichteten Gruppierungen
durch.

Die Ausrichtung und die Öffentlichkeitsarbeit der AABF sind
stark von der Unterdrückung und Diskriminierung des Alevitentums in der Türkei geprägt.[136] Man will sich deutlich vom sunnitischen Islam und von anderen muslimischen Vereinigungen abgrenzen, und so wird explizit betont, dass man anders als andere
Organisationen eine deutsche Einrichtung ohne türkische Vorläu-
ferstruktur sei.[137] Erst in Deutschland konnte sich in den vergan-

genen Jahren eine offene Debatte über die alevitische Religion entwickeln, die sich noch in einem frühen Stadium befindet. So
besteht bis in die Organisationsvorstände hinein keine Einigkeit
darüber, ob man sich als eine Richtung innerhalb des Islam versteht oder aber als eigenständige Religion, die sich aus dem Islam
heraus entwickelt hat.[138] Bereits jetzt finden sich nicht der AABF
angehörige Vereinigungen, die sich auf das Aleventum beziehen,
auch im (weit) linken politischen Spektrum.[139] Auch gibt es anscheinend Versuche seitens der Türkei, die Aleviten in Deutschland über die seit 1997 in Essen ansässige CEM-Stiftung (Cum-
huriyetçi Eğitim ve Kültür Merkezi Vakfı, Republikanisches
Stiftungszentrum für Bildung und Kultur) in den sunnitischen Islam einzubinden.[140] Es ist noch nicht abzuschätzen, ob sich auch
im alevitischen Spektrum konfessionelle Vielfalt noch weiter insti-
tutionalisieren wird. Publizistisch tritt die AABF mit der Zeitschrift
Alevilerin Sesi (Stimme der Aleviten) in Erscheinung. Die Beiträge sind überwiegend in türkischer Sprache verfasst, einzelne in
Deutsch und Französisch. Eine ebenso konzise wie detailreiche Beschreibung des Aleventums hat Havva Engin 2014 vorgelegt.[141]

Die AABF hat mit den Ländern Bremen und Hamburg parallel
zu deren Verträgen mit DİTİB und den jeweiligen Schuren Verträge abgeschlossen, in denen in vergleichbarer Weise religionsbezogene Rechte und Pflichten festgelegt und präzisiert werden
(siehe S. 205). 2002 fungierte sie erstmals als Kooperationspartner für Religionsunterricht im Land Berlin. Mittlerweile (Stand
Januar 2016) wird solcher Religionsunterricht in neun Bundesländern abgehalten. Die spezifische Ausbildung von Lehrkräften
wird teils intern betrieben, seit 2013 aber auch als Ergänzungsstu-
dienfach «Alevitische Religionslehre/Religionspädagogik» an der
Pädagogischen Hochschule Weingarten angeboten.[142]

11. Die Nurculuk-Bewegung

Zu nennen ist weiterhin die Nurculuk-Bewegung, die auf den
Lehren des türkischen Gelehrten Said Nursi (gestorben 1960) be-

ruht. Kern dieser Lehren ist das Anliegen, religiöses Leben auch unter den Bedingungen der Moderne und in Auseinandersetzung mit dieser zu entfalten und zu erneuern, insbesondere vor dem Hintergrund des türkischen kemalistisch-laizistischen Religionsverfassungssystems. In der Tradition ihres geistigen Urhebers widmet sich die Bewegung intensiv dem interreligiösen Dialog. In ihrer Vereinsstruktur ist sie nicht zentral organisiert, auch wenn es bedeutende Organisationen wie die 1979 in Köln gegründete Jama'at un-Nur gibt, die sich als Vertreterin der Bewegung definiert. Zudem weist sie organisationsübergreifende Elemente eines Netzwerkes auf.[143] Sie betreibt auch keine Moscheen, sondern unterhält Lehranstalten («Lichthäuser», türkisch: Nur dersaneleri oder Nur evleri) und legt Publikationen vor.[144] Häufig wird darauf hingewiesen, dass die Bewegung eine Art von weltweit wirkendem, nach außen abgeschotteten «inneren Zirkel» habe, der wesentliche Entscheidungen fälle.[145]

Ein bedeutender Teil der Nurculuk-Bewegung ist die sogenannte Gülen-Bewegung, benannt nach dem 1941 geborenen Prediger Fethullah Gülen, der 1999 aus der Türkei in die USA floh; seine Anhänger werden in der Türkei nach Jahren der Kooperation mit der AKP-Regierung nunmehr verfolgt.[146] Sie bezeichnen sich selbst als Hizmet (türkisch: Dienst)-Bewegung. Ihre deutsche Zentrale, die Stiftung Dialog und Bildung, wurde 2013 in Berlin gegründet.[147]

Inhaltlich hat sich die Haltung Gülens und seiner Anhänger über die Jahrzehnte anscheinend deutlich gewandelt. Unterstützte er in der Vergangenheit militärdiktatorische Putsche in der Türkei und pflegte stark anti-christliche, anti-alevitische und anti-kurdische Haltungen, so verfolgt man heute einen toleranten und verständigungsbereiten Kurs.[148] Die öffentliche Debatte über die Bewegung ist polarisiert. Befürworter verweisen auf die Eröffnung von Bildungszugängen für unterprivilegierte Bevölkerungskreise. Gegner unterstellen dagegen Machtgelüste und die Bildung von Parallelstrukturen, wobei solche Verdächtigungen kaum mit belastbaren Fakten untermauert werden.[149] Die Antwort der Bundesregierung auf eine Kleine Anfrage im März 2014 enthält die Aussage, dass trotz einzelner problematischer Positionen keine Erkenntnisse vorlägen, nach denen die Gülen-Bewegung in der Gesamtschau Bestrebungen gegen die freiheitlich-demokratische Grundordnung verfolge.[150] Günter Seufert, ein hervorragender und kritischer Kenner der Szene, beschreibt die Entwicklung der Bewegung hin zu einem «türkisch-sunnitischen Mainstream» in Deutschland, die aber im Gegensatz zu anderen Gruppen islamistischer Radikalität eine klare Absage erteile und sich stets für demokratische Regierungsformen ausspreche.[151]

Markenzeichen ist weiterhin die Bildungsorientierung.[152] Die 300 der Bewegung zugerechneten Vereine in Deutschland betreiben laut Günter Seufert 24 Schulen, meist Gymnasien, und ca. 150 außerschulische Nachhilfeeinrichtungen. Es wird kein (islamischer) Religionsunterricht erteilt; man vertraut vielmehr auf die Vorbildhaftigkeit des Lehrpersonals. Schüler aller Religionszugehörigkeiten werden aufgenommen.[153] Auch unter denjenigen, die die Bewegung nicht als gefährlich ansehen, wird allerdings oft mangelnde Transparenz beklagt. Andererseits wirft die anscheinend erfolgreiche Etablierung von Privatschulen für Schülerinnen und Schüler mit Schwierigkeiten im herkömmlichen Schulsystem ein deutliches Licht auf dort noch bestehende Defizite.

12. Deutsche Muslim-Liga (DML)

Die DML, eine der ältesten Organisationen von Muslimen in Deutschland, wurde 1944 von Hamburger Gymnasiasten gegründet.[154] Sie versteht sich als Interessenvertretung deutscher Muslime und will deutlich machen, dass der Islam keineswegs durchweg eine «Ausländerreligion» darstellt, sondern seit vielen Jahrzehnten Bestandteil der deutschen Gesellschaft ist.[155] Als Gründungsmitglied des ZMD wendet sie sich nachdrücklich gegen innerislamische konfessionelle Konflikte.[156] Ihre Website enthält vergleichsweise umfangreiche Informationen über Religionsfragen und aktuelle Entwicklungen. Aus der DML ist 1989 die Deutsche Muslim-Liga Bonn e. V. hervorgegangen, die sich insbesondere dem interreligiösen Dialog verschrieben hat.[157]

13. Der Liberal-Islamische Bund

2010 wurde – überwiegend von muslimischen Intellektuellen – der Liberal-Islamische Bund mit Sitz in Köln gegründet.[158] Sein Profil hebt sich deutlich von den meisten vorgenannten Organisationen ab, will er doch «die mehrheitlich liberalen Positionen des in Europa vorherrschenden Islamverständnisses» vertreten.[159] Konkrete Anliegen im religiösen Bereich sind die «dogmafreie» Auslegung religiöser Schriften wie dem Koran auch unter Einbeziehung historischer und sozialer Kontexte, umfassende Geschlechtergerechtigkeit sowie deren pädagogische und theologische Umsetzung. Das schlägt sich auch darin nieder, dass anders als bei allen anderen Organisationen des sunnitischen und schiitischen Spektrums weibliche Imame (Vorbeter) zum Einsatz kommen. Zudem enthält das Positionspapier «Homosexualität im Islam» vom 2. Dezember 2013 die mit koranischen Aussagen begründete Position, dass entgegen dem bis heute sehr deutlich vorherrschenden Mainstream «eine homosexuelle Orientierung nach unserer Auffassung weder sündhaft noch krankhaft (sei), sondern ein Teil der Vielfalt der Schöpfung, mit der Gott uns Menschen zum gegenseitigen Kennenlernen auffordert».[160] Daneben werden der interreligiöse Dialog sowie eher gesellschaftspolitische Haltungen und Ziele formuliert. Ein Beispiel für solche Aktivitäten ist das im Dezember 2015 vorgestellte Projekt zu Antisemitismus und seiner Bekämpfung im muslimischen Umfeld «Extreme out – Empowerment statt Antisemitismus», das sich an Kinder, Jugendliche und junge Erwachsene richtet.[161]

Der Vorstand besteht (Stand Januar 2016) zu 80% aus Frauen, darunter auch die beiden Vorsitzenden. Zu diesem Zeitpunkt wies die Website zwei Gemeinden in Köln und Frankfurt aus, weitere sollten in Berlin und Stuttgart aufgebaut werden.[162]

14. Wie sind die Organisationen einzuschätzen?

Die DIK-Studie 2009 hat ermittelt, dass zur Befragungszeit 66%
der Muslime mindestens einen der abgefragten Verbände (DİTİB
43,8%, Islamrat 16,1%, VIKZ 25,1%, ZMD 26,6%,
KRM 9,6%, AABF 26,8%) kennen. Entsprechend dem ethnischen Bezug vor allem von DİTİB, VIKZ und AABF haben diese
unter Türkischstämmigen einen deutlich überdurchschnittlichen
Bekanntheitsgrad.[163]

37% der Befragten, die die Verbände kennen, gaben an, sich
zumindest teilweise von ihnen vertreten zu sehen, 50% sahen sich
gar nicht vertreten. DİTİB (39%) und VIKZ (32%) erreichten dabei die höchsten Ergebnisse. Auch hier zeigen sich deutliche
Schwankungen je nach Herkunftsregion der Befragten und Ausrichtung des jeweiligen Verbandes.[164]

Verlässliche Informationen über Mitgliederzahlen sind kaum zu
erhalten. Das liegt auch daran, dass der Islam im Gegensatz zum
Christentum keinen formalen Aufnahmeakt in die Religionsge-
meinschaft kennt. Zudem spielt die formale Mitgliedschaft in den
Organisationen nur eine untergeordnete Rolle; ist ein Familienan-
gehöriger dort verzeichnet, gilt oft die ganze Familie als Mitglied.
Ferner ist die Bereitschaft zur verlässlichen Information über die
Mitgliederzahlen noch deutlich steigerungsfähig. Erst in jüngerer
Zeit wurde begonnen, Mitgliederlisten zu erstellen, um z.B. im
Hinblick auf die Teilnahme am islamischen Religionsunterricht
die verwaltungsmäßig nötige Klarheit zu schaffen. Weiterhin ist
zu bedenken, dass Organisationsarbeit auch über die Mitglieder
hinaus in die Gesellschaft hineinwirkt. Nach alledem kann nicht
verlässlich eingeschätzt werden, wie viele der Muslime in Deutschland von den hier angesprochenen Organisationen vertreten
werden. Die DIK-Studie 2012 kommt zu dem plausiblen Schluss,
dass die großen Verbände die muslimische Organisationslandschaft weder vollständig dominieren noch ein unbedeutender
Faktor sind.[165]

Laut der DIK-Studie 2009 sind 20% der Befragten Mitglieder

in einer religiösen Gemeinde oder engagieren sich in einem religiösen Verein.[166] Die Organisationen sehen sich selbst als Vertretung der meisten praktizierenden Muslime. Die auf der Website von DİTİB nachzulesende Behauptung, die Organisation vertrete «über 70% der in Deutschland lebenden Muslime»,[167] ist allerdings angesichts der vorliegenden Daten nicht seriös belegt. Susanne Schröter bemerkt zu Recht, dass eine originäre Sprecherrolle für «den Islam», wie sie hier von Organisationsvertretern beansprucht wird, weder theoretisch noch empirisch haltbar ist.[168] Vorläufig wird man in aller Vorsicht eher davon ausgehen können, dass die vier großen ganz oder überwiegend sunnitisch geprägten Verbände (DİTİB, Islamrat, VIKZ, ZMD) ungefähr 15–20% der Muslime repräsentieren.

Andererseits ist zu beachten, dass dort, wo das deutsche Recht die Kooperation zwischen Staat und Religionsgemeinschaften formt, organisatorische Verfestigung erforderlich wird. Hierfür kommt es meist nicht darauf an, welche Prozentzahlen der Gesamtzahl von Religionsangehörigen die jeweilige Organisation repräsentiert.[169] Das gilt für das Christentum ebenso wie für den Islam und alle anderen Religionen. Nach deutschem Recht wird entgegen verbreiteten Fehlvorstellungen nicht «der Islam» oder «das Christentum» anerkannt. Vielmehr wird nur geprüft, ob Organisationen die vom Recht geforderten inhaltlichen und strukturellen Voraussetzungen für eine Kooperation bzw. für eine rechtliche Anerkennung erfüllen.

Will die immer wieder beschworene «schweigende Mehrheit» eigenständig repräsentiert sein, muss sie sich also ihrerseits organisieren. Spekulationen über ihre Ansichten sind in aller Regel haltlos – das Charakteristikum der schweigenden Mehrheit ist nun einmal ihr Schweigen. Der wiederholte Vorwurf gegenüber Regierungen oder staatlichen Behörden, bestimmte Richtungen einseitig zu privilegieren, verkennt schlicht die bestehende Rechtslage. Es ist der Preis der Säkularität, dass der Staat sich nicht in innerreligiöse Meinungsstreitigkeiten einmischen und sich «Lieblingsgläubige» erwählen darf. Er kann mit den Mitteln des Rechts nur Rechtstreue einfordern. Innerreligiöse Meinungsunterschiede, z. B. über das Geschlechterrollenverständnis bis hin zur strengen Geschlechtertrennung etwa in Veranstaltungen der IGMG (Millî Görüş), der Gülen-Bewegung, der MJD (Muslimische Jugend in Deutschland)[170] oder der Ahmadiyya, müssen die Gläubigen selbst debattieren. Wer sich von bestehenden Vereinigungen nicht repräsentiert fühlt, hat zwei Möglichkeiten: Selbstorganisation bzw. Mitarbeit in anderen säkularen oder religiösen Organisationen sowie «Abstimmung mit den Füßen», das heißt von den Aktivitäten der missliebigen anderen fern zu bleiben.

Die inhaltliche Einschätzung vor allem der deutschlandweit agierenden größeren muslimischen Organisationen ist sowohl in der Gesamtgesellschaft als auch unter Muslimen kontrovers. Nicht selten wird Faktenarmut durch Meinungsstärke kompensiert.

Eine pauschale Einschätzung «der Verbände» als «konservativ», «traditionalistisch» oder gar als integrationsfeindlich ist populär, verfehlt aber zweifellos die differenzierte Faktenlage. Auch ist die erhebliche Dynamik innerhalb der Vereinigungen zu berücksichtigen, die sich zusehends von Migrantenorganisationen zu deutschen religiösen Organisationen (teils mit bestimmtem religionskulturellem Hintergrund) entwickeln.

Ohne zu große Vereinfachung wird man indes sagen können, dass in den vier großen ausschließlich oder mehrheitlich sunnitischen Verbänden DİTİB, VIKZ, Islamrat und Zentralrat der Muslime in Deutschland (ZMD), bei den schiitischen Organisationen und auch in der Ahmadiyya Muslim Jamaat bei aller Binnenvielfalt in Fragen der Religionspraxis und des Geschlechterverhältnisses einschließlich der Haltung zu gleichgeschlechtlichen Partnerschaften bislang eine gemäßigt-traditionelle Sicht dominiert oder zumindest stark vertreten wird. Dennoch sei darauf hingewiesen, dass muslimische Lebenshaltungen auch in dieser Hinsicht von der Umgebung mitgeprägt werden, wie es die Umfragevergleiche zwischen der Türkei und Deutschland z. B. zur Frage gleichgeschlechtlicher Partnerschaften dokumentieren. Auch zeigen sich erhebliche Unterschiede zwischen den einzelnen Gemeinden, so dass eine Einschätzung allein aufgrund der Verbandsmitgliedschaft oft nicht die Realität treffen würde. Moscheevereine können sowohl eine positive, stabilisierende und kommunikationsoffene Politik verfolgen wie auch das Gegenteil – Selbstüberhöhung und Abgrenzung.[171]

Die insgesamt eher traditionelle Ausrichtung lässt sich auf mehrere Faktoren zurückführen. Bis in die 2010er-Jahre hinein bestand das Führungspersonal der Organisationen weitestgehend aus theologischen Laien, die ihre Aufgaben häufig ehrenamtlich neben ihrer Berufstätigkeit oder Ausbildung versehen. Es ist wenig überraschend, dass in einem Personenkreis, der zu erheblichen Teilen mit aktuellen theologischen Debatten wenig vertraut ist, eine Neigung zu «etablierten» Ansichten vorherrscht. Das entspricht auch den Erwartungen eines teilweise noch sehr traditionell denkenden Klientels innerhalb der Organisationen. Der Verfasser weiß aus einer Fülle von Gesprächen mit Repräsentanten verschiedener Vereinigungen, dass die Kooperation mit staatlichen Einrichtungen von nicht wenigen mit der Befürchtung betrachtet wird, man verwässere auf diesem Wege die eigene muslimische Identität. Unter Arabern und Afrikanern scheinen solche Bedenken oft im engeren Sinne religiös motiviert zu sein. Unter Türken dagegen zeigt sich ein verbreiteter und gelegentlich auch von interessierter nationalistischer Seite geschürter Verdacht, es werde eine verdeckte Germanisierung und Christianisierung betrieben.

Solche Entwicklungen und Ambivalenzen schlagen sich beispielhaft auf der Website des ZMD nieder: So findet sich dort einerseits eine Liste häufiger Fragen und Antworten, die sich in religionsrechtlichen Fragen wie Ehe oder Scheidung inhaltlich weitgehend auf den Erkenntnisstand des Mittelalters bezieht. So wird etwa die «Scheidung seitens des Mannes» (einseitige Verstoßung, sogenannter Talaq) in traditionalistischer Form erläutert, aber ohne Hinweis darauf, dass eine solche Scheidung in Deutschland rechtlich nicht möglich ist. Den Eheschließenden wird empfohlen, im (rechtlich möglichen) Ehevertrag «islamisches Erbrecht» zu vereinbaren, das in seiner traditionellen Form Frauen und Nichtmuslime benachteiligt. Auch hier werden zeitgenössische Debatten über den Sinn solcher Regelungen in einer säkularen Rechtsordnung mit keinem Wort erwähnt. Eheschließungen sollen dem Willen der Braut entsprechen; man löst sich aber nicht von der Vorstellung, dass ihr Vater oder Vormund die Eheschließung herbeiführen soll. Grenzwertig sind die Bemerkungen zur sexuellen Verweigerung in der Ehe, auch wenn Zwang ausdrücklich abgelehnt wird. Innovativ ist allerdings die Aussage, dass die aus traditioneller Sicht unwirksamen Ehen zwischen muslimischen Frauen und nichtmuslimischen Männern «auch im islamischen Sinne nicht als ungeschlossen betrachtet werden dürfen».[172] Zudem wurde eine ambitionierte Serie aufgelegt, in der Muslime und Nichtmuslime die wesentlichen Inhalte des Grundgesetzes erläutern.[173] Viele der auf der Website aufgeführten Aktivitäten zielen in diesem Sinne darauf ab, sich im Rahmen des deutschen Rechtssystems zu entfalten und sich aktiv zivilgesellschaftlich zu beteiligen.

In einer sehr vergröbernden Gesamtschau lässt sich gegenwärtig (2016) sagen, dass auch die Aktivitäten der deutschlandweit agierenden Dachorganisationen auf ein Engagement in der deutschen Zivilgesellschaft abzielen und die Anliegen gesellschaftlicher Integration weitgehend geteilt werden, dies alles indes – mit Ausnahme des alevitischen Spektrums und der maßgeblich von theologisch ausgebildeten Akademikern gegründeten Vereinigungen – unter Wahrung einer insgesamt eher traditionellen Religionskultur. Letzteres – insbesondere das verbreitete Festhalten an einem traditionellen Geschlechterrollenverständnis[174] – kann selbstverständlich Gegenstand innermuslimischer und gesamtgesellschaftlicher Debatten und Kritik sein. Auch die anderen Religions- und Weltanschauungsgemeinschaften müssen sich solcher Kritik stellen. Gelegentlich fällt indes auf, dass vehemente Religionskritiker sich vorzugsweise am Islam als Minderheitenreligion mit geringer gesamtgesellschaftlicher Reputation abarbeiten, dabei aber auch allgemeine religionsfeindliche Ressentiments pflegen. Aber auch manche Politiker, die ansonsten nicht als Vorkämpfer für Gleichstellung aufgefallen sind, entdecken zusehends ihr Herz für die Benachteiligung (muslimischer) Frauen. Wer mit der Gleichberechtigung Ernst machen möchte, wird Benachteiligungen in einer gesamtgesellschaftlichen Perspektive diskutieren und angehen müssen. Allerdings darf nicht verschwiegen werden, dass in manchen kulturell-religiös patriarchalisch geprägten Milieus Benachteiligungen deutlich stärker und systematischer stattfinden als in der Gesamtgesellschaft.

Es bedarf jedoch noch einer weiteren Differenzierung, was die anhaltende Dominanz der traditionellen Religionskultur angeht. In den Organisationen gibt es zwei modellhafte Strategien. Manche tendieren dazu, sich bewusst traditionsorientiert zu präsentieren, um breite Teile der traditionell denkenden, an zeitgenössischen theologischen Debatten wenig interessierten Gläubigen zunächst «mitzunehmen», um dann mittelfristig neuere Positionen zu etablieren. Andere zielen von vornherein auf die Dynamik innerhalb der muslimischen Bevölkerung ab und stellen sich traditionalistischen Auffassungen entgegen.

Dieses Spannungsfeld wurde durch die Kontroverse zwischen Vertretern der neu etablierten Hochschuleinrichtungen für islamische Theologie und Religionspädagogik und einem großen Teil prominenterer Verbandsvertreter besonders sichtbar. Zugespitzt formuliert zeigt sich hier ein Gegensatz zwischen der Erwartung einer «Erziehung zur Frömmigkeit» und dem Selbstverständnis der wissenschaftlichen Theologie, die Fragen nicht nur zulässt, sondern von ihnen lebt, und die die Formulierung und Einhaltung wissenschaftlicher Standards für unverzichtbar hält. «Islamwissenschaft» zu betreiben, gilt mittlerweile gar als Vorwurf gegenüber islamischen Theologen. Ein Wissenschaftler mit guten Verbindungen ins Gemeindeleben sagte bei einer Besprechung im Juni 2015: «Religion ist die letzte Bastion vieler, die sich nun durch die Einflussnahme von Universitäten gestört fühlen.» Zur selben Zeit sprach ein führender Organisationsvertreter von den

«Arbeiterfunktionären», die sich mit den Theologen und ihren Arbeitsweisen schwertäten. So wird denn den Universitäten das Feld auch nicht in Gänze überlassen. DİTİB beispielsweise hat Förderprogramme und Bildungsveranstaltungen im Bereich von Seelsorge oder Religionspädagogik aufgelegt.[175] Andererseits wurde im Juli 2015 in Frankfurt am Main ein Fachverband für islamische Theologie gegründet (Deutsche Gesellschaft für isla-misch-theologische Studien, DEGITS).[176] Er hat es sich unter an-derem zur Aufgabe gemacht, für die an deutschen Universitäten entstehende islamische Theologie wissenschaftliche Standards zu entwickeln, die den Anforderungen akademischer Arbeit in Deutschland entsprechen. An der Gründung beteiligten sich mus-limische Wissenschaftler der Universitätsstandorte Hamburg, Os-nabrück, Münster, Gießen, Frankfurt am Main, Erlangen-Nürn-berg und Tübingen.

Es bedarf keiner prophetischen Gaben, um prognostizieren zu können, dass solche Auseinandersetzungen auch in den kommen-den Jahren fortdauern werden. Auch zwischen den Großkirchen und deren universitären Theologen ist die Kooperation ja nicht durchweg konfliktfrei, wie es diverse Lehrzuchtverfahren belegen. Vielleicht gelingt es im muslimischen Spektrum ebenfalls, ein Ver-hältnis herzustellen, das unter christlichen Theologen als «pro-duktives Spannungsverhältnis» beschrieben wird (vgl. zu alledem S. 289 ff.).

Der Umgang mit der großen Binnenvielfalt von Organisationen in der muslimischen Bevölkerung ist disparat und oft von einer Kommunikationskultur geprägt, die offene kontroverse Debatten scheut. Interne Auseinandersetzungen werden gelegentlich in ei-ner Atmosphäre der «Schamkultur» verschwiegen oder ganz ver-mieden, weil öffentlicher Disput als Ehrverlust gedeutet und deshalb vermieden wird. Dass in islamischer Tradition Meinungs-vielfalt als «Gnade» gilt[177] und produktiv genutzt werden kann, scheint sich erst allmählich durchzusetzen.

Konfessionelle Konflikte, die in muslimischen Mehrheitsgesell-schaften über Jahrhunderte hinweg oft mit Vehemenz ausgetragen

wurden, bilden sich teilweise auch in Deutschland ab. Das gilt
allerdings kaum für das traumatische Schisma zwischen Sunniten
und Schiiten. Die Ahmadiyya wird indes von der sunnitischen
Mehrheit weitgehend als häretisch abgelehnt. Ein häufiger öffentlicher Schlagabtausch ist zwischen alevitischen und türkisch-
sunnitischen Organisationen zu verzeichnen. Die Positionierung
zu Fragen der Religion und dem Leben in Deutschland weist dabei einen meist unausgesprochenen Subtext auf: die langwährende
Unterdrückung des Alevitentums durch den sunnitischen Mainstream in der Türkei. So versuchen manche, sich entlang der Un-
terscheidungslinie von «demokratisch» («nur unser Islam ist de-
mokratiekompatibel») bzw. «authentisch» («nur wir vertreten
den richtigen Islam») zu profilieren, auch mit Blick auf die Wirkung in der deutschen Öffentlichkeit. Notwendige Differenzierun-
gen bleiben dabei auf der Strecke.

Auch die teilweise massiven inner-muslimischen Gegensätze
sind einem steten Wandel unterworfen. Die im Gang befindliche
Herausbildung einer verfestigten Organisationslandschaft ist mit
Reibereien und Konflikten verbunden, die die Kooperation mit
staatlichen oder zivilgesellschaftlichen Einrichtungen gelegentlich
deutlich erschweren. Es bilden sich jedoch auch Zweckallianzen
unterschiedlichster Art, z. B. zur Realisierung islamischen Religionsunterrichts. Selbst die vom Mehrheitsislam theologisch vehement abgelehnten Ahmadis finden vereinzelt solidarisierende
Unterstützung, wenn sie von Islamgegnern als Muslime wahrgenommen und attackiert werden, wie etwa im Zusammenhang mit
der Errichtung der repräsentativen Moschee inmitten einer städtebaulichen Wüstenlandschaft in Berlin-Pankow 2006.[178] Ein bahn-
brechendes Novum war die von acht großen muslimischen Vereinigungen unter Einschluss der Ahmadiyya Muslim Jamaat
verabschiedete gemeinsame Erklärung, die sich anlässlich der islamistischen Terrorattacken in Paris am 13. November 2015 scharf
gegen den Missbrauch des Islam wandte.[179]

Insgesamt ist festzustellen, dass die bisherige Forschung sich
sehr stark auf Fragen der Organisation konzentriert hat, während

der innermuslimische Diskurs und die Vielfalt religiöser Praxis unter den Bedingungen des Lebens in Deutschland und Europa über schmalere Einzelstudien hinaus noch vergleichsweise wenig erforscht sind.[180] Eine Ausnahme bildet die Beschäftigung mit extremistischen Positionen und ihre Einordnung im Rahmen des Sicherheitsdiskurses seit dem 11. September 2001.

V. Muslimischer Extremismus

Seit einigen Jahrzehnten sind extremistische Gruppen und Personen weltweit in Erscheinung getreten, die unter Berufung auf den Islam (und dessen sehr eigenwillige Interpretation) politische Herrschaftsansprüche formulierten und dies vereinzelt auch gewalttätig durchzusetzen versuchten. In Deutschland erlangte aus diesem Spektrum vor allem der sogenannte «Kalifatsstaat» (Hilavet Devleti) Bekanntheit, der mittlerweile verboten wurde. Metin Kaplan, der Sohn des Gründers Cemalettin Kaplan («Kalif von Köln»), wurde wegen eines 1996 veröffentlichten Mordaufrufs gegen einen politischen Gegner, der dann getötet wurde, strafrechtlich verfolgt und nach langen juristischen Prozeduren 2004 in die Türkei abgeschoben. Sein «Kalifat» beschränkt sich auf eine türkische Gefängniszelle.[181] Einige Aktivitäten, vor allem unter jüngeren muslimischen Intellektuellen, entfaltete zudem die sogenannte Hizb al-Tahrir.[182] Ihre Tätigkeit wurde 2002 in Deutschland verboten, in Österreich und in Großbritannien scheint sie weiterhin aktiv zu sein; zudem unterhält sie eine Internetpräsenz.

Erste Studien über religiös-extremistische Haltungen von Muslimen in Deutschland datieren aus den frühen 1990er-Jahren.[183] Die 1996 veröffentlichten Untersuchungen Hockers unter türkischen Jugendlichen in Köln machen deutlich, dass auch in extremnationalistischen Gruppierungen wie den «Grauen Wölfen» (Bozkurtlar) der Islam als identitätsstiftend angesehen wird, entsprechend der Aussage des Gründers Alparslan Türkeş, wonach «das Türkentum unser Körper, der Islam unsere Seele» ist.[184] Mit dieser Ideologie, die in der innertürkischen Debatte ethnische Gruppen wie die Kurden sowie Religionen wie Judentum und Christentum ausgrenzt, gelangen auch innertürkische Konflikte nach Deutschland. Umso wichtiger ist es, Menschen nicht zwischen den Mühlsteinen einer vereinnahmenden Identitätskonkurrenz zu zerreiben. Nur selten wird die Zuordnung zu einem bestimmten Identitätsaspekt – z. B. die Staatsangehörigkeit – bedeutsam, und auch insofern ist Mehrfachstaatsangehörigkeit mittlerweile zum Alltagsphänomen geworden.

Im Jahr 1997 erschien eine Studie mit dem Titel «Verlockender Fundamentalismus», die sich mit türkischen Jugendlichen in Deutschland befasste.[185] Der Begriff des Fundamentalismus hat sich allerdings als schief und zu breit angelegt erwiesen, um die Phänomene des religiös begründeten Extremismus und der politisierten Religion adäquat erfassen zu können.

In westlichen Staaten wurde vor allem der 11. September 2001 zum Fanal, der eine teils sehr sachorientierte, teils aber auch polemisch-feindselige Beschäftigung mit dem Islam und seinen extremistischen Rändern ausgelöst hat. Sicherheitsaspekte stehen seither deutlich im Vordergrund, was die Debatte mit Muslimen im Alltag und deren Position in der Gesamtgesellschaft belastet.

Für den muslimischen Extremismus hat sich in der öffentlichen Debatte und auch in der Wissenschaft seit den 1990er-Jahren der Begriff des «Islamismus» etabliert.[186] Manche Muslime lehnen ihn ab, weil dadurch ohne Parallele mit anderen Glaubenslehren eine Verbindung zwischen ihrer Religion und Extremismus/Gewalt hergestellt werde. Bei großem Respekt für das damit verfolgte Anliegen ist der Terminus meines Erachtens jedoch hilfreich, weil und soweit er in einem Umfeld verbreiteten Misstrauens die friedliche Ausübung der Religion deutlich von ihrem nicht zu duldenden politischen Missbrauch unterscheidet, der sich allerdings auf die (eigenwillig verstandene) Religion des Islam stützt. Bemerkenswert ist, dass nicht zuletzt Verfassungsschutzbehörden diese Unterscheidung sehr deutlich hervorheben und betonen, dass der

Islam als Religion und die übergroße Mehrheit von Muslimen gerade nicht als Bedrohung oder Verdachtsfall angesehen werden, während Islamhasser genau diese Verbindung herstellen wollen.[187] Eine praktikable Lösung könnte darin bestehen, einerseits am etablierten Begriff festzuhalten, ihn aber in der konkreten Alltags- und Projektarbeit durch allseits akzeptierte Formulierungen wie «religiös begründeter Extremismus» zu ersetzen.[188]

Charakteristisch für das Religionsverständnis des Islamismus ist sein allumfassender politischer und sozialer Herrschaftsanspruch. Der islamistische Staat muss aus solcher Sicht gänzlich vom Normensystem der Scharia durchdrungen sein, über das die Islamisten selbst eine alleinige Interpretationshoheit beanspruchen. In der Konsequenz wird die Gleichberechtigung der Geschlechter und Religionen abgelehnt – im Gegensatz zur deutlichen Mehrheitsmeinung unter den Muslimen in Deutschland.[189] Menschenrechte werden als westliche Erfindung abgetan, mit deren Hilfe man andere Kulturen beherrschen wolle. Daneben wird das freiheitliche gesellschaftliche Leben in Deutschland und in westlichen Staaten verworfen, die nichtmuslimische Mehrheitsgesellschaft pauschal abgewertet.[190]

Mit dem politischen oder gewaltbereiten Salafismus hat sich seit den 1990er-Jahren in Deutschland[191] eine spezifische Form des islamistischen Extremismus herausgebildet. Was heißt heute Salafismus? Mit der fast gleichnamigen (salafitischen) Reformbewegung des 19. Jahrhunderts, die vor allem nach der Vereinbarung von Islam und Moderne suchte, hat er nur noch den Namen gemein.[192] Deshalb spricht man besser vom Neo-Salafismus.[193] Aus religionswissenschaftlicher Sicht verbirgt sich dahinter eine Fülle unterschiedlicher Haltungen, die sorgfältiger Aufarbeitung bedarf. Für das friedliche gesellschaftliche Zusammenleben ist jedoch ein anderer Blickwinkel entscheidend: Akzeptieren Neo-Salafisten die für alle geltenden rechtlichen Rahmenbedingungen oder arbeiten sie politisch oder sogar gewalttätig gegen sie?

Hierbei lassen sich drei unterschiedliche Ausprägungen des Salafismus feststellen, bei denen es fließende Übergänge gibt. So findet sich eine puristisch/pietistische Richtung, die keinen politischen Machtanspruch erhebt, sondern sich darauf beschränkt, in der täglichen Lebensführung möglichst dem Vorbild Muhammads und der frühen islamischen Gemeinde nachzueifern, bis hin zu Haar- und Barttracht (Oberlippenbart gestutzt, Kinnbart lang). Frauen tragen gelegentlich eine Gesichtsverhüllung (Niqab). Solche Salafisten lehnen Gewalt und politischen Aktivismus ab. Daneben finden sich Gruppierungen, die auch einen politischen Machtanspruch erheben, «menschengemachte» Gesetze ablehnen und eine offensiv abwertende und feindselige Haltung gegenüber Nichtmuslimen pflegen, aber auch gegenüber Muslimen, die ihre Haltung nicht teilen und die sie oft für Ungläubige erklären (Takfir). Schließlich sind einzelne Personen und Grüppchen bereit, zur Durchsetzung ihrer Ziele auch Gewalt anzuwenden. Sie werden mittlerweile häufig als «Dschihadisten» bezeichnet.[194] Daran trifft zu, dass sie sich selbst als Kämpfer in einem Dschihad verstehen, der in traditionellen Interpretationen auch als expansiver Angriffskrieg gedeutet wird. Allerdings wird damit das Dschihad-Verständnis der übergroßen Mehrheit der Muslime seit zweihundert Jahren konterkariert, das den Dschihad nur als Instrument der Verteidigung gegen Angriffe und als Notwendigkeit der inneren Läuterung deutet.[195] Deshalb wird hier die Gewaltbereitschaft terminologisch in den Mittelpunkt gerückt.

Charakteristisch für die Ideologie des politischen und gewaltbereiten Salafismus sind mit Olaf Farschid[196] die Ablehnung des demokratischen Rechtsstaats, eine politisch verstandene Gottesherrschaft, insbesondere die Ablehnung politischer Parteien und der Teilnahme an Wahlen, Vorrang der gottgegebenen Normenordnung vor staatlichem Recht, Ablehnung der Gleichberechtigung der Geschlechter und der Religionen und häufig auch Antisemitismus. Mehrere Ministerien und Verwaltungen haben weiteres, leicht verständliches und zugängliches Informationsmaterial erstellt.[197]

Die drei genannten Richtungen eint allerdings der Anspruch, allein den Zugang zur Wahrheit zu haben. Hauptgegner sind oft

Muslime, die dieser Anmaßung entgegentreten, aber auch die Angehörigen anderer Religionen und Weltanschauungen, die als «Ungläubige» beschimpft werden. Weiterhin ist ein Markenzeichen des Salafismus eine obsessive Geschlechtertrennung. Geistig-religiöse Wurzeln findet diese Intoleranz im Wahhabismus, der sich im 18. Jahrhundert mit der arabischen Herrscherfamilie al-Saud verbündete. Dieser Wahhabismus steht im heutigen Königreich Saudi-Arabien für eine Religionspolitik, die zu Recht als der Nährboden des Terrors bezeichnet wird, wenngleich sich dieser Terror mittlerweile auch gegen Saudi-Arabien wendet.[198]

Der Neo-Salafismus findet insbesondere unter jungen Menschen Resonanz, während viele der etablierten Organisationen über abnehmende Anziehungskraft gerade bei Jugendlichen klagen. Teils ist die noch deutliche ethnisch-exklusive Bindung Ursache hierfür, teils aber auch die Internationalisierung des islamistischen Spektrums über das Internet und andere überlokale Kontaktformen. Zudem scheinen hermetische Organisationen oder charismatische Einzelpersonen aus dem neo-salafistischen Spektrum besondere Anziehungskraft zu entfalten: Sie liefern schlichten Gemütern einfache Wahrheiten ohne mühsame theologische Reflexion[199] und alltägliche Vereinsarbeit und zielen – auch im Sinne von Sozialarbeit – auf meist junge Menschen in persönlicher Instabilität, «verlorene Seelen», Sinnsucher oder sozial Unterprivilegierte.[200] Wer sich ihrer Ideologie verschreibt, hat Ansehen unabhängig von Bildungsstand, Vermögen oder Herkunft. Lamya Kaddor hat solchen Menschen in ihrem Buch «Zum Töten bereit»[201] ein Gesicht gegeben.

Halt vermittelt eine teilweise ins Groteske gesteigerte, jede Einzelheit islamisierende Lebensführung im Alltag nach dem (konstruierten) Modell der islamischen Urgemeinde in Medina. Das gilt auch für Frauen, die sich in zunehmender Zahl von der salafistischen Ideologie angezogen fühlen. Kennzeichnend ist zudem ein grundlegendes Freund-Feind-Schema, das Loyalität innerhalb der Gruppe fordert und sich von allen anderen Kontexten lossagt (Doktrin von al-wala' wal-bara', Loyalität und Lossagung).

Der Zugang zur Religion beruht auf einer «Angstpädagogik» mit dem Bild eines strafenden Gottes und permanenten Drohungen mit der Hölle, aber auch Verheißungen des Paradieses. Besonders empfänglich für solche «Pädagogik» sind – weit über das salafistische Spektrum hinaus – junge Leute, die in patriarchalischen, gewaltorientierten Familienstrukturen erzogen wurden.[202] Auch die rigide Sexualmoral, die in solchen Familien vorherrscht, schafft einen Anreiz, sich in das salafistische Spektrum zu begeben: Dort besteht anders als in den meisten anderen muslimischen Organisationen und Moscheevereinen die Bereitschaft, rein religiöse Eheschließungen zu attestieren,[203] während die Vorbereitung einer Zivilehe angesichts familiärer Erwartungen lange Zeit in Anspruch nehmen kann. Die Radikalisierung verläuft nach bisherigen Erkenntnissen meist über radikale Prediger und Aktivisten, das persönliche Umfeld sowie das Internet.

Soweit auf theologische Referenzen zurückgegriffen wird, erfolgt die Wahrnehmung neben dem allgegenwärtigen Internet («Scheich Google»)[204] über extremistische Autodidakten wie z. B. Bilal Philips, Ibrahim Abou Nagie, Pierre Vogel oder Sven Lau. Typisch für diesen Personenkreis ist der 1964 im Gazastreifen geborene Abou Nagie, der zum Studium nach Deutschland eingereist ist, dieses aber nicht abgeschlossen hat. Sein Unternehmen endete nach einer verweigerten Steuernachzahlung in der Insolvenz. Mit seiner Organisation «Die wahre Religion» betreibt er in vielen Städten die Koranverteilungsaktion «Lies», bei der nach Beobachtungen der Sicherheitsbehörden auch Nachwuchs für den politischen Salafismus angeworben wird. Nach Erkenntnissen des Bundesamts für Verfassungsschutz haben an der Verteilungsaktion Beteiligte später auch an den Kämpfen in Syrien teilgenommen.[205] Der Annahme von Hartz IV-Leistungen, überwiegend von «Ungläubigen» finanziert, scheint Abou Nagies Ideologie nicht entgegenzustehen. In Köln wurde er erstinstanzlich wegen Sozialhilfebetrugs zu einer Haftstrafe verurteilt.[206]

Der Empfängerhorizont und die darauf eingestellte intellektuelle Sprunghöhe wird auf einem einschlägigen Blog in Bezug auf

Pierre Vogel so beschrieben: «nich alle sind akademiker, also muss man das niveau niedrig wie der von pierre vogel den leuten angepasst werden.»[207] Ein vom OLG München zu dreieinhalb Jahren Haft verurteilter einundzwanzigjähriger Salafist bezog sich als Erklärung für seine Radikalisierung unter anderem auf Internetvideos von Vogel oder dem Ex-Rapper «Deso Dogg» Cuspert. Die religiöse Grundbildung des Angeklagten war überschaubar; das Fest des Fastenbrechens am Ende des Monats Ramadan war ihm nach einem Prozessbericht nicht geläufig.[208]

Ebenfalls rezipiert werden die massenhaft verbreiteten Schriften hochrangiger saudi-arabischer Gelehrter wie der früheren Großmuftis Ibn Baz und Uthaimin,[209] was angesichts des ebenso intoleranten wie arroganten gegenwärtigen Wahhabismus,[210] den sie repräsentieren, nicht überraschen kann. Dasselbe gilt für saudische radikale Prediger wie Muhammad al-Arifi, Professor an der König-Fahd-Universität in Riyadh und Schüler von Ibn Baz, der mittlerweile mit einem Einreiseverbot belegt wurde.[211] Die salafistische Website «Islamothek», die den erwähnten Braunschweiger Aktivisten Ciftci preist, will durch Online-Lernangebote «den authentischen Islam, wie er an der islamischen Universität in Medina gelehrt wird», verbreiten.[212] Die einschlägigen Bemühungen aus Saudi-Arabien und anderen Golfstaaten gehen bis in die 1960er-Jahre zurück[213] und wurden lange Zeit aus außen- und wirtschaftspolitischen Gründen weitgehend ignoriert. Die Appelle zu scharfer Abgrenzung von der nichtmuslimischen Umwelt, die stark anti-westliche und anti-christliche Ausrichtung sowie die Feindseligkeit gegenüber Schiiten und liberal denkenden Muslimen[214] sind gewiss kein Beitrag zum Dialog der Religionen und Kulturen, sondern Instrumente zu seiner Verhinderung.

Zugleich kann die Attraktivität des Salafismus gerade für jüngere Muslime auch als Ausdruck eines Generationenkonflikts gesehen werden: Während die erste Einwanderergeneration in erheblichem Umfang die sprachlich-ethnischen und kulturellen Prägungen ihrer Religion in den Vordergrund rückt («arabische, türkische, albanische etc. Moschee»), bildet unabhängig von solchen Faktoren im Salafismus die im Alltag ausgeformte «richtige» Glaubenspraxis das einigende Band. Salafisten kommunizieren weitgehend auf Deutsch und erreichen damit viele jüngere Menschen, insbesondere über ihre ausgeprägten Aktivitäten in den sozialen Medien. Sehr geschickt wird beispielsweise mit Schockbildern von toten Kindern gearbeitet, oder aber es werden Tweets bei Champions-League-Spielen mit dem Inhalt «die verdienen alle zu viel» gesendet, die dann zu weiterer Kommunikation einladen.[215] Kinder und Jugendliche werden über soziale Angebote angesprochen, wie etwa in Mönchengladbach durch Training in Kampfsportarten.[216] Junge Flüchtlinge werden zu Friseurbesuchen oder in Smartphoneläden geführt, um Vertrauen aufzubauen,[217] oder durch Geschenke angelockt.[218] Im Sinne einer jugendlichen Protestkultur («Burka ist der neue Punk»)[219] kann und will man provozieren, indem das Gesicht verhüllt wird oder traditionelle Gewänder getragen werden.

Besonders schlichte, tatendurstige Gemüter lassen sich auch aus Abenteuerlust anziehen. Meist ist dies verbunden mit anscheinend attraktiven Versprechungen («vier Frauen, teure Autos»),[220] die ansonsten unerreichbar erscheinen. Ein Beispiel hierfür ist ein junger Deutsch-Tunesier aus Wolfsburg, dessen Interessen sich von «Fußball und Alkohol» (so seine Angehörigen) unter dem Einfluss eines extremistischen Predigers in Richtung radikalisierter Islam wendeten. Die besorgte Familie hatte sich vor seiner Ausreise nach Syrien anscheinend ergebnislos mit Hinweisen auf einen IS-Anwerber an staatliche Stellen gewandt. Für Personen dieses Schlages bieten der «Islamische Staat» oder andere Terrororganisationen in Syrien und andernorts eine neue Mischform von Fremdenlegion und internationaler organisierter Kriminalität. Bei manchen tritt allerdings schnell Ernüchterung ein, so offenbar auch bei dem erwähnten Wolfsburger.[221]

Neben den meist in der Person der Beteiligten liegenden Voraussetzungen für eine Radikalisierung können darüber hinaus Diskriminierungserfahrungen oder Ungerechtigkeiten gegen Muslime in der Welt Auslöser sein, seien es militärische Interventionen oder Terrorregime wie das syrische. In dieser Hinsicht grassieren neben tatsächlich kritikwürdigen Verhältnissen auch blühende Verschwörungstheorien mit plump anti-westlicher Propaganda. Sherko Fatah hat die Beeinflussung eines jungen, orientierungslosen Mannes auf seinem Weg zum islamistischen Kämpfer und dessen Gedankenwelt in seinem Roman «Das dunkle Schiff» aus dem Jahr 2008 eindrucksvoll literarisch gefasst.

Regionale Schwerpunkte des politischen und des gewaltbereiten Neo-Salafismus liegen in Berlin, Nordrhein-Westfalen (z. B. Bonn, Solingen, Mönchengladbach, Wuppertal, Dinslaken), dem Rhein-Main-Gebiet, insbesondere Frankfurt, und in Niedersachsen (Hannover, Hildesheim, Wolfsburg). Die Strukturen sind weitgehend dezentral. Manche Moscheen – meist eher kleine – lassen sich dem salafistischen Spektrum zuordnen. Wohl häufiger sind kleine Gruppen, die sich oft außerhalb von Moscheen in Privaträumen treffen. In Moscheen erhalten sie nicht selten Hausverbot, nicht nur wegen extremistischer Ansichten, sondern auch wegen ihrer glaubensinternen Unduldsamkeit z. B. im Hinblick auf verbreitete Praktiken wie etwa die Verrichtung des Gebets für Abwesende, was sie als «Ketzerei» (bid'a) abtun. Besonders nachgefragte Prediger reisen durchs Land oder werden über Internetauftritte rezipiert.

In den vergangenen Jahren gab es in Deutschland mehrere terroristische Anschläge und Anschlagsversuche aus dem gewalttätigen islamistischen Spektrum unterschiedlicher Herkunft. 2006 deponierte ein wegen der Muhammad-Karikaturen aufgebrachter Krimineller zwei Rohrbomben in Regionalzügen im Kölner Hauptbahnhof. Die Terroristen der in Pakistan bei der Islamischen Jihad Union ausgebildeten «Sauerland-Gruppe» bereiteten 2007 Autobomben-Anschläge vor. Im März 2011 ermordete ein durch Internet-Videos radikalisierter Attentäter am Frankfurter Flughafen zwei US-Soldaten und verletzte einen weiteren schwer. Im selben Jahr wurden die Mitglieder der «Düsseldorfer Zelle» verhaftet, die ebenfalls Anschläge geplant hatten. 2012 kam es durch Angehörige der mittlerweile verbotenen extremistischen

Gruppierung «Millatu Ibrahim» bei gewalttätigen Demonstrationen in Bonn und in Solingen zu Krawallen, bei denen Polizisten teilweise schwer verletzt wurden. Videos dieser Organisation sollen die Radikalisierung von «Dschihadisten» aus Dinslaken befördert haben.[222] Ihre Nachfolgeorganisation Tauhid Germany wurde im März 2015 verboten, ebenso die Organisation DawaFFM, deren Vertreter unter anderem die Gewalttaten öffentlich gebilligt hatten.[223] Eine Reaktion aus einschlägigen Kreisen auf Twitter: «An den Affen de Maizière de Khanzir:[224] Dein ‹klares Signal› ist angekommen, und die Antwort wird inschallah folgen. O Schoßhund der Juden.»[225]

Ebenfalls 2012 wurde im Bonner Hauptbahnhof Sprengstoff gefunden, der mutmaßlich[226] von Tätern mit islamistischem Hintergrund dort deponiert worden war. 2013 verübten wohl teils dieselben islamistischen Täter einen Anschlag auf einen rechtsradikalen Politiker der islamfeindlichen Gruppierung Pro NRW. Im Jahr 2015 ermittelte die Bundesanwaltschaft in 136 Verfahren gegen 199 Beschuldigte wegen islamistischer, überwiegend in Syrien und im Irak begangener Straftaten; 2014 waren es 42 Verfahren mit 80 Beschuldigten. Die sieben ergangenen Urteile betrafen Straftaten von der Unterstützung einer ausländischen terroristischen Vereinigung bis hin zum versuchten Mord.[227] Bereits 2014 wurde ein junger Mann, der für den «Islamischen Staat» in Syrien gekämpft hatte, zu einer mehrjährigen Haftstrafe verurteilt. In Frankfurt a. M. als Sohn kosovarischer Immigranten geboren, spielte er in einem jüdischen Fußballverein mit, verstrickte sich dann in Kleinkriminalität und wurde schließlich in einer Gruppe junger Männer radikalisiert. Das Gericht lobte seine Familie für ihre durchweg vernünftige und umsichtige Kooperation.[228] Anfang 2016 wurde die Zahl der Salafisten in Deutschland auf über 8000 geschätzt, mit steigender Tendenz.

Einer unpublizierten Studie des Bundeskriminalamts aus dem Jahr 2014 zufolge sollen unter den 378 deutschen Dschihadisten, die bis Ende Juni 2014 nach Syrien ausgereist sind, 249 zuvor kriminell in Erscheinung getreten sein, meist mit Gewalt-, Eigentums- und Drogendelikten. Die wichtigsten Kontexte der Radikalisierung waren danach Freunde (30%), salafistische Moscheen (23%) und Internetpropaganda (18%).[229] Einem internen Bericht des BMI vom Januar 2016 ist zu entnehmen, dass seit 2012 ca. 850 Dschihadisten aus Deutschland in die Kampfgebiete Syriens und des Irak ausgereist seien, davon seien ca. 300 kampferprobt und völlig verroht wieder zurückgekehrt.

Inländischer und ausländischer Extremismus und Dschihadismus lassen sich nicht trennen. Schon die Bezeichnung der Extremistengruppe «Millatu Ibrahim» schlägt den Bogen zum internationalen Dschihadismus. In pervertierter Anspielung auf Abraham und seine Getreuen, die im Koran (Sure 60, Vers 4) genannt werden, bezieht sich der Gruppenname auf die gleichnamige zentrale Schrift des ideologischen Vordenkers von al-Qa'ida Issam al-Barqawi alias Abu Muhammad al-Maqdisi, dem Mentor des jordanischen Kleinkriminellen und späteren al-Qa'ida-Anführers im Irak Ahmad al-Chalaila alias Abu Mus'ab al-Zarqawi.[230] Beispielhaft für enge Verbindungen steht der Berliner Denis Cuspert, ein aus eher schwierigen Verhältnissen stammender, sozial desorientierter Kleinkrimineller und mäßig erfolgreicher Rapper («Deso Dogg»), der sich als Mittzwanziger radikalisierte und Mitglied der oben genannten Extremistengruppe «Millatu Ibrahim» wurde. Um 2014 reiste er nach Syrien, schloss sich der Terrororganisation «Islamischer Staat» an und verbreitete von dort offenbar auch in Deutschland wirkungsvolle, von ausgesuchter Brutalität gekennzeichnete Internetpropaganda,[231] in der er zu Gewaltaktionen aufrief.[232] Für die Hasspropaganda genutzt wird dabei u. a. ein populäres, eingängiges musikalisches Muster.[233]

Im Oktober 2015 wurde Cuspert angeblich in Syrien getötet. Institutionen wie die Bundeszentrale für politische Bildung versuchen seit Herbst 2015, das für derartige Propaganda anfällige Publikum durch Aufklärungsarbeit in Zusammenarbeit mit «You Tube Stars» wie LeFloid oder Hatice Schmidt zu erreichen.

Andere Facetten des «Konfliktimports» ergeben sich aus ethnisch, religiös oder kulturell begründeten Konflikten aus den Her-

kunftsregionen von Zuwanderern. Die jahrzehntelange Unterdrückung der Kurden in der Türkei und der lange Bürgerkrieg im
Osten des Landes haben immer wieder zu Spannungen und
Gewalttaten zwischen Kurden und türkischen Nationalisten geführt. In jüngerer Zeit haben Salafisten, die den sogenannten Islamischen Staat unterstützen, in unglaublicher Dreistigkeit religiöse und ethnische Minderheiten wie Yeziden und Kurden
angegriffen, so etwa in Herford und in Hamburg im Jahr 2014.[234]
Kurdische Yeziden und Muslime verübten 2014 einen Brandan-
schlag auf eine vermeintlich salafistische Moschee in Bad Salz-
uflen, um den dort verkehrenden Salafisten «einen Denkzettel zu
verpassen».

Selbstverständlich sind politische Konflikte angesichts einer oft
unfriedlichen Vergangenheit in den Herkunftsländern kaum zu
vermeiden und auch im Inland zulässig, jedoch nur in friedlicher
Debatte und Auseinandersetzung. Es ist im Interesse aller Beteiligten mehr als wünschenswert, das Zusammenleben in Deutschland
als Chance für eine friedliche Neuordnung der Verhältnisse zu
begreifen und sich dem Konsens des Lebens in einem freiheitlichen demokratischen Rechtsstaat anzuschließen. Das gilt auch
für deutschstämmige und andere Migranten aus der früheren Sowjetunion, die im Zuge der Flüchtlingszuwanderung mit Fehl-
meldungen wie der angeblichen Vergewaltigung einer 13-Jährigen
in Berlin, einem Schweinefleischverbot in deutschen Restaurants
und anderer Propaganda aus Russland verunsichert und gegen
muslimische Flüchtlinge und die deutsche Regierung aufgebracht
werden.[235]

Neben der Bekämpfung akuter extremistischer Straftaten und
der Bestrafung der Täter ist Prävention entscheidend. Man wird
nicht alle potentiellen Extremisten damit erreichen können, aber
doch mit adäquaten Maßnahmen das unentschlossene Umfeld ab-
halten oder re-integrieren können. Dabei ist an der Vielzahl verschiedener – manchmal zusammenfallender – Motive anzuknüp-
fen, von individuellem Scheitern und Orientierungslosigkeit über
Diskriminierungserfahrungen und Wünschen nach Hilfe für Un-

terdrückte bis hin zu ideologischer Indoktrination oder brutalisierter Abenteuerlust.

Mehrere Behörden haben Broschüren herausgegeben, die sich insbesondere der Extremismusprävention widmen.[236] Der einschlägig tätige Berliner Verein ufuq.de hat 2015 eine umfangreiche Handreichung mit dem Titel «Protest, Provokation oder Propaganda» vorgelegt. Vom Bundesamt für Migration und Flüchtlinge wurden mehrere Kooperationsprojekte ins Leben gerufen, so mit dem seit 2001 bestehenden Violence Prevention Network,[237] mit dem Projekt Hayat in Berlin[238] und dem Netzwerk kitab in Bremen[239] in Gestalt von Hotlines für besorgte Angehörige und andere Personen. Die Nachfrage steigt stark: In den ersten sechs Monaten des Jahres 2015 wurden 451 Anrufe von Eltern, Lehrern, Freunden oder Mitgliedern von Sportvereinen verzeichnet, 266 mehr als im gleichen Vorjahreszeitraum.[240] Daraus resultierten 188 Beratungsfälle (74 im gleichen Vorjahreszeitraum). Insgesamt wurden (Stand Dezember 2015) mehr als 2000 Anrufe bearbeitet, davon waren ca. zwei Drittel themenrelevant, zudem ca. 330 E-Mails, und ca. 800 Beratungsfälle wurden teils über Jahre hinweg fortgeführt. Schwerpunkte lagen in Nordrhein-Westfalen, Hessen, Berlin und Hamburg.[241] In den Bundesländern wurden weitere Initiativen ergriffen, so in Nordrhein-Westfalen mit dem Programm «Wegweiser»,[242] in Bayern 2015 mit einer Fachstelle von Ufuq.[243]

Unverzichtbar ist zudem eine inhaltliche Auseinandersetzung mit der tragenden Geisteshaltung/Islaminterpretation. Dies kann nicht ausschließlich, aber muss doch vorwiegend aus dem muslimischen Spektrum heraus erfolgen.

Zu gelungener Prävention zählen nicht zuletzt besonnene rechtsstaatliche Reaktionen auf neo-salafistische Provokationen. Überreaktionen ohne tragfähige Rechtsgründe tragen ebenso zur Selbstbestätigung und Rekrutierung weiterer Aktivisten bei wie allzu große mediale und politische Beachtung.

Schon bald nach dem 11. September 2001 wurden «Dialoginitiativen» zwischen staatlichen Stellen, insbesondere Polizeibehörden, und muslimischen Vereinigungen ins Leben gerufen. Stand zunächst die unmittelbare Terrorismusbekämpfung im Vordergrund, so wandelte sich das Profil über die Jahre in Richtung vertrauensbildende Maßnahmen zur Kooperation und Extremismusprävention im persönlichen Kontakt. Beispielsweise sind in Rheinland-Pfalz 110 Polizeibeamte in den Kommunen als Kontaktpersonen zu muslimischen Organisationen vor Ort eingesetzt. Die Schura Rheinland-Pfalz, in welcher wie in anderen Bundesländern kleinere Organisationen unterschiedlicher ethnischer Prägungen zusammengefasst sind, hat 2014 eine Kooperationsvereinbarung mit dem Polizeipräsidium Mainz abgeschlossen. Die gemeinsamen Veranstaltungen decken eine Fülle von Problembereichen ab und beschränken sich nicht nur auf Fragen der Radikalisierung.[244]

Derartige Kooperationen sind nicht durchweg, aber doch zu erheblichen Teilen den Sorgen geschuldet, die die Attentate vom 11. September 2001 ausgelöst haben. Seitdem hat sich die Wahrnehmung muslimischer Menschen gewandelt, die zuvor eher aus dem Blickwinkel ihres ethnischen Hintergrunds («Türken») oder schlicht als «Ausländer» angesehen wurden, bisweilen auch dann, wenn sie Deutsche waren. Diese «Islamisierung der Muslime»[245] hat auch die Bedeutung religiöser Akteure gestärkt, von denen in vielerlei Hinsicht sozialpolitische Aktivitäten eingefordert und auch angeboten wurden und werden, nicht immer allerdings in hinreichender Professionalität. Deshalb ist es erforderlich, bei der Suche nach Kooperationspartnern auszuloten, welche Anliegen im Vordergrund stehen. Geht es um genuin religiöse Fragen, z. B. extremistische Auslegungen des Islam, dann sind gemäßigte religiöse Akteure primäre Ansprechpartner. Bei sozialen, psychologischen und anderen Schwerpunkten sollte zunächst an säkulare Akteure gedacht werden, die dafür ausgewiesen sind und über kulturelle Sensitivität verfügen. Ein Beispiel für engagierte und erfolgreiche Arbeit ist hier die Initiative «Aufbruch Neukölln» unter der Leitung des Psychologen und Soziologen Kazem Erdoğan.[246]

Im Umgang mit der Extremismusgefahr ist der Rechtsstaat auf-
gefordert, einerseits seine Grundlagen unbeirrt zu verteidigen, andererseits aber auch rechtsstaatliche Maßstäbe zu wahren. Nicht
alles, was anstößig oder verdächtig erscheint, kann sogleich verboten werden. Beispielsweise ist es grundsätzlich auch salafistischen Gruppen erlaubt, Koranexemplare in öffentlichen Aktionen
zu verschenken. Verbote ohne hinreichend konkreten Verdacht –
z. B. auf eine damit verbundene Rekrutierung von Personen für
verbotene Aktivitäten – sind nicht zulässig. Genauso sind allgemeine, nicht auf belastbare Fakten gestützte Verdachtsformulie-
rungen nicht ausreichend, um beispielsweise angemeldete Ver-
sammlungen zu verbieten, auch wenn dort Personen zweifelhafter
Reputation auftreten.[247] Das gilt für manche Salafistenprediger
ebenso wie für mehrfach kriminell in Erscheinung getretene Orga-
nisatoren islamfeindlicher Kundgebungen. Andererseits ist es erforderlich, keine rechtsfreien Räume entstehen zu lassen, in denen
sich gegen Staat und Gesellschaft gerichtete Gegenwelten etablieren können. Neben Strafverfolgung und Verboten extremistischer
Vereinigungen ist eine maßvolle, aber auch wachsame Beobachtung des Vorfelds unerlässlich. Wird diese Arbeit in ihren Zielen
transparent und entsprechend den rechtlichen Grundsätzen der
Verhältnismäßigkeit ausgeführt, wird sie auch unter Muslimen
viel Zustimmung und Unterstützung erfahren.

Fünfter Teil
Islamisches Leben und deutsches Recht

I. Staat und Religionen

In einem Jahrhunderte während Prozess hat sich die deutsche Religionsverfassung von einem seit der Reformation konfessionell strukturierten Staatskirchensystem hin zum religionsneutralen säkularen Staat entwickelt. Der säkulare Rechtsstaat hat sich als historisches Erfolgsmodell für Staat und Religionen gleichermaßen erwiesen. Frieden und Wohlstand scheinen auf seiner Grundlage am besten zu gedeihen. Gerade Deutschland hat in der Folge des nationalsozialistischen Terrorstaats und auch des DDR-Unrechtsregimes allen Anlass, sich eine an der Menschenwürde orientierte, freiheitliche, aber auch wehrhafte Ordnung zu geben. Die teils mit Unterstützung, teils aber auch gegen den erbitterten Widerstand von Religionsvertretern entstandene säkulare Trennung von Religion und staatlicher Machtausübung zählt zu den unverzichtbaren Grundlagen der staatlichen Ordnung. Keineswegs müssen hingegen Politik und Religion getrennt werden: Das religiöse Argument hat ebenso seinen Platz in der politischen Debatte. Das zeigt sich deutlich an parlamentarischen Anhörungen, in denen auch Religionsvertreter zu Wort kommen, wenn es um die Grundfragen menschlicher Existenz geht. In jüngerer Zeit sind zu solchen Gelegenheiten konsequent auch muslimische Vertreter eingeladen worden.

Im säkularen Rechtsstaat bestimmt in allen rechtlich relevanten Bereichen allein das staatliche Recht darüber, welche Normen in welchem Umfang und innerhalb welcher Grenzen durchgesetzt werden können. Auf dieser Stufe der Letztentscheidung ist das Recht einheitlich und nicht «multikulturell». Andererseits ist religiöse Vielfalt innerhalb dieser einheitlichen Ordnung in sehr weitreichendem Umfang möglich, teils auch erwünscht und sogar geboten. Säkularität ist also gerade nicht religionsfeindlich. Aus der Sicht des Rechts beschreibt sie nur die Trennung der Religion(en) von der Ausübung staatlicher Macht. Umgekehrt darf sich der säkulare Staat nicht in innerreligiöse Debatten einmischen oder sich religiöse Überzeugungen zu eigen machen. Daraus folgt zweierlei: Säkularität verlangt Neutralität des Staates gegenüber allen Religionen. Insofern gibt es aus rechtlicher Sicht auch keine «eigenen» und «fremden» Religionen. Zudem muss der säkulare Staat alle Religionen gleich behandeln (vgl. z.B. das Verbot der Bevorzugung oder Benachteiligung wegen des Glaubens in Art. 3 Abs. 3 und Art. 33 Abs. 3 GG).

Deutschland hat sich gegen eine streng laizistische und für eine religionsoffen-neutrale Säkularität entschieden, wie es z.B. Artt. 4 und 7 Abs. 3 Grundgesetz wie auch dem Religionsverfassungsrecht insgesamt[1] zu entnehmen ist. Das Bundesverfassungsgericht[2] hat hierfür folgende Formulierung gefunden:

> Die dem Staat gebotene religiös-weltanschauliche Neutralität ist indes nicht als eine distanzierende im Sinne einer strikten Trennung von Staat und Kirche, sondern als eine offene und übergreifende, die Glaubensfreiheit für alle Bekenntnisse gleichermaßen fordernde Haltung zu verstehen (...). Art. 4 Abs. 1 und 2 GG gebietet auch im positiven Sinn, den Raum für die aktive Betätigung der Glaubensüberzeugung und die Verwirklichung der autonomen Persönlichkeit auf weltanschaulich-religiösem Gebiet zu sichern (...).

Religion ist also keineswegs aus dem öffentlichen Raum verbannt; sie darf sichtbar werden, sich in die Debatte einmischen, ist wichtiger Bestandteil universitärer Forschung und Lehre und findet Raum auch im bekenntnisorientierten Religionsunterricht in den öffentlichen Schulen einiger deutscher Bundesländer oder in viel-

fältigen anderen Kooperationen zwischen Staat und Religionsgemeinschaften.

Das Maß an Trennung zwischen Staat und Religion entspricht
der historischen Entwicklung und breit verankerten Grundüber-
zeugungen, auf denen die jeweiligen gesetzlichen Regelungen aufbauen. In Frankreich herrscht seit über hundert Jahren eine vergleichsweise strenge Trennung (Laizismus), die sich aus einem
grundlegenden Misstrauen gegenüber dem früheren politisch-
sozialen Herrschaftsanspruch der römisch-katholischen Kirche
speist. Noch in der Gegenwart wird ein französischer Bildungsmi-
nister mit den Worten zitiert, man werde nie ein freies Land aufbauen können mit der katholischen Kirche, womit jedenfalls die
Entwicklung der letzten 50 Jahre seit dem II. Vatikanum souverän
ignoriert wird.[3] In Deutschland wird Religion hingegen seit Langem auch als eine sozial stabilisierende und werteschöpfende gesellschaftliche Ressource angesehen und im öffentlichen Raum
verankert; statt gedanklicher Konfrontation herrscht parallel zur
Sphärentrennung ein Verhältnis positiver Kooperation zwischen
Staat und Religionen. Wenn also Säkularität in vielen islamisch
geprägten Staaten weithin als Religionsfeindlichkeit aufgefasst
wird,[4] so zeigt sich darin ein grundlegendes Fehlverständnis der
tatsächlichen Verhältnisse.

Wird aber nicht doch das Christentum, vor allem in Gestalt der
christlichen Großkirchen, unzulässig bevorzugt? Diese immer
wieder geäußerte Vermutung trifft tatsächlich nicht zu. Zur Gerechtigkeit gehört auch, Ungleiches ungleich zu behandeln. Der
säkulare Rechtsstaat muss sich einerseits gegenüber allen Religionen und Weltanschauungen neutral verhalten und ihnen gleichberechtigte Möglichkeiten der Teilhabe einräumen. Andererseits ist
zu beachten, dass sich in Deutschland ein über Jahrhunderte ge-
wachsenes, durch eine Fülle gesetzlicher und vertraglicher Regelungen geordnetes Verhältnis zwischen Staat und christlichen
Religionsgemeinschaften herausgebildet hat, in jüngerer Zeit auch
im Hinblick auf jüdische Organisationen.[5] Diese historisch be-
dingten Regelungen gelten weiter und können nicht ohne Weiteres

verallgemeinert werden. So erklären sich viele staatliche Zahlungen mit der weitgehenden Enteignung kirchlichen Eigentums im Zuge der Säkularisation zu Beginn des 19. Jahrhunderts. Wo in Gesetzen z. B. im Bildungsbereich das Christentum hervorgehoben wird, geht es nicht um die Vermittlung religiöser Überzeugungen, sondern um die kulturprägenden Aspekte der christlichen Religion, die zum Verständnis von Geschichte und Gegenwart des Landes bekannt sein müssen.

Auch kann sich die zahlenmäßige Stärke von Religionsgemeinschaften rechtlich auswirken, wenn begrenzte staatliche Ressourcen Mindestzahlen voraussetzen, z. B. im Hinblick auf die Schülerzahlen für den Religionsunterricht. Als Faustregel ist daher zu empfehlen, die Messlatte für Gleichberechtigung muslimischer Organisationen auf absehbare Zeit eher in der Nähe kleinerer christlicher oder anderer Religionsgemeinschaften anzulegen als bei den christlichen Großkirchen.

II. Reichweite und Grenzen der Religionsfreiheit

Religionsfreiheit zählt zu den im Grundgesetz verbürgten Menschenrechten. Im säkularen Rechtsstaat herrscht individuelle und kollektive Religionsfreiheit. Der Einzelne darf also seine religiösen Anliegen auch im öffentlichen Raum und in staatlichen Institutionen verfolgen. Das Bundesverwaltungsgericht hat dies z. B. für das Ritualgebet in Schulpausen oder Freistunden grundsätzlich bekräftigt.[6] Bis ins Arbeitsleben hinein genießt die Religionsfreiheit rechtlichen Schutz. So dürfen sich Menschen zur Erfüllung religiöser Anliegen zusammenschließen und können hierbei auch mit dem Staat kooperieren, wie etwa bei der Einrichtung und Durchführung konfessionellen Religionsunterrichts entsprechend dem Grundgesetz (Art. 7 Abs. 3 GG). Religionsfreiheit ist also nicht etwa ein «religiöses» Recht, sondern ein wesentlicher Bestandteil der säkularen rechtsstaatlichen Ordnung. Sie ist demnach gerade nicht nur «Privatsache».[7] Wer Säkularität als Gegensatz zur Religionsfreiheit versteht, unterliegt einem grundlegenden Fehlverständnis.

Selbstverständlich ist das Recht auf Religionsfreiheit so wenig wie alle anderen Grundrechte grenzenlos. Stets ist das Gewicht des religiösen Anliegens im konkreten Fall mit gegenläufigen Rechten und Interessen abzuwägen, einschließlich der sogenannten «negativen Religionsfreiheit», also der Freiheit davor, mit Religion in unverhältnismäßigem Maße konfrontiert zu werden. Verfassungsrechtler sprechen mit Konrad Hesse von der «praktischen Konkordanz», die zwischen gegenläufigen Grundrechtspositionen herzustellen ist. Eingriffe in Freiheitsrechte bedürfen auch bei der Abwägung mit widerstreitenden Interessen einer tragfähigen sachlichen Begründung. Das Recht muss einen festen Rahmen für einen fairen Interessenausgleich und ein friedvolles Zusammenleben schaffen und bewahren. Es dient jedoch nicht dazu, alles zu verbieten, was nicht dem gesellschaftlichen Mainstream entspricht oder anstößig wirkt. Debatten darüber können und müssen auf gesellschaftlicher Ebene geführt werden, nur so kann auch echte Überzeugungsbildung stattfinden. Daraus folgt, dass die Anwendung des Rechts kein Ausdruck inhaltlicher Solidarisierung mit dem verfolgten Anliegen ist. Dies wird oft missverstanden, wenn z. B. Regierungen vorgeworfen wird, bei der rechtlich gebotenen Kooperation mit «konservativen» Organisationen die «Falschen» zu unterstützen.

Zudem ist die Neutralität des Staates zu wahren. Daraus folgt, dass religiöse Betätigung umso größere Freiräume hat, je weniger sie im Zusammenhang mit Staatstätigkeit steht, und umgekehrt. Aber auch staatliche Bedienstete genießen grundsätzlich Religionsfreiheit. Insgesamt ist der Grundsatz der Verhältnismäßigkeit bei der Einschränkung religiös motivierten Handelns – auch bei der Abwägung mit kollidierenden Grundrechten anderer – sorgsam zu beachten. So ist beim Moscheebau die baustatische Sicherheit unerlässlich; die Nachbarschaft jedoch wird gewisse Einschränkungen hinnehmen müssen, weil es sich eben nicht um ein

Fabrikgebäude oder um ein Wohnhaus, sondern um ein Gebäude für religiöse Zwecke handelt.

Auch Muslime genießen Religionsfreiheit. Die nicht nur in notorisch islamfeindlichen Kreisen kursierende Parole, wonach «der Islam» nicht mit der freiheitlichen Grundordnung der deutschen Verfassung vereinbar sei, offenbart eine doppelte Ignoranz: gegenüber den vielfältigen Richtungen des Islam und den Neuinterpretationen vieler Normen seit mehr als hundert Jahren[8] wie auch gegenüber der deutschen Verfassungsordnung.

Die Scharia (islamische Normenlehre) umfasst religiöse Normen und Rechtsnormen. Die Unterscheidung ist aus Sicht des deutschen Rechts erforderlich, weil Rechtsnormen als solche anders als religiöse Normen nicht in den Schutzbereich der Religionsfreiheit fallen. Sie ist auch aus islamischer Perspektive möglich und bereits in der frühen Normenordnung des Islam angelegt, auch wenn es Überschneidungen zwischen Recht und Religion gibt.[9]

Zudem sind nach einer schon vor Jahrhunderten entwickelten Lehre Gläubige in einer nichtmuslimischen Umwelt nur an die religiösen Normen gebunden, während sie bei gesichertem Aufenthalt die örtlich geltenden Gesetze auch aus der Sicht ihrer Religion respektieren oder andernfalls auswandern müssen. In der deutschen Gegenwart verstehen sich ohnehin die meisten Muslime als Bürger des Landes und verstehen dessen Gesetze als ihre eigenen (vgl. S. 238 ff.).[10]

Selbstverständlich genießen also gleichermaßen die religiösen Normen des Islam[11] den Schutz der Religionsfreiheit, soweit sie innerhalb der Grenzen der deutschen Rechtsordnung angewandt werden.[12] Grundrechte sind nicht zuletzt auch Minderheitenrechte. Während die Mehrheit ihre Rechtspositionen meist ohne größere Widerstände durchzusetzen vermag, verhelfen Grundrechte gerade Minderheiten zu dem Schutz, den sie für gleichberechtigte Teilhabe benötigen. Hieran zeigt sich, dass Demokratie und Rechtsstaat keineswegs identisch sind und sich rechtsstaatliche Grundsätze im Konfliktfall gegen einen Mehrheitswillen durchsetzen können und müssen. Gerade im Hinblick auf Muslime wird die Bedeutung solch rechtsstaatlichen Schutzes offensichtlich: Immer wieder erhalten Gerichte, die unter sorgsamer Anwendung des deutschen Rechts muslimischen Klägern zu ihrem Recht verhelfen, bösartige Zuschriften, neuerdings auch mit Nennung von Namen und akademischen Titeln. Solche vermeintlichen Verteidiger des Landes scheinen die Grundlagen unserer staatlichen Ordnung selbst nicht zu kennen oder zu respektieren.

Muslimische religiöse Anliegen betreffen eine Fülle von Bereichen wie z. B. Bildungswesen, Ritualgebet, Pilgerfahrt, Feiertage, Bekleidungsregeln, Speisevorschriften und Fasten, Moscheebau, Bestattungswesen, Militär- und Gefangenenseelsorge und Ausbildung bis hin zu sozial- und steuerrechtlichen Fragen, auf die hier aus Raumgründen nicht in allen Einzelheiten eingegangen werden kann.[13] (Zur Bedeutung einzelner Elemente der Religionspraxis vgl. die statistischen Angaben oben S. 86ff.). Ritualvorschriften wie das fünfmalige tägliche Gebet, das Fasten im Monat Ramadan und die Pilgerfahrt nach Mekka werden in den rechtlichen Kontexten behandelt, in denen Probleme auftreten können (Arbeitsrecht, Schule).

III. Recht und Alltag: praktische Beispiele

1. Religiöse Infrastruktur: Moscheebau, Minarette, Gebetsruf

Die ersten Moscheebauten in Deutschland entstanden im frühen 20. Jahrhundert (vgl. S. 57ff.). Sie wurden – wie die frühere nichtsakrale orientalisierende Architektur – noch als exotisches Faszinosum aufgenommen. Anlässlich der Einweihung der Moschee der Ahmadiyya Anjuman-Gemeinde in Berlin-Wilmersdorf 1925[14] erschien in der Zeitung «Der Berliner Westen» folgender Bericht:

Was man so alles in unserem Berlin erleben kann… Ohne Traveller-Schecks und Cooks Reisebüro zu benötigen, konnte man heute ein echtes Orient-erlebnis haben, wenn man (…) hinausfuhr auf die Gefilde des Fehrbelliner Platzes, wo unter einem strahlend blauen Orienthimmel die weißen Mina-retts der neuen islamischen Moschee, ähnlich denen der Tadschmahal, dem Traum von Marmor von Agra, emporragen (…). Was die strengen Sitten des Islam anbetrifft, so hat sich auch hier manches gewandelt. Friedlich können die anwesenden «Ungläubigen», in diesem Fall wir Berliner, in den heiligen Räumen eintreten, ohne gewärtig sein zu müssen, für diesen Frevel von ei-nem Sklaven auf einen zugespitzten Baumstamm gespießt zu werden.[15]

Das vergangene und das neu entstehende Bild des Islam sind hier noch eng verwoben. Insgesamt wurde die Moschee offenbar sehr positiv aufgenommen und ihre Errichtung auch von den deut-schen Behörden unterstützt.[16]

Die erste Moschee der Nachkriegszeit, die Fazle-Omar-Moschee, wurde in Hamburg 1955 bis 1957 von der Ahmadiyya Muslim Jamaat errichtet, gefolgt von der schiitischen Imam-Ali-Moschee 1961 und den Moscheen der Islamischen Zentren in Aachen und München.[17] Im Zuge der «Gastarbeiter»-Einwanderung verän-derte sich die Lage dann grundlegend:[18] Die Zahl der im Inland lebenden Muslime stieg stark an. Mit zunehmender Erkenntnis, dass ein großer Teil der Einwanderer länger oder auf Dauer im Lande verbleiben würde, ergab sich für religiös interessierte Mus-lime die Notwendigkeit, über Einzelprojekte hinaus eine breiter angelegte religiöse Infrastruktur zu errichten. Eine typische Folge der «Gastarbeitermigration» war die Errichtung von Moscheen in aufgelassenen Industriebauten nahe am Wohnort der Gläu-bigen zu erschwinglichen Preisen. Erst Jahrzehnte später entwi-ckelte sich ein Trend hin zu Neubauten in Moscheegestalt. Sti-listisch reichen solche Neubauten abhängig von der kulturellen Verwurzelung der Erbauergeneration bzw. der Finanziers von neo-osmanischer (z. B. die Merkez-Moschee in Duisburg und die Şehitlik-Moschee in Berlin) bis hin zu postmoderner Glas- und Betonarchitektur (z. B. die im Bau befindliche Moschee in Köln-Ehrenfeld und die Moschee in Penzberg).[19] Die Gesamtzahl der in

Deutschland unterhaltenen Moscheen wird meist auf 2600–2700 geschätzt.

Im zentralen Gebetsraum der Moschee befindet sich die Gebetsnische (Mihrab), die die Gebetsrichtung nach Mekka anzeigt, sowie in den größeren Moscheen (Freitagsmoscheen) die Predigtkanzel (Minbar), auf der der Imam die Freitagspredigt hält. Die Predigt wird noch häufig in der Herkunftssprache der Gründergeneration gehalten, mit dem Generationenwandel zunehmend aber auch zusätzlich oder nur noch auf Deutsch. Waschräume für die rituelle Waschung vor dem Gebet sind unerlässlich. Minarette sind wie Kirchtürme nicht erforderlich, aber doch traditionell Bestandteil der meisten Moscheen in islamisch geprägten Ländern. In Deutschland sind sie als optisch deutlich wahrnehmbares religiöses Symbol oft Gegenstand von Konflikten. Auch bei neu errichteten Moscheen wird deshalb ungeachtet möglicher rechtlicher Ansprüche nicht selten ganz auf den Bau von Minaretten verzichtet, oder sie fallen deutlich kleiner aus, als es den Gesetzen architektonischer Ästhetik entsprechen würde. Bemerkenswert ist das erfolgreiche Vorgehen des vormaligen Bürgermeisters der bayerisch-schwäbischen Kleinstadt Lauingen Georg Barfuß, der die Antragsteller ausdrücklich zu einer repräsentativen Bauausführung mit passenden Minaretten («was G'scheits») ermunterte.[20]

In aller Regel sind abgetrennte Räumlichkeiten für Frauen vorgesehen, oft eher klein und abgedrängt,[21] bisweilen aber auch ansprechend ausgestattet wie etwa in der Moschee in Penzberg.[22] Noch sind Frauen im rituellen Teil des Moscheelebens deutlich in der Minderzahl. Das entspricht der traditionellen religiös-kulturellen Praxis, wonach Frauen häufig zu Hause beten und nur Männer als religiös verpflichtet gelten, am Hauptgottesdienst am Freitagmittag in der Moschee teilzunehmen. Wie in vielen Kirchengemeinden sorgen Frauen bei Veranstaltungen häufig für die kulinarische Versorgung, während Männer eher repräsentative Aufgaben versehen. Dennoch finden auch religiöse muslimische Expertinnen Raum in unterschiedlichen Bereichen des Gemeindelebens.[23]

Die Merkez-Moschee in Duisburg-Marxloh wurde im traditionellen osmanischen Stil für die Türkisch-Islamische Union der Anstalt für Religion (DİTİB) erbaut. Zwischen Planungsbeginn 2004 und Eröffnung 2008 lagen nur vier Jahre. Das «Wunder von Marxloh» bietet 1200 Besuchern Platz und ist damit eine der größten Moscheen in Deutschland.

Die Moscheen in Deutschland dienen je nach Größe und Ausstattung neben ihrer Funktion als Gebetsraum häufig auch als sozialer Begegnungsort und als kulturell vertrauter Ruheplatz. Deshalb sind oft Teestuben angeschlossen, zudem Räume für religiöse (Koranschule, Bibliothek), kulturelle und soziale Arbeit und bisweilen auch Läden, in denen religionsspezifische Waren und Dienstleistungen angeboten werden. Die Ladenmieten dienen nicht zuletzt der Finanzierung des Moscheebaus, die meist allein von den Gemeinden und über Spenden aufgebracht wird.

Moscheen müssen nicht traditionellen Stilen folgen: Der Architekt
Alen Jasarevic baute eine moderne Moschee für die Islamische Gemeinde
im oberbayerischen Penzberg, die 2005 als «Islamisches Forum» eröffnet
wurde. Der Gebetsraum ist durch die tiefblau schimmernde Fassade
aus Tausenden von Glasscherben in blaues Licht getaucht.

Mit der zahlenmäßigen Veränderung der muslimischen Bevölkerung wandelte sich die Haltung mancher Behörden und Teilen der
Öffentlichkeit. Nicht mehr der exotische Reiz stand im Vordergrund, sondern die konfliktträchtige Besorgnis einer «Orientali-
sierung» des Alltagslebens. Konflikte um Moscheebauten haben
indes meist keine eindimensionalen Ursachen. Es mischen sich
raumbezogene, ethnisch-kulturelle und religiöse Aspekte.[24] In der
öffentlichen Debatte seit dem Beginn des 21. Jahrhunderts wurde
der Moscheebau zum Aufhänger für eher abstrakte Islamisie-

rungsängste und generelles Unbehagen gegenüber kulturellem Wandel.

Den rechtlichen Rahmen in diesem Zusammenhang bieten das Grundgesetz und die gesetzlichen Bau- und Immissionsschutzvorschriften, die wiederum im Lichte der Religionsfreiheit auszulegen sind. Moscheen genießen – vergleichbar mit den Kirchenbauten – als religiöse Einrichtungen besonderen baurechtlichen Schutz,[25] und Minarette haben einen dem Kirchturm vergleichbaren Erkennungscharakter, was rechtlich zu würdigen ist.[26]

Die sozialen und kulturellen Bedürfnisse von Muslimen müssen bei der Anwendung des Städtebaurechts berücksichtigt werden.[27] Demnach gibt es auch keinen rechtlich geschützten Anspruch der Bevölkerungsmehrheit auf einen religiös-kulturellen Milieuschutz, auch wenn weite Teile der nichtmuslimischen Bevölkerung z.B. ein Minarett als «fremd» empfinden.[28] Rechtspopulistische Forderungen, die Errichtung von Moscheen von örtlichen Abstimmungen abhängig zu machen,[29] stehen in klarem Gegensatz zur deutschen Verfassungsordnung und zur Europäischen Menschenrechtskonvention. Sie zeigen ein Fehlverständnis der rechtlichen Bedeutung von Mehrheitsentscheidungen. Auch «demokratische» Mehrheiten sind nicht berechtigt, Minderheiten ihre verfassungsmäßigen Rechte zu nehmen, erst recht nicht wegen diffuser «Überfremdungsängste» oder Befürchtungen, das eigene Nachbargrundstück könne an Wert verlieren. Wenn im Einzelfall eine extremistische Organisation eine Moschee zu rechtswidrigen Aktivitäten nutzt, kann und muss darauf mit vereinsrechtlichen Verboten und Beschlagnahmen reagiert werden.[30]

Rechtlich unerheblich ist auch das häufig gegen Moscheebauten vorgebrachte Argument der Gegenseitigkeit nach dem Muster «Kirche in Mekka gegen Moschee in Deutschland». Dies ist aus rechtlicher Sicht aus zwei Gründen zu verwerfen. Zum einen würde damit eine Sippenhaft für Muslime im Land begründet, die nicht in die Verantwortung für den beklagenswerten Stand der Religionsfreiheit in vielen islamisch geprägten Staaten genommen werden dürfen. Zum anderen würden unsere rechtsstaatlichen Le-

bensgrundlagen unterminiert. Die Bekämpfung von Religionsdik-
taturen kann nicht durch deren Vermehrung im Wege des Rechtskulturrelativismus[31] erfolgen, sondern nur durch konsequente
Durchsetzung der eigenen rechtsstaatlichen Maßstäbe.

Besonderheiten gelten für die mit Lautsprechern verstärkte
Übertragung des Gebetsrufs. Hier werden wegen der besonders
intensiven Einwirkung auf die Umgebung immissionsschutzrecht-
liche Vorschriften relevant. Konkret ist zu untersuchen, ob die
Geräuschimmissionen den Grad erheblicher Nachteile oder Belästigungen für die Allgemeinheit oder die Nachbarschaft erreichen (§ 3 Abs. 1 Bundesimmissionsschutzgesetz). Dabei ist die
Zumutbarkeit nach den Umständen des Einzelfalls zu prüfen (insbesondere Lautstärke, Tageszeiten und Struktur des Umfelds).[32]
In einigen wenigen Städten, überwiegend in Nordrhein-Westfalen, wurde seit Mitte der 1980er-Jahre die Übertragung des Gebetsrufs – meist zum Freitagsgebet, im Einzelfall auch mehrmals
täglich – erfolgreich beantragt bzw. eingeklagt. Andererseits verzichten die meisten Gemeinden darauf. Nach der Ritualpraxis
genügt die Ausführung innerhalb der Moschee. Die Betenden finden ihren Weg zur Moschee auch ohne Lautsprecherübertragung,
und die mehrheitlich nichtmuslimische Umgebung wird nicht belastet.

An vielen Orten werden mit zunehmenden Zahlen religionspraktisch orientierter Muslime größere und weitere Moscheen benötigt. Die praktischen Schwierigkeiten für kleinere Gemeinden
zeigen sich exemplarisch in Potsdam.[33] Innerhalb eines Jahres hat
sich die Zahl der Gemeindemitglieder der Al Farouk-Moschee auf
rund 700 verdoppelt. Zum Freitagsgebet reisen überdies Menschen aus Brandenburg (Havel) an, weil sich die nächste Gebets-
gelegenheit erst in Potsdam findet. Die kleine, von einer stadteige-
nen Bauholding angemietete Wohnung reicht dafür nicht mehr
aus. Darüber hinaus wurde die Miete erhöht. Die Hoffnungen
richten sich deshalb auf den Erwerb einer größeren Wohnung. Für
ein Moscheegebäude reicht das Geld nicht, zumal ein erheblicher
Teil der neuen Mitglieder aus mittellosen Flüchtlingen besteht.

Für den Moscheebau empfiehlt sich eine auf allen Seiten transparente Abwicklung unter Einbeziehung aller relevanten Personen und Institutionen vor Ort. In aller Regel helfen pragmatische Lösungen. Zwei Beispiele aus eigener Anschauung des Verfassers mögen hier genügen: In einer kleineren, industriegeprägten Stadt wollte der örtliche, nicht allzu finanzkräftige Moscheeverein das zu klein gewordene Gebäude am Stadtrand durch ein größeres, zentral gelegenes ersetzen. Die Stadtspitze unterstützte dieses Vorhaben, das insgesamt auf geringe Widerstände stieß. Sehr umstritten war allerdings die geplante Errichtung eines Minaretts. Der kluge Ratschlag des Bürgermeisters lautete: Man möge doch zunächst das neue Gebäude ohne Minarett errichten, für welches ohnehin keine Finanzmittel zur Verfügung ständen. Dann sei zu erwarten, dass sich die Stadtbevölkerung insgesamt an das neue Gebäude gewöhnen würde, und wenn in einigen Jahren Geld für Erweiterungen zur Verfügung stünde, könne dies in einer entspannteren Atmosphäre angegangen werden.

In einem anderen Fall erhielt der Verfasser die Anfrage eines Pharmazieunternehmens, ob ein gegenüber der Zufahrt zum Unternehmensgelände geplanter Moscheebau rechtlich verhindert werden könne. Es bestand die Sorge, dass zu den Gebetszeiten die Zufahrt zugeparkt werden könnte und dann die äußerst dringliche Sofortauslieferung wichtiger Medikamente behindert würde. Der Rat des Verfassers ging dahin, das Gespräch mit dem Moscheeverein zu suchen, über das Anliegen vielleicht im Rahmen einer Unternehmensführung zu informieren, eine Geste des guten Willens wie etwa die Spende eines Leuchters zu erwägen und den Verein zu bitten, intern dafür zu sorgen, dass die Zufahrt stets frei bleibt. Es müsste doch auch das Anliegen gläubiger Muslime sein, dass Kranken schnellstmöglich wirksam geholfen wird. Der Verfasser nimmt den Umstand, nichts mehr von der weiteren Entwicklung gehört zu haben, als gutes Zeichen.

Insgesamt trifft die Errichtung von Moscheen auf Offenheit in weiten Teilen der Bevölkerung. Eine repräsentative Umfrage aus dem Jahr 2015 ergab, dass ca. 75–80% der Befragten die Aussage

«Ich hätte ein Problem mit dem Bau einer sichtbaren Moschee in meiner Wohngegend» ganz oder eher ablehnten, die Zustimmungsquote beschränkte sich auf ca. 15–25% der Befragten.[34]

2. Ritualvorschriften

Bestattungswesen

Bis ins frühe 20. Jahrhundert waren muslimische Bestattungen auf Einzelfälle beschränkt, häufig im Zusammenhang mit verstorbenen muslimischen Soldaten (vgl. S. 56 ff.).[35] Zum Alltagsphänomen wurden Beisetzungen von Muslimen mit der zahlenmäßig erheblichen Zuwanderung seit den 1960er-Jahren. Seither entstanden zunehmend separate muslimische Gräberfelder auf bestehenden Friedhöfen mit Grabausrichtung gen Mekka sowie dazugehörige Einrichtungen (z. B. zur obligatorischen Totenwaschung), die offenbar weite Akzeptanz finden.[36]

Ein wachsender Trend zeigt sich in diesem Zusammenhang hin zur Bestattung im Inland, obgleich sich noch eine große Zahl hier verstorbener Muslime in das Herkunftsland der Familie überführen lässt,[37] sei es aus Verbundenheit mit der Herkunftsregion, aufgrund fehlender Möglichkeiten für eine islamische Bestattung oder wegen der meist hohen Kosten von Erdbestattungen. Insbesondere das für manche Muslime noch wichtige Gebot der ewigen (oder doch möglichst langen) Totenruhe verursacht erhebliche Kosten, wenn sie auf die vergleichsweise teuren Wahlgräber zurückgreifen müssen. Im vergangenen Jahrhundert wurden fast nur früh verstorbene Angehörige im Inland beigesetzt. Für die Kosten und die Durchführung der Überführung werden von manchen muslimischen Organisationen Sterbekassen vorgehalten. Der allmähliche Wandel ist auf soziale Veränderungen zurückzuführen: Während die eingewanderten «Gastarbeiter» zu erheblichen Teilen eine Bestattung in der alten Heimat wünschten, stellt sich die Lage für Inländer anders dar. Die Wahl der letzten Ruhestätte im Inland ist ein augenfälliger Akt neuer Beheimatung, der im Rahmen des rechtlich Möglichen erleichtert werden sollte.

Auf das zunehmende Bedürfnis, in Deutschland beigesetzt zu werden, haben seit Ende des 20. Jahrhunderts mittlerweile die meisten Landesgesetzgeber reagiert und hinderliche sowie nicht generell erforderliche Regelungen, vor allem die obligatorische Einsargung anstelle der traditionellen islamischen Bestattung in einem weißen Leichentuch abgeschafft oder modifiziert. Die rechtlichen Erleichterungen im Hinblick auf Friedhofsbetreiber – der Verzicht auf den nicht leicht zu erlangenden Status einer Körperschaft des öffentlichen Rechts – lassen erwarten, dass künftig von muslimischen Organisationen betriebene Friedhöfe entstehen werden. 2016 wurden in Hamburg und Berlin auch die ersten alevitischen Friedhöfe Europas eingerichtet.

Schächten und Speisevorschriften

Wie das Judentum kennt auch der Islam Vorschriften über die Schlachtung von Tieren. So darf etwa Fleisch von verendeten Tieren nicht konsumiert werden.[38] Viele Muslime sehen zudem das Schlachten eines Tiers zum Opferfest ('Id al-Adha, Kurban Bayram) als religiös geboten an. Bei der Schlachtung soll der Name Gottes angerufen werden («Basmala») und der Vorgang soll möglichst schonend erfolgen. Allerdings fordert die traditionelle Lehre entgegen der Grundregel des § 4 a Abs: 1 Tierschutzgesetz den Verzicht auf eine vorherige tödlich wirkende Betäubung.

In Deutschland wird mittlerweile vielerorts Importfleisch angeboten, das den traditionellen Schlachtvorschriften entspricht und damit als religiös erlaubt (Halal) gilt. Was das Schlachten zum Opferfest angeht, so wird der mitverfolgte Zweck, Arme zu beschenken, zunehmend dadurch erfüllt, dass mit Hilfe von Spendengeldern Bedürftige in armen Ländern mit dort geschlachtetem Fleisch versorgt werden. Mit fortschreitender Betäubungstechnik gelingt es auch, das Anliegen des Tierschutzgesetzes mit den religiösen Vorstellungen in Einklang zu bringen, indem die Dosierung der Betäubung zwar Schmerzen ausschließt, aber nicht selbst zum Tod des Tieres führt. In manchen Schlachthöfen wird permanent die Basmala von einem Tonband abgespielt. Offenkundig findet aber auch nach den deutschen Usancen geschlachtetes Fleisch unter Muslimen zahlreiche Abnehmer. Die in Deutschland übliche Art des Schlachtens steht nach Ansicht gewichtiger muslimischer Stimmen in Einklang mit den Vorschriften des Islam.[39]

Dennoch legen nicht wenige Muslime, nicht zuletzt neu zugewanderte, Wert auf die Einhaltung der traditionellen Verfahren. Hierfür lässt das Tierschutzgesetz selbst entsprechend der verbreiteten europäischen Praxis in § 4 a Abs. 2 Ausnahmen zu. Angehörige von Religionsgemeinschaften können eine Ausnahmegenehmigung beantragen, wenn zwingende Vorschriften das Schächten vorschreiben oder den Genuss von Fleisch nicht geschächteter Tiere untersagen. Dies muss allerdings entsprechend den professionellen und hygienischen Standards im Land ausgeführt werden. Quälende Heimschlachtungen durch Unkundige am Opferfest sind verboten und werden auch von muslimischer Seite kritisiert.

Die immer wieder angegriffene Ausnahmevorschrift des Tierschutzgesetzes wurde vom Bundesverfassungsgericht mit einer sehr abgewogenen Begründung für verfassungsmäßig erklärt.[40] Dabei berücksichtigte der Prüfungsmaßstab inhaltlich bereits die später ins Grundgesetz eingefügte Tierschutznorm des Art. 20 a GG. Dennoch haben manche Verwaltungen und Gerichte[41] in der Folgezeit das Schächten unter Nutzung aller denkbaren Interpretationsspielräume und Verwaltungsmaßnahmen eingeschränkt oder ganz unterbunden. So sind traditionelle Schlachtungen in Deutschland selten geblieben.

Weitere religiöse Vorschriften betreffen das Verbot, Schweinefleisch und andere Produkte[42] zu verzehren sowie Alkohol zu konsumieren.[43] Hierauf ist aus rechtlicher Sicht Rücksicht zu nehmen, beispielsweise bei der Bereitstellung von Gemeinschaftsverpflegung in der Bundeswehr oder im Strafvollzug.[44]

Alles weitere ist den Individuen selbst und einem sensiblen gesellschaftlichen Umgang anheimgestellt. Manche Muslime lehnen z. B. den Verzehr aller Lebensmittel ab, bei deren Herstellung Gelatine aus (Schweine-)Knochen verwendet wird; daher werden gelatinefrei bereitete Lebensmittel am Markt angeboten. Andere erkennen in dem Verarbeitungsprozess eine so starke Veränderung der Materie, dass sich ihre Qualität ändert (Lehre von der «Isti-hala», Umwandlung[45]) und nicht mehr verboten ist. Beim Angebot in öffentlichen Kantinen sollte generell auf Vielfalt geachtet werden. Ein völliger Verzicht auf Schweinefleisch wäre ebenso unangebracht wie ein demonstratives Angebot ohne hinreichende Abnehmerzahlen. Ein kulinarischer Kulturkampf ist ebenso schädlich wie lächerlich.

Sensibilität ist gleichermaßen beim gesellschaftlich üblichen Alkoholkonsum z. B. bei Festveranstaltungen angezeigt. Jemanden zum Alkoholkonsum zu drängen, ist gänzlich unangebracht, ebenso aber die Frage danach, warum man denn als Muslim Alkohol trinke. Manche Muslime überlegen ihrerseits, von solchen Veranstaltungen wegen des Alkoholangebots fernzubleiben. So wird die Auffassung vertreten, dass ein Muslim Orte zu meiden habe, an denen er mit Alkohol auch nur in Berührung kommen kann.[46] In einer nichtmuslimischen Mehrheitsgesellschaft wird deshalb die Abwägung erforderlich, ob diese «Präventionsmaßnahme» um den Preis einer möglichen sozialen Isolation gerechtfertigt ist, oder ob nicht der schlichte Verzicht auf eigenen Alkoholgenuss die religiösen Gebote erfüllt. Damit würde man auch einem nichtmuslimischen Gastgeber helfen, eine religiös gemischte Gesellschaft einzuladen, deren einer Teil das Angebot eines Glases Wein üblicherweise erwarten darf.

Beschneidung

Die (medizinisch fachgerecht ausgeführte) Beschneidung von Knaben gilt in Judentum und Islam[47] weithin als bedeutsame, für viele geradezu als essentielle religiöse Vorschrift. Ein derart ausgeführter Eingriff ist geringfügig und bringt nach gegenwärtiger Erkenntnis jedenfalls keine schwerwiegenden Nachteile mit sich. Die Weltgesundheitsorganisation WHO empfiehlt ihn sogar aus krankheitspräventiven Gründen. In diesem Zusammenhang ist die heftige Debatte des Jahres 2012 über die religiös motivierte Beschneidung von Jungen zu erwähnen. Ein Urteil des Landgerichts Köln vom Mai 2012[48] wollte anscheinend neue Maßstäbe setzen. Entgegen der bisher einhelligen Linie in der Justiz[49] wurde darin die Rechtswidrigkeit des Eingriffs bei Kindern auch dann bejaht, wenn der Eingriff fachgerecht und mit elterlicher Einwilligung erfolgte. Letztere ist nach dieser Ansicht rechtlich unwirksam. Eine nachvollziehbare Abwägung mit dem auch verfassungsrechtlich garantierten Gewicht religiöser Belange (religiöse Sozialisation als Entscheidung im Sinne des Kindeswohls) unterblieb. Deutliche Proteste des Zentralrats der Juden in Deutschland und muslimischer Organisationen, aber auch anderer Religionsvertreter waren die Folge.

Der strukturelle gedankliche Fehler, den einige Extremsäkularisten ohne hinlängliche Kenntnisse der deutschen Verfassungsordnung teilen, besteht darin, dass jede Art von Eingriff in die körperliche Integrität für verboten gehalten wird, die nicht aus medizinischen Gründen indiziert ist. Damit setzen sich die Vertreter dieser Ansicht an die Stelle der Eltern, die nach dem System des Art. 6 Abs. 2 GG zuvörderst für Pflege und Erziehung der Kinder zuständig sind.[50] Auch die Sozialisation in einer religiösen Gemeinschaft kann nach der maßgeblichen Einschätzung der Eltern dem Wohl des Kindes dienen.

Allerdings hat die Einschätzungsprärogative der Eltern Grenzen: Schwerwiegende Eingriffe sind nicht gedeckt; hier aktualisiert sich der staatliche Wächterauftrag des Grundgesetzes. Deshalb sind die auch von den meisten Muslimen abgelehnten Formen der Genitalverstümmelung an Mädchen und Frauen[51], die insbesondere in Teilen Afrikas unter Muslimen, Anhängern von Naturreligionen und Christen verbreitet sind und teilweise bis heute religiös-kulturell «gerechtfertigt» werden, in jedem Falle strafbar. Um derart schwerwiegende Eingriffe geht es hier indes gerade nicht, ohne den Eingriff bagatellisieren zu wollen.[52] Deshalb war es folgerichtig, dass der Bundestag Ende 2012 durch die Neuregelung in § 1631 d BGB die bisherige Rechtslage nunmehr gesetzlich ausgeformt und die entstandene Verunsicherung beseitigt hat.[53] In der politischen Debatte brachte Kanzlerin Merkel die Essenz der

Diskussion auf den Punkt, als sie sagte, dass wir uns mit einem weltweit singulären generellen Beschneidungsverbot zu einer Nation von Komikern entwickeln würden.[54] Neben dem Austausch sachorientierter Argumente zeigte sich in der Debatte streckenweise ein aggressiv antireligiöser Ton,[55] der, worauf Bundespräsident Gauck hingewiesen hat,[56] in seinem «Vulgärrationalismus» selbst von antisemitischen Tönen nicht frei war. Nunmehr besteht die Chance, die Debatte wieder dort zu führen, wo sie primär hingehört: in den Religionsgemeinschaften selbst.

3. Bekleidungsvorschriften

Das freiwillige, äußerlich sichtbare Bekenntnis zu religiös begründeten Bekleidungsvorschriften genießt nach allgemeiner Auffassung den Schutz der Religionsfreiheit. Aussagen zur Bekleidung beider Geschlechter finden sich im Koran in Sure 24, 30f. Danach sollen *Männer und Frauen* sich sittsam kleiden und verhalten. Dies kann z.B. im Strafvollzug relevant werden, wenn zu entscheiden ist, ob im Einzelfall die vollständige Entkleidung zu Untersuchungszwecken verlangt werden darf.[57] In einem konkret entschiedenen Fall durfte einem Strafgefangenen zwar ein Arbeitsplatz vorenthalten werden, der aus Sicherheitsgründen eine Ganzkörperuntersuchung notwendig machte. Die Streichung des Taschengeldes war hingegen rechtswidrig, weil der Häftling wegen seiner religiösen Überzeugung, nicht «durch eigenes Verschulden» (vgl. § 46 Strafvollzugsgesetz) unbeschäftigt war.[58]

Der immer wieder sichtbare scharfe Kontrast zwischen leichtbekleideten Männern und stark verhüllten Frauen lässt sich angesichts der koranischen Regelung für *beide* Geschlechter nur aus patriarchalisch geprägten Körpervorstellungen erklären, nach denen Frauen fast ausschließlich aus erogenen Zonen bestehen. Extremisten unserer Tage versteigen sich tatsächlich zu der Ansicht, die Frau dürfe keinen einzigen Teil ihres Körpers fremden Männern zeigen, weil z.B. ihre Ohren, Arme und Beine Geschlechtsteile seien.[59]

Für die Frauenbekleidung enthält Sure 24, 31 weitere Regelungen. Danach sollen Frauen im außerfamiliären Bereich die Scham bedeckt halten, den üblicherweise nicht sichtbar getragenen Körperschmuck nicht zeigen und etwas von ihren «Khumur» über ihre «Dschuyub» decken; beide im Einzelnen unklaren Begriffe bezeichnen Kleidungsteile. Zudem ist in Sure 33, 59 zu lesen, dass Frauen etwas von ihren «Dschalabib» herunterziehen sollten. Übersetzungen, die den Begriff des Kopftuchs oder Schleiers wählen, sind in Wirklichkeit bereits Interpretationen, denn schon der Wortlaut des Koran legt keine bestimmte «Kleiderordnung» fest. Manche zeitgenössischen muslimischen Islamwissenschaftler verstehen zudem die koranischen Aussagen als nichts anderes als eine moralische Empfehlung, die im ständigen Wandel von Zeit und Lebensumständen zu sehen sei. Der prominente muslimische Religions- und Kulturwissenschaftler Smail Balić kam auf der Grundlage einer Interpretation des Koran zu dem Schluss, dass «das Kopftuch-Tragen nicht im göttlichen Recht, sondern in alten Traditionen und orientalischen Mentalstrukturen begründet»[60] sei.

Andererseits hat sich über viele Jahrhunderte eine verbreitete Meinung herausgebildet, wonach die Frau ihr Haupthaar bedecken müsse. Manche Musliminnen nehmen dies schlicht als nicht weiter zu begründendes religiöses Gebot an. Andere deuten Kopftuch oder Schleier auch als Schutz und als Instrument zur Befreiung: Es wandle die Trägerin von einem Beobachtungsobjekt zur Beobachterin, die zudem nicht mehr teure Kleidung anschaffen und dem gängigen Schönheitsideal hinterherhecheln müsse, um in ihrer Umgebung anerkannt zu werden. Ferner könne eine Frau dadurch ihre Verhandlungsposition in innerfamiliären[61] bzw. innermuslimischen Debatten stärken, weil sie sich religionspraktisch «unangreifbar» mache. Gelegentlich wird es auch «aus Trotz» getragen, sei es als eine Form jugendlichen Protests gegen sehr säkulare Eltern, sei es als Reaktion auf eine breite gesellschaftliche Ablehnung. Schließlich schütze es vor Belästigungen, ein Argument, das allerdings inhaltlich fragwürdig ist.[62]

Aus alledem wird deutlich, dass hierzu auch unter den Muslimen keine einhellige Meinung besteht. Der deutsche Staat ist wie stets zur religiösen Neutralität verpflichtet. Es ist ihm deshalb verwehrt, inhaltlich Position zu beziehen, indem er eine der vertretenen Auffassungen für «richtig» erklärt. Generell verdient die freiwillig getroffene Entscheidung einer Frau über ihre Kleidung Respekt. Die Rechtsordnung muss dieses Recht ebenso verteidigen wie diejenigen schützen, die gegen ihren Willen zu bestimmter Bekleidung gezwungen werden.

Religionsspezifische Kleidung von Männern war anders als die von Frauen bislang fast nie Gegenstand öffentlicher Debatten, rechtlicher Einschränkungen oder faktischer Diskriminierung (zur Problematik der Diskriminierung am Arbeitsmarkt vgl. oben S. 106 f.; zur Stereotypisierung kopftuchtragender Frauen in der öffentlichen Debatte unten S. 274 ff.). Käppchen, Salafistenkleidung und -bärte werden zur Kenntnis genommen, aber nicht weiter problematisiert. Insofern spiegeln sich patriarchalische Grundmuster auch auf nichtmuslimischer Seite. Einseitige Beschränkungen religiös motivierter Kleidung nur für Frauen weisen einen unübersehbaren Gender-Aspekt auf, der im Grunde den Gleichbehandlungsgrundsatz des Art. 3 Abs. 2 GG ins Gegenteil verkehrt.

Im öffentlichen Raum ein Kopftuch zu tragen ist zweifellos zulässig. Da es das Gesicht freilässt, muss es grundsätzlich auch nicht zu Identifikationszwecken (z. B. für Passfotos) abgenommen werden.[63] In jüngerer Zeit häufen sich indes Berichte von rechtswidrigen verbalen und physischen Angriffen auf kopftuchtragende Frauen in der Öffentlichkeit. In einem Fall verweigerte ein Mann einen Notruf für ein kopftuchtragendes Mädchen, weil er «für so einen dreckigen Kopftuchträger gar nichts» machen wolle.[64] Rechtlicher Schutz hiergegen ist im Einzelfall faktisch schwer durchzusetzen. Umso wichtiger ist ein gesellschaftliches Miteinander, das bei allen kontroversen Ansichten die Integrität und Lebensführung anderer respektiert.

Rechtsstreitigkeiten hatten in den vergangenen Jahrzehnten meist den Ausschluss von kopftuchtragenden Frauen vom Arbeitsmarkt zum Gegenstand (zum privaten Arbeitsmarkt vgl. S. 224 ff.).

Für Schülerinnen in öffentlichen Schulen bestehen in Deutschland grundsätzlich keine rechtlichen Hinderungsgründe, freiwillig ein Kopftuch zu tragen. Anders als in Privatschulen würde ein Verbot nach herrschender Auffassung die Religionsfreiheit verletzen.[65] Die wiederholt geäußerte Befürchtung, Mädchen könnten dadurch zu Außenseiterinnen werden, kann selbst wenn sie zuträfe aus rechtlicher Sicht nicht ohne Weiteres berücksichtigt werden:[66] Die gesellschaftlichen Auswirkungen der Glaubenshaltung beeinträchtigen grundsätzlich nicht die Schutzfähigkeit der religiösen Überzeugung. Anderes gilt nur dann, wenn solche Auswirkungen im Widerspruch zu anderen Wertentscheidungen der Verfassung stehen und das Gemeinwesen oder Grundrechte Dritter dadurch fühlbar beeinträchtigt werden.[67] Das Kopftuch erfüllt diese Voraussetzungen nicht: Anders als z. B. ein Gesichtsschleier beeinträchtigt es nicht die allgemein üblichen und unerlässlichen Kommunikationsmöglichkeiten. Negativreaktionen von außen können keine Grundrechtsbeschränkung legitimieren.

Besonders kontrovers diskutiert wurde seit Ende des 20. Jahrhunderts die Frage, ob Lehrerinnen oder andere Staatsangestellte in Ausübung ihres Amtes ein Kopftuch tragen dürfen. Zu diesem Thema liegt eine Fülle von Veröffentlichungen vor, auf die hier verwiesen wird.[68] Im Kern geht es um zwei Fragen: Wie sind das Erfordernis staatlicher Neutralität und die Grundrechte seiner Repräsentanten verfassungsmäßig in Einklang zu bringen? Hat das Kopftuch eine einzige, rechtlich problematische Bedeutung, die das Tragen für staatliche Bedienstete ohne Weiteres ausschließen müsste?

Auch beamtete Lehrkräfte genießen das Recht auf Religionsfreiheit, wenngleich es durch die beamtenrechtliche Sonderstellung und das staatliche Neutralitätsgebot begrenzt wird.[69] Das in den Vordergrund gerückte Argument, religiös motivierte Kleidung verstoße gegen das staatliche Neutralitätsgebot, ist verfehlt. Überzeugend wäre es nur, wenn eine Verwechslungsgefahr entstünde in dem Sinne, dass sich der Staat das von der Lehrkraft gesetzte «Zeichen» zu eigen macht, dass also das religiöse «Symbol» gleichzeitig zum «Staatssymbol» wird. Da der Staat selbst aber keine Religion hat und es um persönliche Kleidung geht, kann eine solche Verwechslung doch offensichtlich nicht entstehen.

Das Bundesverfassungsgericht hat es 2003[70] gegen ein ungewöhnlich scharf formuliertes Minderheitenvotum dem Gesetzgeber anheimgestellt, religiöse Symbole bei Lehrkräften entweder gleichermaßen zuzulassen oder gleichermaßen zu verbieten. Der Grundrechtseingriff durch ein Verbot könne dann gerechtfertigt sein, wenn religiöse Symbole aus Sicht der Betrachter allgemein geeignet seien, den Schulfrieden zu stören. Allerdings seien keine negativen Auswirkungen des Kopftuchs auf die Schülerschaft erkennbar, und die Konfrontation mit einer kopftuchtragenden Lehrerin greife nicht unzulässig in die negative Religionsfreiheit der Umgebung ein. Die Vielfalt der Gründe für das selbstbestimmte Tragen des Kopftuchs lasse keine Verkürzung auf ein «Zeichen gesellschaftlicher Unterdrückung der Frau» zu.

Die offenbar erhoffte parlamentarische Debatte über Funktion und Wirkung des Kopftuchs fiel allerdings weitgehend aus. Stattdessen wurden in acht Bundesländern sehr schnell Gesetze erlassen, die sich faktisch gegen das Kopftuch richteten, auch wenn sie neutral formuliert waren; nur im islamischen Religionsunterricht durfte dort ein Kopftuch getragen werden. Überdeutlich wurde die Zielrichtung an denjenigen – verfassungswidrigen – Gesetzen, die christliche Kleidungssymbolik vom Verbot ausnahmen. In der Folgezeit konnten in den Ländern ohne Verbotsgesetze Erfahrungen mit kopftuchtragenden Lehrerinnen gewonnen werden. Erkenntnisse z. B. aus Rheinland-Pfalz, Schleswig-Holstein und Hamburg ergeben, dass nur in Rheinland-Pfalz ein einziger von außen verursachter Störungsfall auftrat; in Schleswig-Holstein und Hamburg gab es nach Auskunft der zuständigen Bildungsbehörden keinerlei Störfälle.[71]

Konsequent hat das Bundesverfassungsgericht 2015[72] präzisiert: Da das Tragen eines Kopftuchs nur *abstrakt* geeignet ist, den Schulfrieden oder die staatliche Neutralität zu gefährden, scheidet ein Verbot wegen Unverhältnismäßigkeit aus. Verbote können nur auf *konkrete* Gefährdungen gestützt werden. Wenn es in Schulen oder Schulbezirken bereichsspezifisch zu *konkreten* Gefährdungen in einer beachtlichen Zahl von Fällen kommt, kann dort darüber hinaus auch für eine gewisse Zeit ein allgemeines Verbot erfolgen. In jedem Falle müssen bei Verboten alle Religionen und Weltanschauungen unterschiedslos behandelt werden – eine deutliche Kritik an diskriminierenden Ländergesetzen. Es steht zu hoffen, dass diese Grundsätze zur Wahrung der gesellschaftlichen Glaubwürdigkeit des Rechtsstaats ohne Rekurs auf juristische Rabulistik in den Ländern umgesetzt werden. Unterschiedliche Regelungen würden gerade beim im Ausbau befindlichen islamischen Religionsunterricht, für den nun im Rahmen des Lehramtsstudiums in mehreren Bundesländern Studienangebote eingerichtet wurden (siehe auch S. 290 ff.), einen Standortnachteil für diejenigen Einrichtungen in den Ländern bewirken, die noch Restriktionen aufrechterhalten. Wiederum stellte sich dann auch die Gender-Frage.

Das Tragen des Kopftuchs wurde daneben wiederholt im Bereich der Justiz zum Gegenstand von Kontroversen. Parteien in Rechtsstreitigkeiten, Zeuginnen, Anwältinnen, Schöffinnen und Zuhörerinnen dürfen ein Kopftuch tragen, auch wenn einzelne Richter versucht haben, dies rechtswidrig und mit teils geradezu kurioser Begründung (Sichtbarkeit der Ohren als notwendige Grundlage für die Glaubwürdigkeitsprüfung) zu untersagen. [73]

Ein grundlegender Unterschied besteht zwischen Kleidungsstücken wie dem Kopftuch, das das Gesicht freilässt, und dem Niqab (oft fälschlich als «Burka» [74] bezeichnet), der das Gesicht bis auf die Augenpartie verbirgt. Anders als in Frankreich und einigen wenigen anderen europäischen Staaten und Regionen ist in Deutschland auch das Tragen eines Niqab im öffentlichen Raum nicht generell zu verbieten. Im Zweifel setzen sich Freiheitsrechte durch, wenn nicht hinreichend konkrete, belastbare Tatsachen beigebracht werden, die eine Einschränkung in verhältnismäßiger Weise begründen können. Eine Bundestagsdebatte im Kontext der französischen Verbotsgesetzgebung zeigte, dass die überwälti-

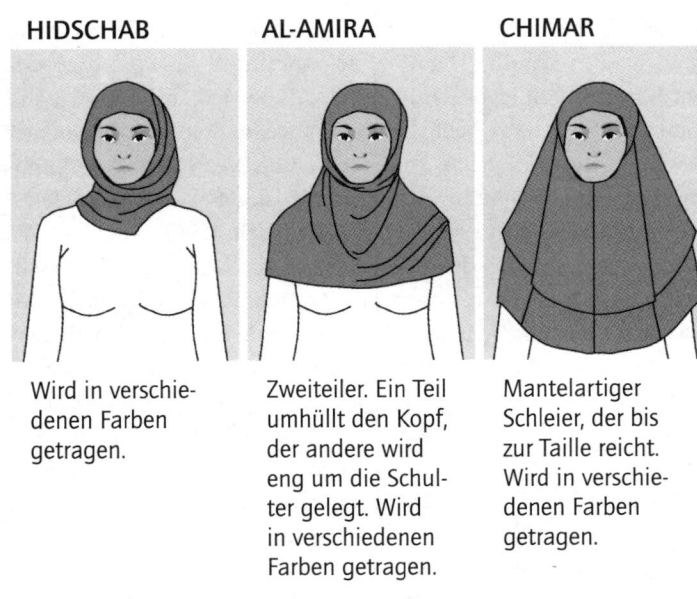

HIDSCHAB	AL-AMIRA	CHIMAR
Wird in verschiedenen Farben getragen.	Zweiteiler. Ein Teil umhüllt den Kopf, der andere wird eng um die Schulter gelegt. Wird in verschiedenen Farben getragen.	Mantelartiger Schleier, der bis zur Taille reicht. Wird in verschiedenen Farben getragen.

Vom Kopftuch bis zum Ganzkörperschleier

gende Mehrheit keinen Anlass für ein generelles Verbot sah. Auch der Vorstoß einiger CDU-Mitglieder 2014 wurde von kundigen Parteivertretern zurückgewiesen.[75] Wenngleich das Tragen eines Niqab in der Öffentlichkeit kommunikationsfeindlich ist und ein höchst eigenartiges Geschlechterbild vermittelt, so kann doch Kommunikation und die Übernahme der Gleichberechtigung in der selbstbestimmten privaten Lebensgestaltung nicht erzwungen werden. Die Erfahrungen aus Frankreich lassen zudem erhebliche Zweifel an einer tauglichen Durchsetzung einschlägiger Verbote aufkommen. Die Zahl der im Inland wohnenden Trägerinnen eines Niqab scheint sehr überschaubar zu sein; nicht selten handelt es sich um Konvertitinnen, die ihre Neuorientierung offenbar besonders unterstreichen möchten. Bei Ausländerinnen findet sich diese Bekleidungsform besonders häufig bei reichen Touristinnen, die mit ihren ausgabefreudigen Familien etwa in teuren Münche-

TSCHADOR   **NIQAB**   **BURKA**

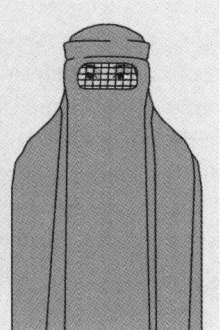

Ganzkörper-
schleier. Unter
ihm wird oft ein
kleinerer Schleier
getragen.
Nur in schwarz.

Bedeckt vollstän-
dig das Gesicht.
Wird zusammen
mit einem langen
Kleid («Abaya»)
getragen.
Nur in schwarz.

Ganzkörperschleier.
Eine Art Gitter er-
möglicht das Sehen
nur nach vorne.

ner Hotels und Läden gerne empfangene, wenn schon nicht gese-
hene Gäste sind.

Nur dort, wo z. B. Sicherheitsbelange am Arbeitsplatz oder im
motorisierten Straßenverkehr die Identifikation der Person erforderlich machen oder wo offene Kommunikation nicht nur wünschenswert, sondern zwingend ist, überwiegen diese Belange das
individuelle Recht auf religiös begründete Bekleidungsarten. So
hat zu Recht der Bayerische Verwaltungsgerichtshof 2014 das gegenüber einer Berufsschülerin ausgesprochene Verbot, während
des Unterrichts einen gesichtsverhüllenden Schleier zu tragen, mit
dem überwiegenden staatlichen Erziehungs- und Bildungsauftrag
begründet. Dieser Auftrag wird nicht auf der Grundlage eines ein-
seitigen Monologs der Lehrkraft, sondern in offener Kommunikation erfüllt, die auch wichtige nonverbale Elemente enthält, die
durch die Gesichtsverhüllung im Wesentlichen unterbunden wer-

den.[76] Meines Erachtens sind diese Erwägungen auch auf die universitäre Lehre zu übertragen, soweit eine direkte Begegnung zwischen Studierenden und Lehrkräften erfolgt, also nicht nur in Seminaren, sondern auch in Vorlesungen und anderen Veranstaltungen. So hat die Universität Gießen 2014 zutreffend einer Lehramtsstudentin (!) untersagt, Vorlesungen mit Niqab zu besuchen; die Studentin willigte letztlich ein.[77] Erst recht ist es ein Gebot rechtsstaatlicher Gerichtsverfahren, dass alle Verfahrensbeteiligten stets ihr Gesicht zeigen, um die oft aussagekräftige Mimik allen anderen Beteiligten offenzulegen.

Die Geduld auch der Bestwilligen wird strapaziert, wenn Niqab-verhüllte Frauen verlangen, ihre Kinder auf dem Gelände von Kindertagesstätten abholen zu dürfen. In einem einschlägigen Fall in Essen waren andere Kinder von der Erscheinung verängstigt; auch kopftuchtragende Mütter protestierten gegen dieses Auftreten. Zudem ist es nicht denkbar, ein minderjähriges Kind an eine nicht hinreichend erkennbare Person zu übergeben. Schließlich erklärte sich die Frau offenbar damit einverstanden, das Gelände nicht mit Niqab zu betreten.[78] Auch die Niqab tragende Dame, die einer Bankschalterhalle verwiesen wurde, wird für ihre «traumatisierende» Erfahrung kaum Mitleid finden.

4. Organisation und Teilhabe

Die Entwicklung größerer Organisationen wurde bereits oben (S. 117 ff.) beschrieben. Hier soll es nun um die rechtlichen Rahmenbedingungen gehen, innerhalb derer sich Selbstorganisation und damit verbundene Teilhabe abspielen. Die damit verbundenen, teils sehr komplexen juristischen Details wurden in zahlreichen fachspezifischen Publikationen ausführlich erörtert.[79] Sie waren und sind auch noch Gegenstand der DIK. Die Entwicklung befindet sich immer noch im Fluss, weshalb hier nur die auch gesellschaftsrelevanten Grundzüge angesprochen werden sollen.

Die Bildung religiöser Organisationen ist ein wesentliches Element der verfassungsmäßig garantierten kollektiven Religionsfreiheit. Muslimen stehen hierfür neben rechtlich informeller Zusammenarbeit alle Organisationsformen offen, die das deutsche Recht bereithält. Der Islam muss sich dabei nicht etwa «verkirchlichen». Es gilt nur, die für alle gleichermaßen geltenden organisatorischen und inhaltlichen Anforderungen zu erfüllen.[80] Bislang bedienen sich die meisten Organisationen, insbesondere Moscheevereine, der leicht zu erfüllenden Form des eingetragenen Vereins (e. V.). Wenn dessen Gemeinnützigkeit anerkannt ist, können Mitgliedsbeiträge und Spenden steuermindernd geltend gemacht werden, was erfahrungsgemäß die Zahlungsbereitschaft in allen Bevölkerungskreisen deutlich erhöht. Auch die Einrichtung von Stiftungen ist möglich.

Ein verfassungsrechtliches Spezifikum stellt die Körperschaft des öffentlichen Rechts (KdöR) dar.[81] Art. 140 GG in Verbindung mit Art. 137 Abs. 5 der Weimarer Verfassung von 1919 eröffnet Religionsgemeinschaften diese Organisationsform, wenn sie durch ihre Verfassung und die Zahl ihrer Mitglieder die Gewähr der Dauer bieten. Die KdöR genießt besonders weitreichende Rechte, z. B. das Besteuerungsrecht mit Hilfe staatlicher Finanzämter, umfangreiche Steuerprivilegien, erweiterten Schutz eigener Betätigung (Zeugnisverweigerungsrechte, besondere staatliche Rücksichtnahmepflichten), Teilhaberechte im öffentlichen Leben (Rundfunkrecht, Jugendfürsorge), Dienstherrenfähigkeit und Disziplinargewalt sowie das Parochialrecht (Inanspruchnahme zuziehender Angehöriger der Religionsgemeinschaft als Mitglied).

Die Verleihung solcher Rechte setzt selbstverständlich Rechtstreue der Religionsgemeinschaft voraus. Insbesondere muss sie die Gewähr dafür bieten, dass sie die übertragene Hoheitsgewalt nur im Einklang mit Verfassungsrecht und sonstigem Gesetz ausüben wird und dass ihr künftiges Verhalten die fundamentalen Verfassungsprinzipien, dem staatlichen Schutz anvertraute Grundrechte Dritter und die Grundprinzipien des freiheitlichen Religions- und Staatskirchenrechts Deutschlands nicht gefährdet. Eine weitergehende Staatsloyalität ist nicht erforderlich.[82] Als erste muslimische Organisation hat die Ahmadiyya Muslim Jamaat

2013 in Hessen und dann in Hamburg den Körperschaftsstatus erlangt (vgl. S. 145). Prüfverfahren laufen 2016 in Nordrhein-Westfalen nach dem neuen Körperschaftsstatusgesetz in Bezug auf DİTİB, VIKZ, Islamrat und ZMD.

Entgegen verbreiteten Fehlinformationen ist der Körperschaftsstatus für wichtige Kooperationsformen zwischen Staat und religiösen Organisationen und für andere Teilhaberechte nicht erforderlich. In vielen Gesetzen ist vielmehr von der Religionsgemeinschaft oder (inhaltlich deckungsgleich) der Religionsgesellschaft die Rede. Das betrifft etwa die Kooperation bei der Durchführung des konfessionellen Religionsunterrichts in den Bundesländern, für die Art. 7 Abs. 3 GG anwendbar ist (siehe auch S. 178 ff.). Über die spezifische Anerkennung als KdöR hinaus kennt das deutsche Recht keine allgemeine Anerkennung religiöser Organisationen,[83] sondern nur die beiläufige Überprüfung, ob eine Organisation die Voraussetzungen einer Religionsgemeinschaft im jeweiligen konkreten Rechtskontext erfüllt. «Der Islam» ist rechtlich ebenso wenig anerkennungsfähig wie «das Christentum».

Die inhaltlichen Voraussetzungen für die Einstufung als Religionsgemeinschaft korrespondieren mit dem jeweiligen faktischen Kontext. Für eine Religionsgemeinschaft im Sinne des § 4 a Abs. 2 Tierschutzgesetz (Beantragung einer Ausnahmegenehmigung für religiös-rituelles Schlachten) bedarf es keines größeren organisatorischen Aufwandes; deshalb genügt schon eine Gruppe von Menschen, die eine gemeinsame Glaubensüberzeugung verbindet.[84] Völlig anders stellt sich die Lage beim islamischen Religionsunterricht dar. Hier geht es um die Organisation eines Unterrichtsfaches für Hunderttausende von Schülern und der Ausbildung von tausenden von Lehrkräften. Hier bedarf es klar konturierter und stabiler Organisationen als Kooperationspartner.[85]

Wie bei anderen Religionsgemeinschaften ist konfessionelle Vielfalt möglich und rechtlich zu respektieren. Die Bildung eines einheitlichen «Ansprechpartners» kann nicht gefordert werden, wenngleich Zusammenschlüsse schon deshalb sinnvoll sein können, weil damit rechtliche Mindestanforderungen, z. B. bei Mindestschülerzahlen für den Religionsunterricht, leichter erfüllt werden können. Andererseits stehen Zusammenschlüsse organisatorischer (Dachverbände) und inhaltlicher Art selbstverständlich ebenso offen. Es wäre absurd, die Fortführung historisch gewachsener konfessioneller Unterschiede rechtlich einzufordern, wenn die Beteiligten sich entschließen, solche Unterschiede zu überbrücken. So genügt beispielsweise die Berufung auf «Koran und Sunna» zur Beschreibung des religiösen Profils,[86] auch wenn andere Organisationen sich gleichfalls darauf stützen.

Die Kooperation zwischen Staat und Religionsgemeinschaften lässt sich ebenso auf der Basis von Staatsverträgen bzw. verwaltungsrechtlichen Verträgen organisieren. Derartige Verträge haben 2012/2013 die Bundesländer Bremen und Hamburg[87] mit der Schura Bremen bzw. der Schura Hamburg, den DİTİB-Landesverbänden Niedersachsen und Bremen bzw. Hamburg und dem VIKZ sowie separat mit der Alevitischen Gemeinschaft Deutschland und einzelnen alevitischen Vereinigungen geschlossen. Niedersachsen will 2016 folgen, in weiteren Bundesländern wird verhandelt.[88] Die Verträge beinhalten – entsprechend den unterschiedlichen verfassungsrechtlichen Bedingungen in diesen Ländern – Regelungen und Absichtserklärungen über Feiertage, Bildungswesen, religiöse Betreuung in besonderen Einrichtungen, Betrieb von Moscheen, Bestattungswesen usw. Auch wenn die Verträge keine grundlegend neuen Regelungen enthalten, so sind sie doch von erheblicher Bedeutung gerade für die Verwaltungspraxis und damit für die Alltagserfahrung gelebten Rechts. In einem islamskeptischen Umfeld ist es für den einzelnen Entscheidungsträger vor Ort eine immense Entlastung, wenn ein deutlich formulierter und rechtlich abgesicherter politischer Wille erkennbar wird, die religiösen Rechte von Muslimen effizient durchzusetzen. Für die muslimischen Communities sind andererseits die klar übernommenen Verpflichtungen eine gute Grundlage für die interne Kommunikation und Entscheidungsfindung.

Die Entwicklung islamischer Organisationen entspricht weitgehend der Migrationsgeschichte eines großen Teils der muslimischen Bevölkerung. Aus informellen Zusammenschlüssen entwickelten sich zunächst lokale und später regionale Strukturen, schließlich auch bundesweit agierende Organisationen und Dachverbände. Inhaltlich lässt sich bei vielen Organisationen eine Entwicklung von Migrantenvereinigungen mit auch religiösen Anliegen hin zu deutschen religiösen Organisationen mit unterschiedlich starken ethnisch-kulturellen Prägungen erkennen. Was die Kooperation mit dem Staat betrifft, so dominieren 2016 noch Modellversuche als Zwischenlösungen; mehr und mehr wird jedoch die rechtliche «Vollstufe» von Religionsgemeinschaften im Sinne der jeweiligen Gesetze erreicht. Modellhaft lässt sich die Organisationsbildung so erfassen:

Lokale Strukturen	Zwischenstufe (verfestigte Übergangsstrukturen)	Endstufe
Ethnisch orientiert, migrantisch geprägt		Religionsorientierung bei noch vorhandenem ethnisch/kulturellem Bezug
Meist e.V.; informell	Kooperationsmodelle	Deutsche Religionsgemeinschaften und religiöse Vereine/ Vereinigungen

Neben den genannten, rechtlich deutlich regulierten Modellen für die Kooperation zwischen Staat und Religionsgemeinschaften wurde insbesondere seit der Jahrhundertwende auf den Ebenen von Bund, Ländern und Kommunen eine Vielzahl von meist informellen Formen des Austauschs und der Kooperation entwickelt. Sie reichen von diversen lokalen und landesweiten «Runden Tischen» und Foren bis hin zur 2006 vom Bundesministerium des Innern eingerichteten Deutschen Islam Konferenz (DIK), die mittlerweile in der dritten Legislaturperiode mit jeweils veränderter Teilnehmerstruktur und Themenwahl tagt. Ausführliche Informationen über Zielsetzungen, Teilnehmer, Themen und Ergebnisse sowie reichhaltige Materialien sind auf der Website der DIK abrufbar.[89] Befürworter und auch viele Kritiker sind sich zumindest darin einig, dass schon allein die Einrichtung der DIK und die damit verbundene politische Signalwirkung positive Effekte ausgelöst und wichtige Impulse für die Umsetzung von Projekten in Ländern und Kommunen gegeben hat. Außerdem wurden viele Missverständnisse dadurch ausgeräumt, dass die staatliche wie die muslimische Seite die Anliegen der anderen Seite oft erstmals kennenlernen und einschätzen konnte. Der Verfasser hörte wiederholt den Satz: «Wir kommen hier anders heraus als wir hineingegangen sind.» Auch im Ausland hat die Arbeit der DIK große Beachtung gefunden.[90] Der Verfasser hat selbst in einigem Umfang an der DIK mitgewirkt und enthält sich deshalb einer Bewertung. Im Übrigen genügt die Feststellung, dass manche Stellungnahmen Außenstehender, aber auch absprachewidrige öffentliche Äußerungen einzelner Teilnehmer erheblich mit dem tatsächlichen Verlauf kontrastieren.

In manchen Bundesländern befassen sich Integrationsministerien unter anderem mit Islamthemen und bieten Plattformen für Informationsaustausch und Kooperation. In einzelnen Großstädten wie Frankfurt a. M. (Amt für Multikulturelle Angelegenheiten) und München (Stelle für interkulturelle Arbeit) wurden städtische Einrichtungen geschaffen. Die kommunale Ebene ist von entscheidender Bedeutung für Kooperation und Teilhabe im Alltag; viele erfolgreiche Projekte beruhen auf dem außergewöhnlichen Engagement einzelner Personen. Die Kooperationsstruktur wird in hohem Maße von lokalen und personellen Gegebenheiten sowie von den konkret beabsichtigten Aktivitäten abhängen. In Metropolen kann die große Zahl potentieller Mitwirkender und die räumliche Nähe Netzwerkarbeit fördern. Für ländliche Räume oder kleinere Gruppierungen sind angepasste Strukturen erforderlich.

Für die Zusammenarbeit bieten sich abhängig von Anliegen, Ressourcen und örtlichen Gegebenheiten verschiedene Handlungsformen an: die Schaffung eigenständiger, religiös homogen strukturierter Organisationen als Netzwerkakteure; Zusammenschlüsse mehrerer muslimischer Organisationen, um gemeinsame Ziele sowie die Förderung freier interner Debatten zu erreichen; die Kooperation einer oder mehrerer muslimischer Organisationen mit staatlichen oder säkular-zivilgesellschaftlichen Akteuren, bei welcher die innerislamische Pluralität zu berücksichtigen ist; interreligiöse Vernetzungsinitiativen; Engagement innerhalb säkularer Organisationen und Netzwerkarbeit auf der Fachebene auch für diejenigen, die sich aus einer religiös-ethischen Haltung sozial engagieren, sich jedoch nicht von den bestehenden religiösen Organisationen repräsentiert fühlen. Nicht zuletzt bieten interreligiöse Initiativen mit örtlich bekannten und ansprechbaren Personen eine sehr gute Basis für Information und die Förderung des zivilgesellschaftlichen Miteinanders. Nur beispielhaft seien die seit 1996 regelmäßig stattfindenden christlich-islamischen Dialogwochen genannt, die wesentlich von den interreligiös arbeitenden Organisationen Brücke-Köprü und Begegnungsstube Medina mitgestaltet werden.

Zur Teilhabe am öffentlichen Leben zählt ferner die Mitwirkung in Gremien oder öffentlichen Veranstaltungen, soweit dort Religionsvertreter präsent sind. Zunehmend werden muslimische Repräsentanten in Rundfunkräte aufgenommen (zuerst 2014 in Bremen); Muslime treten als Sachverständige in einschlägigen Parlamentsdebatten auf oder beteiligen sich an kommunalen Veranstaltungen wie Einweihungen öffentlicher Gebäude. All dies sind Schritte hin zur Normalität des Islam in Deutschland.

Schließlich sind auch religiöse Feiertage Gegenstand der besonders gearteten Teilhabe am öffentlichen Leben. Vereinzelt vorgetragene Forderungen, auch die nichtchristlichen Hochfeste des Islam zu gesetzlichen Feiertagen zu erklären, sind subjektiv verständlich. Sie lassen sich meines Erachtens aber rechtlich nicht erzwingen, auch nicht unter dem Aspekt notwendiger Gleichbehandlung der Religionen im religionsneutralen Staat: Die bestehenden gesetzlichen Feiertage haben zwar weitgehend christliche Wurzeln, sind aber nunmehr überwiegend in einer säkularen

Funktion als gemeinsame Zeiten der Ruhe und des Innehaltens vom Arbeitsleben zu sehen. Damit kommen sie nicht nur denjenigen Christen zugute, die Gottesdienste besuchen wollen, sondern allen Einwohnern gleichermaßen. Andererseits hat die Ausweisung gesetzlicher Feiertage erhebliche ökonomische Konsequenzen insbesondere für Unternehmen. Deshalb ist es nicht zu beanstanden, wenn weiterhin nur diejenigen Feiertage gesetzliche Privilegien genießen, die der Glaubenstradition der immer noch überwältigenden Bevölkerungsmehrheit entstammen.[91]

Zur angemessenen Erfüllung der Bedürfnisse religiöser Minderheiten stehen mehrere rechtliche Wege offen, die auch in der Praxis genutzt werden: z. B. die Einführung geschützter Feiertage mit Befreiungsansprüchen bzw. automatischen Befreiungen für Angehörige bestimmter Religionen, entsprechende «staatsvertragliche» Regelungen oder eine schlichte dahingehende Verwaltungs- und Arbeitsrechtspraxis. So können beispielsweise Muslime in der Regel zu Ende des Ramadan (Fest des Fastenbrechens) und zum Opferfest im Pilgermonat, schiitische Muslime auch zu Aschura, Aleviten zu ihren spezifischen Festtagen Befreiungen von der Schule oder die Einräumung von Urlaub verlangen. Hilfreich für alle Betroffenen wäre es, wenn sich die Muslime in Deutschland darauf einigen könnten, an welchem Tag sie das Fastenende ansetzen.

5. Der Islam in der Schule

Religionsfreiheit gilt auch für den Schulbetrieb.[92] Das hat das Bundesverwaltungsgericht z. B. in einer Grundsatzentscheidung zur Verrichtung des Ritualgebets in öffentlichen Schulen deutlich gemacht.[93] Demnach dürfen Muslime in Pausen oder Freistunden – selbstverständlich nicht während des Unterrichts – die Ritualgebete verrichten, wenn dies die räumlichen Gegebenheiten erlauben und es den Erfordernissen der Schulorganisation nicht entgegensteht. Das gilt ungeachtet des Umstands, dass die meisten Muslime in Deutschland die Ritualgebete aus unterschiedlichsten

Gründen zumindest nicht fünfmal täglich verrichten. In vielen Fällen dürften sie entweder den religiösen Ritualen geringere Bedeutung zumessen oder aufgrund äußerer Faktoren verhindert sein; auch wird die gemeinsame Verrichtung von Mittags- und Nachmittagsgebet bzw. von Abend- und Nachtgebet, wenn es die Umstände verlangen, weitestgehend für zulässig gehalten.[94] Die Religionsfreiheit bemisst sich aber nicht nach der Mehrheitsauffassung. Wie erwähnt darf der säkulare Staat unterschiedliche Interpretationen nicht bewerten. Zudem sind nach der zumindest theoretisch vertretenen Mehrheitsauffassung religionsmündige Muslime grundsätzlich religiös verpflichtet, die fünf täglichen Ritualgebete zu verrichten, für die bestimmte Zeitfenster gelten.[95] In der Praxis geben nach nicht repräsentativen Befragungen des Verfassers religiös gebildete Muslime wie Imame oder Lehrer regelmäßig den Rat, die Gebete außerhalb der Schule/Schulzeit zu verrichten, mit dem Argument, der Erwerb einer soliden Schulausbildung ohne vermeidbare Konflikte sei auch in religiöser Sicht stärker zu gewichten als die zeitgenaue Verrichtung religiöser Riten.

In keinem Fall kann der Aufruf zu politisch-demonstrativem Beten in der Schule und der Druck auf Mitschüler geduldet werden.[96]

Wiederholt war die religiös motivierte Befreiung von bestimmten Schulfächern Gegenstand rechtlicher Auseinandersetzungen. Hierbei sind der schulische Erziehungs- und Bildungsauftrag mit der Religionsfreiheit und dem elterlichen Erziehungsrecht abzuwägen.[97] Der Staat darf unabhängig von den Eltern auch eigene Erziehungsziele verfolgen, wobei er Neutralität und Toleranz gegenüber den erzieherischen Vorstellungen der Eltern aufbringen muss. Der staatliche Auftrag umfasst selbstverständlich auch das Ziel, verantwortliche Staatsbürger herauszubilden, die gleichberechtigt und verantwortungsbewusst an den demokratischen Prozessen in einer pluralistischen Gesellschaft teilhaben können und denen auch soziale Kompetenz im Umgang mit Andersdenkenden zukommt. Damit wäre eine Abschottung der Schülerinnen und Schüler von den in der Gesellschaft vertretenen moralisch-ethischen und religiösen Positionen nicht vereinbar. In diesem Zusammenhang darf der Staat auch der Entstehung religiös oder weltanschaulich motivierter «Parallelgesellschaften» entgegenwirken und stattdessen eine Kultur gelebter Toleranz einüben.[98] So bleibt die Befreiung vom Unterricht ein Ausnahmefall.

Insgesamt nur sehr wenige muslimische Schüler[99] stellen Anträge auf Unterrichtsbefreiung, meist handelt es sich um muslimische Schülerinnen, die von der Teilnahme am koedukativen Schwimm- oder sonstigen Sportunterricht befreit werden sollen. Die ältere Leitentscheidung des Bundesverwaltungsgerichts aus dem Jahre 1993[100] hat die Voraussetzungen für eine Befreiung ab Eintritt der Pubertät vergleichsweise großzügig definiert. Ab der Pubertät konnten Eltern/Schülerinnen und Schüler die Befreiung vom koedukativen Schwimmunterricht verlangen. Sie beriefen sich auf eine Auslegung des Islam, die es ihnen verbiete, sich in den in Deutschland üblichen Badeanzügen vor Angehörigen des anderen Geschlechts zu zeigen. Manche sehr patriarchalisch-traditionell gesonnenen muslimischen Vereinigungen boten seither Formulare für Befreiungsanträge an.

Jüngere Verwaltungsgerichtsentscheidungen bis hin zur neuen Leitentscheidung des BVerwG aus dem Jahre 2013[101] fielen zunehmend restriktiver aus.[102] Ein Vergleich einschlägiger Entscheidungen mit christlichem bzw. muslimischem Bezug war bis in die 1990er-Jahre hinein nicht immer konsistent: Muslimische Beteiligte konnten tendenziell leichter ihre Anliegen durchsetzen als christliche. Seither ist eine zunehmende Konvergenz hin zu einer zutreffend restriktiven Handhabung von Befreiungen auch bei muslimischen Beteiligten zu beobachten. Der staatliche Bildungs- und Erziehungsauftrag scheint nun gleich schwer zu wiegen. Diese Entwicklung ist als eine Facette gelungener Integration zu betrachten.

Soweit es nun für Schülerinnen möglich ist, in einem Badeanzug, der den ganzen Körper außer Gesicht, Hände und Füße verhüllt («Burkini»), am Unterricht teilzunehmen, kann keine Be-

freiung verlangt werden. Die Möglichkeit unerwünschter Körper-
kontakte mit Schulkameraden lässt sich durch umsichtige Lehrkräfte und eigenes Verhalten minimieren. Den Anblick von
Klassenkameraden in Badehosen muss man angesichts der Lebensverhältnisse in Deutschland ertragen. Die Schule bildet insofern die alltägliche Lebensumwelt ab, mit der umzugehen man
lernen muss. Das gilt nach der Auffassung der Gerichte übrigens
umgekehrt auch für muslimische Schüler.[103] Andererseits ist die
Bedeutung des Schwimmunterrichts für alle Schülerinnen und
Schüler noch gestiegen, da immer weniger Kinder das Schwim-
men von den Eltern oder in Vereinen erlernen.

Ein sowohl im christlichen als auch im muslimischen Spektrum
gelegentlich anzutreffender Konflikt betrifft die Sexualkunde. Im
Hinblick auf christliche Antragsteller hatte die Rechtsprechung
wiederholt Gelegenheit zur Stellungnahme.[104] Die hierbei entwickelten Leitlinien sind auf die Angehörigen anderer Religionen
übertragbar. Ein sachlich neutraler, altersadäquat gestalteter Sexualkundeunterricht ist von erheblicher Bedeutung, gerade auch
in koedukativer Gestaltung. Bedenken dagegen bestehen von
muslimischer Seite nicht, soweit neutrale Informationen über
Fortpflanzung und Sexualität gegeben werden. Ein angemesse-
ner Sexualkundeunterricht kann jedoch vor Alltagsthemen auch
dann nicht Halt machen, wenn – wie z.B. bei außerehelichen
Geschlechtsbeziehungen, Empfängnisverhütung oder gleichgeschlechtlichen Beziehungen – teilweise massive religiös motivierte
Ablehnung formuliert wird. Sachorientierte Informationen auch
in diesen Bereichen sind für Schülerinnen und Schüler unerlässlich. Dahinter müssen abweichende religiöse Überzeugungen zu-
rücktreten.[105]

Religionsmündige Schüler können sich zudem an das Gebot des
Fastens im Monat Ramadan[106] gebunden fühlen. Von der Mor-
gendämmerung bis zum Sonnenuntergang darf dann weder gegges-
sen noch getrunken werden. Fällt der nach dem Mondkalender
berechnete Ramadan in die Sommerzeit, verkürzt sich die Zeit für
die Nahrungsaufnahme auf wenige Stunden. Oft stehen die Gläu-

bigen schon sehr früh auf, um vor Sonnenaufgang noch etwas zu
sich nehmen zu können. Abends wird – oft opulent – das Fastenbrechen begangen, das eine starke soziale Komponente aufweist.
In den mehrheitlich von Muslimen bewohnten Regionen der Welt
stellt sich das öffentliche Leben anders als in Deutschland auf
diese Sitten ein. Dennoch scheint auch hier die Zahl derer, die sich
am Fasten beteiligen, eher zuzunehmen.[107] Von manchen Schul-
leitungen sind Berichte zu hören, wonach die Konzentrations- und
Leistungsfähigkeit der beteiligten Schülerinnen und Schüler erheblich beeinträchtigt sei.[108]

In Klassen mit hohem Anteil muslimischer Schüler, die sich am
Fasten beteiligen, wird man sicherlich erwägen, Prüfungen nach
Möglichkeit nicht auf die Zeit gegen Ende des Ramadan zu legen,
in der erfahrungsgemäß die Leistungsbeeinträchtigung durch das
Fasten am stärksten wird. Überdies dürfen von körperlich ge-
schwächten Schülern im Sportunterricht keine unzumutbaren
Leistungen gefordert werden. Eine generelle Befreiung vom Schulunterricht über die Festtage nach dem Fastenbrechen hinaus
kommt jedoch nicht in Betracht; der Verlust eines Monats wäre
mit dem staatlichen Erziehungs- und Bildungsauftrag nicht vereinbar. Es kann keinen Rechtsanspruch auf die Befreiung von Prü-
fungsleistungen oder auf reduzierte Arbeitslasten geben. Einerseits ist der zu bewältigende Stoff so umfangreich und sind die
Koordinationsaufgaben für Prüfungen so groß, dass Sonderregelungen organisatorisch nicht in zumutbarer Weise zu bewältigen
wären.

Andererseits ist auch das Gewicht des religiösen Anliegens nicht
sehr hoch zu veranschlagen. Die islamische Normenlehre kennt
den Verhältnismäßigkeitsgrundsatz.[109] Bei den meisten Entscheidungen des Lebens ist zwischen überwiegenden Vor- und Nachtei-
len abzuwägen. Das Fasten soll nach islamischem Selbstverständnis zur inneren Läuterung beitragen und eine vertiefte Gottessicht
ermöglichen. Es darf aber keine dauerhaften Nachteile mit sich
bringen, nicht von ungefähr sind etwa Schwangere und Kranke
vom Fastengebot ausgenommen. Da im Islam der Bildung ein ho-

her Stellenwert beigemessen wird und unabhängig davon zum befriedigenden Bestehen im deutschen Erwerbsleben eine solide Bildungsgrundlage unerlässlich ist, werden die Betroffenen in aller Regel eine Abwägung zugunsten der Leistungsanforderungen treffen können und unterliegen deshalb nicht dem (unmittelbaren) Fastengebot; «versäumte» Tage können später nachgeholt werden. Es mag zwar vereinzelte abweichende Ansichten geben, und der religionsneutrale Staat hat nicht zu bewerten, ob diese «zutreffen» oder nicht. Er kann aber davon ausgehen, dass eine breite Mehrheit der Gläubigen sich auf Auffassungen stützt, die eine Vereinbarkeit mit den äußeren Notwendigkeiten erleichtern und die vereinzelte extreme Ansicht als geringer gewichtig einschätzen in dem Sinne, dass dann tendenziell eher das Individuum die Konsequenzen seiner Auffassung tragen muss und nicht die Allgemeinheit damit belastet werden kann. Auch manche noch nicht religionsmündige Kinder beteiligen sich bereits zeitweise am Fasten, um an die spätere Praxis herangeführt zu werden – teils in extrem traditionellen oder salafistischen Kreisen, aber auch aus Stolz, schon «dazuzugehören». Hier ist allerdings Aufmerksamkeit geboten, wenn die Kinder darunter leiden, und zunächst in Elterngesprächen,[110] notfalls auch mit anderen geeigneten Maßnahmen ein dem Kindeswohl dienliches Ergebnis herbeizuführen. Auch eine Beratung durch muslimische Organisationen ist zu begrüßen.

6. Islamische Seelsorge

Erste Anfänge muslimischer Seelsorge in Deutschland gehen auf das preußische Heer im 18. Jahrhundert zurück. Dem königlich preußischen Bosniakenkorps stand zur Zeit Friedrichs des Großen ein Heeres-Imam namens Osman zur Verfügung.[111] Auch in den Weltkriegen wurden die muslimischen Soldaten seelsorgerlich betreut. All dies blieb punktuell und änderte sich erst seit den 1960er-Jahren.

Neuere Initiativen zur Etablierung muslimischer Seelsorgeein-

richtungen wurden in den Jahren nach 2000 ergriffen, nachdem
sich breitflächig die Erkenntnis durchgesetzt hatte, dass eine große
Zahl von Muslimen dauerhaft in Deutschland leben würde. Eine
sehr nachgefragte Einrichtung ist beispielsweise das Berliner Muslimische Seelsorge Telefon (MuTeS), das 2009 als Kooperations-
projekt zwischen der Trägerorganisation Islamic Relief Humanitäre Organisation in Deutschland e.V., dem Diakonischen Werk
Berlin-Brandenburg-schlesische Oberlausitz e.V. und dem Caritas-
verband für das Erzbistum Berlin e.V. gegründet wurde. 81 qua-
lifizierte ehrenamtliche Seelsorger (Stand Juli 2015) bieten ihre
Hilfe im ganzen Jahr rund um die Uhr auf Deutsch und nach Ab-
sprache auch in anderen Sprachen wie Türkisch, Arabisch, Urdu,
Englisch, Französisch oder Spanisch an. Im Juli 2015 ging dort
der 25 000ste Anruf ein. Das Spektrum der Anliegen deckt sich im
Wesentlichen mit dem vergleichbarer Einrichtungen: Probleme im
familiären, partnerschaftlichen oder zwischenmenschlichen Bereich, depressive Verstimmungen, psychische oder physische Erkrankungen und Suchtprobleme, ferner (ca. 5% der Anrufer)
Suizidabsichten oder Gewalterfahrungen.[112] Die Alevitische Akademie Mannheim hat im Mai 2015 eine Telefonseelsorge-Hotline
unter einer kostenfreien Rufnummer eingerichtet.[113]

Genuin religiöse Aspekte stehen oft eher im Hintergrund. Dennoch können säkulare oder christliche Angebote nicht jeden Bedarf decken. Zudem bildet sich auch hier die Migrationsgeschichte
vieler Muslime dadurch ab, dass Angebote in vielen Sprachen der
Herkunftsländer bereitgestellt werden. Das ist nicht nur wegen
der erleichterten sprachlichen Verständigung wichtig, sondern
auch aufgrund eines besseren Verständnisses von Zwischentönen
und Kommunikationsmustern. Dabei scheint es nicht erforderlich
zu sein, rein muslimische Trägerorganisationen zu schaffen. Beispielsweise gibt es in Solingen ein Kooperationsmodell der evangelischen und katholischen Notfallseelsorge mit muslimischen,
durch die Christlich-Islamische Gesellschaft in Köln ausgebildeten ehrenamtlich Tätigen.[114]

Rechtlich unproblematisch sind Einrichtungen wie das Notfall-

telefon in Berlin oder die seelsorgerliche Betreuung in Kranken-
häusern, sofern diese sich bereit erklären, sich für derartige Projekte zu öffnen. Hier hat beispielsweise die Stadt Wiesbaden mit
dem von der Stadt und der EU geförderten Projekt MUSE (Muslimische Seelsorge) ab 2008 in einer großen Klinik und in der Ju-
stizvollzugsanstalt Pionierarbeit geleistet.[115] Das Projekt hat in
zahlreichen anderen Städten Interesse geweckt und wurde z. B. in
Augsburg (MUSA) stadtspezifisch umgesetzt, dort nun auch spezifisch für Flüchtlingsfrauen.[116]

Das Angebot umfasste etwa Einzelgespräche in zwölf Sprachen,
die von den meist weiblichen Seelsorgehelfern geführt wurden,
Angehörigenunterstützung, Sterbebegleitung, Hilfestellungen bei
Arzt-Patientengesprächen sowie interkulturelle Fort- und Weiter-
bildungen für die 23 mitwirkenden Personen aus verschiedenen
Staaten im Alter von 23 bis 63 Jahren. Der Bedarf war offensichtlich, was sich in der Zahl von 3953 Klientenbesuchen im Zeitraum von 2010–2013 niederschlug. Einige Bedeutung kam der
spezifischen religiösen Komponente zu: In einer qualitativen Erhebung (n=357) gaben 46% der Befragten an, religiöse Themen
seien im Gespräch «sehr wichtig oder wichtig», 22% «teils, teils».
Durch «professionalisierte Ehrenamtlichkeit» konnte die erforderliche Qualitätssicherung gewährleistet werden. Zum Erfolg
dürfte die breite Unterstützung durch die Stadt auf der Basis der
2007 getroffenen Integrationsvereinbarung und die Einbindung
eines Fachbeirats mit engagierten Vertretern der lokalen Verwaltungen und Kirchen beigetragen haben. Auf deren Expertise
konnte nicht zuletzt bei der praktischen Umsetzung – Wie erreicht
man etwa die möglicherweise Interessierten? – zurückgegriffen
werden. Weiterer Bedarf ist erkennbar. Umso wichtiger erscheint
eine professionelle Ausbildung und Begleitung ehrenamtlich Tätiger. Thomas Lemmen, Nigar Yardim und Joachim Müller-
Lange[117] haben ein sehr hilfreiches «Kursbuch zur Ausbildung
Ehrenamtlicher» zur Notfallbegleitung für Muslime und mit
Muslimen vorgelegt. Auch das Mannheimer Institut für Integration und Interreligiösen Dialog e. V. engagiert sich in der Seelsor-

gerausbildung, seit 2016 auch im Bereich der Gefangenenseelsorge in Kooperation mit dem Land Baden-Württemberg.[118]
Rechtlich und in der praktischen Abwicklung schwieriger, aber
von nicht geringerer Bedeutung, ist die Seelsorge für die beträchtliche Zahl muslimischer Inhaftierter.[119] Sie wird mancherorts
schon seit längerem in improvisierter Form angeboten, aber erst
seit den 2010er-Jahren professionalisiert und rechtlich abgesichert. Allzu improvisierte Lösungen können das Gegenteil des Ge-
wünschten bewirken. So ist dem Verfasser ein Fall bekannt, in
dem ein Imam, der auf der Gefährderliste des zuständigen Lan-
desverfassungsschutzes geführt wurde, in einer JVA als Seelsorger
eingesetzt wurde. In einem anderen Fall eröffnete ein Imam einem
jungen Inhaftierten, der stark tätowiert war, dass er solcherart
verstümmelt nicht Eingang ins Paradies finden werde; Professionalisierung ist also dringend erforderlich.[120] Hierzu zählt ein Bündel von Kompetenzen: von Techniken offener Gesprächsführung
über die Kenntnis von Bedeutung und Grenzen der eigenen Arbeit
bis hin zu inhaltlichen Fragen theologischer Natur. Letzteres, insbesondere der Umgang mit Schuld, Reue und Vergebung, unterscheidet sie von anderen psychologischen oder karitativen
Zugängen im Sinne allgemeiner Lebenshilfe. Nun scheinen sich
muslimische Gefangene in vielen Fällen auch an die vorhandenen
christlichen Seelsorger zu wenden.[121] Selbst wenn dadurch individuell geholfen werden mag, ersetzt dies doch nicht generell den
Zugang zu einer seelsorgerlichen Betreuung durch Glaubensange-
hörige.

Inhaltlich richtet sich die Seelsorge primär auf die individuellen
Bedürfnisse der Gefangenen. Dennoch kann ihr auch ein darüber
hinausreichender Präventionserfolg zukommen. Wenngleich eine
staatliche Instrumentalisierung der Seelsorge für derartige Zwecke ausscheiden muss, so stellt erfolgreiche Prävention doch einen
mehr als wünschenswerten Begleiteffekt dar. Aber können religiöse Einstellungen tatsächlich solche Effekte erzielen, oder muss
man nicht eher das Gegenteil vermuten?
Verbreiteten Vermutungen steht wenig Faktenmaterial gegen-

über. Umso hilfreicher ist die von Giebel und Rainer vorgelegte
Zusammenfassung einer bislang unerreicht breit angelegten Studie in Rheinland-Pfalz.[122] Sie beinhaltet eine Untersuchung der
Entlassungsjahrgänge 1996–2000 aus dem dortigen Jugendstrafvollzug[123] im Hinblick auf eine mögliche Beziehung zwischen er-
neuter Straffälligkeit[124] und Religionszugehörigkeit bzw. Immigration (kulturelle Faktoren). Die Aufschlüsselung nach der
Religionszugehörigkeit ergibt ein manche überraschendes Ergebnis: Erneute Straffälligkeit (in Form jeglichen strafrechtlich relevanten Eintrags) betraf 78,8 % der Katholiken (130), 88,8 % der
Protestanten (87), 64,1 % der Muslime (66) und 87,1 % der Be-
kenntnislosen (27). Insgesamt gehen die Autoren von einem sig-
nifikanten Zusammenhang zwischen Religionszugehörigkeit und
Rückfallwahrscheinlichkeit aus, bei Rückfälligkeit in Form einer
Freiheitsstrafe nur von einer Tendenz. Wenngleich diese Zahlen
sicherlich ohne weitere, noch breiter angelegte Untersuchungen
nicht als repräsentativ gelten können, bieten sie doch eine gute
Grundlage zumindest für deutliche Tendenzaussagen zugunsten
möglicher Präventionseffekte.

Andererseits können religiöse Einstellungen auch das Gegenteil
im Sinne einer Radikalisierung bewirken. Radikalisierungsten-
denzen finden sich unter allen Gruppen von Gefangenen. Religiös
begründete Radikalisierung ist insgesamt wohl eher eine Ausnahmeerscheinung. Das gilt auch für muslimische Häftlinge. Dennoch: Es gibt ernst zu nehmende Hinweise darauf, dass religiöser
Extremismus bei manchen auf fruchtbaren Boden stößt, wie etwa
bei den Tätern, die die Anschläge in Paris im Januar 2015 verübten. Der Anschluss an solche Gruppen mag neben einem positiven
Gefühl der Zusammengehörigkeit zusätzlich Sicherheit im Hinblick auf die hierarchische Ordnung unter Gefangenen vermitteln.

Ein in Hessen tätiger Imam hat in einem persönlichen Gespräch
berichtet, dass inhaftierte religiöse Extremisten («Hobby-Salafis-
ten») mit einer kruden, aggressiven Interpretation ihrer Religion
Anhänger um sich scharten und besonders dann erfolgreich seien,
wenn keine authentischen Gegenstimmen gehört werden könn-

ten. Solche Ideologen stützen sich häufig auf weltpolitische Entwicklungen, die sie als gezielten Angriff auf den Islam deuten. Im Übrigen kann auch die spürbar werdende Ablehnung des Islam durch manche JVA-Bedienstete zur Radikalisierung beitragen.

Beispielhaft seien hier gleichfalls Daten und Erkenntnisse aus dem Wiesbadener MUSE-Projekt benannt. In der JVA Wiesbaden sind heranwachsende und junge erwachsene Straftäter aus ganz Hessen im Alter von ca. 18–24 Jahren inhaftiert (180 Haftplätze). Als Seelsorger wurde ein Imam/muslimischer Seelsorger und ausgebildeter Islamwissenschaftler und Ethnologe engagiert. Angesichts der Zahlenverhältnisse in Bezug auf die Glaubensangehörigkeit der Gefangenen (katholisch 50, evangelisch 67, muslimisch 94, andere oder keine 46)[125] war der Bedarf unstreitig.

Der in der JVA tätige muslimische Seelsorger beschrieb seine Tätigkeit und das Erreichte wie folgt:[126] Im Zeitraum vom 1. September 2008 bis 31. Dezember 2012 unternahm er bei 40–60 Teilnehmern etwa 360 Besuche, verrichtete rund 260 Freitagsgebete und führte mehr als 500 Gespräche, meist auf Deutsch.[127] Entgegen den ursprünglichen Erwartungen des Seelsorgers war das Interesse der Gefangen an seinen Angeboten groß und dauerhaft. Er sei anders als die Sozialarbeiter und das übrige JVA-Personal nicht als staatlicher Vertreter, sondern als Angehöriger derselben Religion wahrgenommen worden. Dies habe von vornherein trotz sehr unterschiedlicher Sozialisation eine gewisse Vertrauensbasis geschaffen.

Für viele muslimische Gefangene stelle die Religion das wichtigste Identitätsmerkmal dar, obgleich sie meist nur über geringes Wissen über den Islam verfügten. Die Etablierung muslimischer Seelsorge habe das Gefühl der gesellschaftlichen Diskriminierung verringert. Auch könne der Seelsorger eine Vorbildfunktion übernehmen, die die Väter aufgrund der jeweiligen Lebensverhältnisse nicht (mehr) einnehmen würden. Insgesamt habe er bei ganz unterschiedlichen Problemen helfen können, von inhaltlichen Fragen über Dschihad und Terrorismus im Namen des Islam und das Verhältnis zum Judentum bis hin zur menschlichen Begleitung bei

Verlust eines Angehörigen, zu bevorstehender Scheidung, Abschiebung der Mutter mit Blutrachedrohungen im Herkunftsland. Bedenklich sei aus seiner Sicht, dass die häufig nachgefragte religiöse Literatur in deutscher Sprache von den intoleranten und teils extremistischen Richtungen des Salafismus und des saudiarabischen Wahhabismus dominiert sei und oft kostenlos zur Verfügung gestellt werde. So kursierten auch in der JVA Wiesbaden Schriften des extremistischen Predigers und Autors Bilal Philips, die vom nicht vorgebildeten Aufsichtspersonal nicht erkannt werden konnten.[128] Inhaltliche Kenntnisse der Religion des Islam und der islamistischen Szene sind also unerlässlich.

In dieser Hinsicht, so Meyer, sei auch einfaches, knapp gehaltenes Themenmaterial zum Schutz vor Islamismus und Fundamentalismus nötig. Ein weiteres Postulat sei die Fortsetzung der Betreuung nach der Haftentlassung, die eine zusätzliche Anlaufstelle erfordere. Es ist bekannt, dass salafistisch-extremistische Kreise gezielt versuchen, Gefangene zu Märtyrern zu stilisieren und um sie zu werben. Der kurze, inhaltsreiche Bericht Meyers schließt mit einer deutlichen Warnung vor erstarkten salafistischen Bestrebungen in den Justizvollzugsanstalten, denen man entgegentreten müsse.

In Niedersachsen wurde 2012 ein Vertrag zwischen der Landesregierung und muslimischen Verbänden geschlossen, der der muslimischen Seelsorge klare institutionelle Konturen verleiht.[129] Professionalisierung, stabile Kooperation, gesicherte Finanzierung und klare rechtliche Rahmenbedingungen,[130] z. B. im Hinblick auf das seelsorgerliche Zeugnisverweigerungsrecht (§ 53 Abs. 1 Nr. 1 StPO), sind essentielle Bestandteile einer künftig flächendeckend zu errichtenden seelsorgerlichen Infrastruktur. Die dritte DIK befasst sich seit 2016 im Schwerpunkt mit diesem Thema.

7. Das Sozialrecht

Aus religiösen Verpflichtungen können Ansprüche auf Gewährung von Sozialleistungen entstehen. So müssen Kosten für die rituelle Beschneidung von Knaben (einschließlich einer schlichten Feier im kleinen Kreis in zeitlichem Zusammenhang)[131] und erforderliche Bestattungskosten (z. B. für die rituelle Leichenwaschung[132] und die Einkleidung des Leichnams) übernommen werden. Angesichts der bereits vorhandenen muslimischen Gräberfelder dürfte die Überführung in das islamische Herkunftsland nicht erforderlich im sozialhilferechtlichen Sinne sein.[133] Dies gilt auch bei größerer räumlicher Entfernung, weil der Islam den Besuch von Gräbern Verstorbener nicht vorschreibt.

In anderen Fällen können religiös begründete Verhaltensweisen Hilfsbedürftigkeit auslösen. Sozialleistungen werden dann gekürzt oder ganz verweigert, wenn die Bedürftigkeit selbstverschuldet ist. Bei Prüfung dieser Voraussetzung ist wiederum das Grundrecht auf freie Religionsausübung zu berücksichtigen. Allerdings ist auch hier zu beachten, dass die religiöse Begründung nachvollziehbar sein muss. Die Behauptung, als Frau aus religiösen Gründen keiner Tätigkeit außer Haus nachgehen zu dürfen, genügt dieser Anforderung nicht. Es ist schon höchst fraglich, ob sich diese Behauptung islamisch begründen lässt. Letztlich kommt es darauf aber nicht an. Im klassischen wie modernen islamischen Recht existiert der wichtige Rechtsgrundsatz, wonach im Notfall «eigentlich» geltende Vorschriften nicht eingehalten werden müssen.[134] Auch wenn nach der individuellen Glaubensüberzeugung entgegen der Mehrheitsmeinung die außerhäusliche Tätigkeit im Grundsatz nicht zulässig ist, ist ein solcher Notfall in diesem Zusammenhang sicherlich gegeben. Vergleichbar wurde einer Niqab tragenden Frau die Sozialunterstützung verweigert, weil sie sich damit ohne hinlängliche Begründung aus dem Arbeitsmarkt ausschloss.[135]

Auch internationale rechtliche Wertungsunterschiede schlagen sich im Sozialrecht nieder. So lehnt das deutsche Recht polygame Ehen ab, die in vielen islamisch geprägten Staaten trotz Einschränkungen noch rechtlich zulässig sind.[136] Der bewusste Versuch, sie im Inland standesamtlich zu schließen, ist sogar gemäß § 172 StGB strafbar. Frauen aus solchen im Ausland wirksam geschlossenen Ehen, die auf ihre daraus resultierenden Rechte vertrauen, sollen diesen Schutz jedoch auch in Deutschland nicht verlieren, soweit es um Ansprüche gegen den Ehemann geht und nicht um Belastungen der Allgemeinheit (einschließlich des Familiennachzugs).[137] Deshalb wurde die Regelung in § 34 Abs. 2 SGB I getroffen, wonach Ansprüche mehrerer Ehegatten auf Witwenrenten anteilig geteilt werden.[138] Hier geht es nicht etwa um die Finanzierung von Polygamie zu Lasten von Sozialabgabepflichtigen. Vielmehr werden nur die durch eigene Leistungen des Ehemannes erworbenen Ansprüche entsprechend den sozialen Erwartungen der Ehefrauen verteilt. Folgerichtig wäre es verfehlt, eine kostenlose Mitversicherung mehrerer Ehefrauen in der gesetzlichen Krankenversicherung vorzusehen.

Ein in jüngerer Zeit verstärkt auftretendes Phänomen sind bewusst informell, nämlich nur islamisch geschlossene Mehrehen.[139] Aus deutscher Sicht sind diese statusrechtlich unbeachtlich, können aber eine sozialrechtliche Bedeutung bekommen. In aller Regel dürften nämlich Bedarfsgemeinschaften zwischen dem «Ehemann» und allen «Ehefrauen» entstehen. Die Verschleierung dieses Umstandes ist gegebenenfalls als Sozialhilfebetrug zu würdigen, wie bei allen anderen Formen verdeckten informellen Zusammenlebens. Nicht die Lebensbeziehung zwischen mehr als zwei Beteiligten ist hier rechtlich relevant (die Ménage-à-trois ist keine Erfindung des Orients), sondern allein die Vorspiegelung nicht vorhandener Bedürftigkeit zu Lasten der Steuerzahler.

8. Der strafrechtliche Schutz

In einem freiheitlichen säkularen Staat müssen sich auch Religionen scharfer Kritik und satirischer Verspottung aussetzen. Meinungs- und Kunstfreiheit (Art. 5 GG) stehen gleichrangig neben der Religionsfreiheit. Die Wahrung des Religionsfriedens durch Schweigen über Religion, wie es in vielen orientalischen Ländern praktiziert wird, entspricht nicht der Debattenkultur einer freiheitlichen Gesellschaft. In dieser müssen auch grobe Geschmacklosigkeiten ertragen werden. Übergriffe auf Personen, z. B. auf kopftuchtragende Frauen, oder Beleidigungen müssen selbstverständlich nicht hingenommen werden. Daneben verleiht § 166 Strafgesetzbuch religiösen Empfindungen einen Mindestschutz. Nicht Gott wird hier geschützt, wie früher angenommen – hierfür ist eine säkulare Rechtsordnung nicht zuständig, und es herrscht auch die breite Überzeugung unter religiösen Menschen, dass Gott dieses menschlichen Schutzes nicht bedarf. Vielmehr soll der öffentliche Frieden gewahrt werden, der durch die Beschimpfung von religiösen oder weltanschaulichen Bekenntnissen gestört werden kann. Doch auch hier ist eine Abwägung mit der Meinungs- und Kunstfreiheit vorzunehmen.[140]

Die Rechtsprechung macht deutlich, dass nur sehr massive Beschimpfungen geahndet werden, für die es schlechterdings keinerlei berechtigtes Interesse mehr geben kann. Während ein Gericht in eher unergründlicher Weisheit selbst die Beschimpfung einer Religionsgemeinschaft als «Kinderfickersekte» nicht ahnden wollte,[141] wurde immerhin ein serienkrimineller Täter verurteilt, der Toilettenpapier mit dem Stempelaufdruck «KORAN, DER HEILIGE QUR-AN» unter anderem an Moscheen gesandt hatte.[142]

Öffentliche Debatten haben vor allem die 2005 in Dänemark veröffentlichten «Mohammed-Karikaturen» ausgelöst. Viele Muslime empfanden die Karikaturen als verletzend und abstoßend, insbesondere die Darstellung Mohammeds mit einem Turban, aus dem die Lunte einer brennenden Bombe ragt. Die Debatte ist in Deutschland aber insgesamt sehr ruhig verlaufen. Das berechtigte, von den meisten Bürgern Europas geteilte Entsetzen über die Morde an Karikaturisten in Paris, an Künstlern wie Theo van Gogh oder das Attentat auf Kurt Westergaard und die folgenden Kundgebungen aller Art machten deutlich, welche Bedeutung dem umfassenden Schutz der Grund- und Menschenrechte zukommt.

Die Aufgabe bleibt hier, sie im Einzelfall gegeneinander abzuwägen. Im Konfliktfall steht dies letztlich allein dem Gesetzgeber und der Justiz zu: Die Akzeptanz des staatlichen Gewaltmonopols ist eine der erfolgreichsten Errungenschaften der Friedensordnungen in Europa und ist deshalb unverzichtbar. Wer also Schutz gegen tatsächliche oder vermeintliche Übergriffe auf seine Rechte sucht, kann und muss sich der Gerichte und Justizbehörden bedienen. Selbstjustiz ist kriminell. Hingegen muss man sich nicht persönlich mit dem Werk von Karikaturisten solidarisieren, das nach Sicht des Verfassers manchmal witzig-frech religiöse Dogmen und Sitten aufspießt, oft genug jedoch auch religiöse Gefühle vulgär-herabsetzend verletzt. Laizistisches Jakobinertum, das außer dem eigenen Ego nichts Heiliges respektieren kann, ist weder rechtlich noch gesellschaftlich maßstabsbildend. Das gilt gleichermaßen für Schmählyrik mediokrer Selbstdarsteller, die sich als Kunst oder Satire ausgibt. Die Grenzen des Zulässigen werden allein vom Recht gezogen. Heroisierungen sind jedoch fehl am Platz. In solchem Sinne ist es zu empfehlen, sich auf den gemeinsamen Nenner zu einigen: Je suis Rechtsstaat.

9. Mittelbare Wirkungen religiöser Normen im Privatrecht

Arbeitsrecht

Religiöse Normen können nicht nur im öffentlichen Recht wirken, sondern in gewissem Umfang auch im Privatrecht, das im Wesentlichen die Rechtsbeziehungen unter Privatpersonen regelt. Für private Arbeitsverhältnisse gilt sowohl das Allgemeine Gleichbehandlungsgesetz, das gegen Diskriminierung schützt, als auch das Grundrecht der Religionsfreiheit, allerdings nach herrschender Meinung in einer abgeschwächten «mittelbaren» Wirkung:[143] Während der Staat sich nicht auf eigene Grundrechte berufen kann, steht dies privaten Unternehmen im Hinblick auf ihre betrieblichen Interessen bei Einstellung, Bestimmung der Tätigkeit und Kündigung sehr wohl zu. Hierfür bedarf es stets einer Abwägung, ob sachlich plausibel begründete betriebliche Bedürfnisse oder die ebenso sachlich plausibel begründeten Bedürfnisse des einzelnen Arbeitnehmers vorgehen. Das hängt von den jeweiligen Umständen des Einzelfalles ab. Details können hier nicht dargestellt werden.[144] Für die Formulierung leitender Prinzipien ist es jedoch möglich, sich an der seit längerem entwickelten Rechtsprechung zu Konfliktfällen zu orientieren. Seit Jahrhundertbeginn sind einige neuere Leitentscheidungen zu den Anliegen muslimischer Arbeitnehmer ergangen.[145]

Insgesamt kommt den Bedürfnissen des Arbeitnehmers besonderes Gewicht zu, wenn es sich um ein hervorgehobenes religiöses Bedürfnis handelt (alle Religionen kennen Abstufungen), wenn der Arbeitgeber dieses Bedürfnis schon bei der Einstellung kannte und/oder wenn er dem Bedürfnis ohne größeren Aufwand Rechnung tragen kann. Letzteres wird insbesondere dann der Fall sein, wenn es sich um einen Großbetrieb handelt und/oder wenn die Arbeitsleistung des Betreffenden leicht durch andere Kollegen oder zeitlich verschoben erbracht werden kann. So hat das Arbeitsgericht Köln[146] zugunsten einer muslimischen Schulbusbegleiterin entschieden, der die Gewährung von Urlaub während der Schulzeit für die rituelle Pilgerfahrt nach Mekka (Hadsch) verweigert wurde. Der Arbeitgeber hatte bei seiner Ablehnung ignoriert, dass der nächste zeitliche Zusammenfall von Ferien und Hadsch erst 14 Jahre später erfolgen würde und die Arbeitnehmerin ihr behindertes Kind gegenwärtig noch bei ihrer schon betagten Mutter unterbringen konnte. Das Gericht wurde recht deutlich mit seinen Hinweisen auf den evidenten Abwägungsmangel, auch im Hinblick darauf, dass im nicht unwahrscheinlichen Krankheitsfall der Arbeitgeber ebenfalls für eine Ersatzlösung sorgen müsse.

Insbesondere in Fällen, in denen erst eine Änderung der betrieblichen Tätigkeit oder des konkreten Einsatzes im Betrieb den religiösen Konflikt auslöst, stehen Schutzbedürfnisse der Arbeitnehmer oft im Vordergrund. 2011 entschied das Bundesarbeitsgericht zugunsten eines muslimischen Arbeitnehmers, der in einem Supermarkt nach einer Umsetzung in die Getränkeabteilung die Regale mit Alkoholflaschen nachfüllen sollte und dies aus religiösen Gründen verweigerte.[147] Dem Arbeitgeber wurde zu Recht vorgehalten, dass er sich in keiner Weise bemüht hatte, eine andere Be-

tätigung für den Arbeitnehmer zu suchen. Erst nach im Einzelfall
zumutbaren erfolglosen Bemühungen hätte eine Kündigung erfolgen dürfen. Dies ist keineswegs ein muslimisches «Sonderrecht»,
sondern setzt allgemeine arbeitsrechtliche Abwägungsgrundsätze
um.[148] Selbstverständlich gibt es Grenzen des Zumutbaren: Ein
britisches Arbeitsgericht billigte 2008 die Kündigung eines Arbeitnehmers im Parallelfall, nachdem der Arbeitgeber vergeblich nach
zumutbaren Alternativen gesucht hatte.[149] Auffällig ist das massive Medien- und Öffentlichkeitsinteresse in beiden Fällen, während das Massenphänomen der Entlassung von Arbeitnehmern
wegen Alkoholproblemen vergleichsweise geringe öffentliche Aufmerksamkeit genießt.

Andererseits kommt betrieblichen Bedürfnissen dann besonderes Gewicht zu, wenn die Berücksichtigung der Interessen der Arbeitnehmer erheblichen Aufwand bereitet, ihre Tätigkeit deutlich
entwertet wird oder wenn es sich um weniger bedeutsame Gebote
handelt. Besonders gewichtige betriebliche Bedürfnisse stellen Sicherheitsbelange dar, zum Beispiel im Hinblick auf Kleidungsfra-
gen. Auch in Fällen, in denen Arbeitnehmer erst nach der Einstellung ihre religiösen Überzeugungen ändern, wird zumindest für
eine gewisse Übergangszeit der betriebliche Bedarf vorgehen. Weniger Schutz verdienen Arbeitnehmer schließlich dann, wenn sie
die Arbeitsstelle trotz vorhersehbarer Konflikte mit ihren religiösen Überzeugungen übernommen haben; wer Kellner oder Metz-
ger wird, muss den Umgang mit Alkohol oder Schweinefleisch
einkalkulieren.

Im Konfliktfall gilt es auch hier, schlicht das geltende Recht mit
seinen Abwägungsmechanismen anzuwenden.

Rechtliche Besonderheiten gelten für religiöse Organisationen
als Arbeitgeber.[150] Zwar können sich Arbeitnehmer auch hier auf
ihre Grundrechte berufen. Allerdings sind dem durch das Selbstbestimmungsrecht des Arbeitgebers engere Grenzen gesetzt, insbesondere durch den religiös begründeten Verkündigungsauftrag.
Die Rechtsprechung deutscher Gerichte und des EGMR in Straßburg hat hierfür abgestufte Abwägungskriterien entwickelt. Je nä-

her die Tätigkeit der Arbeitnehmer an den Verkündigungsauftrag rückt, desto eher sind Einschränkungen erlaubt, und umgekehrt. Dabei zeichnet sich ein allmählicher, wenngleich nicht völlig einheitlicher Trend in der Rechtsprechung ab, mehr und mehr Tätigkeitsbereiche als eher verkündigungsfern zu definieren, womit der Rechtsposition der Arbeitnehmer höheres Gewicht beigemessen wird.

Zudem dürfte Druck auf die kirchlichen Arbeitgeber dadurch entstehen, dass ihre Tätigkeit in vielen Fällen auf einer staatlichen und internen Mischfinanzierung basiert und sie in manchen Regionen annähernd eine Monopolstellung einnehmen. Andererseits darf nicht vergessen werden, dass entgegen einigen fehlinformierten Stimmen in der Öffentlichkeit die Gläubigen mit ihren Steuern/Beiträgen zu nicht unerheblichen Teilen die Tätigkeit dieser Einrichtungen mitfinanzieren. Es steht jeder Religions- und Weltanschauungsgemeinschaft offen, ihrerseits Einrichtungen zu gründen, die der Umsetzung ihrer religiösen oder weltanschaulichen Grundsätze dienen sollen.

Im Hinblick auf muslimische Beschäftigte wurden bislang vor allem die Religionszugehörigkeit als solche bei Leitungspositionen sowie religiös begründete Kleidung (Kopftuch) Gegenstand rechtlicher Auseinandersetzungen. Im Fall einer muslimischen Krankenschwester entschied das Bundesarbeitsgericht 2014,[151] dass ein Krankenhaus als kirchliche Einrichtung von den Angestellten zumindest religiös neutrales Verhalten während der Dienstzeiten verlangen könne. Deshalb wurde das Verbot, während der Dienstzeiten ein religiös motiviertes Kopftuch zu tragen, als Teil des kirchlichen Selbstbestimmungsrechts anerkannt. Zwar greife dieses Verbot in die durch Art. 4 GG geschützte Religionsfreiheit der Arbeitnehmerin ein. Jedoch überwögen die gegenläufigen Interessen des Arbeitgebers. Die Arbeitnehmerin habe die Vertragsbedingungen einschließlich der besonderen Loyalitätspflichten gegenüber einem konfessionellen Arbeitgeber in einer «christlichen Dienstgemeinschaft» zunächst freiwillig akzeptiert. Auch stehe sie in ständigem direktem Kontakt mit den Patienten und

Arbeitskollegen. Würde der Arbeitgeber die Glaubensbekundungen der Angestellten tolerieren, gerieten der Verkündigungsauftrag und die Glaubwürdigkeit der Kirche ernsthaft in Gefahr, weil Außenstehende den Eindruck gewinnen könnten, die Kirche halte Glaubenswahrheiten für beliebig austauschbar. Damit würde das Selbstbestimmungsrecht im Kern beeinträchtigt.

Insgesamt ist es bemerkenswert, dass angesichts vieler Millionen religiös gebundener Menschen in Deutschland vergleichsweise wenige religionsbezogene Arbeitskonflikte vor Gericht verhandelt werden. In manchen Fällen mag dies daran liegen, dass Arbeitnehmer davor zurückscheuen, dadurch ihren Arbeitsplatz zu gefährden. Es gibt jedoch deutliche Anzeichen dafür, dass in vielen Unternehmen verträgliche alltagstaugliche Lösungen im Sinne aller Beteiligten gefunden werden. Hier haben sich auch Betriebsräte und Gewerkschaften Verdienste in Belegschaften erworben, die für Sonderregelungen, z.B. für Ritualgebetszeiten, zunächst wenig Verständnis aufbrachten – manchmal schlicht nach dem Motto: «Was dem einen die Zigarettenpause ist, ist dem anderen die Gebetspause.»

Vertrags- und Wirtschaftsrecht (Investments)
Ein weiterer Anwendungsbereich religiöser Normen eröffnet sich im Rahmen des sogenannten «dispositiven», also der individuellen Gestaltung zugänglichen Privatrechts. Solche Gestaltungsmöglichkeiten werden insbesondere im Bereich des Vertragsrechts eröffnet, in dem es vorwiegend um die eigenverantwortliche Gestaltung privater Rechtsbeziehungen geht.

Beispielsweise werden mittlerweile Geldanlageformen angeboten, die nicht gegen das streng ausgelegte islamische Verbot des Riba («Wucher»; z.T. als generelles Zinsnahmeverbot ausgelegt) verstoßen.[152] So weicht man zum Beispiel auf scharia-konforme Anleihen (Sukuk) aus, die etwa das Land Sachsen-Anhalt schon 2004 aufgelegt hat.[153] Für Export- oder Immobilienfinanzierungen werden Modelle entwickelt, die die Zinsnahme durch wirtschaftlich äquivalent ausgestaltete Gesellschaftsbeteiligungen[154] ersetzen, oder auf weithin anerkannte Transaktionsformen wie Kettenkaufverträge (Murabaha) mit offengelegten Gewinnspannen. 2015 wurde erstmals eine Vollbanklizenz an eine Bank erteilt (Kuveyt Türk Bank), die sich explizit auf islamische Wirtschaftsmodelle beruft.

Insgesamt ist auch auf islamisches Wirtschaften schlicht das geltende Recht anzuwenden. Insofern wirkt die Debatte um eine Berliner Gewerbeimmobilie, deren muslimische Eigner offenbar den gewerblichen Mietern den Geschäftsbetrieb mit Pornographie, Alkoholverkauf, Zinsnahme u.a. untersagen wollen, etwas überraschend.[155] Gewiss wären derartige Einschränkungen in privaten Mietverträgen weitgehend wirkungslos. Bei gewerblichen Objekten ist die Rechtslage anders. Es ist zweifelhaft, ob es zu den unveräußerlichen Rechten der Bürger zählt, in jeder Gewerbeimmobilie des Landes eine Bank, eine Bar oder ein Bordell vorzufinden. Umgekehrt ist niemand gezwungen, gerade Unternehmen in solcherart geführten Immobilien in Anspruch zu nehmen.

10. Die Anwendung islamischer Rechtsnormen

Rechtliche Normen unterliegen nicht der Religionsfreiheit. Bei ihrer Anwendung herrscht weitgehend das Territorialprinzip: Jeder Staat wendet die ihm eigenen Sachnormen an. Das gilt annähernd uneingeschränkt für das Strafrecht und das gesamte öffentliche Recht, die das Handeln in staatlicher Souveränität und die Aufrechterhaltung unerlässlicher gemeinsamer Verhaltensstandards zum Gegenstand haben. Im Bereich des Privatrechts jedoch gelten Besonderheiten dort, wo das Wohl einzelner Privatpersonen bei der Ordnung ihrer Verhältnisse im Vordergrund steht. Der Verfasser hat die einschlägigen Fragen im Einführungsband zum islamischen Recht (2013) und umfassend im Band zu Geschichte und Gegenwart des islamischen Rechts (3. Aufl. 2011) bearbeitet. Zur Vermeidung von Wiederholungen werden hier nur die Grundzüge der Thematik behandelt.

Internationales Privatrecht

Für «internationale» Sachverhalte, z. B. bei Beteiligung von Ausländern oder bei im Ausland vorgenommenen Rechtsakten, gelten die Normen des sogenannten Internationalen Privatrechts. Sie bestimmen, welches Recht im konkreten Fall als das sachnächste anzusehen und deshalb anzuwenden ist.[156] Grundgedanke ist die Annahme einer prinzipiellen Gleichwertigkeit aller Privatrechtsordnungen. Aus Gründen der Rechtssicherheit soll nicht ohne Not in einmal wirksam entstandene Rechtsbeziehungen eingegriffen werden, auch wenn diese nicht in jeder Hinsicht den Regelungen des deutschen Sachrechts entsprechen. Deutschland ist deshalb wie alle anderen Staaten der Welt dazu bereit, in selbst festgelegtem Umfang fremdes Recht anzuwenden, und damit auch solche staatlichen Rechtsvorschriften, die auf islamischen Grundlagen beruhen.

Der Umstand, dass diese Vorschriften als Bestandteil der Scharia letztlich von Gott als dem Gesetzgeber hergeleitet werden (insoweit übrigens dem israelisch-jüdischen Eherecht vergleichbar), verhindert ihre Anwendbarkeit nicht. Auch islamisch inspirierte staatliche Rechtsnormen sind «Recht» in dem Sinne, dass sie menschliche Beziehungen im Diesseits mit diesseitigen Wirkungen in staatlich geordneten Verfahren regeln. Dies ist zu betonen, weil einzelne Gerichte[157] die Anwendung solcher Normen mit der unzutreffenden Begründung verweigert haben, sie seien religiöser Natur und könnten deshalb nicht von einem säkularen Gericht umgesetzt werden. So kann es dazu kommen, dass deutsche Gerichte beispielsweise ehevertragliche Ansprüche auf Zahlung einer Brautgabe nach iranischem, ägyptischem oder marokkanischem Recht durchsetzen. Weshalb sollte eine Ehefrau nicht Vermögenswerte zur Absicherung nach der Scheidung erhalten können? Auch die vereinbarte Zahlung von Goldmünzen anstelle der Zahlung in einer hochinflationären Währung kann keinen Anstoß erregen, im Gegensatz zu völlig überhöhten Beträgen, die zu einer faktischen Verhinderung jedes Scheidungsanliegens führen würden.[158]

Damit sind jedoch zugleich die Grenzen (sogenannter «ordre public») angedeutet: Wo die Anwendung fremden Rechts zu Ergebnissen führen würde, die unseren rechtlichen Grundentscheidungen widersprechen, endet die Bereitschaft zur Durchsetzung fremden Rechts. Deshalb kann es in Deutschland weder eine – noch dazu nur dem Ehemann vorbehaltene – einseitige Privatscheidung noch eine unflexible, patriarchalisch orientierte Zuordnung des Sorgerechts für Kinder nach Alter und Geschlecht, weder ein Eheverbot zwischen Musliminnen und Nichtmuslimen, wie es dem traditionellen islamischen Recht entspricht, noch die Anerkennung einer Minderjährigenheirat entgegen den Maßstäben des deutschen Rechts geben. Gerade Vorschriften des traditionellen islamisch geprägten Familien- und Erbrechts kollidieren nicht selten mit dem deutschen Sachrecht, z. B. soweit sie ein festes Geschlechterrollenverhältnis meist zum Nachteil von Frauen zementieren oder gegen die Religionsfreiheit verstoßen. Auch hier herrscht jedoch eine Interpretationsvielfalt. In manchen – nicht allen – islamischen Staaten wurden Reformen erkämpft, die die Ungleichbehandlung der Geschlechter und Religionen aufheben oder jedenfalls eindämmen sollen, während andernorts politisierte Rückschritte ins juristische Patriarchat auf den Weg gebracht wurden oder wie in Saudi-Arabien weiterhin das Mittelalter herrscht.[159] Prüfungsgegenstand ist also nur die jeweilige staatliche Ausformung des islamischen Rechts.

Im Übrigen gestattet auch das islamische Recht in gewissem Umfang eine individuelle Rechtsgestaltung, mit deren Hilfe gesetzliche Ungleichheiten gemildert oder beseitigt werden können. Bei internationalen Ehen empfiehlt es sich deshalb dringend, bei grenzüberschreitender Lebensführung Regelungen zu treffen, die den rechtlichen Möglichkeiten aller in Betracht kommenden Rechtsordnungen entsprechen.

Dispositives Sachrecht

Vormals «ausländische» Lebenssachverhalte werden zunehmend zu inländischen. Das hat zweierlei Ursachen. Zum einen reagiert die Gesetzgebung auf den Umstand, dass Deutschland wie viele andere EU-Staaten Einwanderungsland ist. Einwanderungsländer wollen typischerweise vermeiden, dass die Anwendung ausländischen Rechts zum Regelfall wird.[160] Andernfalls geriete die innerstaatliche Rechtsordnung als Maßstab für einen individuellen und gesellschaftlichen Interessenausgleich, mithin als Friedensordnung, in Gefahr. Deshalb wird nicht mehr die Staatsangehörigkeit der Beteiligten als primär maßgeblich angesehen, sondern ihr gewöhnlicher Aufenthalt und damit die deutsche Rechtsumwelt. Zum anderen nimmt die Zahl deutscher Muslime im Lande zu.[161] Die freiheitliche Rechtsordnung Deutschlands eröffnet breite Gestaltungsspielräume durch das sogenannte dispositive Sachrecht. Vertragsinhalte können beispielsweise weitgehend frei vereinbart werden. Grenzen werden auch hier durch zwingendes Recht gezogen.

Praktische Anwendungsfälle finden sich insbesondere im Vertrags-, Ehe- und Familienrecht sowie im Erbrecht. So haben deutsche Gerichte beispielsweise islamrechtlich inspirierte Vereinbarungen über die Zahlung einer Brautgabe in Eheverträgen grundsätzlich gebilligt.[162] Die Grenzen der Gestaltungsmöglichkeiten werden durch die Vorschriften über die Inhaltskontrolle von Verträgen gezogen (z.B. §§ 134, 138 BGB). Die Funktionen solcherart «implementierter» ausländischer Rechtsinstitutionen können sich wandeln. Soweit etwa die islamrechtliche Brautgabe unterhaltsersetzende Funktionen erfüllt, weil das traditionelle islamische Recht nur geringe nacheheliche Unterhaltsansprüche kennt,[163] ist zu prüfen, ob und inwieweit nach Aufenthaltsrecht bestehende Unterhaltsansprüche auf den Zahlungsanspruch hinsichtlich der Brautgabe anzurechnen sind.

In diesem Zusammenhang stellen sich auch Herausforderungen für die interne muslimische Debatte: Wie sind z.B. die koranischen Erbrechtsvorschriften im hiesigen Kontext auszulegen? Soll man am Wortlaut festhalten, der den männlichen Angehörigen das Doppelte dessen zuweist, was vergleichbar verwandten weiblichen Angehörigen zusteht? Solche Gestaltungen sind nach deutschem Erbrecht im Ergebnis möglich.[164] Muslimische Rechtsgelehrte wenden gegen den Vorwurf der ungerechten Benachteiligung von Frauen im Erbrecht ein, die geringere Beteiligung stelle nur eine Kompensation für die islam-rechtliche Bevorzugung von Frauen gegenüber Männern im Unterhaltsrecht dar: Frauen müssten anders als Männer keinen finanziellen Beitrag für den Familienunterhalt leisten, selbst wenn sie vermögend seien. In Deutschland allerdings gelten für Unterhaltsansprüche weitgehend die sachrechtlichen Regelungen am Ort des gewöhnlichen Aufenthalts des Unterhaltsberechtigten. Das deutsche Unterhaltsrecht berücksichtigt jedoch unabhängig vom Geschlecht nur die Bedürftigkeit des Berechtigten und die Leistungsfähigkeit des Verpflichteten. Damit verliert jedenfalls die erbrechtliche Benachteiligung für Menschen mit gewöhnlichem Aufenthalt im Inland auch aus einer inner-islamischen Perspektive ihren angegebenen Sinn. Der bayerische Imam Benjamin Idriz sieht daher die islamische Lösung im Deutschland unserer Zeit auf der Grundlage einer an Sinn und Zweck orientierten Auslegung in der erbrechtlichen Gleichstellung der Geschlechter.[165]

Informelle Anwendung
Rechtliche Konflikte müssen nicht zwingend vor staatlichen Gerichten ausgetragen werden. Unterschiedliche Formen außergerichtlicher Streitbeilegung werden von der Rechtsordnung grundsätzlich positiv gesehen; sie können helfen, schnelle und tragfähige Konsenslösungen zu erzielen. Voraussetzung ist aber, dass die Beteiligung an solchen Verfahren freiwillig erfolgt, dass die Verfahren neutral und professionell durchgeführt werden und dass die Grenzen zwingenden staatlichen Rechts beachtet werden.[166] Das ist in der Praxis nicht immer der Fall. Wir wissen mittlerweile, dass in manchen Bevölkerungskreisen «Konfliktbeilegung» mit Gewalt oder Drohungen gegen schwächere Beteiligte oder Zeugen betrieben wird. Die in Deutschland gewonnenen Erkenntnisse zeigen, dass unter anderem viele (nicht alle!) Mitglieder einiger arabischer oder kurdischer Großfamilien vor allem im Zusammen-

hang mit Straftaten in derartige Aktivitäten verstrickt sind.[167] Hier ist die religiöse Zugehörigkeit eher zufällig,[168] die Konfliktlösung erfolgt nach den überkommenen archaischen, patriarchalischen Mustern unter Missachtung der deutschen Rechtsordnung und ihrer Institutionen. Nur selten werden muslimische Vermittler als religiöse Autoritäten eingesetzt, bisweilen werden sie auch angegriffen, wenn sie z.B. hilfesuchende Frauen unterstützen.[169]

Spezifisch religiös-rechtliche Aspekte zeigen sich im Bereich von Eheschließung, Ehescheidung und Familienbeziehungen. Viele Muslime im Land schließen neben einer Zivilehe zusätzlich noch eine islamische Ehe auf der Grundlage eines islamrechtlich inspirierten Ehevertrages. Das ist nach deutschem Recht zulässig. Seit 2009 ist zudem das Verbot der religiösen Voraustrauung abgeschafft, sodass auch rein «religiöse» Ehen geschlossen werden dürfen. Diese lösen allerdings im Inland keine statusmäßigen Rechtswirkungen aus, was den Beteiligten in einigen Fällen nicht bekannt ist. Hier herrscht ein dringender Informationsbedarf über Inhalte des deutschen Rechts und den Zugang zu rechtsstaatlichen Mechanismen.[170] Die meisten Moscheevereine lehnen solche Voraustrauungen ab. Jedoch finden sich vor allem im salafistischen Spektrum Vertreter, die in dieser Hinsicht keine Hemmungen kennen und die deutsche Rechtsordnung ohnehin ablehnen. Den Gegenpol bilden Stimmen, die die staatliche Eheschließung (und Ehescheidung) auch aus islamischer Sicht für ausreichend halten. So führt der prominente türkische Theologe Yaşar Nuri Öztürk aus, dass aus Sicht der islamischen Jurisprudenz neben der Zivilehe keine weitere religiöse Eheschließung erforderlich sei, unabhängig von Identität, Beruf, Religionszugehörigkeit oder Denomination dessen, der die Eheschließung vornimmt. Entscheidend sei die Registrierung, durch welche die Rechte der Beteiligten und die eheliche Abstammung der Nachkommen garantiert werden.[171]

Der Verfasser weiß von einer Vielzahl von Fällen, in denen muslimische Frauen die Scheidung einer in ihrem sozialen Umfeld verbindlichen, aber rechtlich unwirksamen «religiösen» Ehe (mit oder ohne paralleler Zivilehe) erstreben. Solange das deutsche staatliche Recht hierfür keine Hilfsmechanismen entwickelt, sind außerstaatliche Schlichtungsverfahren, die den Ehemann zur Akzeptanz z. B. durch eine vertragliche Eheauflösung nach islamischen Rechtsvorstellungen[172] bewegen, praktisch unvermeidlich. Auch sie müssen selbstverständlich die Grenzen des zwingenden staatlichen Rechts einhalten. In bestimmten extremistischen, besonders salafistischen Kreisen wird in religiöser Verblendung die deutsche Rechtsordnung als Instrument der «Ungläubigen» demonstrativ verworfen und eine rechtliche Gegenwelt propagiert. Hier kann neben der erforderlichen staatlichen Repression auch Extremismusprävention helfen, unter anderem durch Aufklärung über die muslimische Mehrheitsposition, die solche Zerrbilder ablehnt.[173]

Muslimische Grundhaltungen zu Islam und
deutschem Rechtsstaat
Die Positionen des Islam und der Muslime zu Demokratie und Rechtsstaatlichkeit sind wie bei allen Menschen vielgestaltig. Deshalb ist die Situation in Deutschland und Europa gesondert von der in anderen Teilen der Welt zu betrachten. Die Unterscheidung ist wichtig, weil Muslime gerade in freiheitlichen Rechtsstaaten offen und ohne machtpolitischen Druck über Fragen ihrer Religion debattieren und publizieren können. Andererseits ist es ebenso zutreffend wie beklagenswert, dass insbesondere in weiten Teilen der arabischen Welt offene Debatten über die hier behandelten Fragen nicht geführt werden können, weil dort die Menschenrechte von Nichtmuslimen, aber auch von Muslimen mit Füßen getreten werden. Neben vielerlei politischen Ursachen ist dafür auch eine breite, intolerante Schicht von Religionsgelehrten und religiösen Autodidakten verantwortlich, die durch solche Debatten ihre Macht bedroht sieht oder die generell extrem intoleranten Spielarten des Islam folgt wie z. B. dem in Saudi-Arabien immer noch dominierenden Wahhabismus (vgl. S. 163).

Zunächst ist festzuhalten, dass neben den vielen schon in Deutschland geborenen oder hier sozialisierten Muslimen auch solche vom Balkan oder aus der Türkei in einer rechtskulturellen Umgebung aufgewachsen sind, die sich seit vielen Jahrzehnten an europäischen Staats- und Rechtssystemen orientieren und explizit von islamrechtlich ausgeprägten Systemen abgewandt haben. Unter Muslimen aus anderen Teilen der vom Islam geprägten Welt finden sich indes ebenso in großer Zahl Anhänger des demokratischen Rechtsstaats; nicht wenige von ihnen sind den dortigen, säkular oder religiös legitimierten Diktaturen entflohen.

Der säkulare Staat und seine freiheitliche Rechtsordnung lassen sehr breiten Raum für religiöses Leben. Trotz aller Kooperation im öffentlichen Leben ist es jedoch erforderlich, die Sphärentrennung zwischen Staat und Religionen zu respektieren. Auch dem Christentum wurde dies keineswegs in die Wiege gelegt, wie es heute gelegentlich mit Berufung auf die biblische Aussage «gebet dem Kaiser, was des Kaisers ist, und Gott, was Gottes ist»[174] vermutet wird. Wichtige Elemente des demokratischen Rechtsstaats hat die römisch-katholische Kirche erst im II. Vatikanum 1965 anerkannt,[175] und auch der Protestantismus in Deutschland pflegte über lange Zeit bis in die jüngere Vergangenheit hinein Distanz zu dieser Staatsform.[176] Der Islam in Deutschland steht also nicht vor singulären, nur ihn betreffenden Herausforderungen.

Anders als Christentum und Judentum sehen sich aber Muslime dem verbreiteten Verdacht ausgesetzt, sie könnten die Gebote ihrer Religion nicht mit dem demokratischen Rechtsstaat in Einklang bringen. Dieser Verdacht wird nicht nur von Islamfeinden aller Couleur geschürt, sondern auch von einzelnen Wissenschaftlern, die von einem essentialisierten, statischen Islambild ausgehen und jede Entwicklung, die diesem Bild widerspricht, als letztlich unislamisch oder nur als vorgegeben abtun.[177] Diese Sichtweise übersieht die evidente Vielfalt muslimischer Positionen. Zudem vermischt sie Erscheinungsformen in anderen Teilen der Welt mit den Haltungen hier lebender Muslime. Dem nicht begründbaren Pauschalverdacht leisten auch unreflektierte Umfragen Vorschub, in denen generell die Frage gestellt wird, ob für die Befragten die Gesetze ihrer Religion oder diejenigen des Staates wichtiger seien.[178]

Diese Fragestellung unterstellt einen Gegensatz, den viele der Befragten so nicht sehen dürften. Dafür gibt es zwei innerislamische Begründungen. Die traditionelle stützt sich auf eine seit über tausend Jahren entwickelte Lehre, wonach Muslime, die in einem nichtmuslimischen Land Sicherheit genießen, die dort geltenden Gesetze auch aus islamischer Sicht einhalten müssen. Diese Lehre wurde vor dem Hintergrund des traditionellen Gegensatzes zwischen dem «Haus des Islam» (Dar al-Islam) und dem «Haus des Krieges» (Dar al-Harb) entwickelt. Sie ermöglichte eine Zwischenkategorie in Gestalt des «Hauses des Vertrags» (Dar al-Ahd), in welchem Muslime sich sicher aufhalten konnten. Der ZMD stützt sich in Abschnitt 10 seiner Islamischen Charta von 2002 auf diese Lehre.[179] Dort heißt es:

> Muslime dürfen sich in jedem beliebigen Land aufhalten, solange sie ihren religiösen Hauptpflichten nachkommen können. Das islamische Recht verpflichtet Muslime in der Diaspora, sich grundsätzlich an die lokale Rechtsordnung zu halten. In diesem Sinne gelten Visumerteilung, Aufenthaltsgenehmigung und Einbürgerung als Verträge, die von der muslimischen Minderheit einzuhalten sind.

In jüngster Zeit haben europäische Muslime deutlich gemacht, dass sie diese Lehre für überholt halten, weil sie auf einem nicht mehr bestehenden Gegensatz zwischen islamischer und nichtislamischer Welt beruhe. Sie sprechen nun von «einem Haus» (Dar Wahida), in dem alle Menschen gesetzeskonform leben müssen.[180] Nur Extremisten erkennen diese Sichtweisen nicht an.

Echten Erkenntnisgewinn würden also nur konkrete Fragestellungen bringen, in denen unvereinbare Normen aus beiden Bereichen gegenübergestellt werden. Zudem wäre dann noch zu prüfen, vor welchem intellektuellen und kulturellen Hintergrund die Fragen beantwortet werden, beispielsweise im Hinblick auf patriarchalische Grundhaltungen, die gleichfalls keine exklusiv muslimische Domäne darstellen.

In manchen Untersuchungen finden sich zudem sachlich unzutreffende Prämissen für die Formulierung von Fragen. So taucht auch in seriösen Publikationen immer wieder die Aussage auf, dass die Trennung von Religion und Politik zu den Grundfesten unserer Gesellschaft gehöre.[181] Damit wäre die regelmäßige Präsenz von Religionsvertretern in parlamentarischen Anhörungen und die Existenz von politischen Parteien und Parteigruppierungen mit Bezug auf Religionen nicht vereinbar. Die Aussage ist also schlicht falsch. Zutreffend ist vielmehr, dass unsere säkulare Rechtsordnung zwischen Religion und *Staat* trennt. Dieser Unterschied ist nicht trivial: Man kann zugleich das säkulare System unterstützen und religiöse Argumente in der politischen Debatte für bedeutsam halten.

Über wesentliche Grundhaltungen von Muslimen in Deutschland liegen mittlerweile einige aussagekräftige Studien vor, die allesamt den genannten Pauschalverdacht deutlich widerlegen.[182] Auch hier ist zu beachten, dass die Studien teils nur Menschen mit Migrationshintergrund erfassen, also nicht die Haltung derjenigen, die tendenziell am stärksten in Deutschland verwurzelt sind.

Die Studie von Brettfeld/Wetzels ermittelte eine Minderheit von ca. 10 % der befragten Muslime aus der Wohnbevölkerung ab 18 Jahren, die eine ausgeprägte Distanz zu Grundprinzipien von Demokratie und Rechtsstaatlichkeit (gewählte Indikatoren: Einstellung zu Meinungsfreiheit, Koalitionsfreiheit, Pressefreiheit, Demokratie, Todesstrafe und Körperstrafen)[183] aufweisen. Es bestehe eine Korrelation zwischen Demokratiedistanz und einer wirtschaftlich ungünstigen Lebenssituation mit geringer Bildung und subjektiven Erfahrungen von Diskriminierung und Ausgrenzung in der Aufnahmegesellschaft. Diese Befunde glichen den Ergebnissen von Forschungsarbeiten zu Rechtsextremismus und Ausländerfeindlichkeit.[184]

Für die Erklärung des religiös begründeten Extremismus ist die Kategorienbildung der Studie hilfreich: Demokratiedistante Haltungen lassen sich danach (auch) auf subjektive Diskriminierungserfahrungen, auf die Wahrnehmung einer kollektiven Diskriminirung der Muslime ohne persönliches Erlebnis von Benachteiligung oder auf eine eigenständige Abwendung von der Mehrheitsgesellschaft (Rückzug in ein traditionelles ethnisches Milieu mit einer sehr auf äußere Rituale fixierten, nicht starken inneren religiösen Überzeugung) zurückführen.[185] Eine gesonderte Befragung erfolgte unter 500 Jugendlichen. Hier kommt die Studie zu dem Ergebnis, dass im Vergleich zu anderen Migranten und «einheimischen» Jugendlichen die Ausprägung von Autoritarismus/Demokratiekritik unter Muslimen kein signifikant höheres Maß aufweist, wenn man Bildungshintergrund der Eltern, Bildungsgrad und Geburt in Deutschland berücksichtigt.[186] Dasselbe Resultat erzielte die gesonderte Befragung von 195 Studierenden.[187]

Die DIK-Studie 2009 enthält die inhaltlich problematische[188] Frage an Muslime mit Migrationshintergrund, ob eine stärkere Verbundenheit mit Deutschland oder mit dem Herkunftsland bestehe. Stärker mit Deutschland verbunden fühlten sich 35,8% der Befragten ab 16 Jahren, 36,9% waren gleichermaßen Deutschland und dem Herkunftsland verbunden, 27,3% stärker dem Herkunftsland. Dabei zeigten sich – abhängig von der Herkunftsregion – deutliche Unterschiede. Befragte Migranten (unterschiedlicher Religionszugehörigkeit) mit deutscher Staatsangehörigkeit gaben zu 51% eine stärkere Verbindung zu Deutschland an, andere zu 33%.[189] Meines Erachtens wichtig ist das Ergebnis, dass unter den befragten Muslimen 59,6% eine starke oder sehr starke Verbindung zum Herkunftsland haben, zu Deutschland zugleich aber auch 69,1%.[190] Bereits 2007 haben Umfragen ergeben, dass sich Muslime in etwa gleichem Maße stark oder sehr stark mit Deutschland identifizieren wie die zum Vergleich befragte «einheimische» Bevölkerung (35 bzw. 36%)[191].

Der Bertelsmann Religionsmonitor 2013 ergibt, dass 80% der befragten Muslime die Demokratie als gute Regierungsform bezeichneten (ebenso 80% der Konfessionslosen, 86% der katholischen und 90% der evangelischen Christen; 76% der Ostdeutschen und 88% der Westdeutschen).[192] Laut dem Bertelsmann Religionsmonitor Sonderauswertung Islam 2015[193] stimmen 90%

der befragten hochreligiösen sunnitischen Muslime – ebenso wie die mittel- und weniger religiösen Sunniten – dieser Aussage zu.[194] Zusammenfassend lautet das Ergebnis, dass Muslime in Deutschland mit Staat und Gesellschaft eng verbunden sind – unabhängig von der Intensität muslimischen Glaubens. Riem Spielhaus hat deutlich gemacht, dass sich auch in den islamischen Dach- und Spitzenverbänden die Position durchgesetzt hat, die eine Kompatibilität nicht nur mit dem demokratischen System generell, sondern auch mit den in Deutschland existierenden demokratischen Strukturen bejaht.[195] Zum selben Ergebnis gelangt auch Grabau in ihrer zusammenfassenden Analyse mehrerer empirischer Studien – es bestehe kein Widerspruch zwischen der starken Bindung an das Herkunftsland und der gleichzeitigen Verbundenheit mit der deutschen Gesellschaft.[196]

Nach alledem kann gesagt werden, dass die wohl bei weitem größte Gruppe von Muslimen diejenige der «Alltagspragmatiker» ist,[197] welche sich wie vermutlich der größte Teil der Bevölkerung überhaupt ohne tiefere Reflexion in das bestehende System einfindet und es in seinen Grundentscheidungen – einschließlich der Menschenrechte – auch bejaht. Unter Muslimen, die explizit religionsbezogene Positionen beziehen, finden sich Traditionalisten ebenso wie solche, die sich auch mental-intellektuell «einheimisch» fühlen. Unter den Traditionalisten lassen sich ebenfalls unterschiedliche Ansätze festmachen: Manche Vertreter sehen Muslime in westlichen Gesellschaften als strukturell fremd und nicht zugehörig an; sie legen den Schwerpunkt ihrer Ausführungen auf eine möglichst große Bewahrung islamischer Identität in einer tendenziell ablehnenden und in wichtigen gesellschaftspolitischen Aspekten auch abzulehnenden Umwelt, wenngleich sie die geltenden Gesetze respektieren. Andere sehen ein grundsätzliches Potential für Übereinstimmungen zwischen den normativen und gesellschaftlichen Rahmenbedingungen muslimischen Lebens und dessen authentischer Ausgestaltung.[198]

Damit entstehen fließende Übergänge zu weiteren Gruppen, die man nicht nur nach ihrer Lebenshaltung, sondern auch nach ihrer inneren Verbundenheit mit den rechtlichen Leitentscheidungen des Zusammenlebens schlicht als «Einheimische» bezeichnen kann. Anders als viele Traditionalisten sehen sie muslimisches Leben hierzulande nicht als strukturellen Ausnahmezustand an, in dem man sich mit Kompromisslösungen zurechtfinden muss, sondern als die neue Normalität eines Islam in religionspluralen Gesellschaften und religionsneutralen Staaten. Diese Richtung ist insbesondere im schulischen und akademischen Bereich sowie in NGOs besonders häufig anzutreffen, aber auch unter Anhängern mystischer Richtungen und Angehörigen von traditioneller ausgerichteten Organisationen. Es geht um Menschen, die ihre religiöse Identität wahren, sich aber zugleich als integraler Teil der deutschen Gesellschaft verstehen. Ein Beispiel für gesellschaftsrelevante Tätigkeiten sind die mehrsprachig (deutsch, englisch, arabisch) herausgegebenen Broschüren «Willkommen in Deutschland», die das Münchner Forum für Islam schon 2015 entwickelt hat. Bislang (Stand März 2016) wurden 65 000 Exemplare an 500 Anfordernde (Landratsämter, Flüchtlingsorganisationen usw.) ausgegeben. Hier werden in knapper, gut verständlicher Weise die Grundlagen des Zusammenlebens geschildert, mit einer auch religiösen Begründung wird die Einhaltung der hier geltenden Gesetze gefordert und mit Hinweis auf die Gleichberechtigung der Geschlechter vor nur religiös geschlossenen Ehen gewarnt. Beachtenswert ist die Initiative eines syrischen Flüchtlings, der 2014 nach Deutschland kam und ein Studium aufnehmen konnte. Er hat im Internet eine anrührende «Selbstverpflichtung» für Flüchtlinge zu Akzeptanz der Rechtsordnung, Gleichbehandlung der Geschlechter und Integration eingestellt.[199]

Das Potential der islamischen Mystik für ein Zusammenleben in Deutschland beschreibt ein Anhänger so: «Die islamische Mystik kann durch ihre Offenheit, Toleranz, pluralistische Auffassung von Religion, der Liebe zu Menschen, jenseits aller ihrer religiösen, kulturellen und ethnischen Verbindung, und ferner durch ihr Plädoyer für einen solidarischen und friedlichen Umgang mit den Menschen, den Muslimen hierzulande und überall auf der Welt den Weg zur Integration ebnen.»[200] Dasselbe gilt ebenso für andere Richtungen des Islam, denen Musliminnen und Muslime verbunden sind, die sich als Teil der deutschen Gesellschaft verstehen und sich ihr verpflichtet fühlen.[201]

Diese starke Gruppe kann nach Auffassung des Verfassers nicht mehr als Personenkreis mit Migrationsgeschichte wahrgenommen werden. «Ausländisch» klingende Namen sind ja eine deutsche Alltagserscheinung seit Jahrhunderten – früher z.B. französische, italienische oder polnische, heute türkische, arabische und viele andere. Fortbestehende familiäre Beziehungen in die Herkunftsregionen der Vorfahren stehen dem nicht entgegen. Hier geht es auch keinesfalls um «Zwangsgermanisierung», sondern um die erforderliche Anerkennung des Selbstverständnisses von Menschen als Teil der deutschen Gesellschaft. Selbstkritisch merkt der Verfasser an, dass er ebenfalls längere Zeit von der muslimischen «Diaspora» in Deutschland geschrieben hat.[202] Dieser Begriff mag für Gastarbeiter mit Rückkehrabsichten gepasst haben und auch noch anwendbar auf diejenigen sein, die sich selbst in einer Diasporasituation sehen. Auf Einheimische angewendet wirkt er diskriminierend.

Die Sonderauswertung Islam 2015 des Bertelsmann Religionsmonitor enthält ganz allgemein die Feststellung: «Muslime in Deutschland sind mit Staat und Gesellschaft eng verbunden – unabhängig von der Intensität muslimischen Glaubens.»[203] Der ausschließliche Blick auf die kleine radikale Minderheit der muslimischen Extremisten würde diese Erkenntnis zum Schaden aller Beteiligten verfehlen. Im krassen Gegensatz dazu steht die verbreitet ablehnende Haltung gegenüber «dem Islam» – sehr viel weniger: gegenüber muslimischen Menschen[204] – in der Gesamtbevölkerung (vgl. S. 261 ff.). Diese Haltung birgt die Gefahr negativer Auswirkungen auf die Selbstwahrnehmung von Muslimen in der deutschen Gesellschaft und somit einer integrationshinderlichen self-fulfilling prophecy.[205]

Sechster Teil
Perspektiven des Zusammenlebens

I. Muslimische Alltagskultur

Die Facetten muslimischer Alltagskultur sind mittlerweile so viel-fältig, dass hier nur einige wichtige Aspekte herausgegriffen wer-den können. Manches wurde bereits genannt. Einen guten ersten Einblick verschafft das Dossier des Kulturrats zu Islam, Kultur, Politik aus dem Jahre 2011.[1] Die Religionspraxis, wie etwa die Ausführung der täglichen Ritualgebete, die Feierlichkeiten im Monat Ramadan oder das Bestattungswesen, weist weitestge-hend keine für Deutschland spezifischen Besonderheiten auf. Viele Moscheen laden gerne Besucher ein, die sich dafür interes-sieren, nicht nur am schon traditionellen Tag der offenen Mo-schee am 3. Oktober. Dasselbe gilt für alevitische Cem-Häuser und andere Gebetsstätten. Die besonders aktive Gemeinde in Penz-berg empfängt z.B. mit rund 300 Besuchergruppen ca. 30 000 Be-sucher jährlich (Stand 2016), all dies ohne jeglichen staatlichen Zuschuss.

Schon spezifischer für die Situation in Deutschland sind teils pointierte Diskussionen über die Position der Frauen in der Reli-gionspraxis. Sie reichen von der Geschlechtersegregation beim Gebet und der Abschiebung in unschöne Seitenräume[2] bis hin zur Übernahme der Funktion des Imams.[3] Es fällt auf, dass bislang in nicht wenigen Moscheen und islamischen Buchhandlungen ver-gleichsweise viel Literatur über die Frage vorzufinden ist, was die muslimische Frau zu tun und (vor allem) zu lassen hat. Die anscheinend auch anzutreffende Diskrepanz zwischen Theorie und patriarchalischer Praxis beschreibt Lamya Kaddor so:

> Dieser achi (Bruder-) und uchti (Schwester)-Gesellschaft geht es selten darum, jemanden wirklich als Bruder und Schwester anzusehen und respektvoll zu behandeln. Gerade als Schwester kann frau nur hoffen, von ihren frommen Glaubensbrüdern in Ruhe gelassen zu werden – aber es geschieht häufig das Gegenteil.[4]

Auch die Verwendung der deutschen Sprache in der Freitagspredigt ist ein spezifisches Thema im deutschsprachigen Raum, die allerdings nicht der Religion des Islam, sondern der Migrationsgeschichte vieler Gläubigen geschuldet ist. Gegenwärtig zeigt sich eine deutliche Tendenz zur Zweisprachigkeit: Ältere sollen in der ihnen vertrauten Muttersprache erreicht werden, jüngere auf Deutsch. Wünschenswert ist die zunehmende Verwendung des Deutschen allemal, sind in diesem Bereich doch bislang Salafisten die Vorreiter. Aus rechtsstaatlicher Sicht als abwegig sind hingegen Forderungen zu bewerten, zwangsweise eine ausschließliche Verwendung des Deutschen durchzusetzen. Ähnliches gilt für die Einrichtung muslimischer Kindertagesstätten in verschiedenen Städten. Einerseits ist es dort möglich, religiöse Speisevorschriften oder Feste konsequent einzuhalten und zu begehen sowie migrationsbedingte Anliegen wie Sprachförderung mit zu verfolgen. Andererseits sind die Durchlässigkeit zu anderen Einrichtungen und eine religiöse Vielfalt wünschenswert, wie sie in anderen religiös-konfessionell geführten Einrichtungen im Land praktiziert werden.[5]

In den Medien findet muslimisches Leben in Deutschland zunehmend Beachtung, beispielsweise mit Berichten anlässlich religiöser Feste. Das ZDF hat mit dem «Forum am Freitag» erstmals ein festes Sendeformat etabliert, das sich ausschließlich muslimischen Themen widmet, z.B. im Februar und März 2016 «Alleinerziehend, männlich, türkisch», «Streit um Gebetsraum» oder «Emanzipation im Islam». Muslimische Feiertage werden zum Anlass für religionsübergreifend organisierte Kulturveranstaltun-

gen: So wurden z. B. in Berlin 2015 «die nächte des ramadan» mit
einem Kulturfest (Konzerte, Filme, Diskussionen, Fastenbrechen)
begangen, mit einem thematischen Spektrum von «Tausend und
Ein Tag»: der Filmveranstaltung «Mit Humor gegen Extremismus» in der Şehitlik-Moschee, einer Diskussion über die Zerstö-
rung kultureller und religiöser Stätten in Syrien und im Irak im
Museum für Islamische Kunst, Filmvorführungen und Gesprächen zu «Und früher war alles besser!? Von Missverständnissen
und Generationenkonflikten» im Kulturzentrum der Bosniaken.
In vielen Städten werden Ausstellungen über lokales muslimisches
Leben veranstaltet, so z. B. im Lübecker Museumsquartier im Mai
2015.[6] Gerade der lokale Bezug eignet sich sehr gut als Grundlage
für Begegnungen und gegenseitiges Verständnis. Einige Pressemel-
dungen, aber insgesamt wenig Aufregung hat der Bericht ausgelöst, dass ein muslimischer Regisseur aus Oberammergau im Jahr
2020 die dortigen Passionsfestspiele mit leiten wird.[7]

Wie für die Gesamtbevölkerung ist das Internet auch für Muslime ein zentrales Forum für Information und Austausch geworden. Das reicht von Internetauftritten größerer und kleinerer
Organisationen bis hin zu Foren wie «muslims.com», laut Eigendarstellung eine Datingseite für Moslems, die einen moslemischen
Partner suchen. Man finde dort «moslemische Singles, moslemische Frauen, die nach Heirat suchen, einen moslemischen Chat,
moslemische Freunde und moslemische Brieffreunde».[8] Ein Angebot namens «eDialogue» will im «LiveChat» Nichtmuslimen
«helfen, den Islam besser zu verstehen». In Suchmaschinen wird
auf den Blog mit «Wie konvertiert man und wird Muslim? Durch
ein Gespräch mit uns!» verwiesen.[9] Religionsbezogene Informationen und Austauschmöglichkeiten finden sich in Internetforen,
Fatwa-Datenbanken, aber auch in weltweit angebotener Literatur
sowie in nationalen und internationalen Medien. Extremistische
Ansichten sind im Internet allerdings deutlich überproportional
vertreten.

Religiös geprägte Dienstleistungen – z. B. die Organisation von
Pilgerfahrten, Auslandsbestattungen oder Opferspenden anläss-

lich religiöser Feste – und Warenangebote werden ebenfalls über das Internet vermittelt. Das Internet-Portal http://www.muslim-firmen.de[10] enthält eine Fülle von Branchen, von «Acrylglas» über «Datteln», «Digital-Qur'an», «Eheberatung», «Gelatine (halal)», «Islamische Bademoden», «Islamische Bestattung», «Medizinische Dienstleistungen», «Mystik» bis «Zeitschrift». Derartige Angebote sind auch in einer Vielzahl von Läden zu finden, z. B. im Umfeld von Moscheen, die damit teilweise ihre Kosten abdecken. Der Markt zeigt keineswegs einheitliche Wachstumstrends. In Stuttgart wurde 2014 eine länger geplante «Halal-Expo» wegen mangelnden Interesses abgesagt.[11]

Seit einigen Jahren ist der Aufbau einer muslimischen Sozial-Infrastruktur im Gange. Das geschieht in unterschiedlichsten Formen. Muslimische, aber ebenso manche säkulare Organisationen haben Angebote im Programm, die auch oder speziell muslimische Bedürfnisse abdecken sollen, z. B. durch Speiseangebote in Sozialeinrichtungen, die Bereitstellung von Gebetsräumen und vieles mehr. Die dritte Deutsche Islam Konferenz befasst sich in einem Schwerpunkt mit der weiteren Etablierung muslimischer Wohlfahrtspflege. Oft mischen sich offenbar religiöse und allgemeinere kulturelle Bedürfnisse. So hat eine 2015 veröffentlichte Studie des Sachverständigenrats deutscher Stiftungen für Integration und Migration zu Pflege und Pflegeerwartungen ergeben, dass sich 27,2 % der befragten Muslime (im Vergleich zu 9,1 % der befragten Christen) muslimisches Pflegepersonal wünschen; 74 % der muslimischen Frauen möchten von gleichgeschlechtlichen Pflegekräften betreut werden (im Vergleich zu 51 % christlicher und 33 % nicht religionsgebundener Frauen).[12]

Von erheblicher Bedeutung sind zudem professionelle psychosoziale Beratungsangebote. Anscheinend gibt es in der muslimischen Bevölkerung noch erhebliche Vorbehalte gegen psychotherapeutische Maßnahmen. Diese können unter anderem auf kulturell-religiös begründeten Vorstellungen beruhen, z. B. der Deutung von Leiden als Strafe Gottes, als das Wirken böser Geister. Auch in Deutschland sind nach Kenntnis des Verfassers in diesem Bereich Heiler-Scharlatane zugange, die mit kruden Mischungen aus religiöser Beschwörung und magischen Praktiken – oft gegen reichlich bemessene «Spenden» – ihr Unwesen treiben. In Berlin wird ab 2016 in drei muslimischen Gemeinden professionelle psychosoziale Beratung durch einen muslimischen Psychologen angeboten.[13] Dem Verfasser ist bekannt, dass manche Moscheegemeinden und andere Organisationen schon seit längerem mit staatlichen oder karitativen Diensten in Kontakt stehen. Versierte muslimische Fachleute haben hilfreiche Literatur zum Umgang von Muslimen mit psychischen und psychosozialen Problemen und allgemeiner im Hinblick auf muslimische Patienten veröffentlicht.[14]

Ein breit gefächertes Spektrum der Alltagskulturen junger Muslime in Deutschland enthält beispielsweise die Studie von Hans-Jürgen von Wensierski und Claudia Lübcke.[15] Diese wendet den Blickwinkel weg von einer primär religiösen oder migrationsbezogenen Sicht hin zur Betrachtung einer selbstverständlichen sozialen Gruppe mit ganz unterschiedlichen Lebenshaltungen und -perspektiven. Im Ergebnis stellen die Autoren fest, dass einerseits muslimische Adoleszenz in Deutschland in vielerlei Hinsicht der allgemeinen Entwicklung entspricht, sie andererseits aber doch auch verbreitete Besonderheiten enthält: Dazu gehören z. B. die strukturierende Bedeutung der Religion, ein ausgeprägter Familialismus sowie eine weit verbreitete verzichts- und verbotsorientierte Sexualmoral mit einer zwischen den Generationen und Geschlechtern weitgehend tabuisierten Sexualität.[16] Nur in sehr säkularen und liberalen Familien, so die Autoren, sei die selbstverständliche Teilhabe von Mädchen an westlich expressiven Jugendstilen oder -szenen unproblematisch. In den traditionell orientierten und religiösen Familien bleibe die selbstbestimmte Partizipation ein Konfliktpunkt, mit dem die Betroffenen vor allem taktisch umgingen, indem sie elterlichen Tabus eher auswichen als die offensive Auseinandersetzung zu suchen. Eine Alternative böten auch jugendspezifische Angebote religiöser Gemeinden und Jugendverbände für junge Musliminnen.[17]

Die sehr komplexen Entwicklungen sind nur teilweise erforscht und zudem weitgehend von sozioökonomischen, bildungsbezogenen, kulturellen und individuellen Faktoren abhängig (vgl. zu einschlägigen Daten S. 95 ff.) und würden deshalb den Rahmen dieses Buches sprengen.[18] Beispielsweise scheinen ethno-kulturelle Angebote und Entfaltungsräume (ethnisch aufgeladener Hiphop, eine multiethnische Disco- und Clubszene, ethnische und multiethnische Jugendcliquen, eine türkisch-muslimische Kunst- und Kulturszene bis hin zu kleinen muslimischen Homosexuellenszenen) breitere Resonanz zu finden, teils auch in Verbindung mit religiösen Vereinigungen.[19]

Jugendvereinigungen decken unterschiedlichste Felder ab. Ein breites Spektrum bietet etwa das Berliner Projekt JUMA (Jung Muslimisch Aktiv) seit 2010.[20] Dort engagieren sich junge Muslime in den Bereichen Medien, Chancengleichheit, Partizipation, Identität, muslimische Vielfalt, politischer Diskurs und interreligiöser Dialog. Zu den Aktivitäten in den Arbeitsgruppen zählen u.a. Diskussionsrunden mit Vertretern aus Politik, Wirtschaft, Medien und Kultur, die die Jugendlichen intensiv vorbereiten, und Kampagnen/Aktionen zu «ihren» Themen (z.B. Umweltschutz, Abgeordnetenhauswahl, Anerkennungskampagne usw.). Begleitet werden die Maßnahmen von gruppenübergreifenden Fortbildungen wie Journalistisches Arbeiten, Pressearbeit oder Diversity-Training. Eine informative Übersicht über die Jugendarbeit islamischer Organisationen in Baden-Württemberg sowie acht weitere Fallbeispiele aus verschiedenen Bundesländern bieten Hussein Hamdan und Hansjörg Schmid.[21]

Das Projekt «Heroes», 2007 in Berlin gegründet und mittlerweile in weiteren Städten wie Duisburg, Augsburg und München aktiv, wendet sich an junge Männer aus «Ehrenkulturen», die Themen wie Unterdrückung im Namen der Ehre, Gleichberechtigung der Geschlechter, Homophobie und Vereinbarkeit von Wertvorstellungen des Herkunftslandes und der Umgebungsgesellschaft aufarbeiten und als künftige Mittler wirken wollen. Beispielsweise wurde im November 2015 in Berlin eine Fachveranstaltung zum Thema «Junge Männer aus patriarchalen Strukturen setzen sich ein gegen Gewalt an Frauen» in Zusammenarbeit mit der Gleichstellungsbeauftragten Friedrichshain-Kreuzberg angeboten.[22] Die Lichtjugend e. V. mit Sitz in Berlin widmet sich insbesondere Jugendlichen in Jugendheimen und Haftanstalten, die nur noch schwer erreichbar sind, offeriert Bildungsangebote und beteiligt sich am interreligiösen Dialog.[23] Im Kontrast hierzu verfolgen die türkischen Grauen Wölfe (Bozkurtlar) mit der «Idealisten-Jugend» (Ülkücü Gençlik) eine Mischung aus türkisch-rechtsextremem Nationalismus und islamistischen Gesellschaftsvorstellungen.[24] Symptomatisch ist der Text des «Idealisten-Eids», in dem Allah, Koran, Vaterland, Flagge und Märtyrer für den Sieg der türkischen Nation, des Reichs Turan, beschworen werden.[25]

Die in dem weiterhin lesenswerten Buch von Julia Gerlach[26] beschriebene Szene von «Pop-Muslimen» – eine Richtung, die sich von traditionellen Lebensentwürfen löst und eine islamische Identität mit modernem Lifestyle verbindet – hat sich weiter ausgefächert.[27] Eine Facette dieser Richtung ist der muslimische Poetry-Slam «i,Slam»,[28] eine andere die Muslimische Jugend in Deutschland,[29] die jugendtypische Ausdrucks- und Kommunikationsformen mit traditionellen Haltungen z. B. in Geschlechterfragen verbindet. Es finden sich auch Frauen, die die liberalen Formen des Zusammenlebens in Deutschland ablehnen und gerade im öffentlichen Raum eine nach ihrem Verständnis islamische «tugendhafte» Eigenwelt etablieren. Getragen wird dies oft von der traditionell patriarchalischen Vorstellung einer Komplementarität der Geschlechter anstelle der Gleichberechtigung – jeder ist in seiner Rolle respektiert, die Rollen sind aber fest zugeteilt.[30]

Im Bildungsbereich schließlich hat sich als Dachorganisation der Rat muslimischer Studierender & Akademiker (RAMSA) gegründet, der an 35 Standorten neben Einzelpersonen auch Hochschulgruppen umfasst.[31]

II. Geschlechterrollen und Geschlechterbilder

Die DIK hat 2013 eine hilfreiche Broschüre mit dem Titel «Geschlechterbilder zwischen Tradition und Moderne» zu Rollenbildern und aktuellen Fragestellungen dazu publiziert. Aufschluss über gelebte Geschlechterrollen und den Zufriedenheitsgrad mit den gelebten Modellen unter muslimischen und christlichen Zuwanderern und ihren Nachkommen sowie Deutschen gibt insbesondere eine repräsentative Vergleichsuntersuchung im Auftrag des BAMF, die von Inna Becher und Yasemin El-Menouar 2014 vorgelegt wurde. Sie stützt sich auf 3000 Befragte ab 16 Jahren, darunter 1900 Muslime aus der Türkei, Iran, Südasien, dem Nahen Osten, Nordafrika und Südosteuropa, 800 Christen aus Polen, Italien und Rumänien sowie 300 Deutsche ohne Migrationshintergrund.[32]

Die Studie kommt zu dem Schluss, dass Gleichberechtigung als universelles Menschenrecht unter allen Befragten einen fest verankerten Wert darstellt. Nur 11% der Christen und 17% der Muslime wiesen Ansichten auf, die zumindest teilweise als frauenbenachteiligend einzustufen seien. Zwischen einzelnen Gruppen gibt es deutliche Unterschiede, die nicht immer mit der Religionszugehörigkeit zusammenhängen: Christen ohne Migrationshintergrund und muslimische Iraner (die zu fast 75% religiöse Vorschriften im Alltag ganz oder eher unwichtig finden) weisen sehr ähnliche Werte auf. Über 90% aller Befragten waren der Meinung, dass eine gute berufliche Ausbildung von Mädchen genauso wichtig sei wie die von Jungen.[33]

Andererseits stimmen nur 16,5% der deutschen Christen, aber 31,1% der italienischen Christen und 50,4% der Muslime aus dem Nahen Osten voll und ganz oder eher der Aussage zu, dass Frauen sich stärker um Haushalt und Familie kümmern sollten als um ihre Karriere. Korrespondierend hierzu sprachen sich nur 1,9% der deutschen Christen, aber 31,8% der Muslime aus Nordafrika und 26,9% der Muslime aus dem Nahen Osten eher oder völlig dagegen aus, dass Frauen auch ohne ihren Partner abends alleine mit ihren FreundInnen ausgehen. Die Ablehnungsquote südosteuropäischer und iranischer Muslime lag unter derjenigen von rumänischen Christen.[34] Menschen mit niedrigem Bildungs- und Sozialstatus folgen unabhängig von der Religionszugehörigkeit traditionelleren Einstellungen und Geschlechterrollen. Personen mit einer außerhalb Deutschlands erworbenen niedrigen Bildungsqualifikation sprachen sich weniger häufig für Chancengleichheit von Frau und Mann aus als andere.[35] Rund 10% der zugewanderten Musliminnen können nur eingeschränkt selbst entscheiden, weil die Ehemänner über ihre Aufnahme einer Erwerbstätigkeit allein befinden.[36] Hier wird die Entwicklung von Empowerment-Strategien erforderlich.[37]

Insgesamt weist der in der Studie aufgestellte Liberalitätsindex (Ablehnung hierarchischer Geschlechterverhältnisse) eine Spannweite von über 88% bei den deutschen und ca. 75% bei den zugewanderten Christen bis hin zu 62% bei den türkischen Muslimen und um 55% bei den Muslimen aus dem Nahen Osten und Nordafrika auf.[38] Die Religiosität (beider Religionen) korreliert stark mit den tendenziell eher traditionellen Geschlechterrollen.[39]

Sehr deutliche Unterschiede zwischen Christen und Muslimen zeigten sich beim Thema vorehelicher Sexualbeziehungen. Während «Keuschheit» als Ideal in der zweiten Generation christlicher Zuwanderer keine Rolle mehr spielt, wird sie bei hier geborenen und aufgewachsenen Muslimen annähernd unverändert hoch eingestuft.[40] Die Ablehnungsquote vorehelicher Sexualität liegt unter deutschen Christen bei ca. 5% (93% Zustimmung), bei Muslimen aus der Türkei bei über 40% und bei Muslimen aus Südasien, dem Nahen Osten und Nordafrika jeweils um 50% für Männer und ca. 2/3 für Frauen (Spreizung von 20 Prozentpunkten zwischen Männern und Frauen bei Befragten aus dem Nahen Osten).[41] Im Übrigen ist es bemerkenswert, dass die Mehrheit aller Befragten, also auch der hier geborenen Deutschen, im Alltag eine eher traditionelle Rollenverteilung pflegt, weniger stark mit zunehmender Bildung, und weit überwiegend mit hohem Zufriedenheitsgrad bei den befragten christlichen und muslimischen Frauen.[42] Allerdings ist der Zufriedenheitsgrad der befragten Frauen niedriger als derjenige der Männer. Z. B. wünschen in Bezug auf die Haushaltsaufgaben ca. 20% aller befragten Frauen mehr Beteiligung der Männer, ca. 10% aller befragten Männer ihre geringere Beteiligung.[43]

Andere Studien im Auftrag des Bundesministeriums für Familie, Senioren, Frauen und Jugend haben ergeben, dass bestimmte Gruppen von Migrantinnen in höherem Maße von häuslicher Gewalt betroffen sind als deutsche Frauen. So waren Frauen türkischer Herkunft zu 37% körperlicher oder sexueller Gewalt durch aktuelle oder frühere Partner ausgesetzt, im Vergleich zu 27% der Frauen aus der früheren Sowjetunion und 26% der deutschen Frauen.[44] Diese Zahlen zeigen einerseits deutliche graduelle Unterschiede, andererseits aber auch, dass Gewalt gegen Frauen ein gesamtgesellschaftliches Problem darstellt, das die Stigmatisierung bestimmter Gruppen verbietet. Daneben wurden in den vergangenen Jahren einige Einzelstudien vorgelegt, die sich allerdings auf bestimmte ethnische Gruppen beschränkten[45] oder nur wenige Befragte erfassten.

Derlei Einstellungen und Verhaltensweisen sind nach alledem graduell deutlich stärker unter Migranten aus noch vergleichsweise stark patriarchalisch geformten Gesellschaften mit geringer Bildung und wenig Anschluss an die Gesamtgesellschaft ausgeprägt. In einer vom Bundesministeriums für Familie, Senioren, Frauen und Gesundheit eingeholten Expertise wurden die vielfältigen Ursachen für eine prozentual erhöhte Gewaltbereitschaft männlicher muslimischer Jugendlicher benannt: z. B. schwierige soziale Rahmenbedingungen, Diskriminierungserfahrungen, autoritäre, auf Zusammenhalt ausgerichtete Erziehungsziele und -methoden, geringe kommunikative Fähigkeiten, Gewalterfahrungen, ausgeprägte Männlichkeitsbilder mit bedingungsloser Verteidigung der «Familienehre» sowie absoluter Gruppensolidarität der Betroffenen. Genuin religiöse Aspekte sind hier nicht erkennbar, wenngleich manche traditionalistischen Religionsvertreter die genannten Rollenbilder und Erziehungsmethoden auch religiös legitimieren (dazu noch im Folgenden).[46] Vielmehr geht es um im Grunde hilfloses Macho-Gehabe in patriarchalischem Strukturdenken unter oft ungünstigen sozialen Umständen.[47]

Dieser Befund wird dem Verfasser seit vielen Jahren von zahlreichen (gutwilligen) Lehrkräften und im Sozialsektor Beschäftigten bestätigt. Der Verfasser hat viel Verständnis für Lehrkräfte – insbesondere Lehrerinnen –, die sich über unerträgliches Macho-Gehabe mancher Jugendlichen z. B. mit türkischem oder arabischem Familienhintergrund beklagen, vor allem in Schulen, in denen solche Schüler einen erheblichen Anteil der Schülerschaft stellen.[48] Solches Verhalten äußert sich in respektlosem Betragen, Beleidigungen und Drohungen, gelegentlich sogar in tätlichen Übergriffen auf Lehrkräfte oder Mitschülerinnen. Ebenso steht es mit der Weigerung, im beruflichen Alltagsleben gleichermaßen mit Männern und Frauen zu kommunizieren. Dass dies nicht hingenommen werden kann, steht außer Frage.[49]

Problematisch ist indes die immer wieder anzutreffende Ansicht, dass die islamische Religionszugehörigkeit der Betreffenden die Ursache des Übels sei.[50] Das mag in Einzelfällen tatsächlich zutreffen, wenn beispielsweise andere als «Schweinefleischfresser» beschimpft oder muslimische Mädchen beleidigt werden, wenn sie kein Kopftuch tragen. In der Regel dürfte derartiges Macho-Verhalten jedoch schlicht auf die oben genannte Prägung in der Familie und im sozialen Umfeld zurückzuführen sein. Nicht selten sind es die Mütter, die ihre Söhne in solchem Geist erziehen.

Ein wesentlicher Grund für diese Einstellungen sind Sozialstrukturen, in denen keine sozialen Sicherungssysteme jenseits der (Groß-)Familie zur Verfügung stehen und die Söhne typischerweise den Unterhalt für die alt gewordenen Eltern bestreiten, während die Töchter durch Heirat aus dem ökonomischen Verband ihrer Herkunftsfamilie ausscheiden. Auf solcher Grundlage entstehen formale Ehrbegriffe, die den tatsächlichen oder auch nur vermeintlichen Lebenswandel von Frauen zum wesentlichen Element des sozialen Ansehens der Familie machen. In Verbindung

mit einem Virginitätskult erwachsen dann massive Gegensätze zu
einer Umwelt, die sich von derartigen formalen Strukturen weitgehend gelöst hat. Die höchst problematische Mischung aus patriarchalischem Denken und männlichem Dominanzanspruch im
öffentlichen Raum, rigider Sexualmoral und Konfrontation mit
einer insgesamt liberalen, individuelle Selbstbestimmung fördern-
den Umgebungsgesellschaft haben seriöse Wissenschaftler wie
Seyran Ateş, Ahmad Mansour oder Lamya Kaddor deutlich kritisch, aber im Gegensatz zu lautstarken Vereinfachern wie Necla
Kelek oder Hamed Abdel Samad differenziert benannt. Die angeblichen Tabus, mit deren Bruch sich die Letzteren Bedeutung
verschaffen wollen,[51] gibt es schon lange nicht mehr. Irene Schneider hat ein ebenso klares wie differenziertes Bild von den Entwicklungen gezeichnet.[52]

Die beschriebenen patriarchalischen Lebensformen finden sich
weltweit – auch in unseren Breiten – unabhängig von der Religion
der Beteiligten. Andererseits wird die Religion zur wichtigen
Stütze solcher Lebensformen, wenn sie in bestimmten Auslegungen patriarchalisches Denken untermauert und Normen propagiert, die solchen Lebensweisen einen Rahmen bieten (z. B. ein
Familien- und Erbrecht, das patriarchalische Strukturen zemen-
tiert). Nun trifft es zweifellos zu, dass auch die Normen- und Sit-
tenlehre des traditionellen Islam stark patriarchalisch geprägt
ist.[53] Auch wird bis heute verbreitet – nicht nur in wahhabitisch-
extremistischen Richtungen – eine Kultur der Geschlechtertrennung propagiert, wie sie in Deutschland seit Langem der Vergangenheit angehört. So hat die türkische Religionsbehörde Diyanet
im Januar 2016 ein Gutachten (Fatwa) veröffentlicht, das selbst
Verlobten verbieten will, miteinander zu flirten.[54] In manchen
Veranstaltungen der neu gegründeten islamisch-theologischen
Einrichtungen an deutschen Universitäten nahmen die Studierenden zur Überraschung der Dozenten geschlechtsgetrennt in den
Hörsälen Platz und hielten dies offenbar für religiös geboten. All
dies ist aber keineswegs zwingend aus der Religion abzuleiten und
wird, wie erwähnt, auch vielfach intern kritisiert.

Hier ist einerseits vor Stigmatisierungen bestimmter Kulturen, Ethnien oder Religionen und ihrer Angehörigen zu warnen; das Patriarchat und seine negativen Folgen bis hin zu sexuellen Übergriffen sind überall zu spüren; Kellnerinnen auf dem Münchener Oktoberfest können das bestätigen. Andererseits ist nicht zu übersehen, dass in manchen kulturellen Milieus besonders starke patriarchalische Vorstellungen gepflegt und gelebt werden, im Extremfall auch unter gewaltsamer Durchsetzung (z. B. «Ehrenmorde»). Rotraud Wielandt hat die literarische Verarbeitung des Europäers in der arabischen Literatur und insbesondere der Europäerin als Stereotyp des schrankenlosen, allzeit bereiten Sexualwesens eindrucksvoll entfaltet.[55] Wielandt beschreibt die zugrundeliegenden Werte und Normen als «traditionell arabisch». Sie seien zwar teilweise durch den Islam in ihrer Geltung verstärkt worden, die Wurzeln reichten jedoch vor ihn zurück und seien im Übrigen auch im Moralkodex der europäischen Großelterngeneration aufzufinden gewesen. Dies schließe es aus, in dem hier beschriebenen Ideengut eine «typisch arabische Rückständigkeit» zu erblicken.[56] Allerdings könnten die zahlreichen massiven Übergriffe auf Frauen in Köln in der Silvesternacht Ende 2015, für die überwiegend illegale Einwanderer und Asylbewerber vorwiegend aus Marokko und Algerien verantwortlich waren,[57] nicht nur auf deren Alkoholisierung und soziale Verwahrlosung zurückzuführen sein, sondern auch auf derartige Vorstellungen von europäischen Frauen.

Es wäre jedoch, wie erwähnt, verfehlt, Probleme aus einem patriarchalischen Geschlechterverhältnis primär und exklusiv der Religion des Islam zuzuschreiben.[58] Auch der Islam verurteilt Übergriffe auf Frauen, wie sie häufig in von patriarchalischem Denken beherrschten Gesellschaften und Milieus vorkommen. Der Verfasser weiß aus Gesprächen mit Vertretern muslimischer Organisationen in Berlin, dass diese sich in betroffenen Schulen engagiert und die Rabauken in die Schranken gewiesen haben. In jedem Falle verbieten sich Pauschalisierungen und die unseriöse Verbreitung von Gerüchten, wie sie mittlerweile nicht mehr nur im rechtsradikal-islamfeindlichen Spektrum auftreten, sondern sich sogar in die Zeitschrift eines Philologenverbandes verirren.[59] Alltagserfahrungen und wissenschaftlich erhobene Daten zeigen, dass die meisten Muslime wie alle anderen Menschen in der Bevölkerung einen respekt- und rücksichtsvollen Umgang zwischen den Geschlechtern pflegen.

In völligem Kontrast dazu steht das Phänomen der Zwangsehen, von dem auch Deutschland nicht verschont ist.[60] Schon das traditionelle islamische Eherecht verlangte generell die Freiwilligkeit der Eheschließung, ließ aber unter bestimmten Umständen auch die Zwangsverheiratung von Frauen zu; in Marokko wurde die einschlägige Norm erst 1993 abgeschafft.[61] Die früheren Begründungen für die Zulassung der Zwangsehe sind von archaischen patriarchalischen Vorstellungen durchdrungen. Genau dort liegen auch die wesentlichen Ursachen. Nicht von ungefähr haben die islamisch geprägten Familienrechtsordnungen der Gegenwart fast ausnahmslos die Zwangsehe verboten, wenngleich sie in vielen Regionen tatsächlich noch häufig anzutreffen ist, meistens allerdings auf der Basis lokalen Gewohnheitsrechts wie in Afghanistan oder Pakistan.

In Deutschland ist die Zwangsverheiratung selbstverständlich strafbar; mit § 237 StGB wurde dafür ein eigener Straftatbestand geschaffen. Dennoch werden auch hier Zwangsehen geschlossen. Sie müssen jedoch sorgfältig von – nicht nur dem Schein nach – freiwillig eingegangenen, wenn auch von Familienmitgliedern arrangierten Ehen abgegrenzt werden.[62] Zwangsehen finden wir in unterschiedlichen Milieus mit stark patriarchalischer Prägung und engem sozialen Zusammenhalt. Betroffen sind ganz überwiegend, aber nicht nur, Mädchen und junge Frauen.

Hauptmotivation ist die sehr formal verstandene Wahrung der «Familienehre», die Jungfräulichkeit zum Fetisch macht und schon den Verdacht illegitimer Beziehungen zum anderen Geschlecht sanktioniert, bis hin zu sogenannten «Ehrenmorden».[63] Neuerdings gibt es auch Bemühungen, Familienangehörigen über Zwangsehen zu Aufenthaltstiteln im Inland zu verhelfen, oder

Fälle, in denen eine gleichgeschlechtliche Orientierung bei jungen Leuten vermutet wird, die mit Hilfe einer Eheschließung verborgen oder «kuriert» werden soll. Hier können auch Phänomene eines Volksislam mit ins Spiel kommen. So schicken etwa Eltern ihr Kind zu einem Hodscha, der mit Hilfe religiös konnotierter Rituale «abhelfen» soll.[64] Auf die Normenlehre des Islam lässt sich das nicht stützen. Ganz im Gegenteil weiß der Verfasser von Fällen, in denen Angehörige muslimischer Organisationen, die versuchten zu intervenieren, von Familienmitgliedern wegen «Einmischung» bedroht wurden. Heiner Bielefeldt, Mitautor der bislang umfangreichsten Studie über Zwangsheirat[65], unterstreicht zu Recht, dass das Phänomen der Zwangsehen entgegen mancher Propaganda kein spezifisch islamisches Problem darstellt, sondern in rigiden patriarchalischen Vorstellungen wurzelt, die auch in anderen Religionen und Kulturen vorzufinden waren und sind.[66] Selbstverständlich müssen solche nicht nur vereinzelt anzutreffenden Phänomene mit allen zur Verfügung stehenden rechtsstaatlichen Mitteln bekämpft und den Opfern höchstmöglicher Schutz gewährt werden. Deshalb hat auch die DIK in der Plenarsitzung am 19. April 2012 folgende Erklärung abgegeben:[67]

> Sowohl häusliche Gewalt wie auch die Praxis der Zwangsverheiratung haben ihren Ursprung nicht in einer bestimmten Religion, sondern in bestimmten traditionell-patriarchalischen Strukturen. Die in der Deutschen Islam Konferenz vertretenen Muslime betonen ausdrücklich, dass der Islam häusliche Gewalt und gegen den Willen eines Ehepartners zustande gekommene Ehen ablehnt. Sie heben hervor, dass der Islam eine offene und tolerante Religion ist, die sich gegen physische und psychische Gewalt und Zwangsverheiratung wendet und zur individuellen Selbstbestimmung, Persönlichkeitsentfaltung und zur freien Meinungsbildung und -äußerung ermutigt.

Die Behauptung, dass bestimmte Religionen wie der Islam zwingend patriarchalisch angelegt seien, ist also nicht haltbar und in ihrer Pauschalität als Indikator für Islamfeindlichkeit zu bewerten. Seit über hundert Jahren werden in vielen Teilen der islamisch geprägten Welt Reformen, die patriarchalische Strukturen zurückdrängen, durchgeführt. Moderne theologische Positionen gerade unter Muslimen im Westen trennen ihre Religion von den Vorstellungen ihrer Entstehungszeit und traditionellen Lebensverhältnissen.[68] Kurz gesagt: Wer den Koran dynamisch liest, kann aus ihm auch die Gleichberechtigung der Geschlechter ableiten.[69] Dafür muss man den Mut und die intellektuelle Schärfe aufbringen, zahlreiche patriarchalische Aussagen des Koran in ihren historischen Kontext einzuordnen und sich von ihrem Wortlaut zu lösen. Dasselbe gilt für historisch-kulturbedingte Bräuche wie die Verhüllung des Haupthaars, soweit sie mit einem «Schutz für Frauen vor männlichen Übergriffen» begründet wird.[70] Auch im Christentum hat die patriarchalische Haltung der Entstehungszeit die Fassung der relevanten religiösen Texte beeinflusst, was bei Paulus mit der Aussage «die Frau schweige in der Gemeinde» überdeutlich wird. Allerdings stehen die islamische Theologie und Normenlehre hier vor besonderen Herausforderungen: In den alltagspraktisch ausgerichteten Offenbarungen der medinensischen Zeit, vor allem in Sure 4, finden sich einige Aussagen, die nach ihrem Wortlaut für das Leben und Zusammenleben in Deutschland und Europa wegen grober Rechtsverletzungen schlicht unakzeptabel sind und deshalb einer zeitgemäßen Interpretation bedürfen.[71]

Eine weitere Facette des Aufeinanderprallens unterschiedlicher Kommunikationskulturen ist schließlich die Begrüßung zwischen Mann und Frau mit Handschlag. In Deutschland ist dies seit Langem selbstverständlich und jedenfalls geschlechtsneutral. Der Handschlag symbolisiert die Friedfertigkeit der Begegnung – die offene Hand trägt keine Waffe. In anderen Weltgegenden ist er generell unüblich. In patriarchalisch geprägten Gesellschaften wird er insbesondere zwischen den Geschlechtern vermieden. Dies ist weitestgehend eine schlichte kulturelle Gegebenheit. Der Verfasser ist in aller Welt einigen kritischen muslimischen Frauenrechtsaktivistinnen und vielen säkular eingestellten Musliminnen begegnet, die keinen Handschlag wünschen. Umgekehrt ist die Motivation derjenigen Männer, die ihn verweigern, in aller Regel nicht Verachtung, sondern Respekt – wenngleich das dahinter ste-

hende Modell der Geschlechtersegregation für Deutschland frag-
los unangemessen ist.

Wie aber gehen wir in Deutschland mit so etwas um? Zwei
Wege öffnen sich. Entweder wird die Begegnung mit dem «Ver-
weigerer» generell abgelehnt, um ein deutliches Zeichen zu setzen. Aber wem gegenüber und weshalb genau? Weshalb bedeckt
eine Bundeskanzlerin ihr Haupt mit einem Spitzentuch, wenn sie
zur Audienz beim Papst erscheint?

Oder aber es wird der Weg einer verständigungsbereiten Kommunikation beschritten, der nach Auffassung des Verfassers weit
eher zielführend ist. Es ist wichtig, auf allen Ebenen zu vermitteln,
dass die Begrüßungssitte des Handschlags hierzulande geschlechts-
unabhängig üblich ist und eine Verweigerung als Zurückweisung
oder Missachtung verstanden werden kann. Umgekehrt sollte es
persönlich nicht schmerzen, wenn jemand vor dem Hintergrund
erlernter kultureller Gewohnheiten den Handschlag ablehnt, weil
damit eben gerade nicht die Missachtung des Gegenübers zum
Ausdruck gebracht werden soll. Wer allerdings hierzulande sozialisiert ist, gibt, wie etwa Vertreter salafistischer Kreise, dadurch
deutlich zu erkennen, dass er/sie den offenen gleichberechtigten
Umgang der Geschlechter im Land ablehnt. Dies ist dann eine
symbolhafte Herausforderung der Gesellschaft. In den anderen
Fällen jedoch rät der Verfasser zu republikanischer Gelassenheit.

III. Die Debatte über den Islam in Deutschland

1. Islamkritik und Islamfeindlichkeit: Eine Abgrenzung

Seit den 1990er-Jahren beobachten wir in Deutschland und Europa eine deutliche Veränderung der Wahrnehmung von Migranten und Muslimen von «Ausländer/Gastarbeiter» hin zu «Türke»
oder «Araber» und dann zu «Muslim».[72] Hierbei wurden und

werden häufig soziale und ökonomische Probleme der Integration mit der Religionszugehörigkeit der Betroffenen vermengt, auch wenn diese oft irrelevant für die aufgetretenen Probleme ist. Zudem wird Migration in Deutschland im Unterschied zu anderen Einwanderungsländern häufig eher als Problem denn als Chance wahrgenommen. Das hängt vermutlich auch mit einer über lange Zeit fehlenden konsistenten Migrationspolitik zusammen. Die Folge ist, dass die Kombination aus vorwiegend als Problem empfundener Migration und einer vor allem über jüngere Zuwanderung verbreiteten Religion sich nachteilig auf deren Wahrnehmung niederschlägt. Fast gleichzeitig mit der Fokussierung auf die Religion muslimischer Immigranten setzten sozialwissenschaftliche Untersuchungen entsprechende Akzente. Das fördert zwar Erkenntnis, kann jedoch auch Wahrnehmungsverzerrungen unterstützen.[73] So hat ein Kollege aus der Turkologie vor einiger Zeit moniert, dass neben all den Studien zu muslimischer Religiosität anscheinend keine Untersuchung säkularer Lebenswelten mehr Platz habe.

Vorbehalte gegen Muslime und ihre Religion können auf Stereotype aufbauen, die sich über Jahrhunderte entwickelt haben (vgl. S. 19 ff.). In Literatur und Kunst verbreitet ist ein schaurig-schönes Bild vom ebenso lasziven wie geheimnisvollen und brutalen Orient. Ludwig Ammann hat das Bild des «fanatischen» muslimischen Orientalen aufgezeigt, das dem deutschen Lesepublikum in der ersten Hälfte des 19. Jahrhunderts gezeichnet wurde.[74] Auch in Schulen wurde über lange Zeit Material verwendet, das derartige Stereotypisierungen förderte. Gerdien Jonker hat Narrative des Islam in der deutschen historischen Schulbuchliteratur von 1550 bis 1804 untersucht: Im Gesamtbild erscheint eine Religion der Aggression und des Fundamentalismus. In der Folge tauchen heute in der Schulbuchliteratur (in mehreren europäischen Staaten) Muslime als «die Anderen» auf, im Kontext mit der Wahrung des relevanten kulturellen und politischen Rahmens. Zudem werden sie weitgehend nur in religiösen Kategorien gesehen. Schließlich fehlen immer noch Berichte über heutige muslimische Gesellschaften und Informationen, die das Verständnis ihrer Geschichte und Kulturen fördern.[75] Monika Tworuschka kommt in ihrer schon älteren Analyse der Geschichtsbücher zum Thema Islam zu dem Schluss, dass die Ausführungen in den neueren Büchern ausführlicher und fachlich fundierter ausfallen. Einseitige oder falsche Aussagen führte sie nicht auf tendenziöse Absichten, sondern auf immer noch bestehende Informationsdefizite zurück.[76]

Insgesamt hat sich in den vergangenen Jahren in Deutschland und Europa ein grundlegend islamskeptisches Klima verbreitet. Das lässt sich schon seit den 1990er-Jahren beobachten, hat jedoch seit dem 11. September 2001 deutlich zugenommen und in Deutschland mit dem Buch von Sarrazin nochmals eine neue Dimension erreicht. «Der Islam» – nicht: die Muslime – hat sich mittlerweile in der öffentlichen Wahrnehmung als Angstfaktor verselbständigt. Tatsächliche oder vermeintliche historische Gegensätze mischen sich mit gegenwartsbezogenen Einschätzungen und werden von Islamgegnern teilweise auch bewusst mobilisiert. Heiner Bielefeldt sieht bemerkenswerte Parallelen zur antikatholischen Kulturkampfrhetorik der Bismarckära und mahnt zu Recht eine aufgeklärte Debattenkultur an.[77] Thomas Petersen spricht von einem «verheerenden» allgemeinen Image des Islam, wobei fast drei Viertel der 2015 Befragten äußerten, dass eine Bedrohung nur von bestimmten radikalen Gruppen ausgehe, nicht pauschal von den Muslimen.[78] Auch in anderen Umfragen wie etwa in der Studie «Deutschland postmigrantisch II» zeigt sich,[79] dass in denjenigen Bevölkerungsgruppen, in denen es intensivere Kontakte zu Muslimen gibt, die stereotypen Einschätzungen deutlich abnehmen. So erklärt sich auch die tendenziell weniger vorurteilsbeladene Sicht jüngerer Menschen. Dementsprechend nahmen nach dem Bertelsmann Religionsmonitor 2012 66 % der Personen ohne Kontakt mit Muslimen und 43 % mit Freizeitkontakten, in Sachsen 78 %, in Nordrhein-Westfalen nur 46 % der befragten Nichtmuslime den Islam als bedrohlich wahr.[80]

Petersen konstatiert ein «vages Unbehagen», das sich in der

Mehrheit der Bevölkerung zeigt, weniger bei jüngeren Menschen, Westdeutschen sowie Anhängern von Grünen und SPD, aber sogar unter ihnen noch mehrheitlich. Bei einer Befragung von 2005 Personen in Deutschland, darunter immerhin 429 Muslime, schätzte die Gesamtgruppe wie auch die Gruppe ohne Muslime den Islam zu 16% als «sehr bedrohlich» ein, als «bedrohlich» 37% der Gruppe ohne Muslime und immer noch 35% der Gesamtgruppe.[81] Erhebliche Skepsis gegenüber «dem Islam» findet sich also in unterschiedlichsten gesellschaftlichen Gruppen und politischen Ausrichtungen. Das spiegelt sich in den für ganz Deutschland repräsentativen Umfragen des Sachverständigenrats deutscher Stiftungen für Integration und Migration im Jahr 2015.[82] Die wenig konkrete Aussage «Der Islam ist ein Teil Deutschlands», die Stimmungen wiedergibt, wurde jeweils annähernd hälftig ganz oder eher bejaht bzw. verneint. Am stärksten war die Ablehnung bei Spät-/Aussiedlern und Zuwanderern aus EU-Ländern mit Ankunft bis 2000 (ca. 55%), die größte Zustimmung fand sie unter Zuwanderern aus der EU nach 2000 und aus der übrigen Welt (über 60%). Deutsche ohne Migrationshintergrund unterstützten die Aussage zu ca. 47%, die Ablehnungsquote betrug ca. 53%. Gleichzeitig bejahte eine deutliche Mehrheit die Aussage, insgesamt würden viele Muslime aus der Gesellschaft in Deutschland ausgeschlossen (so ca. 60% der Befragten ohne Migrationshintergrund und der Zuwanderer aus der EU bis 2000 und fast 70% der aus der Türkei Stammenden).

In einer Ende Februar 2016 veröffentlichten Meinungsumfrage wurde im Zusammenhang mit der Flüchtlingszuwanderung die Frage gestellt, ob man «befürchte», dass dadurch der Einfluss des Islam steigt. 57% der Befragten bejahten dies.[83] Andere Optionen als «Furcht» waren überhaupt nicht vorgesehen. Nach repräsentativen Umfragen stieg der Anteil derer, die sich für das Verbot der Zuwanderung von Muslimen aussprechen, von 21,4% im Jahr 2009 über 22,6% im Jahr 2011 auf 36,6% im Jahr 2014. Anhänger von NPD und AfD bejahten diese Frage 2014 zu 87 bzw. 60,0%, bei den etablierten Parteien des demokratischen Spektrums nur zwischen 17,1% (Anhänger der Grünen) und 37% (Anhänger von CDU/CSU). Vergleichbare Relationen ergeben sich bei der Zustimmung zu der Aussage «Durch die vielen Muslime hier fühle ich mich manchmal wie ein Fremder im eigenen Land».[84] «Deutsch» und «muslimisch» wird häufig als Gegensatz gesehen.[85] Hafez/Schmidt warnen indes vor der alarmistischen Annahme, wonach negative Stereotype oder Feindbilder automatisch zu gesellschaftlicher Diskriminierung oder gar zur Gewalt führen, wenngleich sie für Handlungen extremistischer Minderheiten mit verantwortlich sein können.[86]

Kulturalistische, nationalistische und erst recht rassistische Abgrenzungen sehen im Islam konkreter das «Andere», das die eigene (oft nur konstruierte) Identität unterminiert.[87] Aus mehreren breit angelegten Untersuchungen der letzten Jahre ergibt sich, dass Menschen, die zu Islamfeindlichkeit neigen, zugleich in ähnlicher Weise überdurchschnittlich homophobe, fremdenfeindliche, rassistische, sexistische und antisemitische Einstellungen aufweisen.[88] Auch Distanz zur Demokratie, autoritäre Orientierungen, starker Nationalismus und kultureller Homogenitätsglaube,[89] Zugehörigkeit zur Unterschicht, geringe Bildung, Leben in ländlichen Gebieten, wenig gemeinsame Arbeit mit Muslimen sowie Lebensunzufriedenheit korrelieren mit größerer Ablehnung des Islam. Allerdings wurde auch bei Menschen mit höherer Bildung noch ein hohes Niveau an Islamfeindlichkeit festgestellt.[90] Ein höherer Bildungsgrad führt nicht zwingend zu mehr Offenheit in der persönlichen Lebensführung: So ergeben Umfragen, dass gerade dieser Personenkreis weniger bereit ist, in Gegenden mit einem größeren Anteil an Muslimen zu ziehen. Dies wird allerdings nicht auf eine spezifische Ablehnung von Muslimen zurückgeführt, sondern auf eine generelle Segregationsneigung gegenüber bildungsfernen Schichten und «schlechteren» Wohngegenden.[91]

Scheinbar «fortschrittliche» Richtungen in der Bevölkerung finden im Islam überdies eine konservierte Vormoderne, die die Errungenschaften der modernen säkularen (oder eher laizistisch verstandenen) Gesellschaft bedroht. Gelegentlich wird eine so begründete Islamkritik dann auch zur generellen Religionskritik ausgebaut wie in den Pamphleten Alice Schwarzers.[92] Überzogene Kritik und platte Islamfeindlichkeit sind nicht nur in hohem Maße unfair gegenüber all denjenigen, die damit zu Unrecht angeprangert werden. Ablehnung durch die Mehrheitsgesellschaft wirkt auch als Desintegrationsfaktor.[93]

Andererseits zeigt sich umgekehrt in manchen muslimischen Kreisen ein recht eindimensionales und vorurteilsbeladenes Bild von Deutschland und seiner Gesellschaft, vom Christentum oder vom «Westen». Berechtigte Kritik an Erscheinungsformen des Islam wird gelegentlich mit dem Vorwurf der «Islamophobie» und des Rassismus diskreditiert oder gar unterdrückt. Die Organisation für Islamische Zusammenarbeit (OIC), die aus 57 Mitgliedstaaten besteht, und andere Organisationen instrumentalisieren den Islamphobie-Vorwurf in internationalen Gremien in menschenrechtlich bedenklicher Weise, wie es der UN-Sonderberichterstatter für Religions- und Weltanschauungsfreiheit Heiner Bielefeldt herausgearbeitet hat.[94] Thorsten Gerald Schneiders hat fünf Ursachenbereiche für diese Haltung definiert: ein Religionsverständnis, das Kritik grundsätzlich zurückweist; eine Ideologie, die Islamkritik als Ausdruck von Fremdenfeindlichkeit und kulturellem Chauvinismus ablehnt; Persönlichkeitsstrukturen, die Islamkritik als Angriff auf die eigene Person oder andere Angehörige wahrnehmen; der aus Unsicherheit resultierende Rückzug auf eine islamische Identität; ein Mangel an Wissen über die theologischen Möglichkeiten des Islam.[95] Besonders bei Migranten oder Menschen mit noch weiterwirkender Migrationsgeschichte kann die «Dialektik von Ausgrenzung und Selbstausgrenzung» (Haci-Halil Uslucan)[96] zur Überhöhung der eigenen Religion und der Abwertung anderer führen.

Abschreckende Beispiele für die Folgen von Verharmlosung haben sich vor allem in England gezeigt, wo der massenhafte Missbrauch von in prekären Verhältnissen lebenden Mädchen durch eine pakistanische Gang in Rotherham totgeschwiegen wurde[97] und wo ein Londoner Bezirksbürgermeister aus Bangladesch, der wegen islamistischer Bestrebungen aus der Labour Partei ausgeschlossen worden war, sich mit Druck und kriminellen Machenschaften lange Zeit im Amt hielt.[98] Auch die Mediendebatte über die massiven Übergriffe auf Frauen in Köln zu Silvester 2015 war zunächst in Teilen allzu zögerlich, die Problematik angemessen zu thematisieren.

Nach alledem sind möglichst klare Grenzziehungen zwischen zulässiger, ja notwendiger Kritik an manchen Erscheinungsformen des Islam und pauschaler Abwertung und Ausgrenzung wichtig. Hier haben die mittlerweile zahlreichen Studien zu «Islamfeindlichkeit»,[99] «Islamophobie»[100] und ähnlich titulierten Phänomenen vieles an Präzision mit sich gebracht, wenngleich terminologische Debatten vermutlich nicht zum Ende kommen werden. «Islamfeindlichkeit», «Muslimfeindlichkeit», «Islamophobie» oder «anti-muslimischer Rassismus» werden nun verbreitet benutzt. Der Verfasser hält den Begriff der «Islamfeindlichkeit» für vorzugswürdig. «Islamophobie» hat sich im anglo-amerikanischen Sprachraum etabliert,[101] weniger jedoch im deutschen. Die Affinität zu krankhaften Störungen («Phobie») verfehlt indes die maßgeblichen Ursachen des Phänomens: Wie Rassismus ist Islamfeindlichkeit keine Krankheit, sondern eine letztlich selbstgewählte Einstellung und Verhaltensweise. Der Begriff des Rassismus passt allerdings wenig zu Angehörigen einer Weltreligion. «Muslimfeindlichkeit» als eine Form gruppenbezogener Menschenfeindlichkeit[102] ist sicherlich die gravierendste Folge von Islamfeindlichkeit. Sie basiert letztlich auf einer Ideologie der Ungleichwertigkeit von Menschen. Es gibt indes deutliche Abweichungen zwischen der vergleichsweise weit verbreiteten Ablehnung «des Islam» und der viel geringeren Ablehnung muslimischer Menschen. Insofern ist vor allem eine abstrakte, also von konkreten Lebenserfahrungen nicht oder wenig geprägte Angst vor «dem Islam» die Grundlage der daraus folgenden Anschauungen und Verhaltensweisen. Dies wird am präzisesten mit dem Begriff der Islamfeindlichkeit erfasst.

Die erörterten Bezeichnungen weisen im Wesentlichen folgende

Gemeinsamkeiten auf: Anstelle einer realitätsgerechten Würdigung der Vielfalt muslimischer Haltungen und Glaubensinterpretationen wird der Islam essentialisiert, also auf eine einzige unveränderliche Erscheinung reduziert, die angeblich im unauflösbaren Gegensatz zu den Grundlagen des Lebens in Deutschland und Europa steht (Zuschreibung einer negativen kollektiven Identität).[103] Damit werden zugleich die Muslime stigmatisiert, unter Generalverdacht gestellt und als Gruppe in einer feindseligen Grundhaltung abgewertet. Solche Islamfeindlichkeit stützt sich, soweit sie sich überhaupt mit den religiösen Quellen befasst, auf eine selektive Auswahl ohne Berücksichtigung der historischen Entwicklungen und der sehr unterschiedlichen Interpretationen.[104] Auch Mischungen aus einer Abwertung der Religion und einer ethnisch-rassistischen Ausgrenzung sind zu beobachten,[105] ebenso eine verschwörungstheoretische Literatur, die eine gezielte islamische Eroberung Europas herbeiphantasiert, die angeblich von den politischen Eliten unterstützt werde.[106]

Solche Äußerungen finden sich nicht nur in islamfeindlichen Blogs, sondern auch in angesehenen Feuilletons[107] oder Leserbriefspalten und bei ansonsten überlegten Geistern.[108] Daraus wird die fortwirkende Belastung des Debattenniveaus deutlich, die sich insbesondere im Zusammenhang mit dem Buch Sarrazins «Deutschland schafft sich ab» ergeben hat.[109] Thorsten Gerald Schneiders[110] hat die Strategien und Techniken der einschlägigen Publikationen systematisiert: Aneinanderreihung von Negativbeispielen; Beleidigung, Herabwürdigung, Verspottung; Vorurteile, Alarmismus, Dramatisierung, fiktive Bedrohungsszenarios; Verzicht auf Belege und Beweise, Simplifizierung von Sachverhalten; Ausblendung von Ursachen; Desinformation; Apologetik der christlich-abendländischen Kultur, Eurozentrismus; Aufruf zum Nationalstolz und Einreden von Fremdenliebe; Themenshopping; Pauschalisierung; Verallgemeinerung von subjektiven Erfahrungen; Vermischung von Theologie und kulturellen Traditionen; Aufwertung der Gewährsleute; Falsche Vergleiche; Kollektivhaft; Suggestion und Legendenbildung.

So hat sich unübersehbar ein Markt für eine pauschale Ablehnung des Islam im Kontext von Migrationsproblemen gebildet. Thilo Sarrazin, Hamed Abdel Samad[111] und Necla Kelek[112] sind prominente Vertreter dieser von Klaus Bade so bezeichneten «Desintegrationsindustrie».[113] Statt faktenorientierter Benennung von konkreten Problemen finden sich hier weitgehend essentialistische Ansichten, die den Islam als strukturell andersartig und inkompatibel mit europäischen Rechts- und Gesellschaftsordnungen abstempeln wollen.

Es ist bedauerlich, dass damit zugleich die im Einzelnen berechtigte und bei muslimisch sozialisierten Autoren, die persönlich sehr schlechte Erfahrungen mit ihrer Religion gemacht haben, menschlich gut verständliche Kritik letztlich entwertet wird. Solche Autoren dienen im Übrigen als beliebte Referenz für Internetblogs wie «Politically Incorrect», die eine Parallelgesellschaft von Islamhassern bedienen, die sich in Verschwörungstheorien ergeht und deren extremere Angehörige mittlerweile auch unter Beobachtung des Verfassungsschutzes stehen.

Im Gegensatz hierzu benennt die legitime Islamkritik konkrete Probleme: z. B. die Unterstützung patriarchaler Ungleichbehandlung bis hin zur Gewaltanwendung, die Abwertung anderer Konfessionen, Religionen und Weltanschauungen sowie die religiös begründete Radikalisierung. Ein Beispiel für pointierte, aber sachlich problemorientierte interne Kritik an patriarchalischen Unterdrückungsmechanismen formulierte die Schauspielerin Sibel Kekilli, deren Eltern aus der Türkei eingewandert sind, in einer Ansprache «An Väter, Brüder, Ehemänner»:[114]

> Ich liebe meine Kultur. Auf dem Weg zu meiner Freiheit habe ich sie zu einem sehr großen Teil verloren. (…). Diese Kultur, in die ich hineingeboren wurde, ist voller Schätze, voller Wunder. Und – sie kann gnadenlos sein. (…). Den Männern dieser Kultur möchte ich heute sagen: Ich respektiere eure Kultur, euren Glauben. (…). Toleranz bedeutet, sich gegenseitig den Freiraum zu lassen, den jeder Mensch braucht, um selbstbestimmt leben zu können. (…). Ohne dass ihr mich einschränkt oder mir sogar mit dem Tode droht. (…). Wollt ihr, dass ich aus Angst bei euch bleibe, hörig, gefangen und unglücklich wie so viele Mädchen und Frauen, deren Angst größer ist

als ihr Mut und ihre Kraft, sich aus diesen Zwängen selbst zu befreien? (...)
Ich bin ein Individuum. Warum nur ist euch die Außenwirkung in der Gesellschaft wichtiger als das glückliche Leben eurer Tochter, Schwester oder
Frau? Wie würde es euch gefallen, wenn ihr so leben müsstet, wie ihr es von
euren Frauen verlangt? Mit Zwängen, Vorschriften, unterdrückten Gefüh-
len, Notlügen und Ängsten? (...). Ich verstehe ja euer Dilemma. Wenn ein
Familienmitglied anders ist, Träume verfolgt, eigene Wege geht, wird dieser
Makel auf die ganze Familie übertragen. Dann bekommt der Bruder eventu-
ell keine Frau zum Heiraten. (...). Der Ausweg, um die vermeintliche Ehre
wiederherzustellen, ist, die eigene Tochter zu bedrohen oder gar zu töten?
Hat das noch mit Tradition zu tun? Oder mit Religion? Dieser verschrobene
Kulturbegriff, gepaart mit traditionellen Vorstellungen, hat eine unglaub-
liche Zerstörungskraft. Die Familie ist mächtig, die Tradition ist noch
mächtiger. (...). Ich will mich und andere nicht belügen und alles versteckt
machen, nur damit die Familie und der Kulturkreis mich hoffentlich irgend-
wann akzeptieren. Ich möchte ein selbstbestimmtes Leben führen, ohne
mich dafür rechtfertigen zu müssen oder gesellschaftlich geächtet zu werden
(...).

Rechtspopulistische und rechtsradikale Organisationen wie die
PRO-Bewegungen haben sich seit der Jahrhundertwende islam-
feindlich positioniert.[115] Mit den Pegida-Aktivitäten in Dresden
seit 2014 und ihren marginalen Parallelerscheinungen in anderen
Städten[116] in Verschränkung mit Teilen der rechtspopulistischen
AfD und rechtsradikalen Gruppen und Personen hat sich eine
neue Dimension in der Debatte entwickelt. Mit der AfD ist erstmals eine in Länderparlamenten vertretene Partei in Erscheinung
getreten, die zumindest in erheblichen Teilen islamfeindliche
Trends aufweist. Die damals stellvertretende Bundes- und sächsische Landesvorsitzende Petry konstatierte schon 2014 eine «of-
fensichtliche inhaltliche Überschneidung» der Pegida-Forderun-
gen mit dem Programm der AfD und unterstrich, dass sich «sehr
viele» AfD-Mitglieder bei Pegida-Demonstrationen beteiligten,[117]
darunter auch ein Mitglied des Landesvorstandes, das durch verfassungsrechtlich nicht haltbare Forderungen aufgefallen ist, die
Errichtung von Moscheen von örtlichen Abstimmungen abhängig
zu machen.[118] Auch «demokratische» Mehrheiten sind nicht berechtigt, Minderheiten ihre verfassungsmäßigen Rechte zu neh-

men. Beim außerordentlichen Parteitag in Essen im Juli 2015 wurde der abgewählte Vorsitzende Lucke nach Presseberichten für differenzierende Aussagen zum Islam laut ausgepfiffen. In Essen habe sich die Partei als «Pegida-Partei» gezeigt, «derb nach rechts offen, an der Basis bereit, Intoleranz etwa gegen Muslime zu zeigen.»[119] Der EKD-Ratsvorsitzende Bedford-Strohm hat folgerichtig den «Wortführern einer radikalisierten AfD» vorgehalten, «unverhohlen rechtsradikale Ressentiments zu schüren». Das Abendland zu beschwören und Kreuze hochzuhalten, aber gleichzeitig (im Hinblick auf Flüchtlinge) keine Empathie zu zeigen, verstoße aus Sicht der Kirche gegen das, was das Christentum in seinem Kern ausmacht.[120] In dieser Haltung tritt letztlich ein identitätspolitischer Missbrauch der Religion zu Tage.[121]

Mit dem Stuttgarter Programmparteitag von 2016 hat die Partei ihre islamfeindliche Grundlinie festgeschrieben.[122] Der Antrag, sich nur gegen den «politischen Islam» auszusprechen, wurde verworfen; nun lautet die Devise «Der Islam gehört nicht zu Deutschland». Das pauschale Feindbild Islam soll gepflegt werden, wurde doch der Vorschlag verworfen, kritische muslimische Stimmen zu unterstützen; ein Delegierter, der für lokal möglichen Dialog mit Muslimen warb, wurde ausgebuht. Ein «europäisierter» Islam sei nicht wünschenswert, weil man generell keine «Islamisierung» Europas möchte. Folgerichtig wurden konkrete anti-islamische Forderungen aufgestellt, die sich gegen die deutsche Religionsverfassung richten, wie das generelle Verbot von Minaretten, der Ausschluss muslimischer Organisationen vom Körperschaftsstatus oder unverhältnismäßige Restriktionen von religiöser Bekleidung und Finanzierung von Aktivitäten. Diese Haltung wurde von allen demokratisch-rechtsstaatlichen Parteien sowie von jüdischen und christlichen Religionsgemeinschaften scharf kritisiert.

Islamfeindlichkeit ist dabei[123] nur ein Aufhänger für eine Ansammlung von «Frustrationsthemen» von Euro-Skepsis über Anti-Amerikanismus, Verteidigung der aggressiven russischen Politik in der Ukraine bis hin zu GEZ-Gebühren oder der Bemessung von Sozialhilfesätzen. Ähnliches lässt sich bei der Themenerweiterung des Islamhasser-Blogs «Politically Incorrect» beobachten. Auffällig ist zudem, dass die angebliche Verteidigung Deutschlands und seiner Kultur wenig mit der kulturellen Bildung dieser Verteidiger übereinstimmt: So sind die Pegida-Anhänger in Dresden vor Weihnachten daran gescheitert, wie geplant Weihnachtslieder zu singen. Darüber hinaus lassen viele Kommentare auf den einschlägigen Blogs Basiskenntnisse der deutschen Sprache und Grammatik vermissen.

Nach Einschätzung der Sicherheitsbehörden gelingt es organisierten Rechtsradikalen und Rechtspopulisten außerhalb von einigen Regionen in Sachsen allerdings nicht, in nennenswerter Zahl Bürger aus der Mitte der Gesellschaft für ihre Aktionen zu gewinnen. Allerdings kann die von ihnen betriebene anti-islamische Stimmungsmache dazu beitragen, Sympathisanten zu gegen Muslime gerichteten Straftaten anzustacheln. So haben sich im Oktober 2014 4000 Hooligans in Köln zusammengerottet und im Zuge der Kundgebung «Hooligans gegen Salafismus» bei schweren Ausschreitungen 44 Polizeibeamte verletzt.[124] In einer solchen Atmosphäre entstehen auch Aktionen wie der Überfall von sechs offenbar Rechtsradikalen auf einen Koranverteiler in Nürnberg im Februar 2015.[125] Was das Denken in strikten Freund-Feind-Schemata angeht, das durch Verschwörungstheorien und die Ablehnung pluraler Weltsichten gestützt ist, zeigt sich Verwandtschaft mit einigen linksradikalen Kontrahenten, die in Leipzig oder Frankfurt zugelassene Demonstrationen mit teils massiver Gewalt gegen Polizei und Teilnehmer verhindern wollten.

Zudem überlappen sich immer wieder Angriffe auf Muslime mit solchen auf Flüchtlinge oder andere «Feindgruppen». Nur so erklärt sich etwa der Anschlag auf eine geplante Flüchtlingsunterkunft in Hessen im Sommer 2015, die mit Hetzparolen («go home») beschmiert und mit Schweineabfällen beschmutzt wurde.[126] Verunstaltungen mit Schweineabfällen werden seit Jahren in Islamhasserforen als Mittel gegen geplante Moscheeprojekte gepriesen; die Moscheebaustelle in Leipzig wurde mehrfach attackiert, im Februar 2016 mit einem Schweinekopf, der mit

«Mutti Merkel» beschriftet war.[127] Der Berliner Verfassungsschutz kam in einer Studie aus dem Jahre 2015 zu dem Schluss, dass die Flüchtlingsthematik der «verbindende ideologische Kitt» der heterogenen rechtsextremistischen Szene (Berlins) sei. Die Gruppen, Netzwerke und Parteien aus dem traditionellen und diejenigen aus dem jüngeren islamfeindlichen Rechtsextremismus eine dieses Thema.[128] 2015 und 2016 wurden mit der «Old School Society» und der «Weisse Wölfe Terrorcrew» rechtsradikale, gewaltbereite Islam- und Fremdenhasservereinigungen verboten, die nach bisherigem Erkenntnisstand (2016) auch Anschläge auf Moscheen und Asylbewerberunterkünfte geplant haben sollen. Es trägt nicht zur Beruhigung bei, dass gegenwärtig (2016) noch ca. 350 wegen unterschiedlicher Delikte mit Haftbefehl gesuchte Neonazis nicht gefasst wurden.[129] Die Schreckensbilanz wird auch nicht durch Einzelfälle nur inszenierter rechtsradikaler Anschläge, wie etwa in einer Asylbewerberunterkunft in Bingen im April 2016, gemindert.

Die Parallelgesellschaften solcher Organisationen, Aufzüge und Internetforen wie «Politically Incorrect» lassen mit ihrer Maßlosigkeit und ihren Hassparolen jeden bürgerlichen Anstand vermissen. So kann man dort anlässlich der «Legida» Kundgebung am 1. Januar 2016 Folgendes lesen: «Tut mir irgendwie leid, als friedliebender Mensch sehe ich die Gewalt gegen Moslems als legales und sogar notwendiges Mittel, um uns zu schützen. (...). Niemand, wirklich niemand wird von mir kritisiert, wenn er denen gegenüber austickt.»[130] Der Verfasser bezieht sich dabei auf nicht näher bezeichnete vorangegangene Gewaltakte gegen Muslime («dieses Pack»). In derselben Kommentarspalte wird dann passend vulgär-antisemitischen Verschwörungstheorien gehuldigt.[131]

Derartiges kann Auswirkungen auf das breitere Debattenklima haben. So war die Nürnberger CSU-Abgeordnete Dagmar Wöhrl beispielsweise bei einem dienstlichen Besuch im Iran 2015 den Landesgesetzen entsprechend kopftuchtragend fotografiert worden. Im Anschluss erhielt sie Hassmails unter anderem mit dem

Inhalt «Aufhängen», «Bleib am besten dort, du Miststück» und Ähnlichem. Die notorische Islamhasser-Website «Politically incorrect» beteiligte sich an der Hetzkampagne.[132] Dagmar Wöhrl kommt zu dem Schluss:

> Wenn die Diskussionen rund um Pegida in den letzten Wochen eines bewirkt haben, dann, dass die Hemmschwelle zu Beleidigungen gegenüber Politikern und Medien gesunken ist. Unter dem Deckmantel «Man wird ja noch sagen dürfen ...» schlagen einem immer öfter menschenverachtende, ausländerfeindliche und maßlose Beleidigungen entgegen.

Der als «Volksverräter» beschimpfte Bürgermeister von Heidenau bei Freital stellte 2015 im Zusammenhang mit gewalttätigen, NPD- und alkoholgesteuerten Ausschreitungen hunderter Menschen gegen die Einrichtung eines Flüchtlingsheims fest, dass die Hemmschwelle seit Pegida drastisch gesunken sei.[133]

Wer sich schon länger zu Fragen des Islam in Deutschland öffentlich äußert, kann solche Tendenzen bestätigen, wobei mit der Veröffentlichung der wissenschaftlich haltlosen Sarrazin-Schrift «Deutschland schafft sich ab» 2010 bereits Dämme gebrochen waren. Auch die Zahl der Übergriffe auf Moscheen hat seit 2011 deutlich zugenommen (ca. 22 pro Jahr 2001–2011, 35 bzw. 36 in den Jahren 2012 und 2013), mit weiter steigender Tendenz.[134] Angesichts deutlich steigender Zahlen von Gewalttaten gegen Muslime und muslimische Einrichtungen ist es dringend erforderlich – vergleichbar dem salafistischen Spektrum –, Ursachenforschung, Deradikalisierungs- und Präventionsmaßnahmen im Zusammenhang mit politischer und gewalttätiger Islamfeindlichkeit zu entwickeln.

Andererseits wandten sich Staatsvertreter bis hin zum Bundespräsidenten und zur Bundeskanzlerin, Politiker und auch zahlreiche Repräsentanten der Kirchen deutlich gegen die islam- und fremdenfeindlichen Tendenzen, die hier zutage traten. Kanzlerin Merkel wurde im Dezember 2014 mit den Worten zitiert, es gebe in Deutschland keinen Platz für Hetze gegen Gläubige, für Islamophobie oder Fremdenfeindlichkeit. Sie verurteile solche Tendenzen auf das Schärfste.[135] Der Vorsitzende der Innenministerkonferenz Jäger bemerkte zu den Pegida-Aktivitäten: «Die Initiatoren schüren mit ausländerfeindlicher Hetze und islamfeindlicher Agitation Vorurteile und Ängste», und er zeigte sich besorgt über derart aggressive Stimmungsmache durch «Rechtspopulisten und Rechtsextremisten».[136] In Köln schaltete das Domkapitel während einer «Kögida»-Kundgebung demonstrativ die Beleuchtung des Doms ab.[137] Der Erzbischof von Bamberg Schick betonte, Christen dürften nicht an Aktivitäten teilnehmen, die ganz oder teilweise im Widerspruch zu christlichen Grundsätzen und den Werten des Evangeliums stehen.[138] In der Folge erhielt er Morddrohungen. Der EKD-Ratsvorsitzende Bedford-Strohm nannte die zutage getretenen Tendenzen von Menschenfeindlichkeit, Rassismus und pauschaler Abwertung einer Religion «unvereinbar mit dem christlichen Glauben».[139] Als «brandgefährlich» bezeichnete der Vorsitzende des Zentralrats der Juden in Deutschland Schuster die Pegida-Bewegung und verwies auf die Absurdität der Behauptungen einer Islamisierung des Landes. Sein Befund, der sich durch vielerlei Medienberichte bestätigt: «Hier mischen sich Neonazis, Parteien vom ganz rechten Rand und Bürger, die meinen, ihren Rassismus und Ausländerhass endlich frei ausleben zu dürfen.»[140]

Zudem haben die islamfeindlichen Kundgebungen auch eine Bürgerbewegung ausgelöst, die sich mit den Angegriffenen solidarisiert. In vielen Städten standen kläglichen Häufchen islamfeindlicher Demonstranten von breiten Gesellschaftsgruppen getragene Kundgebungen gegenüber, die zahlenmäßig ein Vielfaches erreichten. In Wuppertal schloss sich der Oberbürgermeister einer Gegendemonstration an und verteidigte die Offenheit und Toleranz in seiner Stadt – unter anderem auch durch eine zur Übung gewordene Einladung zum gemeinsamen Fastenbrechen.[141] In Münster wandten sich 10 000 Teilnehmer gegen eine kleine Gruppe von «Müngida», unter anderem mit dem Slogan «Gegen die Idiotisierung des Münsterlands».[142]

Schließlich sollte man die Bedeutung islamfeindlicher Blogs und

Gruppierungen auch nicht überschätzen. Der Verfasser verfügt über einschlägige Erfahrungen: Dem Aufruf zu einer Protestmail-Kampagne an die Leitung seiner Universität folgten beeindruckende drei Zusendungen, deren Niveau eine inhaltliche Auseinandersetzung ausschloss. Einen Mordaufruf aus einschlägigen Kreisen würdigte ein erfahrener Extremismus-Spezialist der Polizei mit der Einschätzung, es handele sich vermutlich um «Verbalerotiker». Dennoch bleibt die Gefahr der «Einstiegsdroge» für verwirrte Geister, die sich im Kontakt mit derartigen Foren und Gruppen radikalisieren. Die Diktion mancher Leserzuschriften spricht für solche Tendenzen. Hier zeigen sich offenbar die Früchte einer längerfristigen Entwicklung.

2. Stereotype I: Die muslimische Frau als unterdrücktes Opfer

Die Stereotypisierung der muslimischen Frau hat Tradition.[143] Tatsächlich vorhandene Probleme patriarchalischer Unterdrückung, die nicht selten auch religiös «legitimiert» wird, werden pauschalisiert und ohne weiteres dem Islam als Wesensmerkmal zugeschrieben (vgl. S. 274 ff.). In einem 1978 erschienenen populären Buch über «Die verkauften Bräute. Türkische Frauen zwischen Kreuzberg und Anatolien» wird im ersichtlich ernst gemeinten Vorwort mit einiger Brutalität formuliert:

> Wie unverdauliche Fremdkörper leben sie in unseren Städten. Kein Wunder, dass sie Vorurteile auslösen; sie stehen vermummt beieinander, sprechen eine unverständliche Sprache, kochen unbekannte Speisen. Sie gehen demütig zwei Schritte hinter ihren Männern her, und selbst die eigenste Domäne der Frau, den Einkauf von Lebensmitteln oder Kleiderstoffen, überlassen sie ihren Männern oder Kindern.[144]

Derartige Überzeichnungen und Stereotypisierungen in der Debatte über Migranten und ihre Familie bewertet schon der Sechste Familienbericht der Bundesregierung aus dem Jahr 2000[145] als «extreme Vereinfachung». Auf dem Grundmuster einer Akzentuierung der Unterschiede, des Ungewöhnlichen und Exotischen entstehe eine «Folklore des Halbwissens», die sich immer wieder fortschreibe und selbst bestätige – offenbar bis heute. Selbstverständlich werden damit die tatsächlich bestehenden Probleme aus patriarchalischen Grundhaltungen und deren religiöser Unterfütterung nicht weniger drängend.

Gelegentlich sind auch Selbststereotypisierungen anzutreffen. In einem vom BGH[146] entschiedenen Bürgschaftsfall hatte eine muslimische Ehefrau vorgetragen, dass sie als Muslimin bei der Eingehung einer Bürgschaft für ihren Ehemann nicht habe frei entscheiden können; deshalb sei ihre Verpflichtung rechtlich unwirksam. Das Gericht stellte darauf fest, es seien keinerlei konkrete Anhaltspunkte dafür vorgetragen worden, dass der Ehemann die Frau unzulässig unter Druck gesetzt habe. Es gebe keinen allgemeinen Erfahrungssatz, dass muslimische Ehefrauen von ihren Ehemännern unterdrückt würden. Selbststereotypisierungen (mit individueller Eigenabgrenzung) praktizieren auch muslimische «Islamkritiker», die mit der Aura scheinbarer Authentizität ihre persönlichen Lebenserfahrungen verallgemeinern. Unterstützt werden sie von randständigen Blättern wie «Emma» oder Internetblogs wie «Die Achse des Guten»,[147] in deren islambezogenen Beiträgen sich oft Meinungsstärke umgekehrt proportional zur Faktenkenntnis verhält. Nicht anders verhält es sich umgekehrt mit denjenigen, die belegbare Unterdrückungsphänomene und -strukturen, die teils kulturell motiviert sind, teils aber auch religiös legitimiert werden, schönzureden oder als westliches Vorurteil zu brandmarken versuchen, um sich nicht damit auseinandersetzen zu müssen.[148]

Zugespitzt wird die Debatte über den Islam im öffentlichen Raum anhand des Kopftuchs. Die vielfältigen Gründe für das (freiwillige) Tragen eines Kopftuchs werden nicht selten ignoriert (vgl. hierzu S. 194 ff.).[149] Es ist unübersehbar, dass Bekleidungsvorschriften auch im Namen des Islam als brutale Unterdrückungs- und Diskriminierungsinstrumente benutzt werden; Saudi-Arabien und Iran stehen beispielhaft hierfür. Auch lassen manche – meist von Männern – geradezu obsessiv ausgestalteten

Bekleidungsanweisungen ein befremdliches Frauen- und Männer-
bild erkennen.[150] So wird die weibliche Vollverhüllung auf der
Website der Erfurter Moschee unter anderem mit folgender Begründung gepriesen:[151]

> Einer der größten Nutzen des hidschaab ist der natürliche [sic] Schutz, den
> er einer Frau verleiht. Durch das Tragen des hidschaab schützt sie sich selbst
> vor den zügellosen Begierden des Mannes. In seiner ureigensten Natur ist
> der Mann ein Geschöpf von heftigem Verlangen. Der hidschaab kontrolliert
> dieses Verlangen und schützt nicht nur die Frau, sondern auch den Mann.
> (...). Vergewaltigung, Belästigung und Quälerei erreichen epidemische Aus-
> maße. Zweifellos hat die Kleidung der Frau damit einiges zu tun.

Darin zeigt sich sowohl eine rücksichtslose Zuweisung von Verantwortung für übergriffiges oder gar kriminelles männliches Verhalten an die weiblichen Opfer als auch die Unkenntnis des Unter-
schieds zwischen Männern und Böcken.

Für das gesellschaftliche Zusammenleben gewiss schädlich sind
zudem Aussagen wie «die Muslimin [zeigt] mit der korrekten
Ḥijāb-Kleidung, dass sie als anständige und gläubige Frau erkannt
werden will (...)». Der mitschwingende Vorwurf, anders geklei-
dete Frauen seien nicht «anständig», ist eine schlichte Unverschämtheit.[152] Jedoch gibt es auch unterschiedlichste Motive für
das freiwillige Tragen eines Kopftuchs.[153] Heiner Bielefeldt hat
hier «Züge einer nationalen Selbstverständigungsdebatte um die
Anerkennung von Vielfalt und mögliche Grenzen der Toleranz»
konstatiert.[154]

Rechtliche Aspekte spielen hier nur teilweise eine Rolle. Anstatt
im Einzelfall zu beurteilen, welche Motivation vorliegt, wird das
Kopftuch umstandslos als «Symbol des Islamismus» oder als Un-
terdrückungsinstrument gebrandmarkt.[155] Solche Zuschreibungen stimmen nicht oder nur selten mit den Bedeutungen überein,
die die Trägerinnen selbst dem Kopftuch zuschreiben.[156] Auch
hierfür gibt es ein Motivbündel, das von grundsätzlich gutem
Willen, Frauen zu helfen, bis hin zu bewusster Diskreditierung
und essentialisierender «Selbstvergewisserung»[157] reicht. Frau
Schwarzer äußert sich dazu gar in der Sprache der Kriegsrhetorik

(«Kopftuch-Front» – sie selbst wähnt sich in der «Anti-Kopftuch-Front»).[158] Ihre Aussage «Das Kopftuch ist die Flagge des islamischen Kreuzzuges. Diese islamistischen Kreuzzügler sind die Faschisten des 21. Jahrhunderts» wird prominent und mit Namensnennung auf der Facebookseite von Pegida zitiert.[159] Birgit Rommelsbacher hat deutlich gemacht, dass auf der Grundlage des Schwarzer'schen Emanzipationsbegriffs eingewanderte und vor allem muslimische Frauen benachteiligt werden. Das widerspreche eklatant seinem politischen Anspruch, die Gleichstellung aller Frauen anzustreben.[160]

Das Fanatisierungspotential dieses Begriffs und der zugrundeliegenden substanzlosen Pauschalisierung wird am Mord an Marwa el-Sherbini in einem Dresdner Gerichtssaal 2009 deutlich: Der spätere Mörder hatte die schwangere, kopftuchtragende Wissenschaftlerin mit Kind auf einem Spielplatz massiv beleidigt («Islamistin», «Terroristin»), nachdem sie ihn höflich gebeten hatte, die Spielplatzschaukel für ihr Kind freizumachen.[161] Der Mord erfolgte während der Berufungsverhandlung über die Beleidigungen. Es war überraschend, dass die deutschen Medien zunächst mehrere Tage lang kaum über diesen spektakulären Fall berichteten, während er international schon viel Aufmerksamkeit auf sich zog.[162]

Ein Höhepunkt der Verwahrlosung fand sich in diesem Zusammenhang wiederum auf dem Islamhasserblog «Politically Incorrect» in der Zuschrift einer «Ureinwohnerin» im November 2009.[163] Im Anschluss an das Dresdner Gerichtsverfahren gegen den Mörder von Marwa el-Sherbini kommentierte sie den Verfahrensausgang mit folgenden Worten (Orthographie- und Grammatikfehler wie im Original): «ausgerechnet dieses Muselgesox regt sich über den Tod einer Ägypterin auf. (…) Wenn diese Schleiereule mir mit diesem unerträglichen Überlegenheitsgetue auf dem Spielplatz begegnet wäre hätte ich ihr eine Ohrfeige gegeben und ihrem Muselkind in den Hintern getreten.» Es erscheint zweifelhaft, ob Integrationsmaßnahmen hier noch zu einem Erfolg führen können.

3. Stereotype II: Demokratiefeindschaft des Islam

Bestimmte Topoi wie die angeblich generelle Demokratieunverträglichkeit[164] des Islam, die grundsätzliche Andersartigkeit von Muslimen, die generelle Gewaltbereitschaft und Bedrohlichkeit unterliegen bewusst oder unbewusst einer Vielzahl von Medienäußerungen.[165] Hierzu zählt auch der «Experten»-Topos, der bestimmten Personen eine Expertenstellung hinsichtlich des Islam allein deshalb zuschreibt, weil sie einer muslimischen Familie entstammen. So entsteht teilweise eine pseudowissenschaftliche Literatur, die auf die bloße Vermutung der Authentizität qua Geburt gestützt ist. Eine Verdachtsberichterstattung, die Probleme vergrößert oder auch herbeischreibt, bleibt nicht ohne Auswirkungen auf die Kommunikation, insbesondere mit eher traditionell orientierten Muslimen. Unter solchen Phänomenen leidet die Wissenschaft gleichermaßen, wenn sogar unverfängliche Auskünfte nicht gegeben werden, weil sich die Befürchtung verbreitet hat, dass jegliche Äußerung bewusst oder unbewusst verdreht werden kann. Andererseits kann mangelnde Transparenz mancher Akteure auch für gutwillige Interessierte zum Problem werden.

Weitere Diskrepanzen in der Wahrnehmung ergeben sich aus deutlich unterschiedlichen Interessen an den Entwicklungen in islamischen Mehrheitsgesellschaften. Im Vergleich zu weltorientierten Medien wie BBC, CNN oder auch Al-Jazeera ist die Auslandsberichterstattung in Deutschland, von löblichen Ausnahmen abgesehen, reichlich provinziell. Das zeigt sich schon am vergleichsweise dünnen Netz von Auslandskorrespondenten außerhalb Europas. Was dort geschieht, interessiert in der Breite oft nur dann, wenn es um Flüchtlingsbewegungen oder wirtschaftliche Verwerfungen geht. Humanitäre Katastrophen wie die Terrorakte von IS, al-Nusra oder al-Qaʾida werden zur Kenntnis genommen, diejenigen des syrischen Regimes nur noch partiell. Grobe und systematische Menschenrechtsverletzungen wie diejenigen in Saudi-Arabien, Bahrain oder Ägypten werden nicht selten außen- und wirtschaftspolitischen Opportunitäten untergeordnet, und

*Die Zeitschrift «Inamo» beschäftigte sich 2009 mit der Angst
vor der Scharia.*

der Tod Hunderttausender Iraker in der Folge der völkerrechts-
widrigen und desasströsen US-Invasion im Irak scheint auf wenig
Interesse zu stoßen. Das gilt indes nicht für einen erheblichen Teil
der muslimischen Bevölkerung Deutschlands und Europas, der

zum Teil viel intensiver und besser über die dortigen Vorgänge informiert ist, teils von dort wie hierzulande grassierenden Verschwörungstheorien aller Art beeinflusst wird, sich in jedem Fall aber mit den betroffenen Menschen solidarisiert und die Gewichtung in der hiesigen Menschenrechtsdebatte als verfehlt ansieht – Stichwort «Doppelmoral».

Hier helfen nur deutlich vermehrte Anstrengungen um viel breitere und besser fundierte Informationen und Debatten sowohl über die wichtigen rechtlichen und sozialen Rahmenbedingungen des Zusammenlebens hierzulande als auch über die weltweiten Verflechtungen Deutschlands und Europas und ihre politische Verantwortung.

4. Vorauseilender Gehorsam und Falschmeldungen

Auch Muslime können und müssen Kritik und Spott ertragen. Übermäßige Selbstzensur – nicht zu verwechseln mit dem stets notwendigen Anstand – ist kontraproduktiv für die Gesamtgesellschaft, aber auch für die Muslime selbst. Bedauerlich ist die Absage für einen zunächst zugelassenen Festwagen im Kölner Karneval 2015. Er stellte einen erzürnten Jecken mit Pappnase und großem Stift in den Händen dar, den er in den Lauf eines mit Gewehr und Sprengstoffgürtel bewaffneten bärtigen Turbanträgers steckt, der deutlich als Terrorist im Erscheinungsbild der IS-Verbrecher zu erkennen ist – ein gelungenes Aufspießen aktueller Missstände in bester Karnevalstradition. Die Absage erfolgte entgegen ersten Gerüchten nicht wegen der Angst anderer Zugteilnehmer davor, sich in der Nähe dieses Wagens aufzuhalten. Überdies lagen keinerlei Gefährdungshinweise vor. Vielmehr gab es wohl viele besorgte Anfragen, die einer epidemisch gewordenen Angst entsprangen. Eine Kölner Karnevalistin hat dieses Vorgehen so erzürnt, dass sie zur schärfsten möglichen Sanktion gegriffen hat: Beteiligung am Karneval in Düsseldorf mit Alt und «Helau».[166]

Hier erscheint es, bei aller Wachsamkeit, vordringlich, auf die

realen Alltagsgefahren (Unfälle und Alltagskriminalität) hinzuweisen, die häufig stark unterschätzt werden, im Vergleich zur
extrem geringen Wahrscheinlichkeit, Opfer eines extremistischen
Anschlags zu werden. Nur so wird es auch möglich, Entwicklungen eines unnötigen, ja schädlichen vorauseilenden Gehorsams zu
bannen, der an einigen Stellen zu beobachten ist. Im Jahr 2010
wurde beispielsweise eine Inszenierung des Mozart'schen «Ido-
meneo» an der Deutschen Oper in Berlin abgesagt, bei der – ohne
irgendeinen Bezug zum Stück – abschließend Poseidon, Buddha,
Jesus und auch Muhammad geköpft werden. Die Absage scheint
ohne jeglichen Hinweis auf Proteste erfolgt zu sein, ganz davon
abgesehen, dass sich vermutlich nicht viele Muslime entschieden
hätten, ihre Freizeit auf derartige Geschmacklosigkeiten zu verwenden. Schädlich sind hier vor allem die Wirkungen: Obgleich
kein Widerspruch von muslimischer Seite erfolgt, wird das Vorgehen letztlich als Freiheitsbeschränkung den Muslimen angelas-
tet. Ähnliches gilt für die Rücknahme einer Seife durch ein großes
Lebensmittelunternehmen 2015, auf deren Verpackung eine Moschee in ansprechender Gestaltung abgebildet war.[167] Weswegen
der auf körperliche Reinheit bedachte Islam durch eine Seife mit
Moscheeabbild tangiert werden könnte, bleibt unerfindlich, selbst
wenn sich ein paar schlicht strukturierte Zeitgenossen bei dem
Unternehmen beschwert haben sollten.

Praktisch noch um vieles schädlicher wäre vorauseilender Gehorsam im Hinblick auf festgefügte traditionalistische Geschlechterbilder. Wenn ein Mann meint, nicht mit einer Lehrerin, Verwal-
tungsangestellten oder ehrenamtlicher Helferin kommunizieren
zu wollen, sollte man ihn in aller Regel wegschicken und nicht
versuchen, einen männlichen Kollegen als Ersatz zu beschaffen.
Dort, wo das Schamgefühl in besonderer Weise tangiert wird, wie
etwa bei körperlichen Untersuchungen oder auch beim Umklei-
den (auch unter Gleichgeschlechtlichen), sollte es andererseits
selbstverständlich sein, darauf im Rahmen des Möglichen Rücksicht zu nehmen.

Vorauseilender Gehorsam ist schließlich auch im Bereich religiöser Begegnung unangebracht. Plänen, ein traditionelles Sankt-Martin-Fest angeblich wegen der Beteiligung nichtchristlicher Kinder neutral umzubenennen («Sonne-, Mond- und Sterne-Fest»),[168] ist der Vorsitzende des ZMD Ayman Mazyek mit der erfrischend deutlichen Aussage entgegengetreten, dass Muslime sich im karitativen Vorbild Martins sehr gut wiederfinden könnten.[169] Nach Meinung des Verfassers verbietet sich auch das Verhängen religiöser Symbole bei interreligiösen Begegnungen in Räumen, die für religiöse Zwecke genutzt werden. Es wird vermutlich weniger als Zeichen des Respekts für – ohnehin bekannte – Verschiedenheit gedeutet werden, sondern vor allem als Zeichen (ungewollter) Selbstverleugnung. Ohnehin lehrt die Erfahrung, dass diejenigen, die kein Kreuz oder Kruzifix an der Wand, keinen gegen die Trinitätslehre gerichteten Koranvers auf Moscheekacheln ertragen wollen, an solchen Begegnungen kein Interesse haben. Allen anderen dürfte es guttun, sich neben der Suche nach Gemeinsamkeiten auch im willigen Ertragen der Unterschiede zu üben.

Immer wieder werden auch Falschmeldungen von Islamgegnern lanciert, die vermeintliche Konzessionen an Muslime für ihre Propaganda nutzen. Beispielsweise wurde in Hessen das Gerücht verbreitet, wonach Kindergartenkinder nicht mehr ihr eigenes Frühstück mitbringen dürften, sondern gegen höheres Essensgeld ein dort zubereitetes Frühstück erhielten, weil muslimische Eltern sich darüber beschwert hätten, dass ihre Kinder zu oft von den Wurstbroten der anderen probierten – ein Lügengerücht.[170] Auch ein heftig diskutiertes, angebliches Verbot von Weihnachtsmärkten in Berlin-Kreuzberg hat es offenbar so nie gegeben.[171] Im Zuge der stark gestiegenen Flüchtlingszuwanderung 2015 haben solche Meldungen zugenommen; die Polizei berichtet von Horrorgeschichten, denen «jede Substanz» fehle.[172] In Dresden erfand eine 29-Jährige gar ihre Vergewaltigung durch Flüchtlinge. Auf solche Falschmeldungen stützen sich wiederum Anhänger der «Pegida».[173] Auf anscheinend gezielte Desinformation russischer Medien wurde bereits hingewiesen.

5. Kritik an der Politik Israels und Antisemitismus

Eine echte Herausforderung für die Gesamtgesellschaft, in besonderer Weise aber auch für Muslime aus islamisch geprägten Staaten, ist die Debatte über den Holocaust und den Umgang mit der jüdischen Bevölkerung in Deutschland. Zunächst ist der unfassbare Umstand festzuhalten, dass auch nach dem Ende der Naziherrschaft jüdische Einrichtungen im Lande stets besonderen Schutzes vor Übergriffen bedürfen und antisemitische Einstellungen – abzugrenzen von legitimer Kritik an israelischer Besatzungspolitik[174] – immer noch in signifikantem Umfang fortbestehen. Zu den rechtsradikalen und anderen Antisemiten gesellen sich in jüngerer Zeit manche Muslime, nicht zuletzt Jugendliche, die in Deutschland mit aggressiven Parolen und gewalttätigen Übergriffen[175] von sich reden machen.[176] Der tragende Hintergrund solcher Taten ist der Jahrzehnte alte Palästinakonflikt. Dieser Konflikt wird von manchen, insbesondere solchen mit eigenen Diskriminierungserfahrungen oder -gefühlen, essentialisiert – «die Juden» werden dann «der Feind oder Rivale» schlechthin.[177] Schon älter ist der brutale Antisemitismus von extremistischen Gruppierungen wie dem verbotenen «Kalifatsstaat».[178]

Gegen Vorurteile und Hass gehen zunehmend örtliche Projekte an. In Berlin-Neukölln wurde die Initiative «Stolpersteine», die mit Namenstafeln an in der Nazizeit ermordete Juden erinnert, mit Beteiligung von Imamen und muslimischen Gemeindemitgliedern durchgeführt.[179] Hoffnung machen auch Menschen wie der junge Mann aus Israel, der sich in denkbar honoriger Haltung nicht für islamfeindliche Agitation missbrauchen lassen will,[180] ebenso wie der gesellschaftlich engagierte Erlanger Muslim aus Gaza, der trotz des Verlustes von Verwandten bei der Bombardierung (auch) der Zivilbevölkerung von Gaza unbeirrt für das friedvolle Miteinander der Religionen wirbt und eintritt. Ähnlich äußerte sich der Vorsitzende des ZMD Mazyek zu solchen Übergriffen: Er habe Verständnis für die Sorge von Juden im Land und distanziere sich im Namen seiner Organisation deutlich von den

Übergriffen muslimischer Jugendlicher auf Juden. Richtig verstandener Islam sehe Antisemitismus und jeden Rassismus als schwere Sünde an. «Angriffe auf Juden sind ein Angriff auf unsere Gesellschaft». Er plädierte aber auch dafür, die hier aufscheinende soziale Problemkomponente nicht pauschal zu «islamisieren».[181] In diese Richtung weist auch die Stellungnahme einer Vertreterin der muslimischen Jugendinitiative «Juma».[182]

Hier ist nicht der Raum, Inhaltliches zu diesem Konflikt auszuführen, den schon der von einem jüdischen Extremisten ermordete israelische Präsident Yitzhak Rabin 1993 als «hundertjährig» bezeichnet hat.[183] Der Verfasser hat sich in der Region seit 40 Jahren regelmäßig aufgehalten und stellt mit Trauer fest, dass viele der Betroffenen und der sich mit ihnen Solidarisierenden nicht mehr das Leiden wahrnehmen, das der anderen Seite zugefügt wurde und wird. Statt faktenorientierter Differenzierung dominieren allseits exklusive Täter-Opfer-Schemata.[184] Umso wichtiger erscheint es, zwischen Religionen und politischem Geschehen zu trennen, auch wenn es selbstverständlich personelle Überschneidungen gibt. Die Bekämpfung von kriminellem Unrecht ist Sache staatlicher Institutionen und völkerrechtlicher Strukturen. Über politische Konflikte kann, darf, ja soll friedlich gestritten werden. Die Maßstäbe dafür bestimmt allein der Rechtsstaat. Zusammenfassend mag man mit der Deutschen Bischofskonferenz konstatieren: «Kritik ist erlaubt, Hetze nicht.»[185]

An dieser Stelle verschränken sich Fragen der Religion und der Migration in vielfältiger Weise. Bei der Gedenkfeier zum 70. Jahrestag der Befreiung des Vernichtungslagers Auschwitz hat Bundespräsident Gauck «Auschwitz» und damit den Holocaust zum Bestandteil der deutschen Identität erklärt.[186] Wie können und sollen Menschen damit umgehen, deren familiäre Wurzeln nicht in das Deutschland der Nazizeit zurückreichen? Damit werden übrigens Fragen allgemeiner Art aufgeworfen: Wie kann man die Monstrosität des Holocaust in Erinnerung bewahren und als Verantwortlichkeit in die Zukunft überführen, wenn die letzten Zeitzeugen sterben und die Ereignisse in den nachwachsenden Generationen mehr und mehr als historisch-vergangen gesehen werden? Kluge Menschen machen sich Gedanken über eine den Zeitläufen angemessene Erinnerungskultur.[187] Wenn sie nicht auf dem verfehlten Vorwurf persönlicher Schuld Nachgeborener beruht, sondern auf der Verpflichtung, dauerhaft Verantwortung dafür zu übernehmen, dass Ausgrenzung, Rassismus und schierer Massenmord sich nicht wiederholen dürfen, dann werden sich auch Migranten und Menschen mit Migrationsgeschichte darin finden können und, wenn sie dauerhaft im Lande sind und Teil der deutschen Gesellschaft werden, darin auch finden müssen.

Bundespräsident Gauck hat in der genannten Rede die eindrucksvolle Zuschrift einer jungen Frau aus einer Einwandererfamilie zitiert: «Ich habe keine deutschen Vorfahren, aber ich werde deutsche Nachfahren haben. Und die werden mich zur Rechenschaft ziehen, wenn heute Ungerechtigkeiten und Unmenschlichkeiten auf unserem Boden ausgeübt werden.» Gauck bezeichnet dies als Eintritt in eine Verantwortungsgemeinschaft ohne Erfahrungsgemeinschaft. Letzteres mag sogar Chancen bieten, wenn heute viele Schülerinnen und Schüler aus Ländern mit anderen historischen Erinnerungen an das nationalsozialistische Deutschland diese in den Schulunterricht mit einbringen können: eine «Universalisierung des Gedenkens an den nationalsozialistischen Völkermord».[188]

Gesellschaftliche Debatten und politische Kritik an gegenwärtigen Entwicklungen weltweit und auch im Nahen Osten haben daneben ihren legitimen Raum. Umso mehr ist die bislang wohl einzigartige Initiative des Jüdischen Museums Berlin zu schätzen, das nach Kenntnis des Verfassers ein Jüdisch-Islamisches Forum einrichtet, in dem unter anderem Gemeinsamkeiten beider Religionen und ihrer Wahrnehmung und Behandlung in der deutschen Gesellschaft diskutiert werden sollen, aber unter anderem auch Themen wie alter und neuer Antisemitismus und Islamfeindlichkeit. Insbesondere sollen muslimische Besucherkreise für das Museum erschlossen werden, z. B. mit Führungen zu dem Thema «Ist das im Islam nicht auch so?».

Neue Akzente setzt die im 21. Jahrhundert reichlich spät aufgekommene Rede von der christlich-jüdischen Tradition Deutschlands. Sie hat ihren guten Sinn, wenn sie dokumentieren soll, wieviel Juden und die jüdische Kultur zu Deutschland beigetragen haben und wie wenig man es wahrgenommen und wie schlecht man es ihnen gedankt hat. Wenn sie jedoch darauf abzielt, in historischer Verfälschung dieser Gegebenheiten nunmehr Muslime und den Islam strukturell auszugrenzen, dann wird sie in ihr Gegenteil verkehrt, ähnlich wie es dem gegen die DDR-Diktatur gerichteten Slogan von 1989 «Wir sind das Volk» widerfuhr, der von der 2014/15 kurz in Erscheinung getretenen ausländer- und islamfeindlichen Pegida-Bewegung usurpiert worden ist. Vorsicht erscheint geboten, solange es nicht vorwiegend jüdische Menschen in Deutschland sind, die sich das Wort von der jüdisch-christlichen Tradition zu Eigen machen. Nicht von ungefähr hat ein fünfundneunzigjähriger Holocaust-Überlebender in einer Rede im bayerischen Maximilianeum anlässlich des siebzigsten Jahrestages des Vernichtungslagers Auschwitz auf die Gefahren hingewiesen, die sich aus den Pegida-Demonstrationen ergeben. Staatliche Stellen müssten sich Sorgen machen und handeln, auch wenn die Gegendemonstrationen ermutigend seien.[189]

Ein Restbestand der Migrationsgeschichte ist in dem Umstand zu erkennen, dass jenseits individueller Prägungen die Bereitschaft zur analytischen, offen formulierten Selbstkritik in den Gesellschaften der Welt unterschiedlich ausgeprägt ist – Schamkultur versus Schuldkultur. Trotz zunehmend selbstkritisch auftretender Stimmen ist die Bereitschaft dazu alles in allem noch steigerungsfähig. Das zeigt sich auch in manchen Äußerungen zu rechtlichen Fragen.[190]

Eine religionsbezogene Facette der Kommunikationskultur ist der Umgang mit arabischen Begriffen. Salafisten und Islamisten, die sich sehr bewusst von ihrer Umgebung absetzen und sich über sie erheben, benutzen beispielsweise häufig den arabischen Begriff «Kuffar», um sich von den «Ungläubigen» durch die Terminologie abzugrenzen. Manchmal herrscht indes auch nur sprachliche, gesellschaftlichen Umbrüchen geschuldete Unsicherheit. So werden gelegentlich Musliminnen als «Muslimat» oder gar als «Muslimas» bezeichnet oder benennen sich selbst so. Wohl meist ungewollt wird dadurch sprachliche Fremdheit erzeugt: Ersteres ist der korrekte arabische Plural, der von den wenigsten Menschen in Deutschland verstanden werden dürfte. Letzteres scheint anzudeuten, dass der Islam etwas eigentlich Fremdes, von außen Kommendes ist, für den es (noch) keine sprachlichen Pendants im Deutschen gibt. Warum aber nicht einfach «Muslimin» statt «Muslima»? Das würde in jedem Falle zu den vielen deutschen Frauen islamischen Glaubens weit besser passen als die sprachhistorische Erinnerung an die Herkunft der islamischen Offenbarung.

Im größeren Zusammenhang stellt sich die Aufgabe, Kernbegriffe der islamischen Religion und Theologie einzudeutschen, ohne sie inhaltlich unklarer zu machen. Nur so wird Sprachfähigkeit in der Gesamtgesellschaft erzeugt. Die Begriffe «Koran» oder «Scharia» haben diesen Prozess schon weitgehend hinter sich. Andere wie «Idschtihad» (eigenständiges Interpretieren von Normen) könnten sich statt der unverdaulichen arabischen Umschrift «iğtihād» etablieren. Theologisch sensibel wird die Frage bleiben, ob man von «Allah» oder schlicht von «Gott» sprechen will – in der christlichen Bibel arabischer Fassung wird Gott als «Allah» bezeichnet. Die Unterschiede in den jeweiligen Gottesbildern – mit viel Binnenpluralismus – müssen damit nicht verwischt werden. Immerhin kann man schon auf einem der ältesten erhaltenen Grabsteine eines Muslims in Deutschland, dem des Imams und Gründers des islamischen Friedhofs am Columbiadamm in Berlin Hafiz Schükrü, Folgendes lesen: «Hier ruht im Glauben an Gott mein lieber Mann, Obergeistlicher der Türkischen Botschaft (...)».

IV. Islamische Bildung und interreligiöser Dialog

1. Die Errichtung eines muslimischen Bildungswesens[191]

Wie erhalten Muslime Informationen über ihre Religion, wie erfahren sie ihre religiöse Sozialisation, und wie gestaltet sich der Dialog mit anderen Religionen?

Religiöse Sozialisation findet zunächst in den Familien statt, in denen die jeweiligen religiösen Traditionen vermittelt werden. Wie in den meisten christlichen Familien dürften anspruchsvollere religiöse, gar theologische Fragen häufig zu Überforderung führen, erst recht in der Situation als religiöse Minderheiten. Oftmals werden kulturelle Prägungen und Religion unreflektiert auch in eins gesetzt.

Moscheevereine, Koranschulen, freie Bildungseinrichtungen und zusehends auch Internetangebote bieten weitere Informationsmöglichkeiten höchst unterschiedlicher Qualität. Der Verfasser hat von vielen muslimischen Gesprächspartnern von verbreiteter «schwarzer Pädagogik» und stupidem Auswendiglernen in Koranschulen gehört, was selbstverständlich nicht für alle Einrichtungen verallgemeinert werden darf. Ambitionierte Projekte gibt es schon seit einigen Jahren (vgl. S. 125 ff.). Mit viel Elan begonnene Unternehmungen wie die 2004 gegründete Muslimische Akademie scheiterten nach wenigen Jahren am Ressourcenmangel. So wurde die Einrichtung eines islamischen Religionsunterrichts gemäß den Regelungen des Grundgesetzes und einer Ausbildung von Lehrkräften und Theologen zunehmend als Desiderat angesehen. Dabei sollen religionspraktische Angebote außerhalb der staatlichen Bildungseinrichtungen nicht verdrängt werden, sondern können komplementäre Aufgaben erfüllen. Die Etablierung des islamischen Religionsunterrichts wird nach einer repräsentativen Befragung aus dem Jahr 2015[192] insgesamt von einer deutlichen Mehrheit bejaht; unter denjenigen, die ganz allgemein

Religionsunterricht als wählbares Fach befürworten, findet sich eine Mehrheit von ca. 75%, unter den Türkischstämmigen von mehr als 90%.

Seit den 1970er-Jahren wurde damit begonnen, eine angemessene religiöse Sozialisation von Muslimen im Rahmen des deutschen Bildungswesens zu schaffen. Mit Beginn des 21. Jahrhunderts erhielt diese Entwicklung einen starken Schub, wobei sich drei unterschiedliche Interessenlagen im Ergebnis trafen: 1) Die Muslime wünschten sich eine authentische Glaubensvermittlung im deutschen institutionellen Rahmen; 2) im Zuge der Sicherheitsorientierung seit dem 11. September 2001 engagierten sich Politik und Regierungen für die Entwicklung einer rechtsstaatskompatiblen muslimischen Erziehung unter staatlicher Kontrolle; 3) neugierige Wissenschaftler schließlich waren interessiert an der Etablierung einer islamischen Theologie und Religionspädagogik «auf Augenhöhe».[193]

Wiederum spiegelt sich die Migrationsgeschichte vieler Muslime in der Entwicklung der außerhäuslichen religiösen Bildung. Solange davon ausgegangen wurde, dass die zugewanderten Familien wieder in das Herkunftsland zurückkehren würden, erschien es sinnvoll, die Kinder sprachlich und religiös-kulturell so zu bilden, dass sie ihrer Herkunftskultur nicht entfremdet wurden. Noch in den 1980er- und 1990er-Jahren stand die türkische Schülerschaft der «Gastarbeiter» im Mittelpunkt; die Religion des Islam war nur ein Teilaspekt neben Fragen der Integration und Rückkehrhilfe.[194] Die religiöse Instruktion erfolgte in einigen Bundesländern durch Entsendekräfte, die auf der Basis von Abkommen mit Herkunftsstaaten als Element des muttersprachlichen Ergänzungsunterrichts in der jeweiligen Landessprache eingesetzt wurden.

Mit der zunehmenden Erkenntnis, dass ein großer Teil der Betroffenen auf Dauer in Deutschland bleiben würde, und der wachsenden Zahl muslimischer Deutscher wurde dieses System inhaltlich und pädagogisch anachronistisch. 1983 setzte die Kultusministerkonferenz eine Kommission ein, die zwischen den zuständigen Ländern abgestimmte Pläne entwickeln sollte.[195] In den Folgejahren wurden in Bund und Ländern Pläne entwickelt, entsprechend der jeweiligen Verfassungslage auch islamischen und alevitischen Religionsunterricht in öffentlichen Schulen einzurichten. In den meisten westlichen Bundesländern beruht der Religionsunterricht in öffentlichen Schulen auf den Regelungen des Art. 7 Abs. 3 GG, nicht aber in Bremen, Berlin und anderen östlichen Bundesländern (Art. 141 GG). In Berlin erwirkte die Islamische Föderation 1998 gerichtlich[196] die Einrichtung islamischen Religionsunterrichts. 2002 folgte dort als weltgeschichtliche Premiere die Etablierung alevitischen Religionsunterrichts. In Hamburg wurde das Sondermodell «Religionsunterricht für alle» entwickelt, das auch den Islam umfasst.[197]

In mehreren westlichen Bundesländern, zunächst in Bayern, Niedersachsen und Nordrhein-Westfalen, dann auch in Baden-Württemberg, Rheinland-Pfalz, dem Saarland und Schleswig-Holstein, wurden seit der Jahrhundertwende Modellversuche für islamischen Religionsunterricht unter verschiedenen Bezeichnungen eingerichtet. Sie waren und sind als Erprobungs- und Zwischenstufe auf dem Weg zum Vollbild des konfessionellen Religionsunterrichts im Sinne von Art. 7 Abs. 3 GG gedacht. Damit sollte erreicht werden, dass die nachwachsende Generation von Muslimen auch ohne islamische Religionsgemeinschaft als Kooperationspartner einen authentischen, fachlich und pädagogisch qualitätsvollen Religionsunterricht erhält. Bis ins neue Jahrhundert hinein versuchten allerdings türkische Behörden und der Türkei verbundene Organisationen mit Macht, Türkisch als Unterrichtssprache durchzusetzen und andere Organisationen von der Mitwirkung fernzuhalten.[198] Dies war aus mehreren Gründen nicht akzeptabel: Die Schülerschaft besteht keineswegs nur aus türkischen Muttersprachlern (deren Türkischkenntnisse im Übrigen sehr unterschiedlich sind). Zudem ist es wichtig, Kinder über ihre Religion in der Landessprache sprachfähig zu machen.

Die Modellversuche sind in den einzelnen Ländern unterschiedlich ausgestaltet. Überall war indes darauf zu achten, dass das staatliche Neutralitätsgebot eingehalten wird. Die religiösen Inhalte der Lehrpläne und die hinreichende Verankerung von Lehrkräften in den Grenzen des (vielfältigen) islamischen Glaubens darf der Staat selbst nicht vornehmen bzw. prüfen. Hier behalf und behilft man sich mit unterschiedlich ausgewählten und strukturierten Beratungsgremien. Andererseits wurde die staatliche Unterstützung bei der schwierigen fachlichen Ausarbeitung der Lehrpläne von muslimischer Seite weitestgehend begrüßt.

Diese provisorischen Modelle stellen eine nicht unumstrittene Zwischenstufe bei der organisatorischen Etablierung des Islam in Deutschland dar. Manche muslimische Organisationen befürchten die Zementierung von Provisorien mit einem Maß an staatlichen Einflussmöglichkeiten, das ihr Selbstbestimmungsrecht deutlich einschränkt. Zudem konnte Streit über die Verfahren und Ergebnisse der Auswahl von Kooperationspartnern nicht ausbleiben. Darüber hinaus stieß die Übernahme von fortgebildeten Entsendelehrkräften aus dem muttersprachlichen Ergänzungsunterricht nicht auf ungeteilte Zustimmung. Auch sie haben Anspruch auf eine faire Beurteilung ihrer individuellen Fähigkeiten und Leistungen.

Solche Provisorien sind verfassungsrechtlich nur als Übergangslösungen zulässig. Sie haben andererseits den Vorteil, den unstreitig vorhandenen religiösen Bedarf vergleichsweise schnell zu decken und zugleich realisierbare, adäquate Dauerlösungen für eine sehr heterogene Bevölkerungsgruppe im föderalen Bundesstaat zu entwickeln. Zugleich muss jedoch die Entwicklung hin zum «Vollmodell» stets das Ziel bleiben. Zudem erreichen auch die Modellversuche bislang (2016) nur einen geringen Anteil der muslimischen Schülerschaft, in Bayern etwas mehr als 10 % und in ca. 400 Schulen aller Arten.

Die Modellversuche wurden inhaltlich bis jetzt von den Beteiligten insgesamt überwiegend positiv bewertet.[199] Wesentliche Kritikpunkte waren wie erwähnt die begrenzte Beteiligung muslimischer Organisationen auf der einen Seite und Klagen von Lehrkräften und Wissenschaftlern über aus ihrer Sicht fachlich wenig fundierte Einmischung, etwa bei der Ausarbeitung von Materialien, andererseits. Die Prozeduren zur Erteilung der Lehrbefugnis (sog. Idschaza)[200] analog zum Verfahren anderer Religionsgemeinschaften beschrieben manche Lehrkräfte als demütigend, vor allem dann, wenn der religiös-theologische Sachverstand asymmetrisch verteilt war.

Derartige Unstimmigkeiten sind beim Aufbau eines für Deutschland und für viele Muslime völlig neuen Großprojekts nicht ungewöhnlich. Gerade die Pioniere der Anfangsjahre hatten eine Herkulesaufgabe zu bewältigen: Zunächst gab es keinerlei geeignete Lehrmaterialien. Studienangebote waren und sind für Lehramtsstudierende nur zusätzlich zu den obligatorischen Fächern zu belegen; mittlerweile sind sie teilweise als eigenständiges Ausbildungsfach anerkannt. Fortbildungen werden nur rudimentär angeboten. Viele Lehrkräfte müssen mehrere Schulen bedienen, der Verfasser kennt Fälle von bis zu neun Schulen in erheblicher räumlicher Distanz. Die Bezahlung ist häufig sehr maßvoll, Arbeitsplatzsicherheit oft nicht gegeben. Umgekehrt sehen sich die Lehrkräfte hohen Erwartungen von allen Seiten ausgesetzt; über ihre fachliche Arbeit hinaus wird auch intensive Kontaktpflege mit Elternschaft und Organisationen gewünscht. Das außergewöhnliche Engagement vieler dieser Lehrkräfte verdient hohe Anerkennung. Ihr Wirken hat neben fachlichen Aspekten auch erhebliche psychologische Bedeutung: Muslime «gehören nun dazu», was auch von vielen Eltern geschätzt wird, die zur Religion ein eher distanziertes Verhältnis pflegen. Nicht zuletzt erleichtert die Anwesenheit muslimischer Kollegen es anderen Lehrkräften, religionsspezifische Fragen und Probleme mit deren Unterstützung angehen zu können. Anerkennung verdienen aber auch engagierte Vertreter von Organisationen, die in der Kooperation zunächst ihre Rolle finden und sehr viel Aufklärungsarbeit in den Gemeinden leisten mussten.

Übergänge zum regulären Modell des Art. 7 Abs. 3 GG zeichnen sich zusehends ab. 2008 wurde in Bayern und Nordrhein-Westfalen ein regulärer alevitischer Religionsunterricht eingeführt, später auch in Hessen, Niedersachsen, Rheinland-Pfalz und im Saarland. In Hessen wurde 2013 regulärer Religionsunterricht in Kooperation mit zwei islamischen Organisationen (DİTİB und Ahmadiyya Muslim Jamaat) getrennt etabliert. Im selben Jahr richtete auch Niedersachsen islamischen Religionsunterricht als ordentliches Lehrfach in Kooperation mit dem DİTİB-Landesverband Niedersachsen-Bremen und der Schura Niedersachsen ein.[201]

Neben der Einrichtung von islamischem Religionsunterricht wurden seit 2012 in mehreren Bundesländern – finanziell gefördert durch den Bund – Departments für islamische Theologie (in unterschiedlicher Benennung) an den Universitäten Erlangen-Nürnberg, Frankfurt am Main/Gießen, Münster/Osnabrück und Tübingen gegründet; die positive Zwischenevaluation nach ca. drei Jahren ermöglicht eine Fortführung. An der Universität Hamburg widmet sich die Akademie der Weltreligionen solchen Studien. Zuvor waren an mehreren Standorten (z. B. Erlangen-Nürnberg, Münster und Osnabrück entsprechend der Vorreiterrolle ihrer Bundesländer) seit 2003 Pilotprojekte zur Ausbildung islamischer Religionslehrer ins Leben gerufen worden. Auch mehrere Fachhochschulen engagieren sich in der Ausbildung islamischer Lehrkräfte.

Die entstehende islamische Theologie in Deutschland steht vor mehreren zentralen Aufgaben. Sie muss sich selbst im deutschen akademischen Rahmen positionieren und wissenschaftliche Standards für Forschung und Lehre ausarbeiten. Überdies erscheint es dringend erforderlich, im Sinne einer praktischen Theologie Entwürfe muslimischen religiösen Lebens in den gesellschaftlichen Rahmenbedingungen Deutschlands und Europas zu entwickeln, mit deren Hilfe sich Muslime zu ihrem Glauben bekennen, in ihrer Umgebung positionieren und sich artikulieren können. Aus den Schulen, in denen es islamischen Religionsunterricht gibt, wird übereinstimmend davon berichtet, dass die muslimische Schülerschaft im Wesentlichen mit genau denselben Lebensfragen zu kämpfen hat wie junge Menschen insgesamt. Hinzu treten spezifische Probleme, die sich aus der Situation als Angehöriger einer religiösen Minderheit bzw. aus der Migrationsgeschichte der Herkunftsfamilie ergeben können.

Die Etablierung der islamischen Theologie erfolgte vergleichsweise schnell und mit großem Einsatz von Ressourcen – manche Beteiligten mögen das anders einschätzen –, vermutlich vor allem wegen der damit von staatlicher Seite verbundenen Integrationsvorstellungen. Es führt jedoch auch zu inhaltlichen Belastungen, wenn die Entwicklung einer neuen Wissenschaftskultur mit Anliegen der Integration und der inneren Sicherheit verquickt wird.[202] So werden ganz allgemein Spannungen zwischen Wissenschaftsfreiheit und religiösem Selbst- und Mitbestimmungsrecht von Religionsgemeinschaften erzeugt. Auch die innerislamische Meinungsvielfalt und daraus resultierende Streitigkeiten schlagen sich auf das universitäre Geschehen nieder.

Nach alledem sind gewisse Anlaufschwierigkeiten nicht ungewöhnlich. Die Etablierung eines inhaltlich neuen Faches in einer vielen unvertrauten Universitätsstruktur mit jahrhundertealten Auseinandersetzungen um die Position der Theologie kann nicht ohne Reibungen verlaufen. Auch waren die Erwartungen sicherlich unterschiedlich. Muslimische Organisationsvertreter wollten vor allem einen nach Personen und Inhalten authentischen Islam, der der jüngeren Generation weitergegeben werden kann. Manche erwarteten vorwiegend die Vermittlung religionspraktischer Kenntnisse, jedoch keine grundlegenden Anfragen und kontroversen Debatten, das gilt ebenso für nicht unerhebliche Teile der Studierenden. Die Wissenschaft – muslimisch oder nichtmuslimisch – war und ist neugierig und bestrebt, Methoden und Interpretationen auf hohem wissenschaftlichen Niveau zu entwickeln bzw. zu diskutieren.

Erste Enttäuschungen stellten sich schnell ein, sobald klar wurde, dass an Universitäten nicht gelehrt wird, wie man «richtig» zu beten und ein ritualkonformes Leben zu führen hat, sondern Theologie. So mögen sich Phänomene erklären wie eine – zum Glück nicht erfolgreiche – Unterschriftensammlung gegen einen angesehenen berufenen Theologen (nicht in Münster). Der Münsteraner Theologe Mouhanad Khorchide war Kristallisationspunkt einer Auseinandersetzung, die nach Einschätzung des Verfassers eher politischer als religiös-inhaltlicher Natur war, wobei die gegen ihn vorgelegten Gutachten auch deutlich machten, wie wichtig eine qualitätsvolle theologische Ausbildung in Deutschland ist.

Weitere Debatten entstanden über die Gestaltung von Lehrbüchern, die einerseits authentische Positionen des Islam abbilden und andererseits den pädagogischen und didaktischen Standards des Schulunterrichts in Deutschland entsprechen müssen. Dürfen z. B. Bilder enthalten sein? Sind Hinweise auf andere Religionen hilfreich oder unerwünscht? Die Auseinandersetzungen um solche Fragen dürften noch einige Zeit anhalten, zumal auch die einzelnen Standorte unterschiedliche Profile entwickeln und die im Wissenschaftsbetrieb wohlbekannten persönlichen Eitelkeiten und Animositäten auch Muslimen nicht völlig erspart bleiben.

Zudem sind soziokulturell mitgeformte Glaubensverständnisse eine Herausforderung für die moderne Religionspädagogik und Theologie. Nur beispielhaft seien hier Daten aus dem Bertelsmann Religionsmonitor 2008 zu Empfindungen der Befragten gegenüber Gott oder etwas Göttlichem herausgegriffen.[203] Bei Muslimen mit starker religiöser Ausprägung zeigen sich zunächst hohe Werte für ein positiv besetztes Gottesbild und positive Empfindungen: «Dankbarkeit» empfinden 82 % der ab 60-jährigen und 78 % der 18–29-jährigen, «Hoffnung» 77 % der ab 60-jährigen und 76 % der 18–29-jährigen, «Liebe» 75 % der ab 60-jährigen und 66 % der 18–29-jährigen.

Negative Assoziationen sind seltener, aber auch deutlich vorhanden: «Angst» empfinden 43 % der ab 60-jährigen und 47 % der 18–29-jährigen, «Verzweiflung» 16 % der ab 60-jährigen und 26 % der 18–29-jährigen, «Zorn» 13 % der ab 60-jährigen und 22 % der 18–29-jährigen. Insgesamt sind also die negativen Assoziationen bei den Jüngeren deutlich stärker, die positiven weniger stark ausgeprägt. Der wohl zugrundeliegenden Angstpädagogik kann durch anspruchsvollere theologisch-pädagogische Ansätze entgegengewirkt werden, im Sinne eines menschenfreundlichen Gottesbildes und Religionsverständnisses.[204]

Mit der Einrichtung der islamischen Studien sind wiederum religionsverfassungsrechtliche Herausforderungen zu meistern. Es handelt sich an allen Standorten um Übergangsmodelle, die sich an derjenigen Art der Kooperation orientieren, die im Verhältnis zwischen Staat und christlichen Großkirchen etabliert ist, die aber den bestehenden Gegebenheiten einer sich erst entwickelnden muslimischen Organisationslandschaft Rechnung tragen. Die Einschätzungen darüber, ob bestehende Organisationen bereits Religionsgemeinschaften im Sinne eines Kooperationspartners für den Betrieb der islamischen Studien darstellen oder nicht, gehen wenig überraschend auseinander. Die Übergangsmodelle werden deshalb aus unterschiedlichen Richtungen kritisiert: Manche betrachten sie als ungerechtfertigte Benachteiligung muslimischer Organisationen, andere als ungerechtfertigte Privilegierung einer noch vergleichsweise wenig organisierten Religionsgruppe.

Von Vielen werden die Modelle jedoch als rechtlich zulässiger[205] und einziger gegenwärtig realistischer Schritt angesehen, um folgende Kernziele zu erreichen: die wissenschaftlich fundierte Selbstdefinition muslimischer Religion im deutschen akademischen und rechtsstaatlichen Kontext zu ermöglichen und die dringend benötigten Lehrkräfte auszubilden. Unter Muslimen scheinen gelegentlich Ängste vor staatlicher Fremdbestimmung auf. In diesem Feld kommt den an den verschiedenen Standorten unterschiedlich gebildeten Beiräten eine zentrale Rolle zu. Hier gibt es noch manche Unsicherheiten, die sich in der Arbeitspraxis indes vermindern lassen.

Zum einen ist es unübersehbar, dass die Kooperationsmöglichkeiten mit dem Staat eine politische Dimension aufweisen, die auch bestehende Rivalitäten im muslimischen Spektrum zutage treten lassen. Dies ist ein normales Phänomen im Kooperationsmodell des säkularen, religionsoffenen deutschen Religionsverfassungsrechts. Zum anderen erscheinen die Kompetenzen und

Aufgaben der Beiräte noch als wenig klar. Einerseits kann der muslimischen Seite schon aus rechtlichen Gründen nicht mehr an Partizipation eingeräumt werden als z.B. den christlichen Kirchen. Andererseits werden an die Beiräte zum Teil Erwartungen von muslimischer Seite gerichtet, die sie im Grunde kaum erfüllen können: Ihre Aufgabe ist es nicht, die aus ihrer Sicht besten Kandidatinnen und Kandidaten auszuwählen oder die aus ihrer Sicht optimalen Curricula zu erstellen, sondern nur zu prüfen, ob Personen oder Inhalte sich nicht auf dem Boden dessen bewegen, was noch als Facette des Islam akzeptiert werden kann. Gerade hier zeigt sich, dass nur mit höchstmöglicher Transparenz bei allen Schritten das nötige Maß an Vertrauen entstehen bzw. erhalten werden kann. Probleme kann schließlich auch die Besetzung der Beiräte verursachen. Anders als in der Kooperation zwischen Staat und als solche anerkannten Religionsgemeinschaften übernimmt hier letztlich der Staat für eine Übergangszeit Mitverantwortung an der personellen Zusammensetzung, was im Einzelfall (Ablehnung von Kandidaten) Unstimmigkeiten erzeugen kann. Zudem darf prognostiziert werden, dass auch im Hinblick auf den Islam das Maß an produktiver Spannung zwischen Wissenschaft und Organisationen entsteht, das für die christlichen Konfessionen prägend ist. Die Debatten um die sogenannten «Idschaza-Ordnungen» (vergleichbar der von christlich-konfessionellen Organisationen erteilten vocatio bzw. missio canonica) deuten in diese Richtung.

Aus Sicht des Verfassers sind Wissenschaft und Religionsgemeinschaften bei der Weiterentwicklung aufeinander angewiesen. Die bislang bestehenden Beiratsmodelle können für einige Zeit als rechtlich abgesichert gelten, jedoch keine Dauerlösung sein. Deshalb ist es erforderlich, den Übergang zur Kooperation mit den bestehenden bzw. entstehenden Religionsgemeinschaften zu planen. Andererseits kann die Wissenschaft nicht verpflichtet werden, mit Organisationen zu kooperieren, die in einer für sie nicht akzeptablen Art und Weise auf den Wissenschaftsbetrieb Einfluss nehmen möchten. Die einzelnen Standorte sind zudem nicht annähernd so gut ausgestattet wie die etablierten christlichen Theologien und schon deshalb trotz natürlicher Konkurrenz auf Zusammenarbeit angewiesen. Soll also qualitätsvolle islamische Theologie an staatlichen Universitäten zur Dauereinrichtung werden, ist Kompromissfähigkeit gefordert. Die Fundamente einer so gestalteten islamischen Theologie beschreiben Ömer Özsoy und Ertuğrul Şahin mit folgenden Eckpfeilern:[206] kulturelle Situiertheit der (islamischen) Theologie, Ergebnisoffenheit der Forschung, historisch-kritische Koranexegese jenseits von Relativismus und Eurozentrismus, Bekenntnisorientierung und Einbettung in die Wissenschaftskultur der deutschen Universitäten sowie Mündigkeit als Ziel des Theologiestudiums.

Angesichts der überschaubaren Berufsperspektiven für akademisch ausgebildete islamische Theologen haben die Ausbildungseinrichtungen neben dem Lehramt weitere Studiengänge z. B. mit der Kombination von islamischer Theologie und sozialer Arbeit entwickelt, die dringende gesellschaftliche Bedürfnisse abdecken und zugleich breitere berufliche Einsatzmöglichkeiten bieten.

Kontrovers diskutiert wird die Schaffung spezifisch muslimischer Bildungseinrichtungen wie Kindertagesstätten[207] oder Schulen. Im Rahmen des geltenden Rechts dürfen religiöse Organisationen solche Einrichtungen schaffen, ebenso eigene Hochschulen. Hinter der Gründung solcher Bildungsstätten stecken unterschiedliche Motive: Teilweise sind sie als Reaktion auf unzureichende Bildungserfolge muslimischer Schülerinnen und Schüler im bestehenden allgemeinen Bildungssystem zu verstehen, teilweise treten explizit religiöse Motive hinzu.

Die Einschätzung solcher Einrichtungen wird durch eine Debatte belastet, die bildungspädagogische Überlegungen mit allgemeinen Fragen der Integration vermengt. Während christliche Institute weithin nicht infrage gestellt werden, trifft muslimische Einrichtungen gelegentlich ein pauschaler Verdacht der Abschottung. Gelegentlich fehlt es wirklich an Transparenz hinsichtlich der Trägerschaft oder den Bildungszielen, was Nachfragen geradezu herausfordert. Aus rechtlicher Sicht ist schlicht zu bemerken, dass private islamische Bildungseinrichtungen unter denselben Voraussetzungen und innerhalb derselben rechtlichen Grenzen gegründet und betrieben werden dürfen, wie sie für andere religiöse Einrichtungen auch gelten.

Gute deutschsprachige Literatur zu islamisch-religiösen Fragen entsteht in größerem Umfang seit der Etablierung islamischer Theologie an einigen Universitäten und der Einrichtung islamischen Religionsunterrichts in öffentlichen Schulen. Schon zuvor wurden einige wenige anspruchsvollere Werke verfasst.[208] Es dominierten jedoch kleine Traktate oder Bücher, die weitgehend ohne Reflexion der deutschen Lebenswirklichkeit, aber auch ohne Kenntnis gegenwärtiger Entwicklungen in der islamischen Welt mittelalterliche Ansichten und Erkenntnisse für maßgeblich erklären.[209]

Neben einer zunehmenden Zahl anspruchsvoller und gesellschaftsfreundlicher Literatur findet sich nach wie vor Material auf dem Markt, das geeignet ist, das Verhältnis zwischen muslimischer Schülerschaft und ihrer Umgebung nachhaltig zu beschädigen. Exemplarisch genannt sei das «Schüler-Lexikon des Islam» von M. Rassoul, das 2007 in zweiter Auflage im arcelmedia-Verlag[210] (ohne Ort, keine ISBN) verlegt wurde. Dieser Autor war schon 1993 mit einer eigenartigen Schrift über das «Deutsche Kalifat» hervorgetreten, in der er sich scharf gegen Demokratie und Christentum wendet. Hier geht es nicht mehr um sachliche Kritik, sondern um die Propagierung einer Gegenwelt.[211] Seine kostenlos oder billig vertriebenen Heftchen und Büchlein haben eine beachtliche Verbreitung gefunden.

Der Autor wendet sich bewusst an Schüler, die er im Vorwort darauf einstimmt, dass «der Islam sowohl in Europa als auch weltweit im Vormarsch ist».[212] Seinen eigenständigen Anspruch untermauert er mit einer Warnung vor der Benutzung «marktüblicher Lexika» über den Islam. Vorsicht sei geboten, weil diese «teilweise von Katholiken und Orientalisten bearbeitet bzw. herausgegeben»[213] seien. Die ungewöhnlich schlampige Umschrift des Arabischen an vielen Stellen wirft kein gutes Licht auf die

Kompetenz des Autors. Vor allem bedenklich sind indes die Inhalte von Stichwortartikeln mit Gegenwartsbezug. So heißt es im
Stichwortartikel «Beratungsstelle» (Grammatikfehler wie im zi-
tierten Text):

> für muslimische Frauen kann eine destruktive Einrichtung sein. Manche
> muslimische Frauen, die über eine bestimmte Ehe- und Lebenserfahrung
> verfügen, glauben, sie wären in der Lage, eine Beratungsstelle oder eine Art
> «Frauenhaus» ins Leben zu rufen und zu verwalten. Diese Gedanken sind
> für die Muslime gefährlich; denn sie können dazu führen, dass Frauen sich
> sofort bei jeder ehelichen Streitigkeit dorthin flüchten und die Tür zur Ver-
> ständigung und Versöhnung zuschlagen. Dies führt ferner zur Ausschaltung
> der gesellschaftlichen Intervention, bezüglich Versöhnung und Wiederher-
> stellung des Familienfriedens, was notwendigerweise das Prinzip der Brü-
> derlichkeit beeinträchtigen kann. Außerdem ist es jeder muslimischen Frau
> möglich, sich von kundigen und erfahrenen Brüdern und Schwestern bera-
> ten zu lassen; demnach ist eine spezielle Beratungsstelle überflüssig. Man
> muss auch damit rechnen, dass falsche Ratschläge und solche von ignoran-
> ten Personen das Familienglück zerstören können. Das beste und altbe-
> währte Konzept ist die Kontaktpflege unter Muslimen unter Einhaltung der
> Gebote der Brüderlichkeit im Islam, sowie genaue Kenntnisse, besonders bei
> Frauen über ihre Rechte und Pflichten im Islam. Genauso schädlich und
> unislamisch ist die sog. Frauenkonferenz,[214] die weltweit jede Bindung zur
> Schöpfungsart «Mann» zerstört. Ihre gefassten Beschlüsse sind islamisch
> nicht vertretbar (-Belehrung) (HmF[215]).[216]

Dieser Eintrag spricht für sich selbst. Er spiegelt eine extrem patriarchalische, religiös und sozial abgrenzende Haltung wider, die
sich in strukturellem Gegensatz zu den Schutzmechanismen des
deutschen Rechts- und Sozialstaats sieht. Gezeichnet wird das
Bild verantwortungsloser Frauen, die von ihren Rechten ohne
Rücksicht auf den Familienzusammenhalt Gebrauch machen.
Bemerkenswert ist in diesem Zusammenhang, dass nur Frauen
(«richtig») als beratungsbedürftig angesehen werden. Zudem
überrascht der Stichwortartikel in einem Lexikon des *Islam,* das
sich an Kinder und Jugendliche richtet. Es ist aus vielerlei Untersuchungen bekannt, dass Frauenhäuser und andere Schutzeinrich-
tungen überproportional von Frauen aufgesucht werden, die dem
orientalischen Kulturkreis und stark traditionalistischen Fami-

lienkontexten entstammen und oft auch Musliminnen sind. Wenn vielfach plausibel ausgeführt wird, dass die Gründe für Misshandlungen, die zu solchen Schritten führen, nicht in der Religion der Betroffenen zu suchen sind, dann befremdet es umso mehr, wenn der Autor explizit aus seiner islamischen Sicht gegen diese Einrichtungen wettert.

Unter «Ahmadiya» findet sich folgender Eintrag:

> Die sog. Ahmadiya-Bewegung war ursprünglich aus dem Sufismus entstanden, und ihr Gründer, Ahmad Qadiyani (gest. 1898 n. Chr.), baute seine Thesen aus Visionen auf, welche im Kern lauten, er sei ein Prophet. (...). Selbst der schiitische Scheich Muḥammad Al-Ġazzalyy lehnt in einer (...) Studie die Ahmadiya energisch ab und wirft der Sekte vor, sie sei eigens von den Briten in Indien ‹als neue Kolonialreligion› geschaffen worden, um durch Leugnung der Pflicht zum Eifern für den Glauben, der bis zum Kriege geht, den Islam zu schwächen. Gleich scharfe Worte findet er übrigens auch gegen die Anhänger des Baha'ismus und wirft diesem, der ja seinen Sitz in Akkon[217] hat, vor, die politische Herrschaft Israels anerkannt zu haben und Direktiven von seinem Zentrum in New York zu beziehen. Die Stifter beider Bewegungen hatten sich als Sufi auf mystische Eingebungen berufen (vgl. Bannerth, Ernst: Islam heute morgen, Wien 1958, S. 94 f.) Im Laufe der Jahre sind nicht weniger als 30 000 Mitglieder dieser Glaubensgemeinschaft nach Deutschland geflüchtet und haben hier zum großen Teil politisches Asyl erhalten. (Frankfurter Allgemeine Zeitung Nr. 231 v. 5. Oktober 1994). Vor der von dieser Sekte betriebenen Agitation wird gewarnt.[218]

Abgerundet wird die feindselige Ausrichtung mit fett gedruckten, nicht in irgendeinen Auslegungskontext gestellten Muhammad-Zitaten, die sich gegen «Chosro» und den «Kaiser» richten, vor der «Schadenfreude der Feinde» warnen und abschließend das Höllenfeuer[219] androhen.

Vor derartiger Hinterhoftheologie und -pädagogik muss gewarnt werden. Das beste Hilfsmittel dagegen sind die Veröffentlichungen qualifizierter Wissenschaftler, die einen gegenwartsbezogenen und verständigungsbereiten Islam präsentieren und vermitteln. Eine leicht verständliche und luzide Einführung in das theologisch gut fundierte Potential einer ebenso authentischen wie lebensorientierten islamischen Theologie bieten Ömer Özsoy und Serdar Güneş mit ihrem Aufsatz «Plädoyer für ein aufgeklärtes Islamverständnis in Zeiten der Islamkritik».[220] Bülent Ucar hat die theologischen Ansätze benannt, mit deren Hilfe Scharia-Normen, deren Wortlaut nicht mit deutschen Rechtsnormen kompatibel ist, in produktiver Weise für den Religionsunterricht fruchtbar gemacht werden können.[221] Die Theologin Hamideh Mohagheghi ruft gegen den islamisch begründeten Extremismus zu «theologischem Widerstand»[222] auf und führt aus:

> Ebenso ist eine offene religiöse Erziehung notwendig, die nicht von metaphysischen Prämissen und Ängsten geprägt ist, sondern Perspektiven für das Diesseits und ein Leben in Glückseligkeit hier und jetzt anbietet. Der wahre Glaube führt zu gesellschafts- und menschenfreundlichen Geisteshaltungen und gibt Anweisungen, wie diese im praktischen Leben umzusetzen sind.

Inhaltliche Diskussions- und Konfliktlinien zeichnen sich deutlich ab. Das ist angesichts der Vielfalt muslimischer Traditionen und Haltungen nicht verwunderlich. Drei wesentliche Bereiche sind erkennbar, in denen sich muslimische Theologie mit unterschiedlichen Akzenten positioniert: Soll der Inhalt der religiösen Botschaft betont werden, oder hat der religiöse Ritus Vorrang? Hält man an Traditionen fest, oder sucht man neue Positionen? Wird die spezifisch ethnische Prägung des Islam in der Herkunftsregion von Muslimen mit Migrationsgeschichte betont, oder sieht man sich vor allem als Muslim in Deutschland? Meist werden hier keine schroffen Gegensätze gebildet – Inhalt und Ritus können sich ja ergänzen –,[223] aber doch unterschiedliche Schwerpunkte gesetzt.

Exemplarisch sei die von Harry Harun Behr prägnant formulierte Herangehensweise an den Koran im bayerischen Schulunterricht («Islamischer Unterricht») genannt:

> Vereinfacht ausgedrückt stehen zwei Wege offen (…), wie der Koran gelesen wird, von dem das Fachprofil des Islamischen Unterrichts der höheren Jahrgangsstufen in Bayern sagt: Das Sinn stiftende Schriftverstehen hat Vorrang vor dem literalen Schriftverständnis. Der eine Weg nimmt seinen Ausgangs-

punkt von der Idee, der Koran sei darauf aus, alle Menschen sollten Muslime sein. Er führt die Welt an den Koran heran. Der andere Weg nimmt seinen Ausgangspunkt von der Idee, der Koran sei darauf aus, alle Muslime sollten Menschen sein. Er führt den Koran an die Welt heran.[224]

Für eine Konkretisierung des Geschlechterverhältnisses sei auf den hervorragenden, leicht verständlichen Text von Ömer Özsoy und Naime Çakir aus dem Jahre 2013 in der DIK-Broschüre zu Geschlechterbildern hingewiesen.[225] Die Autoren beschreiben egalitäre Ansätze im Koran und in der Gelehrtentradition, die indes bis heute nicht zum Mainstream geworden sind. Sie weisen auf die biologistisch-patriarchalen Vorverständnisse der traditionalistischen Exegese hin und setzen dem eine historisch-kritische Betrachtung entgegen, die aus ihrer Sicht auch für die Auslegung des Koran unumgänglich ist. Resümierend wird der koranische Text als

ein geschichtliches Ereignis gesehen, das wir vor dem Hintergrund der Gegenwart zu verstehen haben. Somit wird versucht, die Lebendigkeit der Offenbarung für die jeweilige Generation verständlich und lesbar zu machen, ohne sich vom Text zu verabschieden oder seinen Wortsinn zu entstellen. (...). Im Kontext unseres Themas gilt es also aus historisierender Perspektive festzustellen, dass der Koran kein feministisches Handbuch ist, sondern es ist vielmehr die Frage zu stellen, welche Antworten aus dem Koran mittels einer nicht nur zulässigen, sondern unseres Erachtens auch notwendigen historisierenden Textauslegung vor dem Hintergrund heutiger Problemlagen herauszulesen sind. Der Koran hat historisch gesehen zwar die Rechte der Frau in seiner Zeit gestärkt, ohne dabei – eben aus heutiger Perspektive – patriarchale Züge ganz überwunden zu haben.

Zunehmend werden darüber hinaus spezifische Arbeiten zu einzelnen wichtigen Aspekten der islamischen Religionslehre veröffentlicht, wie z. B. die Dissertation «Die Bedeutung des Gesandten Muḥammad für den Islamischen Religionsunterricht» von Tuba Işik. Exemplarisch für die Wichtigkeit solcher Literatur sei hier eine Passage aus dem Schlusskapitel zitiert:

Ein starres Propheten-Portrait, das es nur zu imitieren gilt, kann nicht zur Selbstwerdung eines gläubigen Menschen beitragen und kann auch nicht dazu helfen, zu einem eigenen Selbst zu finden. Es kann auch nicht dazu beitragen, kulturelle Einflüsse zuzulassen und Veränderungen positiv wahrzunehmen. Das Konzept des Prophetischen Lernens weist auf diesen neuralgischen Punkt hin: *Ich werden*, ohne dabei den Anschluss an die Tradition zu verlieren, die ein wichtiger Anfangspunkt sowie weiterführender Orientierungsgeber für heranwachsende Kinder und Jugendliche sein kann. Denn Selbstwerdung befähigt zur selbstbewussten Teilhabe, Veränderung und Gestaltung der Gesellschaft.[226] Diese Generation von muslimischen Kindern gehört schon heute zu denjenigen, die der islamischen Tradition in Deutschland zu neuen Facetten verhelfen soll und die Tradition fortschreiben und mitdefinieren wird – was ich kurz im Zusammenhang von Beheimatung als Glaubensreflexion thematisierte.

Entsteht hier ein «Euro-Islam»? Der Begriff ist höchst kontrovers, vor allem deshalb, weil er inhaltlich völlig unterschiedlich ausgefüllt wird. Christliche Theologen und Religionswissenschaftler kämen wohl zu unterschiedlichen Ansichten darüber, ob es ein «Euro-Christentum» gibt. Ebenso verhält es sich mit dem Islam. Die theologische Substanz des Islam ist – in all ihrer Vielfalt – nicht von der Geographie abhängig. Insofern gibt es nur den einen Islam (wohlgemerkt: in all seinem Facettenreichtum). Andererseits ist es unübersehbar, dass sich auch die Weltreligion des Islam regional sehr unterschiedlich zeigt. Religion und Umgebungskultur der Menschen lassen sich nun einmal nicht trennen. Deshalb wird man sicherlich von einem Islam europäischer Prägung sprechen können, wobei es auch hier eine Fülle von Erscheinungsformen gibt.

Wenn mit Euro-Islam gemeint sein soll, dass sich auch die islamische Religionspraxis und religiös motiviertes Handeln an die geltenden rechtlichen Rahmenbedingungen halten müssen, so ist dies eine Selbstverständlichkeit nicht nur aus juristischer Sicht, sondern auch für die allermeisten Muslime im Lande (vgl. S. 235 ff.).

Insgesamt ist es daher nützlich, auf den auch wegen einiger Hauptprotagonisten verschlissenen Begriff des Euro-Islam zu verzichten und stattdessen von einem Islam europäischer Prägung zu sprechen. Damit können sich auch traditionell denkende Gläubige anfreunden.

Wir sollten abschließend nicht vergessen, dass die freiheitliche Rechts- und Gesellschaftsordnung Deutschlands Informations- und Artikulationsmöglichkeiten für Menschen in repressiveren – auch islamisch geprägten – Regionen der Welt bietet. Ein Beispiel ist die von der Deutschen Welle produzierte arabischsprachige Sendung «Shabab Talk» (Jugendgespräch), die sich einer Fülle von Themen annimmt, die in der arabischen Welt kaum offen diskutiert werden können. Religionskritik, außereheliche Sexualbeziehungen, Homosexualität oder Menschenrechte sind Gegenstände, deren Erörterung wegen politisch, kulturell oder religiös bedingter Repression in vielen Staaten häufig brutal unterdrückt wird.[227] So erhalten auch Muslime eine Debattenplattform in geschütztem Raum.

2. Interreligiöser Dialog und Kooperation

Seit dem 15. Jahrhundert gibt es Ansätze, die Religion des Islam als eigenständige Erscheinung zu betrachten, nicht mehr als christliche Häresie. Bei Cusanus (Nikolaus von Kues) zeigt sich die Überzeugung, dass «alle Religionen Anteil haben an der absoluten Wahrheit der einen Religion».[228] Im 20. Jahrhundert erhielt der christlich-islamische Dialog in der Folge der Zuwanderung zahlreicher Muslime neue Impulse. Die römisch-katholische Kirche eröffnete Räume mit dem Zweiten Vatikanischen Konzil, in dessen Rahmen in der Erklärung «Nostra aetate» vom 28. Oktober 1965 folgende Aussagen zum islamischen Glauben gemacht wurden:

Mit Hochachtung betrachtet die Kirche auch die Muslim(e), die den alleinigen Gott anbeten, den lebendigen und in sich seienden, barmherzigen und allmächtigen, den Schöpfer des Himmels und der Erde, der zu den Menschen gesprochen hat. Sie mühen sich, auch seinen verborgenen Ratschlüssen sich mit ganzer Seele zu unterwerfen, so wie Abraham sich Gott unterworfen hat, auf den der islamische Glaube sich gerne beruft. Jesus, den sie allerdings nicht als Gott anerkennen, verehren sie doch als Propheten, und sie ehren seine jungfräuliche Mutter Maria, die sie bisweilen auch in Frömmigkeit anrufen. Überdies erwarten sie den Tag des Gerichtes, an dem Gott alle Menschen auferweckt und ihnen vergilt. Deshalb legen sie Wert auf sittliche Lebenshaltung und verehren Gott besonders durch Gebet, Almosen und Fasten. Da es jedoch im Lauf der Jahrhunderte zu manchen Zwistigkeiten und Feindschaften zwischen Christen und Muslim(en) kam, ermahnt die Heilige Synode alle, das Vergangene beiseite zu lassen, sich aufrichtig um gegenseitiges Verstehen zu bemühen und gemeinsam einzutreten für Schutz und Förderung der sozialen Gerechtigkeit, der sittlichen Güter und nicht zuletzt des Friedens und der Freiheit für alle Menschen.[229]

Andreas Renz hat hierzu eine ausführliche Einordnung und Würdigung vorgelegt.[230] 1982 veröffentlichte die Deutsche Bischofskonferenz die Arbeitshilfe «Muslime in Deutschland».[231] Eine Zusammenstellung der offiziellen Dokumente der Katholischen Kirche zum Dialog mit dem Islam bis zum Jahre 2009 bietet Timo Güzelmansur.[232]

Die Evangelische Kirche in Deutschland hat seit den 1970er-Jahren zahlreiche Broschüren und Dokumente über Fragen des christlich-muslimischen Zusammenlebens und des Dialogs herausgebracht, etwa 1974 die Broschüre «Moslems in der Bundesrepublik», die Publikationen «Zusammenleben mit Muslimen»,[233] «Christen und Muslime im Gespräch»[234] sowie «Ehen mit Muslimen».[235] Ein evangelischer und ein katholischer Autor veröffentlichten 1984 das Bändchen «Islamische und christliche Feste»[236] (auf Deutsch und Türkisch).

Unter tatkräftiger Mitwirkung von Theologen sind seit den 1970er-Jahren Organisationen für den christlich-islamischen Dialog und zur Sammlung und Bereitstellung von Informationen entstanden. 1978/79 wurde die Christlich-Islamische Begegnungs- und Dokumentationsstelle (CIBEDO) von den Weißen Vätern in Köln gegründet, die heute in Frankfurt am Main angesiedelt ist. Sie firmiert als Arbeitsstelle der Deutschen Bischofskonferenz. CIBEDO stellt sich explizit in die Tradition des zweiten Vatikanischen Konzils und den genannten Aussagen in Nostra aetate. Ziel ist die Förderung des interreligiösen Dialogs zwischen Islam und Christentum und des Zusammenlebens von Christen und Muslimen. Hinzuweisen ist insbesondere auf die umfangreiche Präsenzbibliothek zur christlich-islamischen Begegnung.[237]

In diesem Zusammenhang muss auch die 1982 in Iserlohn gegründete Christlich-Islamische Gesellschaft e. V. (CIG) genannt werden. Sie definiert sich als Zusammenschluss von Christen und Muslimen verschiedener Konfessionen und Glaubensrichtungen, die der eigenen Religion treu bleiben, aber für die anderen aufgeschlossen sind. In ihren Statuten sind die wesentlichen Ziele des Dialogs, die stellvertretend für viele stehen können, formuliert:

> Die Christlich-Islamische Gesellschaft will ein Ort und ein Instrument der Begegnung zwischen Christen und Moslems sein. Begegnung bedeutet Treue zur eigenen Identität und Recht auf Wahrung dieser Identität, aber zugleich Bereitschaft, sich zu bemühen, den jeweils anderen in seiner Religion, Kultur und Mentalität besser zu verstehen und aufzunehmen. Das Gemeinsame soll herausgestellt, das Trennende nach Möglichkeit so erklärt werden, daß die Verständigung fortschreitet.[238]

Auch die Öffentlichkeitsarbeit wird als wesentliche Aufgabe benannt.

Seit den 1980er-Jahren haben sich auch die Essener Gespräche zum Thema Staat und Kirche[239] wiederholt der Etablierung des Islam in Deutschland gewidmet. Es folgte eine Fülle weiterer Initiativen. 2002 entstand das Deutsche Islamforum,[240] dem später in verschiedenen Bundesländern Ableger folgten. Gritt Klinkhammer und andere[241] haben 2011 eine umfangreiche Studie zu den zahlreichen interreligiösen und interkulturellen Dialoginitiativen mit Muslimen in Deutschland vorgelegt.

Lange Zeit litt der interreligiöse Dialog unter einer gewissen Asymmetrie: Versierten christlichen Theologen standen Vertreter muslimischer Organisationen gegenüber, die sich ganz überwiegend ehrenamtlich und ohne theologische Vorbildung engagierten.[242] Hinzu traten sprachliche Verständigungsschwierigkeiten. Insgesamt spiegelt die jüngere Geschichte des christlich-islamischen Dialogs die Migrationsgeschichte vieler Muslime wider. Bis zur Jahrtausendwende war vieles improvisiert und von christlicher Seite oft von einem karitativen Grundton begleitet – Hilfe für «Ausländer» und neu Eingewanderte in schwieriger Lebenssituation. In jüngerer Zeit und mit zunehmend selbstbewusstem

Auftreten auf muslimischer Seite werden allerdings «Konkurrenz-
aspekte» erkennbar. Die Verwerfungen in der öffentlichen Debatte seit 9/11 haben auch vor den Kirchen nicht Halt gemacht.
Etlichen gemeinsamen Verständigungsbemühungen standen Initiativen gegenüber, die eine deutliche Abgrenzung verfolgten. Die
Handreichung der EKD mit dem Titel «Klarheit und gute Nachbarschaft» von 2006 ist ein Beispiel für Letzteres. Weitgehend
staatspolitischen und teils wenig tiefschürfenden islamwissen-
schaftlichen Ausführungen wurden kurze theologische und interreligiöse Passagen[243] eher nur angehängt. Manche Formulierungen wirkten befremdlich und verletzend und kulminierten in der
Aussage: «Ihr Herz werden Christen jedoch schwerlich an einen
Gott hängen können, wie ihn der Koran beschreibt und wie ihn
Muslime verehren.»[244] Sollte damit einer Massenkonversion zum
Islam vorgebeugt werden?

Deutlich anders liest sich die EKD-Schrift «Christlicher Glaube
und religiöse Vielfalt in evangelischer Perspektive» von 2015, die
sich in positiver Grundhaltung wie auch in theologischer Präzision der religiösen Vielfalt unseres Landes zuwendet. In Bezug auf
die Muslime wird hervorgehoben,[245] dass sie nicht «nach Maß-
gabe der Erscheinungsformen des Islam in außereuropäischen
Ländern» beurteilt werden dürfen. So heißt es etwa:[246]

> Die evangelische Kirche nimmt den Pluralismus der Religionen und Welt-
> anschauungen nicht nur als ein äußerliches Faktum hin (...). Sie bejaht ihn
> vielmehr aus grundsätzlichen Überlegungen und aus ihrer eigenen Sache he-
> raus. Da sie die Welt, in der wir leben, als von Gott geschaffene und aus dem
> Elend der Gottesferne erlöste Welt begreift, sieht sie im Menschen von ne-
> benan, aber auch in den Religionsgemeinschaften auf der anderen Straßen-
> seite nicht nur geduldete Fremde oder tolerierte Andersgläubige, sondern
> Mitbewohner eines gemeinsamen Raums, Mitbürger einer gemeinsamen
> Polis und von Gottes Wort Mitangesprochene.

Eine neue, vom Willen zum realistischen Verständnis geprägte Linie ist auch in dem im Mai 2015 gemeinsam von EKD und KRM
verabschiedeten «Dialogratgeber zur Förderung der Begegnung
zwischen Christen und Muslimen in Deutschland» zu erkennen.[247]

Im Vorfeld der Einrichtung islamisch-theologischer Studien entstanden interreligiös angelegte wissenschaftliche Foren und Publikationsreihen. Diese haben in erheblichem Umfang zu sachgerechter und niveauvoller Information und Verständigung beigetragen, auf deren Basis die staatlich-muslimische Kooperation im Bildungs- und Sozialbereich gedeihen konnte. Unter der Federführung der Akademie der Diözese Rottenburg-Stuttgart erscheinen die Beiträge des Theologischen Forums Christentum-Islam, in denen zentrale theologische Themen wie Glaubensgemeinschaft, Prophetie, Gottesvorstellungen, Mission, Ethik oder Schriftauslegung gespiegelt thematisiert werden.[248] Ein konkretes Produkt interreligiöser Arbeit ist das 2008 anlässlich einer Fachtagung vorgelegte evangelisch-muslimische Kommuniqué «Mission und Religionsfreiheit in einem säkularen Staat», das von hessischen evangelischen Kirchen, der Islamischen Religionsgemeinschaft Hessen und DİTİB getragen wurde. Darin werden unter Berufung auf die jeweiligen religiösen Traditionen Religionsfreiheit und das Recht auf Religionswechsel bejaht, Mission und Abwerbung durch Gewalt oder Manipulation abgelehnt.[249] Solchen bedeutsamen Texten ist größere Verbreitung zu wünschen.

Vereinzelt finden sich im christlichen Spektrum auch deutlich ablehnende Stimmen. Die fast unsichtbar gewordene Splitterpartei «Christliche Mitte»[250] betreibt seit Langem antiislamische Propaganda. In Zeiten islamfeindlicher Demonstrationen in den Jahren 2014 und 2015 haben sich einige wenige christliche Geistliche einschlägig exponiert. Im bayerischen Deining zog ein Geistlicher bei einem städtischen Neujahrsempfang über Homosexuelle und eine «Islamisierung Deutschlands» her und sagte, die hiesigen Medien erinnerten ihn an seine polnische Heimat zu Ostblockzeiten. Derselbe Priester bezeichnete geistliche Frauen mehrfach als «Weiber», die hinter den Herd gehörten. Bei der Bestattung eines Mannes, den er nur selten in der Kirche gesehen hatte, äußerte er, der Verstorbene komme wahrscheinlich nicht in den Himmel. Kinder sollten zu Hause nachsehen, ob sie nicht kleine Teufelchen hätten.[251] Insgesamt zeigen sich hier überraschend große Schnittmengen mit den Ansichten muslimischer Extremisten und Traditionalisten. Mittlerweile hat der Betreffende die Stelle gewechselt. Ähnlich gelagert war der Fall eines Bremer Pastors, der es für angemessen hielt, im Gottesdienst das islamische «Zuckerfest», das häufig Anlass für Einladungen ist, als «Blödsinn», den katholischen Reliquienkult als «Dreck» und Buddha als «alten fetten Mann» zu bezeichnen.[252] In all diesen Fällen haben die zuständigen Instanzen und die Stadtgesellschaft erfreulich deutlich gemacht, wie wenig sie derartige Ausfälle hinnehmen wollen.

Ignoranz findet sich allseits. In einem 2005 erschienenen «Handbuch Islam» wird das Verbot der Ehe zwischen einer Muslimin und einem Nichtmuslim mit der Begründung gerechtfertigt, es bestehe «weder in irgendeinem Kirchenrecht noch in allgemeiner christlicher Ansicht in einer Ehe zwischen einem Christen und einer Muslimin das Recht der Muslimin auf Achtung der Religion des Islam».[253] Damit wird das geltende Eherecht ebenso souverän ignoriert wie die zahlreichen kirchlichen Stellungnahmen und Handreichungen zu interreligiösen Ehen.[254]

Der interreligiöse Dialog erschöpft sich nicht in der Fülle von Einzelveranstaltungen. Mittlerweile haben sich regelmäßige Zusammenkünfte eingebürgert, beispielsweise seit 2012 jährliche Treffen zwischen der EKD und dem KRM. 2015 wurde ein «Dialogratgeber» als Produkt der Zusammenarbeit vorgelegt. Zunehmend finden sich auch Publikationen, in denen Religionsfragen von christlicher und muslimischer Seite gemeinsam unter einheitlichen Themenstellungen angegangen werden, z.B. das Verhältnis der Religionen zur Gewalt in dem von Hamideh Mohagheghi und Klaus von Stosch 2014 herausgegebenen Band «Gewalt in den Heiligen Schriften von Islam und Christentum». Die Münchener Eugen-Biser-Stiftung hat in einem aufwendigen Projekt ein zweibändiges «Lexikon des Dialogs – Grundbegriffe aus Christentum und Islam»[255] initiiert, in dem erstmals im deutschsprachigen Raum von deutschen christlichen und türkischen muslimischen Autoren Kernbegriffe und wichtige Erscheinungen ihrer jeweiligen Religion in Stichwortartikeln erklärt werden. In der Folge wurde unter Mitwirkung des Verfassers das zweibändige «Handbuch Christentum und Islam in Deutschland» herausgegeben, in dem die behandelten Themenfelder nach Möglichkeit «gespiegelt» aus muslimischer und christlicher Perspektive beleuchtet werden.[256] Ähnliche Projekte in deutscher Sprache beinhalten Stellungnahmen zu und gemeinsame vergleichende Arbeiten an theologischen Kernthemen wie der Sicht der jeweiligen Bekenntnisschriften, dem Gottesbild, dem Menschen in der Schöpfung, Moral und Ethik, Sünde und Vergebung, Gewalt und Krieg, Religionspraxis usw.[257]

Noch scheitert der auf theologische Fragen zugespitzte Dialog bisweilen am Mangel geeigneter Ansprechpartner auf muslimischer Seite. Erst in jüngster Zeit verstärkt sich die theologische Kompetenz innerhalb der Organisationen bzw. die Sprachfähigkeit der religiösen Würdenträger, die bislang häufig aus dem Ausland stammen und mit der deutschen Sprache und Kommunikationskultur wenig vertraut sind. Zur Verbreiterung der Dialogbasis mag es ratsam sein, nichtöffentliche Treffen und Veranstaltungen mit breiter muslimischer Beteiligung abzuhalten. Damit wird es besser möglich, auch innermuslimische Kontroversen zu formulieren und zu diskutieren sowie ohne «Verteidigungsdruck» aus einer verbreitet skeptischen Öffentlichkeit sachorientiert zu debattieren.

Der interreligiöse Dialog wird in manchen Initiativen auch auf andere Religionen ausgeweitet, nicht zuletzt auf das Judentum. Beispielsweise soll in Berlin-Mitte ein gemeinsames Bet- und Lehrhaus für Juden, Christen und Muslime entstehen («House of one»). Träger sind die Jüdische Gemeinde zu Berlin und das Abraham Geiger-Kolleg für das Judentum, die Kirchengemeinde Sankt Petri-Sankt Marien für das Christentum und das Forum für Interkulturellen Dialog e. V. für den Islam. 2017 soll der Grundstein gelegt werden.[258] Eine Initiative junger Leute hat eine Dialogplattform namens «Café Abraham»[259] eingerichtet, die mehrere Ortsgruppen umfasst.

Weitere breit angelegte interreligiöse Organisationen jüngeren

Datums sind der Rat der Religionen in Frankfurt, in dem neben Repräsentanten christlicher und islamischer Konfessionen auch Juden, Baha'i, Sikhs und Hindus mitarbeiten,[260] sowie ein Rat in Köln, an dessen Sitzungen auch das Stadtoberhaupt teilnimmt.[261] 2015 wurde ein ähnlicher Rat in Stuttgart eingerichtet,[262] ein weiterer wurde 2016 in München gegründet. Solche Organisationen machen neben der Vielfalt religiösen Lebens im Land deutlich, dass es eine Fülle religiöser Stimmen gibt, die Beiträge zum gesellschaftlichen Zusammenleben, zur Orientierung und zur Konfliktbewältigung leisten können. Insgesamt scheinen sich die Asymmetrien, die den unterschiedlichen finanziellen und personellen Ressourcen geschuldet sind, zunehmend abzuflachen; professionell agierende muslimische Stimmen, die «auf Augenhöhe» Theologie und Dialog betreiben, werden deutlich zahlreicher.[263]

Auch der interreligiöse Dialog muss sich kritischer Betrachtung stellen. Bemängelt wird zuweilen, er erschöpfe sich in einer oberflächlichen Suche nach (vermeintlichen) Gemeinsamkeiten und ignoriere vorhandene Probleme und Gegensätze. Das mag an der einen oder anderen Stelle zutreffen. Pauschalkritik, die gelegentlich sehr polemisch formuliert ist,[264] ignoriert aber die Differenziertheit und Tiefgründigkeit der hier geschilderten Aktivitäten und Stellungnahmen. Ihren Wert kann man nicht zuletzt dort erkennen, wo kein solcher Dialog stattfindet.

Neue Facetten eines spannungsgeladenen interreligiösen Dialogs oder auch der Dialogverweigerung ergeben sich aus dem Import von Auslandskonflikten durch Migrationsbewegungen. Innerreligiöse, in den Herkunftsregionen oft gewaltsam ausgetragene Konflikte zwischen Sunniten und Schiiten, sunnitischen Extremisten und Vertretern mystischer oder anderer Richtungen erscheinen auf einmal auch in Flüchtlingsheimen. Mehr noch zeigen sich Spannungen mit religiösen Minderheiten, die in Teilen der islamisch geprägten Welt unterdrückt und verfolgt wurden und werden, wie etwa mit den Yeziden, aber auch mit Christen. Diese werden zwar als Anhänger einer «Buchreligion» respektiert und geschützt, leben aber bis heute in einem Status minderen Rechts.[265]

Es ist einerseits erforderlich, diesen Umstand klar zu benennen und ebenso deutlich zu machen, dass Deutschland sich der Gleichberechtigung der Religionen verschrieben hat. Andererseits sind Pauschalverurteilungen und beleidigende Parolen, wie sie vereinzelt z. B. von ostchristlichen Aktivisten oder Organisationen zu vernehmen sind, nicht mit der deutschen Rechts- und Gesellschaftsordnung vereinbar.[266]

V. Islambezogene Wissenschaften in Deutschland

Orientalistik und Islamwissenschaft als Wissenschaftsdisziplinen haben in Deutschland ihre Vorläufer und Wurzeln im 16. Jahrhundert. Innerchristliche theologische Auseinandersetzungen wie auch solche mit dem Islam (vgl. S. 29 f.) führten dazu, dass man sich mit dieser Religion als eigenständigem Phänomen auseinanderzusetzen begann, wenngleich aus dem Blickwinkel der christlichen Theologie. Um die Mitte des 16. Jahrhunderts hatte man in Basel diskutiert, ob der Koran gedruckt und damit weit verbreitet werden sollte. Von angesehenen Reformatoren unterstützt setzten sich die Befürworter durch.[267] Die wissenschaftliche Beschäftigung mit dem Islam und dem Orient erblühte zunächst vor allem in Frankreich und in den Niederlanden mit Zentren in Paris und Leiden.

Die ersten Orte für wissenschaftliche Studien des Arabischen und des Islam in Deutschland waren Tübingen, Göttingen und Leipzig. Der Tübinger Gelehrte Wilhelm Schickard hatte im frühen 17. Jahrhundert anhand eines Koranexemplars Arabisch gelernt.[268] Der Koran und die arabische Sprache standen zunächst im Zentrum des Interesses. Im 18. Jahrhundert löste man sich dann zusehends von der Vorstellung, Studien des Arabischen, des Koran und der islamischen Welt könnten nur als Hilfswissenschaft für die christliche Theologie dienen. Der Leipziger Gelehrte Johann Jakob Reiske (gestorben 1774), der mit Lessing freundschaftlich verbunden war, gilt als einer der Protagonisten einer eigenständigen Betrachtung des Orients und des Islam. Rivalität arrivierten Mittelmaßes und Kleingeisterei verhinderten seine universitäre Karriere – gerade in den «kleinen Fächern» eine Unsitte, die nicht nur historische Bedeutung hat.[269] 1754 gründete Kaiserin Maria Theresia die Wiener Orientalische Akademie (Kaiserlich-königliche Akademie für Orientalische Sprachen) als eine der bedeutenden wissenschaftlichen Einrichtungen im deutschsprachigen Raum. In Wien wurden Orientsprachen wegen des praktischen Bedarfs schon seit dem 17. Jahrhundert gelehrt.

Die Entwicklung der Nahost- und Islamstudien im 19. Jahrhundert bzw. von 1800 bis 1945 haben Sabine Mangold und Ursula Wokoek detailreich nachgezeichnet.[270] Rudi Paret hat deutsche Orientalisten seit Theodor Nöldeke porträtiert.[271] Das Werk Suzanne Marchands macht die Ambivalenzen deutscher orientalistischer Forschung zwischen gründlicher Textarbeit, offener wissenschaftlicher Neugier und Eingebundenheit in eurozentristisches Überlegenheitsdenken deutlich und bietet zugleich ein facettenreiches Bild deutscher Wissenschaftskultur.[272] Im 19. Jahrhundert wurden vor allem orientalische Sprachstudien an deutschen Universitäten breiter etabliert, eine Entwicklung, die mit dem umfangreichen Erwerb orientalischer Manuskripte einherging. Die Staatsbibliothek in Berlin, die Bayerische Staatsbibliothek in München und die Universitätsbibliothek Tübingen verfügen über die bedeutendsten Bestände in Deutschland. Mit der Gründung der Deutschen Morgenländischen Gesellschaft 1845 erfolgte eine erste übergreifende Institutionalisierung.[273] Die von ihr seit 1847 herausgegebene Zeitschrift (ZDMG) zählt zu den ältesten Fachpublikationen in Europa und die Bibliothek der DMG mit mehr als 60 000 Titeln befindet sich heute in Halle. Von den wissenschaftlichen Grundlagenwerken der deutschen Orientwissenschaften aus dieser Zeit sei hier das herausragende Standardwerk Theodor Nöldekes «Geschichte des Qorāns» von 1860 genannt, die sein Schüler Friedrich Schwally 1919 in erheblich erweiterter und überarbeiteter Form vorlegte.[274]

Zu den vielen jüdisch-deutschen Orientwissenschaftlern zählt auch Abraham Geiger (1810–1874). Mit seiner 1833 veröffentlichten grundlegenden Schrift «Was hat Mohamed aus dem Judentume angenommen» hat er die wissenschaftliche Aufarbeitung jüdisch-muslimischer Kulturverbindungen in neue Bahnen gelenkt. Zugleich bildet er einen Gegenpol zur rabiat antisemitischen Grundrichtung eines Johann David Michaelis und anderer Orientalisten.[275] Das 1999 gegründete liberale Rabbinerseminar, mittlerweile an der Universität Potsdam angesiedelt, hat Abraham Geiger als Namenspatron gewählt. Im 19. Jahrhundert gelangten auch muslimische Wissenschaftler nach Deutschland, so der Ägypter Hasan Taufiq, der fünf Jahre lang als Arabischlektor am Seminar für orientalische Sprachen in Berlin arbeitete und einen Reisebericht über seine dortige Zeit verfasste.[276]

Standen bis ins spätere 19. Jahrhundert philologische Arbeiten, Texteditionen und Lexikographie im Mittelpunkt, erweiterte sich nun das Forschungsfeld auf die Religion und Normenlehre des Islam, die Geschichte der islamischen Welt und politische Entwicklungen.[277] Die Islamwissenschaft als eigenständige Disziplin geht auf den Wissenschaftler und preußischen Kultusminister Carl Heinrich Becker zurück, der sie 1910 in einer grundlegenden Publikation von der breiter gefassten «Orientalistik» abgrenzte.[278] Einschlägige Studienrichtungen an deutschen Universitäten bilden diese Trennung allerdings nicht folgerichtig ab. Der Verfasser selbst hat ein Studium der «Islamkunde» absolviert, dessen Inhalte indes weit über die Religion und Kultur des Islam hinausgingen. Umgekehrt ist die «Orientalistik» stark auf Islamfragen ausgerichtet.

Das Fach blieb jedoch – nicht zuletzt im Vergleich mit den Kolonialmächten Großbritannien und Frankreich – institutionell eher schmal ausgestattet, vor allem nach dem Ende der kurzzeitigen kolonialen Ambitionen im Kaiserreich.[279] Dennoch erlangte die einschlägige deutsche Wissenschaft Weltgeltung. Das schlug sich nicht zuletzt in dem Umstand nieder, dass das bis heute erscheinende Standardwerk «Encyclopaedia of Islam» in der ersten

Auflage in Englisch, Französisch und Deutsch erschien; mit dem nationalsozialistischen Kulturbruch verschwand auch die deutsche Ausgabe. Die Zeitschriften «Der Islam» (seit 1910) und «Die Welt des Islams» (1913 bis 1955 von der Deutschen Gesellschaft für Islamkunde herausgegeben, nunmehr vom Brill-Verlag in Leiden) sind bis heute fortgeführte Foren wissenschaftlicher Erkenntnis.

Während der Nazi-Diktatur war der Vorstand der 1913 gegründeten «Deutschen Gesellschaft für Islamkunde e. V.» von linientreuen Nationalsozialisten besetzt.[280] Islam- und Orientwissenschaften waren wie andere Disziplinen von Ausschluss, Verfolgung und Ermordung missliebiger Wissenschaftler[281] und Kollaboration anderer mit dem Regime gekennzeichnet.[282]

Nach dem Ende des Zweiten Weltkriegs und der Teilung Deutschlands ging die islambezogene Forschung unterschiedliche Wege. In der DDR wurde einerseits die große philologische Tradition fortgesetzt, wenngleich in die Lehrbücher nun auch politisch-ideologisiertes Vokabular Eingang fand. Jenseits sprachlicher Studien konzentrierte man sich auf politisch relevante Felder im Rahmen regionalbezogener Forschung. Hier wurden auch Kategorien der marxistisch-leninistischen Ideologie wenig überzeugend auf Entwicklungen der islamischen Staatenwelt übertragen. Religionsbezogene Themen waren der religionsfeindlichen Staatsausrichtung entsprechend wenig gefragt.[283]

Die weltweit vielbeachtete Kritik Edward Saids an der westlichen Islamwissenschaft in seinem Werk «Orientalism»[284] konnte die deutsche Wissenschaftslandschaft nicht im Kern treffen, wenngleich auch sie gewiss nicht frei von kolonialistischem und eurozentristischem Denken war.[285] Said kannte sie kaum und hat sich auch nicht mit ihr auseinandergesetzt. Insofern war seine verbreitet rezipierte Fundamentalkritik an einer angeblich westzentrierten (imperialistisch ausgerichteten bzw. christlich dominierten) Wissenschaft, die sich ihr Zerrbild vom Orient selbst geschaffen habe, ihrerseits eine unwissenschaftliche Pauschalisierung. Said hat sich denn auch später lobend über die deutsche Orientalistik geäußert.[286] Erfreulicherweise ist die einschlägige deutsche Wissenschaftslandschaft offenbar nach wie vor auch für Wissenschaftler aus islamisch geprägten Ländern attraktiv.

Das vor allem nach den Attentaten vom 11. September 2001 stark gestiegene öffentliche Interesse hat das Fach allerdings nicht vor drastischen Sparmaßnahmen verschont. Orient- und islambezogene Wissenschaften sind aber noch an vielen deutschen Universitäten vertreten. Eine besondere Fächervielfalt bieten die Universitäten in Berlin, Erlangen-Nürnberg und Marburg. Ähnliche Forschungsschwerpunkte finden sich auch an verschiedenen Max-Planck-Instituten, namentlich in Freiburg, Göttingen, Halle, Hamburg und Heidelberg. Neben der schon erwähnten DMG ist die 1993 gegründete Deutsche Arbeitsgemeinschaft Vorderer Orient (DAVO) zu nennen, die sich der gegenwartsbezogenen Forschung zum Vorderen Orient und dessen Beziehungen zu anderen Regionen widmet.[287] Das materialreiche, aber bislang wissenschaftlich kaum produktive Zentralinstitut Islam-Archiv Deutschland in Soest (vgl. S. 62 f.) wurde 2015 an die Universität Münster abgegeben.

Die Diskussion um die Positionierung von Orientalistik und Islamwissenschaft in ihrem Verhältnis zueinander und im Wissenschaftsgefüge Deutschlands wird sich fortsetzen.[288] Neue Grundlagenthemen sind bereits hinzugetreten, insbesondere das Verhältnis zwischen der säkular ausgelegten Islamwissenschaft und der bekenntnisorientierten wissenschaftlichen islamischen Theologie.[289] Dabei geht es nicht nur um inhaltliche Positionierungen, sondern gleichermaßen um die Zuteilung von Ressourcen in chronisch unterfinanzierten Universitäten. Aber auch neue wissenschaftliche Perspektiven eröffnen sich: Mit der Entwicklung islamischer Positionen deutscher und europäischer Prägung ist die oft noch vorgenommene geographische und soziale Verortung des Islam ausschließlich in Asien und Afrika überholt. Vielleicht gelingt es dann, die besondere Dynamik der islamischen Geisteswelten außerhalb der arabischen Welt besser zu verstehen. Gerade an der geographischen «Peripherie» zu einem gedachten arabischen Zen-

trum entfalten sich in der Begegnung mit anderen Religionen und
Weltanschauungen geistige Potentiale, die in vielen arabischen
Staaten von einem übermächtigen Traditionalismus unterdrückt
werden.

Vor diesem Hintergrund wirkt die gelegentlich völlig überspitzt
geführte Debatte um eine philologische und historische Orientierung einerseits und eine Öffnung zu gegenwartsbezogenen, auch
sozialwissenschaftlichen Feldern andererseits meines Erachtens
absurd.[290] Ohne gründliche Kenntnisse orientalischer Sprachen
und historischen Tiefgang ist man als Islam- oder Nahostwissen-
schaftler schlechterdings nicht ernst zu nehmen. Selbstgefälliges
Einigeln in philologische und historische Studien und beharrliche
Verweigerung von Auskünften über aktuelle Entwicklungen führen das Fach jedoch ebenfalls ins Abseits.

Ausblick

Deutschland ist ein religions- und weltanschauungsoffener säkularer Staat. Religion und die Ausübung staatlicher Macht sind voneinander getrennt, aber die Verfassung ist offen gegenüber Religionen und Weltanschauungen. Solche Offenheit gilt für alle Menschen gleichermaßen, nicht nur für die Mehrheit. Dieses auf geschichtliche Erfahrung gegründete System hält Religion keineswegs nur für eine «Privatsache», vielmehr hat sie ihren Platz auch im öffentlichen Raum. Damit wird ein mittlerer Weg zwischen der früheren Verbindung von Staat und Religion einerseits und einer säkularistischen, religionsfeindlichen Ersatzreligion andererseits gebahnt, der sich seit vielen Jahrzehnten bewährt hat. Atheistisches Jakobinertum hat schon der nicht der Bigotterie verdächtige Kurt Tucholsky mild verspottet mit dem Aphorismus: «Ein skeptischer Katholik ist mir lieber als ein gläubiger Atheist.»[291]

Wie sehr haben sich doch in tausend Jahren die Bilder gewandelt, von der gegenseitigen Schreckenswahrnehmung zum gesellschaftlichen Miteinander. In der Unterstadt des badischen Städtchens Müllheim siedelten sich 1702 Mitglieder einer türkischen Militärkapelle an, die der «Türkenlouis» von seinen Feldzügen gegen die Osmanen mitgebracht hatte. Sie hatten sich Verdienste erworben, indem sie durch anhaltendes lautes Musizieren beim Hin- und Hermarschieren, das große Truppenansammlungen suggerieren sollte, die anrückenden französischen Truppen abgeschreckt hatten. Im Müllheimer Stadtwappen findet sich heute ein Halbmond. In dem «Türkei» genannten Stadtviertel wurde früher bei festlichen Anlässen an der alten Poststraße ein Band mit der Aufschrift angebracht: «Do wohne d'Dürke, liebe Lüt! Hent numme kai Angst, me düen üüch nüt!»[292] – mehr an sprachlicher Assimilation kann nicht erwartet werden. Beim Bürgerfest 2011 wurde dort unter anderem ein türkischer Basar als

«Zeichen für das gelebte Miteinander in der Unterstadt» veranstaltet.[293]

Für den Umgang miteinander ist es entscheidend, welcher Blickwinkel angelegt wird: Geht man von einem festgefügten Islambild aus, das sich aus einer verkürzten, essentialisierenden Pauschalbetrachtung der Vergangenheit oder extremistischen Erscheinungen der Gegenwart speist, und misst dann Menschen daran? Oder aber nimmt man die Glaubensüberzeugungen und die Taten muslimischer Menschen zum Maßstab dafür, was der Islam hier und heute ist? Meines Erachtens kann für das Zusammenleben nur der letztgenannte Maßstab gelten, übrigens ebenso für den Umgang mit den Nichtmuslimen in Deutschland im Hinblick auf Religion und Lebenshaltung. Auf derselben Linie liegt übrigens die Rechtsprechung des Bundesverfassungsgerichts zu der Frage, wie die erforderliche Rechtstreue von Religionsgemeinschaften zu prüfen ist – nicht anhand ihrer Bekenntnisschriften, sondern auf der Grundlage dessen, was die Gläubigen hier und heute daraus ableiten.

Unerlässlich bleibt auch künftig das individuelle Gespräch. Muslimen wird einiges abverlangt, wenn sie sich fortwährend für ihren Glauben rechtfertigen sollen. Hier helfen Geduld und Humor: Ein junger Dresdner Muslim hat von Gesprächen am Rande der islamfeindlichen «Pegida»-Kundgebungen um 2014/15 berichtet, bei denen ein Mann fortwährend Koranverse zitierte, die belegen sollten, dass der Islam zu Gewalt aufrufe. Seine Antwort: «Ihm habe ich einfach versucht zu erklären, dass ich ihn nicht umbringen will, und das hat geholfen.»[294]

Entscheidend wird es sein, die vielen Gemeinsamkeiten mit anderen Menschen in und jenseits der Religion auf unterschiedlichen Ebenen des Zusammenlebens zu erkennen, gleichzeitig auch vorhandene Verschiedenheit zu ertragen, vielleicht sogar zur weiteren Erkenntnis zu nutzen. In unserer gemeinsamen Zivilgesellschaft gibt der Rechtsstaat für alle einen unerlässlichen Rahmen vor. Er garantiert jedoch auch Vielfalt und Wandel innerhalb seiner gesetzten Grenzen. Nicht nur Orient und Okzident sind nicht mehr zu trennen, sondern auch die Menschen unterschiedlichster Individualitäten und Herkunft im Land. Statt pauschaler Urteile und Stereotype von Verteufelung und Idealisierung benötigen wir als Leitmotiv für Begegnungen und Beurteilungen im gesellschaftlichen Zusammenleben wie auch in der wissenschaftlichen Aufarbeitung bei allen Beteiligten nur: Fairness.

Abkürzungen von Organisationen

AABF	Almanya Alevi Birlikleri Federasyonu (Alevitische Gemeinde Deutschland e. V.)
ACF	Alevi Cemaatleri Federasyonu (Vereinigung der Aleviten-Gemeinden)
AfD	Alternative für Deutschland
AIGW	Arbeitsgemeinschaft Islamischer Gemeinden in Wiesbaden
AKP	Adalet ve Kalkınma Partisi (Partei für Gerechtigkeit und Entwicklung)
AMGT	Avrupa Milli Görüş Teşkilatları (Vereinigung der neuen Weltsicht in Europa)
AMJ	Ahmadiyya Muslim Jamaat (Ahmadiyya Muslim-Gemeinschaft)
ATİB	Avrupa Türk-İslam Birliği (Union der Türkisch-Islamischen Kulturvereine in Europa e. V.)
CDU	Christlich Demokratische Union Deutschlands
CEM	Cumhuriyetçi Eğitim ve Kültür Merkezi Vakfı (Republikanisches Stiftungszentrum für Bildung und Kultur)
CIBEDO	Christlich-islamische Begegnungs- und Dokumentationsstelle e. V.
CIG	Christlich-Islamische Gesellschaft e. V.
CSU	Christlich-Soziale Union in Bayern e. V.
DAVO	Deutsche Arbeitsgemeinschaft Vorderer Orient für gegenwartsbezogene Forschung und Dokumentation e. V.
DEGITS	Deutsche Gesellschaft für islamisch-theologische Studien
DIK	Deutsche Islam Konferenz
DİTİB	Diyanet İşleri Türk İslam Birliği (Türkisch-Islamische Union der Anstalt für Religion e. V.)
Diyanet	Diyanet İşleri Başkanlığı (Präsidium für Religionsangelegenheiten)
DMG	Deutsche Morgenländische Gesellschaft
DML	Deutsche Muslim Liga e. V.
EKD	Evangelische Kirche in Deutschland
EMUG	Europäische Moscheebau- und Unterstützungsgemeinschaft e. V.
EZW	Evangelische Zentralstelle für Weltanschauungsfragen
FES	Friedrich-Ebert-Stiftung e. V.
HSS	Hanns-Seidel-Stiftung e. V.
IAK	Islamischer Arbeitskreis in Deutschland
İCCB	İslami Cemaat ve Cemiyetler Birliği (Verband der Islamischen Vereine und Gemeinden e. V.)
IFB	Islamische Föderation in Berlin e. V.

IGBD	Islamische Gemeinschaft der Bosniaken in Deutschland – Zentralrat e. V.
IGBW	Islamische Glaubensgemeinschaft Baden-Württemberg e. V.
IGD	Islamische Gemeinschaft in Deutschland e. V.
IGMG	Islamische Gemeinschaft Millî Görüş e. V.
IGS	Islamische Gemeinschaft der schiitischen Gemeinden Deutschlands e. V
ILRB	Islamische Landesreligionsgemeinschaft Bayern e. V.
IRD	Islamrat für die Bundesrepublik Deutschland e. V.
IRH	Islamische Religionsgemeinschaft Hessen e. V.
IZH	Islamisches Zentrum Hamburg e. V.
JUMA	Jung Muslimisch Aktiv
KILV	Konferenz Islamischer Landesverbände
KRM	Koordinationsrat der Muslime
MJD	Muslimische Jugend in Deutschland e. V.
MUSA	Muslimische Seelsorge Augsburg
MUSE	Muslimische Seelsorge e. V. in Wiesbaden
MuTeS	Muslimisches SeelsorgeTelefon
NPD	Nationaldemokratische Partei Deutschlands
NSU	Nationalsozialistischer Untergrund
OIC	Organization of Islamic Cooperation (Organisation für Islamische Zusammenarbeit)
Pegida	Patriotische Europäer gegen die Islamisierung des Abendlandes
RAMSA	Rat muslimischer Studierender und Akademiker
SPD	Sozialdemokratische Partei Deutschlands
TGD	Türkische Gemeinde in Deutschland
VIGB	Vereinigung Islamischer Gemeinden der Bosniaken in Deutschland e. V.
VIKZ	Verband der Islamischen Kulturzentren
WHO	World Health Organization (Weltgesundheitsorganisation)
ZMD	Zentralrat der Muslime in Deutschland
ZMO	Zentrum Moderner Orient
ZRMD	Zentralrat der Marokkaner in Deutschland

Anmerkungen

Erster Teil
Begegnungen mit dem Islam

1 Eine umfangreiche Bibliographie findet sich z.B. bei Rohe, Shariah in Europe, 656, 697 ff., sowie in den anderen dort bearbeiteten Kapiteln.

2 Vgl. zu solchen Bildern der Gegensätzlichkeit im Verhältnis zwischen Islam und Nahem Osten und Europa Höfert, Alteritätsdiskurse, 21 ff. Grundlegend hierzu Waardenburg, Jaques, Muslims and Others.

3 Höfert, Alteritätsdiskurse, 37.

4 Neuber, Grade der Fremdheit, 265.

5 Vgl. nur Jonker, Im Spiegelkabinett, 153 ff.

6 Vgl. Jonker, Wer «wir» nicht ist, 136 ff.

7 Borgolte, Michael, Der Islam als Geburtshelfer Europas; ders., Christen, Juden, Muselmanen, insbesondere 242 ff.

8 Vgl. Berman, German Literature, 28 f.

9 Abdullah, Geschichte, 13; hinsichtlich der genauen Personenbestimmung kritischer Hack, Welterfahrung, 72.

10 Hack, Welterfahrung, 71.

11 «Cum Aaron rege persarum, (…) talem habuit in amicitia concordiam, ut is gratiam eius omnium, qui in toto orbe terrarum erant, regum ac principium amicitiae praeponeret solumque illum honore ac munificentia sibi colendum iudicaret (…)»; vgl. Hack, Welterfahrung, 67.

12 Borgolte, Der Islam, 1.

13 Al-Mas'udi, Kitab al-Tanbih wa-l-Ischraf, übersetzt von Bernard Lewis, Die Welt der Ungläubigen. Wie der Islam Europa entdeckte, Frankfurt a.M./Berlin 1987, 139.

14 Vgl. etwa Berman, German Literature, 32 ff.

15 Vgl. Berman, German Literature, 24 mwN. Die Zahl der Pilger dezimierte sich nach den Berichten erheblich durch Krankheiten und Scharmützel mit Muslimen.

16 Vgl. Engels, Das Bild, 249; Neuber, Grade, 249, 255 ff.; Höfert, Alteritätsdiskurse, 26 ff. mwN.

17 Zum koranischen Motiv der Schriftfälschung (taḥrīf) durch Juden und Christen vgl. den gleichnamigen, von Timo Güzelmansur herausgegebenen Sammelband.

18 Also: gegen die Dreieinigkeitslehre von Vater, Sohn und Heiligem Geist gerichtete.

19 Gabrieli, Francesco, Der Islam in der Mittelmeerwelt, 86.

20 Vgl. Lange, Der nackte Feind, 6 ff., 33 ff. anlässlich einer Ausstellung im Berliner Museum für Islamische Kunst 2003/2004 mit beeindruckendem Bildmaterial und gelegentlich etwas überschießender Rhetorik.

21 Berman, German Literature, 36 ff.

22 Vgl. Möhring, Sultan Saladin, 151 ff. mwN.

23 Wilhelm von Rubruk, Reisen zum Großkhan der Mongolen. Von Konstantinopel nach Karakorum 1253–1255, Stuttgart 1984 (Neu bearbeitet und herausgegeben von Hans D. Leicht).

24 Hierzu Schwarz, Vom Krieg zum Frieden, 250.

25 Engelbert Kaempfer, Am Hofe des persischen Großkönigs 1684–1685, Tübingen/Basel 1977 (Herausgegeben von Walter Hinz).

26 So die Deutung Kotzurs, Denkmäler, 277. Zu den wechselseitigen Beeinflussungen in der Architektur vgl. Korn, Wechselwirkungen, 227 ff.

27 Vgl. Hehl, Die Kreuzzüge, 237, 239.

28 Vgl. Mentgen, Gerd, Kreuzzüge und Judenpogrome, in: Kotzur, Hans-Jürgen, Die Kreuzzüge, Mainz o. J. (2004), 65, 66 ff.; Gidal, Nachum, Die Juden in Deutschland, Köln 1997, 34 f.

29 Berman, German Literature, 49 f.

30 German Literature, 57 f.

31 Ibn Dschubair, Tagebuch, 224 f. Vgl. auch die vielfältigen Stimmen beider Seiten im Sammelband von Pernoud (Hg.), Die Kreuzzüge in Augenzeugenberichten.

32 Vgl. nur Möhring, Saladin, 158 ff.

33 Ausführlich hierzu Horsch, Rationalität und Toleranz.

34 Abbildung in Wiezorek/Fansa/Meller, Saladin, 460.

35 Vgl. Hehl, Die Kreuzzüge, 243 f.; zu derartigen Verträgen ausführlich Köhler, Michael, Allianzen und Verträge zwischen fränkischen und islamischen Herrschern im Vorderen Orient, Berlin u. a. 1991; vgl. auch Rohe, Das islamische Recht, 151 ff. mwN.

36 Hehl, Die Kreuzzüge, 245 f.; im Decretum Gratiani heißt es in decreta Teil 2, causa 23, quaestio 8 causa 11, man dürfe die Sarrazenen (Muslime) anders als die Juden zu Recht bekämpfen, weil sie Christen verfolgten oder vertrieben (Text abrufbar unter http://geschichte.digitale-sammlungen.de/decretum-gratiani/kapitel/dc_chapter_2_2839). Es geht, so die Kommentare, also nicht um eine Bekämpfung des Glaubens wegen, sondern nur um Verteidigung; vgl. Corpus iuris canonici emendatum et notis illustratum, Gregorii XIII pont. Max. iussu editum, Romae 1582, col. 1661 f. (abrufbar unter http://digital.library.ucla.edu/canonlaw/librarian?ITEMID=CJC2_0859&SIZE=Medium, 2.8.2015).

37 Vgl. die Berichte in Gierlichs/Hagedorn (Ed.), Islamic Art in Germany; Shalem, Reliquien, 213 ff.

38 Vgl. hierzu die ausgezeichneten Sammelbände von Schacht/Bosworth, Das Vermächtnis des Islams.

39 Hierzu Nabil Osman, Kleines Lexikon deutscher Wörter arabischer Her-

kunft, 4. Aufl. München 1993; Gabrieli, Der Islam in der Mittelmeerwelt, 83, 111 ff.

40 SZ vom 17./18.1.15, S. 22 (Johan Schloemann). Zum Einfluss der Medizin in der islamisch geprägten Welt auf Europa vgl. Plessner, Wissenschaft, in Schacht/Bosworth (Hg.), Das Vermächtnis des Islams Bd. 2, 203, 224 ff.

41 Vgl. http://www.avicenna-studienwerk.de/

42 Vgl. zu ihm Horst, Der Sultan von Lucera.

43 Abbildung und Beschreibung in: Leithe-Jasper, Manfred/Distelberger, Rudolf, Kunsthistorisches Museum Wien. Die Schatzkammer, London 1998, 42 f.

44 Vgl. Ettinghausen, Der Einfluss, 171 ff. mwN.

45 Vgl. nur Ettinghausen, Der Einfluss, 166 mwN.

46 Seine Kollektion wird weiterhin in der Sammlung der Rostocker Universität verwahrt; vgl. Heidemann, Islamische Numismatik, 5.

47 Vgl. Rohe, Das islamische Recht, 158 ff. mwN.

48 Hierzu Schwarz, Vom Krieg zum Frieden, 245 ff.; eine ausführliche Schilderung des Forschungs- und Publikationsstandes findet sich bei Kreiser, Klaus, Der osmanische Staat 1300–1922, München 2008, 123 ff. Vgl. auch Berman, German Literature, 65 ff.

49 Johannes Schiltberger, Als Sklave im Osmanischen Reich und bei den Tataren 1394–1427, Stuttgart 1983 (Aus dem Mittelhochdeutschen übertragen und herausgegeben von Ulrich Schlemmer).

50 Weithmann, Ein Baier, 87.

51 «Doch zwingen die Türcken niemandt seinen Glauben zu verlaugnen/ligen auch niemand hart darumb an (...)», Chronica unnd Beschreibung, 37.

52 Chronica unnd Beschreibung.

53 Hierzu die ausführliche Studie von Höfert, Den Feind beschreiben, 56 ff., 236 ff., 310 ff. und öfter; vgl. auch Andermann, Geschichtsdeutung, 29 ff.

54 Hierzu Göllner in Chronica unnd Beschreibung, Einführung, X ff.

55 Vgl. Messling, Un regard, 53 ff.

56 Heller, Nürnberger Jerusalempilger, 228.

57 Wiedergegeben bei Haberland, Der Türkenkonflikt, 116 f. Vgl. auch die drastischen Äußerungen über die Eroberung und ihre Folgen in der Schedel'schen Weltchronik Blatt 130. Die bildliche Darstellung der Stadt ignoriert die Eroberung, behält die byzantinischen Reichsinsignien an den Toren bei und benennt namentlich die Kirche der heiligen Weisheit, die tatsächlich längst zur Moschee umgewandelt worden war.

58 Emir Ali Sag (Üben islamisch-fundamentalistische Organisationen eine Anziehungskraft auf Jugendliche aus?, 450, 460) berichtet von einer Jugendtagung der AMGT in Bielefeld im Jahr 1994, bei der eine Teilnehmerin geäußert haben soll: «Wir haben keine Zeit, ruhig zu sitzen. Wir brauchen keine Mitläufer, sondern Aktivisten, die mit dem Geist vom Fatih Sultan Mehmet agieren. (...). Handle unverzüglich, denn die Zukunft gehört dem Islam.»

59 Vgl. Heller, Muslime in deutscher Erde, 46 mwN. Auf der Leipziger Früh-
    jahrsmesse 1684 wurden nach einem Bericht im Zedlerschen Universal-
    Lexicon von 1745 fässerweise Köpfe vom Wiener Schlachtfeld für vier bis
    acht Reichstaler verkauft (Heller, aaO); andere Nachrichten aus dem spä-
    ten 17. Jahrhundert berichten vom Verkauf einer Schwangeren in Leipzig
    für einen Sack Zucker, ihres Sohnes für 10 Reichstaler; vgl. Metzke, Tür-
    ken in Mitteldeutschland, 258 mwN.

60 Vgl. nur Spies, Schicksale, 316 ff. mwN. So sollen im Zuge der Belage-
    rung Wiens 1683 ca. 97 000 Menschen, meist Frauen und Kinder, in os-
    manische Gefangenschaft verbracht worden sein (aaO, 318 mwN).

61 Zu vielerlei negativen Zuschreibungen an «die Türken» vgl. Heller, Tür-
    kengassen, 329 ff. mwN.

62 Fabri, Felix, Galeere und Karawane. Pilgerreise ins Heilige Land, zum Si-
    nai und nach Ägypten 1483, Stuttgart u.a. 1996 (Bearbeitet von Herbert
    Wiegand), 251 ff., 253.

63 Vgl. Pausch, Türkensteuer; Zitat S. 16.

64 Pausch, Türkensteuer, 30 f.

65 Andermann, Geschichtsdeutung, 33 mwN.

66 Heller, Um 1700, 15.

67 Abbildung der Radierung aus der Graphischen Sammlung der Albertina
    in Wien bei Born u.a. (Hg.), L'empire du Sultan, 96.

68 2. Buch der Könige Kap. 18, 13 ff. und 19, 1 ff., 35.

69 Vgl. Wippermann, Wolfgang, Antiziganismus – Entstehung und Entwick-
    lung der wichtigsten Vorurteile, abrufbar unter http://www.bpb.de/apuz/
    33 277/bilder-und-sinnstruktur-des-antiziganismus?p=all (1.5.16).

70 Salomon Schweigger, Ein Newe Reyßbeschreibung Auß Teutschland nach
    Constantinopel und Jerusalem (Nürnberg 1608), Graz 1964 (Einleitung
    Rudolf Neck), 55 zum verlangten Niederfallen: «Diß ist ein recht Teuf-
    felischer Stoltz und Hoffart/daß diese Barbari sich nicht schewen dem
    Roem. Keyser solchen despect unnd spot anzuthun/daß des Keysers Ge-
    santen diesem Bestia muessen ein Fußfall thun (...)».

71 Bartholomäus Georgewitz, von den Sytten und Kirchendiensten der yetzi-
    gen Türcken Erstbuch und ders., von dem iammer der Christen under
    dem Türckischen joch Anders Buch, Basel 1545, abgedruckt und erläutert
    in Chronica unnd Beschreibung, 169–206; 207–226, Erläuterung bei
    Göllner, aaO, Einführung, XIX f.

72 Zum zunehmenden inhaltlichen Interesse in der ab dem 16. Jahrhundert
    massiv anwachsenden europäischen Literatur über das Osmanische
    Reich und den Islam vgl. Ilg, Die Türkei, 272 ff. mwN.

73 Hierzu Haag, Erbfeind der Christenheit, 127 ff.

74 Vgl. die belegreiche Aufarbeitung bei Bobzin, Martin Luthers Beitrag,
    283 ff.; vgl. zur christlichen Wahrnehmung des Islam in Spätmittelalter
    und Reformation auch Kaufmann, «Türckenbüchlein», 18 ff. mit zahlrei-
    chen Nachweisen.

75 «Millesimo sexcentesimo veniet Turcus/Totam Germaniam devastatu-

rus»; Nachweis bei Göllner, Chronica und Beschreibung, Einführung, XX.

76 Vgl. Kritzl, Adversus, 70f.; vgl. zu Luthers vergeblichen Versuchen, sich authentische Korankenntnisse zu verschaffen, Bobzin, Martin Luthers Beitrag, 270f. Umfassend hierzu Bobzin, Der Koran im Zeitalter der Reformation, 13 ff.

77 Bobzin, Martin Luthers Beitrag, 266ff.

78 D. Martin Luthers Werke, Kritische Ausgabe Bd. 41, Weimar 1910, 196.

79 Vgl. nur Kritzl, Adversus, 74f., 83 ff.

80 Hagemann, Martin Luther, 32 und öfter.

81 Kritzl, Adversus, 89 mwN.

82 Vgl. Syndram, Der erfundene Orient, 326ff.

83 So Haag, Erbfeind der Christenheit, 133, 138ff., 149.

84 Bobzin, Luther und der Islam, 130f. mwN.

85 Vgl. die materialreiche Darstellung der osmanisch-europäischen Außenpolitik und der Rolle von Christen im Osmanischen Reich bei Emrah Safa Gürkan, Die Osmanen und ihre europäischen Verbündeten, EGO (Europäische Geschichte Online) 18.10.2011, abrufbar unter http://iegego.eu/de/threads/buendnisse-und-kriege/allianzen-und-vertraege/emrah-safa-gurkan-die-osmanen-und-ihre-christlichen-verbuendeten (6.1.2015).

86 Vgl. Engel, Kreuzzug und Türkenkrieg, 274ff., 282ff.

87 Konrad Adam, «Wie die Christen schon einmal die Türken schlugen», Frankfurter Allgemeine Sonntagszeitung 4.1.2015; hierzu der Bericht von Sebastian Hammelehle, «AfD-Politiker Konrad Adam: Die Glaubenskrieger sind unter uns», Spiegel-online 5.1.2015, abrufbar unter http://www.spiegel.de/kultur/gesellschaft/afd-politiker-konrad-adam-in-der-fasbrandstifter-als-biedermann-a-1011187.html (6.1.2015).

88 Vgl. zu diesem Stereotyp Jonker, Im Spiegelkabinett, 153 und ff.

89 «...yerleri urub yakmak ve yıkmak», zitiert aus dem Reisetagebuch (Seyahatname) des Evliya Çelebi bei Schwarz, Vom Krieg zum Frieden, 272 mwN.

90 Vgl. den ausgezeichneten Katalog von Petrasch/Sänger/Zimmermann/Majer, Die Karlsruher Türkenbeute, München 1991.

91 Vgl. den ausgezeichneten Katalog von Schuckelt, Holger (Hg.), Die Türckische Cammer, Dresden 2010. Die Dresdener Sammlung ist Ergebnis einer Jahrhunderte währenden Sammeltätigkeit.

92 Heller, Um 1700, 15.

93 Neugebauer, Sieg oder Niederlage?, 55, 69.

94 Schwarz, Vom Krieg zum Frieden, 275ff. mwN.

95 Beispiele bei Schwarz, Vom Krieg zum Frieden, 252ff. mwN.

96 Bericht bei Heller, «Türken in Nürnberg», 692.

97 Adam Olearius, Moskowitische und Persische Reise. Die holsteinische Gesandtschaft beim Schah 1633–1639, Stuttgart/Wien 1986 (Herausgegeben von Detlef Haberland).

98 Carsten Niebuhr, Entdeckungen im Orient. Reise nach Arabien und anderen Ländern 1761–1767, Tübingen/Basel 1973 (Herausgegeben und bearbeitet von Robert und Evamaria Grün).

99 Vgl. zu dieser frühen Reiseliteratur Degenhard, Ursula, Entdeckungs- und Forschungsreisen im Spiegel alter Bücher, Stuttgart 1987 (Katalogband der Ausstellung Exotische Welten – Europäische Phantasien 1987 in Stuttgart), 20 ff.

100 Vgl. Mußmann, Zwischen Verschleppung und sozialem Aufstieg, 12 f. mwN.

101 Vgl. Syndram, Der erfundene Orient, 324 ff.

102 Vgl. Attia, Die «westliche Kultur», 59 ff.; Hofmann, Inge/Vorbichler, Anton, Das Islam-Bild bei Karl May und der islamo-christliche Dialog, Wien 1979.

103 Jonker, Im Spiegelkabinett; vgl. dazu auch Haug-Moritz/Pelizaeus (Hg.), Repräsentationen.

104 Koppelkamm, Exotische Architekturen, 9 mit einer umfangreichen Aufarbeitung exotischer Architektur des 18. und 19. Jahrhunderts in Europa.

105 Hierzu Koppelkamm, Exotische Architekturen, 28 ff.

106 Hierzu Koppelkamm, Exotische Architekturen, 86 ff.

107 Hierzu Koppelkamm, Exotische Architekturen, 65 ff.

108 Hierzu Koppelkamm, Exotische Architekturen, 96.

109 Hierzu Koppelkamm, Exotische Architekturen, 108 f.

110 Hierzu Koppelkamm, Exotische Architekturen, 168 ff.

111 So Caravias, Claudius, Die Moschee an der Wien. 300 Jahre islamischer Einfluss in der Wiener Architektur, Eichgraben 2008; vgl. auch Koppelkamm, Exotische Architekturen, 39.

112 Zahlreiche historische Abbildungen finden sich bei Koppelkamm, Exotische Architekturen.

113 Abdullah, Geschichte, 21.

114 Ausführlich hierzu Berman, Orientalismus, Kolonialismus und Moderne; Goer/Hofmann (Hg.), Der Deutschen Morgenland; Dunker/Hofmann (Hg.), Morgenland und Moderne.

115 Claudia Ott, Tausendundeine Nacht, München 3. Aufl. 2004. Im Nachwort finden sich erhellende Ausführungen zu Text und Werkgeschichte.

116 Syndram, Der erfundene Orient, 332.

117 Zitiert nach Pogrom 286 (1/2015), S. 64. Hierzu auch Hotopp-Riecke, Mieste, Baschkiren. Geflügelte Pferde, Honig und Napoleon, Pogrom 286 (1/2015), 58–60.

118 Zitiert nach der von Hans-J. Weitz herausgegebenen Ausgabe Frankfurt a. M. 1981, 12.

119 Rückert, Friedrich, Gesammelte Poetische Werke Bd. 5, Frankfurt a. M. 1868, 286.

120 Hierzu Bobzin, Hartmut (Hg.), Friedrich Rückert an der Universität Erlangen 1826–1841, Erlangen 1988.

121 Friedrich Rückert, Der Koran im Auszuge übersetzt. Hg. von August

Müller, Frankfurt a. M. 1888, abrufbar unter http://digital.bib-bvb.de/
view/bvbmets/viewer.0.5.jsp?folder_id=0&dvs=1423401276705~612&
pid=161772&locale=de&usePid1=true&usePid2=true (8.2.15). Hierzu
Bobzin, Hartmut (Hg.), Der Koran in der Übersetzung von Friedrich Rückert, 4. Aufl. 2001.

122 Von Platen, August, Ghaselen, Erlangen 1821; Neue Ghaselen, Erlangen
1823, abrufbar unter http://reader.digitale-sammlungen.de/de/fs1/ob-
ject/display/bsb10116349_00005.html (8.2.15); vgl. zu ihm Bobzin, Der
Orient, 88 ff.

123 Friedrich von Bodenstedt, Die Lieder des Mirza Schaffy, erstmals in Berlin 1851 erschienen. Im Jahre 1917 kam die 264. Auflage heraus. Eine le-
senswerte kritische Würdigung bietet Ammann, Östliche Spiegel, 128 ff.

124 Vorspruch zu den «Neuen Ghaselen» Platens aus dem Jahre 1823.

125 Vgl. nur Schimmel, Mystische Dimensionen, 408 ff.

126 Vgl. Schleßmann, Sufismus, 10 ff.

127 Eine englische Übersetzung von M. Hadi Hussain ist abrufbar unter
http://www.allamaiqbal.com/works/poetry/persian/payam/translation/
index.htm (16.3.16).

128 Solche Werke wurden in der Microfiche-Sammlung German Books on Islam from the 16th Century to 1900 «1500 frühe deutschsprachige Publikationen zum Islam zwischen 1500 und 1900», München 2006 zusam-
mengestellt.

129 Heinrich von Maltzan, Meine Wallfahrt nach Mekka, Stuttgart 1984
(Herausgegeben von Gernot Giertz).

130 Helmuth von Moltke, Unter dem Halbmond. Erlebnisse in der alten Türkei 1835–1839, Stuttgart/Wien 1984 (Herausgegeben von Helmut
Arndt), 220 ff. zum Kurdenfeldzug.

131 Vgl. Böer u. a. (Hg.), Türken in Berlin, 6 ff.

132 Böer u. a. (Hg.), Türken in Berlin, 9 f.

133 Redezitat bei Becker, Deutschland und der Islam, 19: «Mögen die
300 Millionen Mohammedaner, welche auf der Erde verstreut leben, dessen versichert sein, daß zu allen Zeiten der Deutsche Kaiser ihr Freund
sein wird.»

134 Vgl. hierzu Schwanitz, Max von Oppenheim, 31, 35 ff., mit von Schabin-
ger überlieferter Textkurzfassung 45 ff.

135 So schreibt C.H.Becker in seinem Traktat S. 6: «Deutschland gilt in der
ganzen Welt als der Freund der Türkei, ja der Mohammedaner schlechthin. Mit Liebe haben wir diesen Gedanken gepflegt. Gewiß haben es unsere Gegner an nichts fehlen lassen, die deutschen Beziehungen zum Islam
zu verdächtigen, aber zu unserer großen Freude können wir jetzt konstatieren, daß diese Bemühungen fruchtlos waren. (...) Der Kernpunkt unserer Beziehungen zum Islam ist unser Verhältnis zur Türkei. Hier liegt einer der Pole unserer weltpolitischen Stellung; denn die Umstände ergeben
eine natürliche Interessengemeinschaft zwischen uns und der Türkei.»
Vgl. hierzu auch Kreutzer, Dschihad für den deutschen Kaiser.

136 Vgl. hierzu Wild, Koran, Dschihad und Moderne, 32 ff.; Höpp, Muslime in der Mark, 21 ff.

137 Snouck Hurgronje, Christiaan, The Holy War «Made in Germany», New York/London 1915, 80 und im Buchtitel.

138 Vgl. Höpp, Arabische und islamische Periodika, 8 ff. Zu diesen Lagern vgl. die ausführliche Darstellung bei Höpp, Muslime in der Mark, 35 ff.

139 Wiedergegeben bei Höpp, Muslime in der Mark, 22; abgedruckt in: Die Welt des Islams 3 (1915), 121 ff.

140 Vgl. Höpp, Muslime in der Mark, 20 mwN.

141 Vgl. hierzu Ihrig, Stefan, Justifying Genocide: Germany and the Armenians from Bismarck to Hitler, Cambridge/Mass 2016.

142 Nachweis bei Alsulami, Iranian Journals, 163 f.

143 Hierzu Rathmann, Some Remarks, 217 ff.

144 Lesenswert sind etwa die aufwendig recherchierten Berichte von osmanischen und türkischen Zeitzeugen über Berlin 1871–1945 bei Böer u. a. (Hg.), Türken in Berlin.

145 Ein Harem in Bismarcks Reich. Das ergötzliche Reisetagebuch des Nasreddin Schah, Stuttgart 1983 (Herausgegeben von Hans Leicht), 116.

146 Ein Harem in Bismarcks Reich, 125 f.

147 Sarre, Friedrich/Martin, Fredrik Robert (Hg.), Die Ausstellung von Meisterwerken muhammedanischer Kunst in München 1910, 3 Bde. 1912; Faksimile-Nachdruck London 1984.

148 Die Datenbank http://www.smb-digital.de/eMuseumPlus;jsessionid=4E-8FE640BFB9B06B4437396AD9D4FA15.node1?service=direct/1/ResultLightboxView/preselectFilterSection.$FilterGroupControl.$MpDirectLink&sp=10&sp=Scollection&sp=SfilterDefinition&sp=0&sp=0&sp=1&sp=Slightbox_3x4&sp=0&sp=Sdetail&sp=0&sp=F&sp=S10029&sp=S2 enthält eine Fülle von Objekten (Stand 25.7.15).

149 J. Kröger in Haase/Kröger/Lienert, Morgenländische Pracht, 13.

150 Wimmer, München und der Orient, 2012.

151 Informationen sind abrufbar unter http://www.kulturgeschichten.info/de/

152 Hermann Parzinger, «Der Islam gehört zur Museumsinsel», SZ vom 11.2.2015, S. 9.

153 Vgl. die Berichte in Gierlichs/Hagedorn (Hg.), Islamic Art in Germany.

154 Vgl. hierzu Haase/Kröger/Lienert, Morgenländische Pracht.

155 Vgl. hierzu Schimmel, Mystische Dimensionen des Islam.

156 Vgl. z. B. Rudolf Kriss/Hubert Kriss-Heinrich, Volksglaube im Bereich des Islam, Bd. 2, Wiesbaden 1962; krit. zu Praktiken der Wunderheilung etc. Gür, Türkisch-islamische Vereinigungen, 105 ff.

157 Vgl. nur Schimmel, Mystische Dimensionen, 120 ff., 367 ff.

158 Bei einem Expertentreffen in Berlin am 10.9.2015.

159 Vgl. den lehrreichen Katalog der Ausstellung «Roads of Arabia» im Museum für Islamische Kunst Berlin 2011.

160 Vgl. Staehelin/Neubauer, Türkische Derwischmusik bei Heinrich Isaac, 27, 32 ff.
161 Vgl. Braune, Musik, 210 ff.
162 Braune, Musik, 218 ff. mwN.
163 Braune, Musik, 224 ff.
164 Braune, Musik, 212 f. mwN.
165 Informationen unter http://www.sarband.de/ (25.7.2015).
166 Syntagma musicum Bd. 2, Wolfenbüttel 1619, Vorrede 6; Nachweis bei Jäger, Der türkische Orient, 150.
167 In heutigem Deutsch: Denn Muhammad hat (...) alles, was der Fröhlichkeit dient, wie Wein und Saitenspiel, in seinem ganzen Land verboten, und statt dessen eine Teufelsglocke (gemeint ist das Beckenpaar zil) und ein Rumpelfass (gemeint ist die Zylindertrommel davul) mit einer schnarrenden und kikakenden Schalmei (gemeint ist die Kegeloboe zurna) verordnet, die bei den Türken immer noch in hohem Wert stehen und sowohl auf Hochzeiten und Freudenfesten wie auch im Krieg benutzt werden.
168 Jäger, Der türkische Orient, 152.
169 Hierzu und zum Wandel der Musikrezeption ausführlich Heller, «Mit klingendem Spiel», 53, 55 ff.
170 Vgl. Joppig, Alla turca, 298 ff. mwN; Heller, «Mit klingendem Spiel», 56 ff.; sehr ausführlich Theilig, Türken, 121 ff. mwN.
171 Vgl. Heller, «Mit klingendem Spiel», 61 mwN.
172 Von Schubarts Sohn Ludwig 1806 aus dem Nachlass veröffentlichtes Manuskript der Ideen zu einer Ästhetik der Tonkunst, Wien 1806, 331, abrufbar unter http://reader.digitale-sammlungen.de/de/fs1/object/display/bsb10599461_00349.html (8.2.2015).
173 Vgl. Spohn, Alles getürkt, 52 ff., 148 ff.
174 Vgl. Koran Sure 96 Verse 3–5.
175 Zur Lüsterware Watson, Oliver, Ceramics from Islamic Lands, London 2004, 183 ff.
176 Hierzu z. B. Ettinghausen, Der Einfluss, 187 f.

Zweiter Teil
Geschichte der Muslime in Deutschland

1 Vgl. nur Theilig, Türken, 33 ff. mwN.
2 Heller, Türkentaufen, 257 f. Im Zuge dieser Seeschlacht wurden auch ca. 12 000 christliche Rudersklaven der osmanischen Flotte befreit.
3 Heller, Muslime in deutscher Erde, 47 mwN.
4 Heller, Türkentaufen, 257, 264.
5 Spies, Schicksale, 323, 327; Heller, Um 1700, 21.
6 Hierzu mit umfangreichem Quellenmaterial Friedrich, «Türken» im Alten Reich, 329 ff., insbes. 339 ff.; Quakatz, «Conversio Turci», 215 ff. mit Schilderung einzelner Lebensläufe.

7 Heller Muslime in deutscher Erde, 51.

8 Metzke, Türken in Mitteldeutschland, 258 mwN.

9 Ausführlich Heller, Um 1700, 16 ff.

10 Hierzu Metzke, Türken in Mitteldeutschland, 256 ff.

11 Spies, Schicksale, 332 ff.

12 Heller, Muslime in deutscher Erde, 50.

13 Heller, Janitscharenhauptmann Hussin, 219 ff.

14 Friedrich, «Türken», 346. Vgl. auch Mußmann, Zwischen Verschleppung, 10 ff.; Metzke, Türken, 259 ff.; Spies, Schicksale 328.

15 Vgl. Heller, Muslime in deutscher Erde, 45 ff.

16 Friedrich, «Türken», 347.

17 Bericht bei Heller, Türkentaufen, 260.

18 Vgl. die Beispiele aus Hildesheim und Bayreuth bei Friedrich, «Türken», 348 und Heller, Einbürgerung, 75 f. Vgl. auch Theilig, Türken, 40 ff. für Brandenburg-Preußen.

19 Vgl. Mußmann, Zwischen Verschleppung, 10 ff.

20 So Friedrich, «Türken», 340 gestützt u. a. auf die Arbeiten Hellers (Muslime in deutscher Erde, 50 ff.).

21 Heller, Muslime in deutscher Erde, 52.

22 Heller, Um 1700, 19.

23 Vgl. Höpp, Muslime in der Mark, 11 mwN.

24 Zu den preußisch-osmanischen Begegnungen vgl. Kreiser, Preußen und Osmanen, 188 ff.

25 Vgl. Heller, Muslime in deutscher Erde, 49 mwN; Abdullah, Geschichte, 15 ff.; Höpp, Muslime in der Mark, 10 f.; sehr ausführlich zu muslimischen Reitersoldaten in der preußischen Armee Theilig, Türken, 213 ff. mwN.

26 Abdullah, Geschichte, 16.

27 Wörtliches Zitat aus Abdullah, ...und gab ihnen sein Königswort, 23.

28 Vgl. nur Theilig, Türken, 17 ff.

29 Vgl. Höpp, Muslime in der Mark, 10 f. mwN.

30 Zitiert bei Höpp, Muslime in der Mark, 11. In heutigem Deutsch: «Alle Religionen sind gleich und gut, wenn nur die Leute, die sich zu ihnen bekennen, ehrliche Leute sind, und wenn Türken und Heiden kämen, um das Land zu bevölkern, so wollten wir ihnen Moscheen und Kirchen bauen.»

31 Vgl. Abdullah, Geschichte, 17 f.

32 Vgl. «Ehrengräber für Völkermörder in Berliner Moschee», Die Welt 20.4.2015, abrufbar unter http://www.welt.de/politik/deutschland/article 139816650/Ehrengraeber-fuer-Voelkermoerder-in-Berliner-Moschee. html (4.4.16); vgl. zu den Attentaten und ihren Folgen auch Ihrig, Justifying Genocide, 226 ff.

33 Vgl. zu ihm und muslimischen Freiheitskämpfern und Künstlern im Deutschland des frühen 20. Jahrhunderts Preckel, Philosophers, 299 ff.; Robotka, Iqbal und Deutschland, 347 ff.

34 Vgl. Höpp, Muslime in der Mark, 12; quellenreiche Darstellungen von Türken in Berlin in der Kaiserzeit von 1871–1918 finden sich bei Böer u.a. (Hg.), Türken in Berlin, 21 ff.

35 Cwiklinski, Between National and Religious Solidarities, 68 f.

36 Hier übernommen aus Abdullah, Geschichte, 22 f.

37 Vgl. Vajda, Laszlo, «Emin Pascha», in: Neue deutsche Biographie 4 (1959), 479–482.

38 Vgl. Hantzsch, Viktor, «Gustav Adolf von Wrede», in: Bayerische Akademie der Wissenschaften, Historische Kommission (Hg.), Allgemeine deutsche Biographie, 44 (1898), 243–246.

39 Vgl. Reiswitz, Johann Albrecht Freiherr von, «Detroit, Ludwig Carl Friedrich», in: Neue deutsche Biographie 3 (1957), 620.

40 Vgl. Abdullah, Geschichte, 22; Loimeier, Afrika, 123 ff.

41 Sein nur grob gesichteter Nachlass wird am ZMO in Berlin aufbewahrt; vgl. die Übersicht unter http://www.zmo.de/biblio/nachlass_hoepp_web.pdf (31.12.2014).

42 Vgl. zu den bislang nur punktuell erfassten Zahlen Höpp, Muslime in der Mark, 23 f.

43 Ausführlich zur Einrichtung dieser Lager Höpp, Muslime in der Mark, 35 ff. mit zahlreichen Nachweisen, 169 ff. mit historischen Abbildungen.

44 Hierzu Höpp, Muslime in der Mark, 113 ff., historische Abbildungen 194 ff.

45 Zitiert nach Höpp, Muslime in der Mark, 35.

46 Cwiklinski, Between National and Religious Solidarities, 66.

47 Höpp, Muslime in der Mark, 83.

48 Höpp, Muslime in der Mark, 35 f.

49 Zu alledem Höpp, Muslime in der Mark, 131 ff., 209 ff. (Abbildungen); Cwiklinski, Between National and Religious Solidarities, 64, 65 ff.

50 Thielmann, Muslime in Rheinland-Pfalz, 614.

51 Cwiklinski, Between National and Religious Solidarities, 67 ff.; Höpp, Muslime in der Mark, 143 ff.

52 Cwiklinski, Between National and Religious Solidarities, 69 f.

53 Höpp, Muslime in der Mark, 151 ff. mwN.

54 Vgl. Schwanitz, Euro-Islam, 271, 287 ff.; zur anti-britisch ausgerichteten Unterstützung indischer Freiheitskämpfer in Deutschland vgl. Preckel, Philosophers, 300 ff.

55 Vgl. Schwanitz, Euro-Islam, 294 ff., 298 ff.

56 Nachweise bei Bauknecht, Muslime, 42 ff.; ausführlich hierzu Höpp, Arabische und islamische Periodika, 25 ff. Zu den pan-islamischen transnationalen Aktivitäten in der Zwischenkriegszeit Nordbruch/Ryad, Transnational Islam, Introduction, 5 f. mwN und der Beitrag von Alsulami, Iranian Journals, 157, 158 ff. Vgl. auch die informative Broschüre von Gesemann/Höpp/Sweis, Araber in Berlin, 1998.

57 Bauknecht, Muslime, 58 mwN.

58 Asad, The Message of the Qur'an, 1980; 2009 erschien die Übersetzung

ins Deutsche unter dem Titel, Die Botschaft des Koran. Übersetzung und Kommentar, Düsseldorf 2009.

59 Bauknecht, Muslime, 65 ff. mwN.

60 Hierzu Schleßmann, Sufismus, 23 ff.

61 Vgl. Schleßmann, Sufismus, 36 ff.

62 Vgl. Schleßmann, Sufismus, 43 ff. mit ausführlicher Schilderung; 137 ff. zu weiteren Gemeinschaften.

63 Bauknecht, Muslime, 59 f. mwN.

64 Abgedruckt in Moslemische Revue 1929 Heft 1, 45 f. (M. Muhammad Ali und unsere Moschee).

65 Bauknecht, Muslime, 62 f. mwN.

66 Vgl. die umfassende Darstellung bis 1945 bei Höpp, Arabische und islamische Periodika.

67 Hierzu Höpp, Arabische und islamische Periodika, 34 ff. Die Hefte von 1924–1940 sind abrufbar unter http://berlin.ahmadiyya.org/m-rev/(14.3. 15). Vgl. auch Heimbach, Die Entwicklung, 54 ff.

68 Schwanitz, Euro-Islam, 290 f.

69 Vgl. Höpp, Muslime unterm Hakenkreuz, 16 ff.; Abdullah, Geschichte, 30 ff.

70 Vgl. Abdullah, ... und gab ihnen sein Königswort, 36 ff.

71 Vgl. hierzu Höpp, Der Koran, 435–446.

72 Motadel, Islam and Nazi Germany's War, 3 und öfter.

73 Motadel berichtet z. B. von der Verteilung von Dschihad-Aufrufen gegen die deutschen Truppen in Nordafrika durch das US-Militär (Motadel, Islam, 7).

74 Vgl. zu al-Hussainis Aufenthalt und Hetzreden in Berlin Bauknecht, Muslime, 117 ff. mwN; Krämer, Demokratie, 163 ff.

75 Nachweise bei Schwanitz, Euro-Islam, 287 f. Ausführlich zu ihm Gensicke, Der Mufti von Jerusalem.

76 Schwanitz, Euro-Islam, 298.

77 Hierzu Koop, Hitlers Muslime, 65 ff.; Motadel, Islam, 104 f.

78 Preckel, Philosophers, 304 f.

79 Motadel, Islam, 112 mwN.

80 Hierzu Höpp, Muslime unterm Hakenkreuz, 17 ff.

81 Schwanitz, Euro-Islam, 290.

82 Vgl. die Ausführungen von Ryad, A Salafi Student, 107 ff. mwN.

83 So Koop, Hitlers Muslime, 9.

84 Koop, Hitlers Muslime, 81 ff.

85 Schwanitz, Euro-Islam, 291.

86 Höpp, Der verdrängte Diskurs, 215 ff.; ders., In the Shadow of the Moon, 217 ff.

87 Bauknecht, Muslime, 11, 83 ff. mwN; zu Repressionen durch die Nazis (nicht aus Glaubensgründen) vgl. auch Koop, Hitlers Muslime, 50.

88 Vgl. hierzu Koop, Hitlers Muslime, 53 ff.

89 Nachweis bei Schwanitz, Euro-Islam, 293 Fn. 56.

90 Ausführlich hierzu Motadel, Islam, 219 ff.; vgl. auch Koop, Hitlers Muslime, 145 ff.

91 Bauknecht, Muslime, 126, 135 f.; zu Himmlers Islam-Ideologie ausführlicher Motadel, Islam, 60 ff.

92 Motadel, Islam, 270 ff. mwN; Heine, Die Imam-Kurse, 229 ff.; vgl. auch Koop, Hitlers Muslime, 113 ff.

93 Ausführlich hierzu Koop, Hitlers Muslime, 11 ff.

94 Bauknecht, Muslime, 136 ff. mwN.

95 Motadel, Islam, 307 ff. mwN.

96 Vgl. Abdullah, Geschichte, 31 ff.; Hobohm, Neuanfänge, 28 ff.

97 Vgl. zu ihm Abdullah, Geschichte, 33 f.; vgl. auch Hobohm, Neuanfänge, 28 ff.

98 Abdullah, Geschichte, 36 ff.

99 Motadel, Islam, 320 ff. mwN.

100 Johnson, A Mosque, insbes. 125 ff.

101 Abdullah, Geschichte, 36 ff.

102 Vgl. nur Heimbach, Die Entwicklung, 58 ff.; Abdullah, Geschichte, 43 ff.

103 Angabe in Landeszentrale für politische Bildung Baden-Württemberg, Politikunterricht Heft 3/2000, Türken unter uns, unter B.3.

104 Angaben bei Abdullah, Was will der Islam, 18.

105 Hierzu z. B. Ceylan, Ethnische Kolonien.

106 Hierzu Riedel, Wer guckt auf uns?, 42 ff. mwN.

107 BMI/BAMF, Migrationsbericht 2013, 145 f., 150, 152.

108 Vgl. etwa Aydın, Die neue türkische Diasporapolitik, insbes. 12 ff.

109 Vgl. hier nur Yaşar, Die DITIB, 23 ff., 59 ff.; Beilschmidt, Gelebter Islam, 39 ff.

110 Die Satzung ist abrufbar unter http://www.tgd.de/uber-uns/satzung/ (10.1.2016).

111 Vgl. nur Rohe, Staatsangehörigkeit, 9 ff. mwN.

112 So der Titel ihres Vortrags beim Studientag Islam und Muslime in Thüringen am 17.3.2016 im Augustinerkloster in Erfurt.

113 «Bau von Moscheen ist nicht zu verhindern», Thüringer Allgemeine vom 18.2.2016, TCTH2.

114 Vgl. «Krimineller Inländer», FAZ vom 3.12.2014, S. 4; Geiges u. a., PEGIDA, 13 ff. auch mit Hinweisen auf andere dubiose Führungsfiguren.

115 Vgl. seine Äußerung bei «Nein zu Pegida!», Bild-Zeitung vom 6.1.2015, abrufbar unter http://www.bild.de/politik/inland/pegida/promis-sagen-nein-zu-pegida-39208948.bild.html (6.1.15).

116 «De Maizière sieht keine Gefahr der Islamisierung», FAZ vom 10.12. 2014, S. 1; abrufbar unter http://www.faz.net/aktuell/politik/inland/pegida-demonstrationen-de-maiziere-sieht-keine-gefahr-der-islamisierung-13310618.html (18.3.15).

117 Eine Abbildung findet sich z. B. im Bericht «Das Problem verschwindet nicht», SZ vom 26.1.2015, S. 5.

118 Davie, Grace, Vicarious Religion: A Methodological Challenge, in: Am-

merman, Nancy T. (Hg.), Everyday Religion, New York/Oxford 2007, 21–37 (OUP).

119 Dem Verfasser sind persönlich Menschen bekannt, die eigentlich als Musterbeispiele erwünschter Zuwanderer gelten, die aber Dresden fast fluchtartig verlassen haben. Vgl. auch die Berichte «Hauptsache, weg aus Dresden», FAZ vom 19.1.2015, S. 3 (Yasemin Ergin und Stefan Locke), «Fremd in der Heimat», FAZ vom 31.1.2015, S. 3 (Yasemin Ergin) und «Der sächsische Irrweg», SZ vom 28.1.2015, S. 6 (Ulrike Nimz).

120 «Rassistische Übergriffe in Ostdeutschland besonders häufig», FAZ v. 19.8.15, 2.

121 «Anschläge auf Asylunterkünfte – Merbitz: Es herrscht Pogromstimmung», LVZ vom 2.2.2016 abrufbar unter http://www.lvz.de/Leipzig/Polizeiticker/Polizeiticker-Leipzig/Anschlaege-auf-Asylunterkuenfte-Merbitz-Es-herrscht-Pogromstimmung (22.2.16).

122 Bericht auf spiegel online vom 22.2.2016 abrufbar unter http://www.spiegel.de/politik/deutschland/wolfgang-thierse-zu-clausnitz-osten-empfaenglicher-fuer-menschenfeindliche-botschaften-a-1078585.html (22.2.16).

123 So der Schweinfurter Büttenredner Peter Kuhn in Veitshöchheim, zitiert in «Markus im Mittelpunkt», Nürnberger Nachrichten vom 7.2.2015, S. 3.

124 Kommentar «Der neue Größenwahn» im einschlägig ausgewiesenen Blättchen «Junge Freiheit» vom 26.9.2015, abrufbar unter https://junge-freiheit.de/debatte/kommentar/2015/der-neue-groessenwahn/(26.9.15).

Dritter Teil
Religiöse und soziokulturelle Prägungen in der Gegenwart

1 Vgl. zu solchen Definitionsfragen den konzisen Überblick bei Spielhaus, Wer ist hier Muslim?, 95 ff. mwN.

2 Manche verwenden hier den arabischen Begriff «Allah», der aber auch Gott in der christlichen Bibel in arabischer Sprache bezeichnet. Die theologische und interreligiöse Debatte über wesensmäßige Ähnlichkeiten oder Unterschiede kann hier nicht ausgebreitet werden.

3 Vgl. Spielhaus, Muslime in der Statistik, 7.

4 Vgl. DIK-Studie 2009, 12, 95; vgl. auch die ausführlichere Übersicht bei Spielhaus, Muslime in der Statistik, 9.

5 Vgl. hierzu nur Spielhaus, Muslime in der Statistik, 5 ff.

6 Z. B. Karakaşoğlu-Aydın, Muslimische Religiosität, 1999; Klinkhammer, Moderne Formen, 2000; Tietze, Islamische Identitäten, 2001; Nökel, Die Töchter, 2002.

7 Vgl. z. B. Gast, Anhaltende Beklemmung, 230 ff.

8 Haug/Müssig/Stichs, Muslimisches Leben in Deutschland.

9 Haug/Stichs, Muslimisches Leben, 72 ff. mit Fn. 1.

10 Haug/Stichs, Muslimisches Leben, 78.

11 DIK-Studie 2009, 11. Zur Methodik der Studie ebenda, 36 ff.

12 DIK-Studie 2009, 37 ff.

13 Unter http://www.bmi.bund.de/cae/servlet/contentblob/566008/publicationFile/31710/vollversion_studie_muslim_leben_deutschland_.pdf (17.7.2015)

14 Vgl. schon Haug/Stichs, Muslimisches Leben, 77.

15 Z.B. der frühere deutsche Diplomat Murad Wilfried Hofmann, der nach seiner Konversion mehrere Bücher zum Islam verfasst hat. Zu Fatima Grimm vgl. Schütt, Peter, Fatima Grimm – Mein verschlungener Weg zum Islam, Hannover 2015.

16 Meldung vom 13.11.2014 «Zahl der Muslime in Deutschland wird überschätzt», abrufbar unter http://www.svr-migration.de/presse/presseforschung/zahl-der-muslime-in-deutschland-wird-ueberschaetzt/(8.8.15).

17 Foroutan u.a., Deutschland postmigrantisch I, 46; zur Methodik ähnliche Korrelationen zeigten sich bei früheren Studien über Ausländeranteile; vgl. Foroutan u.a., Deutschland postmigrantisch II, 27.

18 Sarrazin, Thilo, Deutschland schafft sich ab, München 2010.

19 Foroutan (Hg.), Sarrazins Thesen auf dem Prüfstand; vgl. Auch Bühl, Islamfeindlichkeit, 135 ff.; Laschet, Armin, «Sollen Taxifahrer lieber nicht an Gott glauben?», FAZ vom 22.7.2011, 33.

20 «Provokation zum Gelderwerb», Stuttgarter Zeitung vom 2.9.2010, abrufbar unter http://www.stuttgarter-zeitung.de/inhalt.print.38ccae12-9af2-4377-b48f-64a484e83eae.presentation.print.v2.html (17.7.15).

21 Haug/Stichs, Muslimisches Leben, 72 ff.

22 Vgl. die Übersicht bei Foroutan, Muslimbilder, 13 ff.

23 So in einer mit öffentlichen Mitteln geförderten Studie, in der die Yeziden («Yizidien») dem Islam zugeschlagen werden (Frindte, Wolfgang u.a., Lebenswelten junger Muslime in Deutschland, Berlin 2011, 125). Daran zeigt sich, dass man gut beraten ist, zu Islamfragen Islamwissenschaftler hinzuzuziehen.

24 Spielhaus, Wer ist hier Muslim?, 23 ff.; dies., Germany, 104 ff.

25 Bertelsmann Stiftung, Religionsmonitor 2008. Diese repräsentative Studie stützt sich auf telefonische Befragungen von 2007 Personen (darunter 1034 Männer und 973 Frauen), von denen 76% einen türkischen, 14% einen arabischen, 6% einen bosnischen und 4% einen iranischen Migrationshintergrund hatten; vgl. Thielmann, Gesamtüberblick, 14.

26 Pollack/Müller, Religiosität und Zusammenhalt in Deutschland.

27 Halm/Sauer, Lebenswelten deutscher Muslime.

28 Nordrhein-Westfalen, Ministerium für Arbeit, Integration und Soziales, Muslimisches Leben in Nordrhein-Westfalen, Düsseldorf 2010.

29 Hierzu Spielhaus, Wer ist hier Muslim?, 100 mit Fn. 14.

30 DIK-Studie 2009, 134 ff.

31 Ausführlicher hierzu Rohe, Das islamische Recht, 24 ff.

32 Vgl. zu Entwicklung und wesentlichen Inhalten Engin, Das Alevitentum, 132 ff.

33 Vgl. hierzu den informativen Aufsatz von Sökefeld, Sind Aleviten Muslime?, 195 ff., sowie Engin, Das Alevitentum, 132 ff.

34 DIK-Studie 2009, 22.

35 Vgl. nur Towfigh, Stephan/Enayati, Wafa, Die Baha'i-Religion. Ein Überblick, München 2011 sowie die Aufsätze in Eißler, Friedmann/Schnare, Jürgen (Hg.), Bahai. Religion, Politik und Gesellschaft im interreligiösen Kontext, EZW-Texte Nr. 233/2014.

36 Darauf weisen zu Recht Haug/Stichs hin (Muslimisches Leben, 82).

37 Haug/Stichs, Muslimisches Leben, 82.

38 Vgl. DIK-Studie 2009, 136 f.

39 Halm/Sauer, Lebenswelten, 19. Die aus dem Religionsmonitor 2013 abgeleiteten Daten stützen sich für Deutschland auf 85, für die Türkei auf 260 Personen.

40 Halm/Sauer, Lebenswelten, 41 ff.

41 Pollack/Müller, Religiosität, 22.

42 Halm/Sauer, Lebenswelten, 43.

43 DIK-Studie 2009, 138 ff.

44 DIK-Studie 2009, 143.

45 Halm/Sauer, Lebenswelten, 40. Die Zahlen stützen sich auf Angaben von 200 Personen im Religionsmonitor 2013.

46 Vgl. Rohe, Der Islam, 68 f. mwN.

47 Vgl. Pollack/Müller, Religiosität, 14 ff. und die vergleichbaren Feststellungen bei Blume, Islamische Religiosität, 44 f.

48 Vgl. Mirbach, Das religiöse Leben, 32; Uslucan, Muslime, 369 ff.

49 Vgl. Pickel, Religiosität im internationalen Vergleich, 24.

50 Fragebogen DIK-Studie 2009, 395.

51 Wunn, Religiosität, 63.

52 DIK-Studie 2009, 146.

53 DIK-Studie 2009, 150 ff.

54 DIK-Studie 2009, 152.

55 DIK-Studie 2009, 153 f.

56 DIK-Studie 2009, 154 ff.

57 Blume, Islamische Religiosität, 45.

58 Wunn, Religiosität, 63.

59 Blume, Islamische Religiosität, 46.

60 Vgl. Halm/Sauer, Lebenswelten, 17.

61 Halm/Sauer, Lebenswelten, 17 f.

62 Wunn, Religiosität, 66.

63 Vgl. Spielhaus, Muslime in der Statistik, 9.

64 Pollack/Müller, Religiosität, 17 f.

65 Thielmann, Gesamtüberblick, 17.

66 Pollack/Müller, Religiosität, 17 f.

67 Thielmann, Gesamtüberblick, 17.

68 Vgl. hierzu Kriss, Rudolf/Kriss-Heinrich, Hubert, Volksglaube im Bereich des Islam, Bd. 2, Wiesbaden 1962.

69 Sehr kritisch zu Praktiken von Zauberei und Magie sind die Ausführungen von Gür, Türkisch-islamische Vereinigungen, 105 ff.

70 Vgl. hierzu Spielhaus, Wer ist hier Muslim?, 33 ff. mwN.

71 Sachverständigenrat deutscher Stiftungen für Integration und Migration, Jahresgutachten 2016, 15.

72 Im Sinne Heckmanns: Zuwanderer und Ansässige und ihre jeweiligen Kulturen wandeln sich in einem Prozess gegenseitiger Verständigung; vgl. Heckmann, Nation, 181 ff.

73 Vgl. zu alledem Sachverständigenrat deutscher Stiftungen für Integration und Migration, Jahresgutachten 2016, 50 ff., insbes. 88 ff.

74 Zur Problematik dieses schillernden Begriffs vgl. Heckmann, Integration, 75, der deshalb auch im Hinblick auf Migranten überzeugend von Integration spricht, um Missverständnisse zu vermeiden.

75 Sag, Üben islamisch-fundamentalistische Organisationen eine Anziehungskraft auf Jugendliche aus?, 454 f.

76 Zitat bei Gür, Türkisch-islamische Vereinigungen, 23.

77 «Türkischer Minister befürchtet Assimilation von Deutsch-Türken» vom 21.2.13, abrufbar unter http://www.deutsch-tuerkische-nachrichten.de/ 2013/02/467974/tuerkischer-minister-befuerchtet-assimilation-von-deutsch-tuerken/(22.8.15).

78 «Jugendämter werben um muslimische Pflegeeltern» vom 5.11.2009, abrufbar unter http://www.igmg.org/nachrichten/artikel/jugendaemter-werben-um-muslimische-pflegeeltern.html?_html= (22.8.15).

79 «Frauen rechts, Männer links», FAZ vom 6.10.15, S. 3.

80 Bozay, Fatale Synthese, 326.

81 Vgl. hierzu Sauer, Partizipation, 91 ff. mwN.

82 Selbstverständlich gibt es thematische Überschneidungen; vgl. z. B. Ucar (Hg.), Die Rolle der Religion im Integrationsprozess und Borchard/Ceylan (Hg.), Imame und Frauen in Moscheen im Integrationsprozess.

83 Esser, Integration, 1 ff.; hierzu auch Sauer, Partizipation, 18 und ff. Esser unterscheidet zwischen Systemintegration (Zusammenhalt der Gesellschaft als Ganzes) und Sozialintegration (Einbeziehung individueller Akteure in eine Gesellschaft). Um letztere geht es hier.

84 Heckmann, Integration, 172 mwN.

85 DIK-Studie 2009, 96 und Haug/Stichs, Muslimisches Leben, 81.

86 DIK-Studie 2009, 123 ff.; Haug/Stichs, Muslimisches Leben, 84. Mehrfachnennungen der Migrationsgründe waren möglich.

87 Ebenda.

88 Entsprechende aussagekräftige Daten für türkischstämmige Migranten in Nordrhein-Westfalen finden sich bei Sauer, Partizipation, 55 ff.

89 Vgl. DIK-Studie 2009, 107.

90 Mohagheghi, Die Schiiten, 124 f.

91 Thielmann, Muslime in Rheinland-Pfalz, 615.

92 DIK-Studie 2009, 105 und ausführlicher 112 ff.

93 DIK-Studie 2009, 131.

94 Vgl. DIK-Studie 2009, 117 f.

95 Vgl. nur Esser, Integration, 3 unter 9.

96 Stichs/Müssig, Muslime in Deutschland und die Rolle der Religion für die Arbeitsmarktintegration, 49–85.

97 AaO, 63.

98 AaO, 74.

99 Becher/El-Menouar, Geschlechterrollen, 159 ff.

100 AaO, 65 ff.

101 Vgl. Haug/Stichs, Muslimisches Leben, 94, 100.

102 Emel Zeynelabidin in «Das Kopftuch ist eine Schande für den Islam», Kurier vom 5.1.2016, abrufbar unter http://kurier.at/politik/ausland/das-kopftuch-ist-eine-schande-fuer-den-islam/173 211 083 (1.5.16).

103 BIBB-Report 16/11 «Junge Menschen mit Migrationshintergrund: Trotz intensiver Ausbildungsstellensuche geringere Erfolgsaussichten» (Ursula Beicht), abrufbar unter http://www.bibb.de/de/14049.php (9.8.2015). Die genannten Daten finden sich im Kapitel «Einmündung in betriebliche und außerbetriebliche Berufsausbildung».

104 Sachverständigenrat deutscher Stiftungen für Integration und Migration, Diskriminierung am Ausbildungsmarkt, 15 ff., 21.

105 Vgl. Sachverständigenrat deutscher Stiftungen für Integration und Migration, Diskriminierung am Ausbildungsmarkt, 10 ff., 28 ff.

106 Vgl. zum ethnischen Aspekt der Diskriminierung schon Antidiskriminierungsstelle des Bundes (Peucker), 18, 29 ff.

107 Sachverständigenrat deutscher Stiftungen für Integration und Migration, Diskriminierung am Ausbildungsmarkt, 13 mwN.

108 Die DIK-Studie 2009 (291) hat ermittelt, dass von den Befragten mit Migrationshintergrund aus der Türkei 38,5 % in einer mehrheitlich ausländischen Wohnumgebung lebten, 29,5 % derer aus dem Nahen Osten, nur 24,5 % derer aus dem Iran und 23,7 % derer aus Südosteuropa. Von den Sunniten lebten 41,2 % in einer solchen Umgebung, von den Schiiten 28,7 % und von den Aleviten 30,7 % (aaO, 293). Diese Zahlen korrespondieren tendenziell mit dem Ausbildungsgrad.

109 Vgl. hierzu Rohe/Jaraba, Paralleljustiz (2015); vgl. auch Esser, Integration, 2 ff., insbes. 4 f.; Sauer, Partizipation, 14 ff. mwN. Problematisch ist nicht die starke Einbindung in ethnisch-kulturell geprägte Strukturen als solche, wenn sie soziale Durchlässigkeit ermöglicht und unterstützt, sondern die segregierende Abriegelung.

110 Dem Verfasser wurden solche Phänomene in einer sehr großen Zahl von Gesprächen mit Lehrkräften, Ärzten, Sozialarbeitern und anderen in ganz Deutschland über Jahrzehnte hinweg berichtet.

111 Vgl. zu solchen Einflüssen Halm/Sauer, Lebenswelten, 14 mwN.

112 Vgl. hierzu die Daten der DIK-Studie 2009, 263 ff. Kontakte in diesem Sinne sind Gespräche und Aktivitäten, die über Grußkontakt hinausgehen (263 Fn. 73).

113 DIK-Studie 2009, 165.

114 DIK-Studie 2009, 165 f.
115 DIK-Studie 2009, 274 f.
116 Vgl, hierzu Rohe/Jaraba, Paralleljustiz.
117 DIK-Studie 2009, 268.
118 DIK-Studie 2009, 276 ff.
119 DIK-Studie 2009, 280.
120 Vgl. Rohe, Das islamische Recht, 82 f. mwN.
121 Insbesondere die DIK-Studie 2009, vgl. dort S. 254 ff.
122 Haug/Stichs, Muslimisches Leben, 104 ff. mwN.
123 Haug/Stichs, Muslimisches Leben, 105. Die Bildung herkunftslandbezo-
    gener Vereine ist im Übrigen keineswegs per se als Zeichen mangelnder
    Integration zu werten, sondern kann je nach Ausrichtung diese auch un-
    terstützen; vgl. hierzu Sauer, Partizipation, 21 mwN.
124 Haug/Stichs, Muslimisches Leben, 107.
125 DIK-Studie 2009, 260 mit Abb. 69.
126 Haug/Stichs, Muslimisches Leben, 107; vgl. auch DIK-Studie 2009, 258.
127 Haug/Stichs, Muslimisches Leben, 104 f.
128 «Aygül Özkan: Hilfe, diese Muslima ist gar keine Christin!», Die Welt
    vom 26.4.2010, abrufbar unter http://www.welt.de/politik/deutsch-
    land/article7346946/Hilfe-diese-Muslima-ist-gar-keine-Christin.html
    (8.7.2015). Der Bericht befasst sich mit der Äußerung der Politikerin, die
    sich offenbar in einer eher laizistischen Grundhaltung gegen Kreuze, aber
    auch gegen das Tragen von Kopftüchern in Klassenzimmern gewandt
    hatte.
129 Vgl. insbesondere sein zum Bestseller avanciertes Werk «The Clash of Ci-
    vilizations and the Remaking of World Orders» (Erstauflage 1996). Hun-
    tington geht verfehlt von einer statischen, essentialistischen Sicht der von
    ihm definierten Kulturkreise aus. Die regionale und inhaltliche Vielfalt
    der jeweiligen Religionen blendet er ebenso aus wie eine Fülle von inter-
    nationalen Konfliktursachen im politischen und ökonomischen Bereich.
    Die Gegenüberstellung von Regionen (Westen) und Religionen (Islam) ist
    methodologisch unsinnig. Zur Kritik vgl. nur Spielhaus, Wer ist hier
    Muslim?, 30 ff. mwN.
130 So 1998 von Spuler-Stegemann, Muslime in Deutschland, 332 f. Im «Aus-
    blick» beschwört die Autorin die «außerordentlich integrative Kraft» des
    Islam, «die trotz aller Gruppendifferenzierungen das Fernziel einer Welt-
    herrschaft nicht aus den Augen verliert» (aaO, 333). Gemeint ist offenbar
    auch «der Islam» in Deutschland: «Dabei lernen die Muslime doch ge-
    rade erst, ihre wahren Möglichkeiten in den USA, in Europa und damit
    auch in Deutschland auszuloten und zu erproben» (ebenda).
131 Vgl. hierzu Spielhaus, Wer ist hier Muslim?, 133 ff. mwN.
132 Vgl. nur Foroutan/Schäfer, Hybride Identitäten, 2009.
133 Kermani, Wer ist Wir?, 19, vgl. auch aaO, 24 ff.
134 Haug/Stichs, Muslimisches Leben, 114 f.

Vierter Teil
Organisationen und Einrichtungen

1   Thielmann, Muslime in Rheinland-Pfalz, 615 f.
2   In einem Gespräch mit dem Verfasser in London im Jahre 2009.
3   Vgl. Heimbach, Die Entwicklung, 68 f.
4   Abdullah, Was will der Islam in Deutschland?, 37.
5   DIK-Studie 2009, 167 ff.
6   Vgl. Öztürk, H., Wege zur Integration, 232 ff. und öfter.
7   DIK-Studie 2012, 61.
8   DIK-Studie 2012, 63.
9   DIK-Studie 2012, 219 f.
10 Vgl. zu diesem Aspekt z. B. die Duisburger Studien von Ceylan, Ethnische Kolonien, 123 ff.
11 Vgl. hierzu etwa Suder, Moscheevereine, 169 ff.; DIK-Studie 2012, 74 ff., 356 ff.
12 «Flüchtlingskonferenz des ZMD in Darmstadt war ein voller Erfolg» vom 3.2.2016, abrufbar unter http://islam.de/27164 (9.2.16).
13 Informationen bei Krüppner, Islamische Gemeinden.
14 Vgl. z. B. Suder, Moscheevereine, 175 ff.
15 Eine interessante exemplarische Feldstudie der Mittelstadt Bad Kreuznach bietet Thielmann, Die Sunna leben, 149, 151 ff.
16 Bauknecht, Muslime, 57.
17 Vgl. nur Schmitt, Moschee-Konflikte, 148 f.
18 Vgl. hierzu auch Thielmann, Schweigen?, 423 ff.
19 Elwert, Georg, Probleme der Ausländerintegration. Gesellschaftliche Integration durch Binnenintegration, in: Kölner Zeitschrift für Soziologie und Sozialpsychologie 34 (1982), 717–731 (729 f.).
20 Vgl. Spielhaus, Wer ist hier Muslim?, 35 f. mit Verweis auf Elwert; DIK-Studie 2009, 253 f. mwN.
21 Hierzu Spielhaus/Herzog, Die rechtliche Anerkennung.
22 Gegründet 2006, umfasst 25 Mitgliedsorganisationen (Stand Januar 2016). Informationen unter http://www.schurabremen.de/
23 Gegründet 1999, umfasst 54 Mitgliedsorganisationen (Stand Januar 2016). Informationen unter http://www.schurahamburg.de/
24 Gegründet 2002, umfasst 92 Mitgliedsorganisationen (Stand Januar 2016). Informationen unter http://www.schura-niedersachsen.de/
25 Gegründet 2012 mit 15 Mitgliedsorganisationen; kurze Informationen unter http://www.landtag.rlp.de/landtag/vorlagen/2827-V-16.pdf (30.12.15).
26 Gegründet 2000, umfasst 15 Mitgliedsorganisationen (Stand Januar 2016). Informationen unter http://www.schura-sh.de/
27 Gegründet 1980, umfasst (Stand Januar 2016) 17 Mitgliedsorganisationen. Informationen unter http://www.if-berlin.de/ueber-die-ifb.html

28 Gegründet 2005, umfasst (Stand Januar 2016) über 100 Mitgliedsorganisationen. Informationen unter http://www.ig-bw.de/

29 Gegründet im März 2014. Zu den Gründungsmitgliedern zählen die Landesverbände von ZMD und Islamrat, die Union Albanischer Zentren, die
islamische Gemeinschaft der Bosniaken in Deutschland und der Muslim-
rat München (Mitteilung des Vorsitzenden Sokol Lamaj vom 10.12.2015).

30 Gegründet 1997, umfasst nach einer Satzungsänderung nur Moscheevereine. Einige wenige Informationen unter http://www.irh-info.de/

31 Nähere Informationen über seine Existenz hinaus sind nicht zugänglich.

32 Beispielhaft zur Schura Hamburg vgl. Spielhaus, Wer ist hier Muslim?,
105 ff.

33 Vorsitzende waren die salafistischen Extremisten Muhamed Ciftci und
Sven Lau. Vgl. den Bericht «Radikalislamischer Verein löst sich auf»,
WAZ vom 26.8.11, abrufbar unter http://www.derwesten.de/panorama/
radikalislamischer-verein-loest-sich-auf-id4999860.html (3.1.16). Ein
stark salafistisch gefärbter Lebenslauf von Ciftci findet sich auf der einschlägigen Website Islamothek (http://www.islamothek.de/?page_id=195,
9.2.16).

34 Information von Firouz Vladi bei einer Veranstaltung der FES zum Thema
Religion und Politik am 1.12.2014 in Berlin.

35 Vgl. das so betitelte Buch von Eren Güvercin; hierzu auch Mykytjuk-
Hitz, Die zivilgesellschaftlichen Potentiale, 191 ff. mwN.

36 Informationen erhältlich unter http://www.zif-koeln.de/4466.html (21.1.
16).

37 Informationen erhältlich unter http://www.muslimische-frauen.de/(19.2.
16).

38 Informationen erhältlich unter http://www.deutsche-islam-konferenz.
de/DIK/DE/Magazin/IslamGender/Kompetenzzentrum/kompetenz-
zentrum-node.html (19.2.16).

39 Informationen erhältlich unter http://www.bfmf-koeln.de/bfmf-root/Ger-
man/Default.aspx (19.2.16). Hierzu Theißen, Erika Amina, Begegnungs-
und Fortbildungsstätte muslimischer Frauen e.V., in: Rohe u.a. (Hg.),
Handbuch Bd. 2, 1226–1235.

40 Informationen erhältlich unter https://www.facebook.com/Imanzentrum
(19.2.16).

41 Hierzu Gümüsay, Ali Aslan, Das «Zahnräder Netzwerk», in: Rohe u.a.
(Hg.), Handbuch Bd. 2, 1236–1245.

42 Ebenda, 1236.

43 Informationen des Verfassers aus erster Hand, auch aus eigener Anschauung.

44 Die Augsburgerin Nurdan Kaya bei einer Tagung bayerischer Ministerien
am 3.3.2016 in Fürstenfeldbruck.

45 «Muslime in Düsseldorf fordern Reformen im Islam», Der Westen vom
27.2.2015.

46 Wunn, Muslimische Gruppierungen, 170 ff.

47 Koch/Reinig, Moscheen und Gebetsräume in Hamburg.

48 Schröter, «Gott näher als der eigenen Halsschlagader», 39 ff.

49 Zuerst Gür, Türkisch-islamische Vereinigungen.

50 Lemmen, Islamische Organisationen; ders., Islamische Vereine und Verbände; zuvor schon ders., Muslime, 52–128; ders., Türkisch-islamische
Organisationen; ders., Muslimische Spitzenorganisationen.

51 Heimbach, Die Entwicklung der islamischen Gemeinschaft.

52 Jonker, Gerdien, Eine Wellenlänge zu Gott. Der «Verband der Islamischen Kulturzentren» in Europa.

53 Wunn, Muslimische Gruppierungen.

54 Yaşar, Die DITIB zwischen der Türkei und Deutschland.

55 Rosenow-Williams, Organizing Muslims and Integrating Islam in Germany; vgl. auch Rosenow-Williams/Kortmann, Die muslimischen Dachverbände, 47 ff.

56 Jonker, Gerdien, The Ahmadiyya Quest for Religious Progress.

57 Halm/Sauer/Schmidt/Stichs, DIK-Studie 2012.

58 DIK-Studie 2012, 416 f.

59 Vgl. Heimbach, Die Entwicklung, 70 ff.; Schmitt, Moschee-Konflikte,
147 f.

60 Halm/Sauer, DIK-Studie 2015.

61 Hierzu Ceylan/Kiefer, Muslimische Wohlfahrtspflege.

62 DIK-Studie 2015, 103.

63 DIK-Studie 2015, 105 f.

64 Zur Entstehung vgl. Yaşar, Die DITIB, 60 ff.; Gorzewski, Die Türkisch-
Islamische Union, 7 ff.

65 Vgl. Wunn, Muslimische Gruppierungen, 32; Yaşar, Die DITIB, 23 ff.,
40 ff.; Beilschmidt, Gelebter Islam, 39 ff.; Gorzewski, Die Türkisch-
Islamische Union, 44 ff., 322 ff.

66 Vgl. Lemmen, Islamische Vereine, 34, 37 f.; Wunn, Muslimische Gruppierungen, 31 f.; ausführlich auch Tezcan, Levent, Religiöse Strategien der
«machbaren» Gesellschaft, Bielefeld 2003, 61 ff. (transcript).

67 Vgl. Wunn, Muslimische Gruppierungen, 31 f. mwN; Heimbach, Die
Entwicklung, 126; vgl. zu traditionalistischen Fatwas des Istanbuler Muf-
tiamts auch Rohe, Das islamische Recht, 204.

68 Heimbach, Die Entwicklung, 126.

69 Vgl. zu den Entwicklungen z. B. Lemmen, Islamische Vereine, 34 ff.;
Wunn, Muslimische Gruppierungen, 26 ff.

70 Vgl. Wunn, Muslimische Gruppierungen, 30 ff.; Gorzewski, Die Türkisch-
Islamische Union, 7 ff.

71 Vgl. nur Lemmen, Türkisch-islamische Organisationen, 28 f.; Lemmen,
Islamische Vereine, 35 ff. mit weiteren Hinweisen.

72 Vgl. DIK-Studie 2012, 287 ff.; zu den oft mangelhaften Deutschkenntnissen vgl. die Selbsteinschätzungen, aaO, 285; so schätzten DİTİB-Imame
ihre Kenntnisse zu 69,1% als mittel/schlecht und zu 16,3% als sehr
schlecht/keine ein.

73 Information von einem Vorstandsmitglied im Jahre 2015.

74 Gorzewski, Die Türkisch-Islamische Union, 44 ff., 322 ff. mwN.

75 Vgl. etwa die unter http://www.zentralmoschee-koeln.de/default.php?id=5&lang=de abrufbare Auflistung (23.8.15); Gorzewski, Die Türkisch-Islamische Union, 77 ff.

76 Verfassungsrechtliche Rahmenbedingungen eines islamischen Religionsunterrichts, Auswahl von Schlussfolgerungen und Empfehlungen der DIK 2006–2013, S. 20 unter 3.8., abrufbar unter http://www.deutsche-islamkonferenz.de/SharedDocs/Anlagen/DIK/DE/Downloads/Lenkungsausschuss Plenum/DIK_Empfehlungen_2008–2013.pdf?__blob=publication-File (22.8.15).

77 Vgl. die Bekanntmachung des Hessischen Kultusministeriums «Bekenntnisorientierter islamischer Religionsunterricht», abrufbar unter https://kultusministerium.hessen.de/schule/weitere-themen/bekenntnisorientierter-islamischer-religionsunterricht (22.8.15); vgl. zur neuen Struktur der Landesverbände auch Gorzewski, Zwischen internen und externen Erwartungen, 246 ff.

78 Vgl. auch Lemmen, Islamische Vereine, 39 f.

79 Zum gemeinsam gebildeten Beirat vgl. die Informationen unter http://beirat-iru-n.de/(30.12.15).

80 «Wahlhilfe aus Deutschland», Deutsch Türkisches Journal vom 23.11.2015, abrufbar unter http://dtj-online.de/wahlhilfe-aus-deutschland-akp-lobbyorganisation-uebergibt-imamen-dankesurkunden-66332(31.12.15).

81 Ausführlich zu Hintergründen der Entstehung, Außenwahrnehmung und sich wandelnder Ausrichtung Jonker, Eine Wellenlänge zu Gott, 2002.

82 Vgl. die Selbstdarstellung unter http://www.vikz.de/index.php/mystische-ausrichtung.html (23.8.15); Wunn, Muslimische Gruppierungen, 71 ff.

83 Arab.-türk. «Gotteserkenntnis», «Gotteserfahrung».

84 Es sollte «Naqschbandiyya» heißen.

85 Es muss «die» heißen, der Islam geht auf das 7. nachchristliche Jahrhundert zurück.

86 Vgl. Jonker, Eine Wellenlänge, 108 f.; Wunn, Muslimische Gruppierungen, 73.

87 Wunn, Muslimische Gruppierungen, 73, unter Berufung auf Elsas, Einflüsse, 35.

88 Vgl. auch Lemmen, Islamische Vereine, 51.

89 Vgl. nur Jonker, Eine Wellenlänge, 187 ff.; Wunn, Muslimische Gruppierungen, 82 f.

90 Ursula Boos-Nünning, «Beten und Lernen», abrufbar als pdf-Datei auf der Website des VIKZ unter http://www.vikz.de/index.php/publikationen.html (23.8.15). Boos-Nünning befasst sich hier auch kritisch mit vorherigen Einschätzungen auf unzureichender Faktenbasis.

91 Vgl. die sehr kursorische Selbstdarstellung unter http://www.vikz.de/index.php/taetigkeiten.html (23.8.15).

92 islamrat.de
93 Vgl. zu ihr Lemmen, Islamische Vereine, 40 ff.; Wunn, Muslimische Gruppierungen, 38 ff.; Schiffauer, Nach dem Islamismus.
94 Eigendarstellung abrufbar unter http://www.igmg.org/gemeinschaft/wir-ueber-uns/organisationsstruktur.html?L=.html/ph.html.html.html.html. html (10.11.15).
95 Zur komplexen Vorgeschichte vgl. Lemmen, Islamische Vereine, 40 ff.
96 Vgl. zu ihm Lemmen, Islamische Vereine, 47 ff.; Wunn, Muslimische Gruppierungen, 55 ff.; Schiffauer, Die Gottesmänner.
97 Lemmen, Islamische Vereine, 40.
98 Vgl. hierzu nur Lemmen, Islamische Vereine, 44 ff. mwN.
99 Zur Einschätzung der Organisation in den 1990er-Jahren vgl. Alacacıoğlu, Außerschulischer Religionsunterricht, 123 ff.; Lemmen, Islamische Vereine, 44 ff.; für die spätere Entwicklung vgl. Schiffauer, Nach dem Islamismus, 267 ff.
100 Das entspricht auch langjährigen Beobachtungen des Verfassers; vgl. auch Wunn, Muslimische Gruppierungen, 43 ff.
101 Vgl. z. B. Berlin, Senatsverwaltung für Inneres und Sport, Verfassungsschutzbericht 2014, 66; Niedersächsisches Ministerium für Inneres und Sport, Verfassungsschutzbericht 2014, 176.
102 Vgl. etwa Wunn, Muslimische Gruppierungen, 51 ff.
103 Vgl. Wunn, Muslimische Gruppierungen, 218; zur Entwicklung bis zur Jahrhundertwende auch Lemmen, Muslimische Spitzenorganisationen, 40 ff.
104 Auf der Website werden indes unter der Rubrik «Mitglieder» 27 reguläre und 4 assoziierte Organisationen aufgeführt (http://zentralrat.de/16 660. php, 09.11.15).
105 Vgl. die auf der Website präsentierte «Selbstdarstellung», abrufbar unter http://zentralrat.de/2 594.php (21.8.15).
106 «ZMD gründet Jugendverband» vom 21.9.2015, abrufbar unter http://islam.de/26 814 (29.12.15).
107 Vgl. zu ATIB und den vor allem politisch-nationalistisch agierenden Vorläuferorganisationen Wunn, Muslimische Gruppierungen, 65 ff.; Lemmen, Muslime in Deutschland, 94 f.
108 Vgl. z. B. Bundesverfassungsschutzbericht 2014, abrufbar unter http://www.verfassungsschutz.de/de/download-manager/_vsbericht-2014.pdf (25.8.15).
109 Lemmen, Muslimische Spitzenorganisationen, 44 ff. auch zu weiteren Mitgliedsorganisationen; vgl. auch Abdullah, Was will der Islam, 61 f.
110 AaO, 92, 207.
111 Senatsverwaltung für Inneres und Sport, Verfassungsschutzbericht 2014, 62 ff.
112 AaO, 92, 209.
113 Vgl. Lemmen, Muslimische Spitzenorganisationen, 47 ff.
114 Informationen abrufbar unter http://www.al-fadschr.com/(22.12.15).

115 Vgl. hierzu Rohe, Scharia und Grundgesetz, 32 mwN.

116 Vgl. hierzu etwa Rosenow/Kortmann, Die muslimischen Dachverbände, 68 ff.; Chbib, Einheitliche Repräsentation, 104 ff. Einige wenige Informationen unter http://www.koordinationsrat.eu/

117 Hierzu Schäfer/Foroutan, Die Deutsche Islam Konferenz, 717, 723 mwN.

118 Zu den internen Konflikten vgl. nur Rosenow/Kortmann, Die muslimischen Dachverbände, 68 ff.

119 Zu den internen Zerwürfnissen vgl. den Bericht «Muslimische Religionsgemeinschaften streiten über Antisemitismus-Position» vom 11.3.2015, abrufbar unter http://www.islamiq.de/2015/03/11/muslimische-religionsgemeinschaften-streiten-ueber-antisemitismus-position/(30.12.15).

120 «Mehr Gemeinsamkeit, Zusammenarbeit und Verbindlichkeit» mit dem Sprecher Zekeriya Altuğ vom 24.10.2015, abrufbar unter http://www.islamiq.de/2015/10/24/mehr-gemeinsamkeit-mehr-zusammenarbeit-und-mehr-verbindlichkeit/(29.12.15).

121 Lemmen, Muslime in Deutschland, 108 f.; Wunn, Muslimische Gruppierungen, 201.

122 Einige Informationen unter http://igbd.org/; in deutscher Sprache finden sich Aussagen zur Selbstdarstellung unter http://igbd.org/?p=8754 (29.12.15).

123 Vgl. § 1 der Satzung, abrufbar unter http://zrmd.de/index.php/de/ueber-uns/satzung (29.12.15). Die Website http://zrmd.de/enthält nur wenige Informationen.

124 Informationen unter http://igs-deutschland.org/(23.12.15).

125 Vgl. die Darstellung unter http://igs-deutschland.org/die-igs/niederlassungen (23.12.15).

126 Mohagheghi, Die Schiiten, 126.

127 Vgl. Heimbach, Entwicklung, 41; Wunn, Muslimische Gruppierungen, 156; Hübsch, Ahmadiyya, 171 ff.

128 Vgl. etwa Wunn, Muslimische Gruppierungen, 159 ff.

129 Informationen unter http://www.ahmadiyya.de/home/

130 Informationen unter http://www.ahmadiyya.de/ahmadiyya/einfuehrung/(29.12.15).

131 Staatsanzeiger für das Land Hessen Nr. 20 vom 13.5.2013, 634.

132 Vgl. nur das Interview der DIK mit dem Bundesvorsitzenden Wagishauser vom 29.11.2013, abrufbar unter http://www.deutsche-islam-konferenz.de/DIK/DE/Magazin/Gemeindeleben/InterviewWagishauserKdoR/wagishauser-anerkennung-ahmadiyya-kdor-node.html (30.12.15).

133 Vgl. nur Hübsch, Ahmadiyya, 178 ff.

134 Informationen sind auf der Website www.alevi.com/de erhältlich. Die hier vorliegende Kurzdarstellung orientiert sich weitgehend an der ausführlichen Darstellung bei Engin, Das Alevitentum,153 ff. mwN.

135 Abrufbar unter http://alevi.com/de/?page_id=979#http://alevi.com/de/?page_id=1292

136 Der letzte Pogrom fand in Sivas im Jahre 1993 statt, wo 37 Menschen von einem anti-alevitischen Pöbel ermordet wurden. Die Türkei wurde wiederholt vom EGMR in Straßburg wegen Verletzung der Religionsfreiheit von Aleviten verurteilt; vgl. nur «Aleviten in der Türkei: Vor Gericht erfolgreich, in der Politik nicht», dtj vom 26.1.2016, abrufbar unter http://beta.dtj-online.de/aleviten-in-der-tuerkei-vor-gerichten-erfolgreich-vor-der-politik-nicht-70118 (9.4.16).

137 AABF, Selbstdarstellung, abrufbar unter http://alevi.com/de/?page_id=90 (20.12.15).

138 Vgl. nur Engin, Das Alevitentum, 156 f. mwN; Wunn, Muslimische Gruppierungen, 103 ff. mwN.

139 Vgl. Alacacıoğlu, Außerschulischer Religionsunterricht, 155.

140 So Lemmen, Muslime in Deutschland, 99 f. mwN; hierzu auch Wunn, Muslimische Gruppierungen, 97 ff. mwN.

141 Engin, Das Alevitentum, 129 ff. mit zahlreichen Nachweisen.

142 Informationen abrufbar unter http://www.ph-weingarten.de/alevitische_religion/(20.12.15). Hierzu Ağuiçenoğlu, Alevitische Theologie, 28 ff.

143 Hierzu Agai, Zwischen Netzwerk und Diskurs.

144 Näheres z.B. Alacacıoğlu, Außerschulischer Religionsunterricht, 140 ff.; bei Lemmen, Muslime in Deutschland, 85 ff.; Heimbach, Die Entwicklung, 102 ff.; Wunn, Muslimische Gruppierungen, 85 ff.

145 Vgl. Alacacıoğlu, Hasan, Außerschulischer Religionsunterricht, 145 f. mwN.

146 Ausführlich hierzu Seufert, Überdehnt sich die Bewegung von Fethullah Gülen, 7 ff.; Heimbach, Die Entwicklung, 104.

147 Informationen abrufbar unter http://dialog-und-bildung.de/(25.12.15).

148 Vgl. die jüngste Publikation in deutscher Sprache: Gülen, Was ich denke, was ich glaube; vgl. auch Aslan, Der Wandel, 375 ff., 382; Seufert, Überdehnt sich die Bewegung von Fethullah Gülen, 8 ff.

149 Vgl. auch Sunier/Landman, Transnational Turkish Islam, 91 ff. mwN.

150 Bundestagsdrucksache 18/829 vom 13.3.2014, 3 unter 1.

151 Seufert, Die Gülen-Bewegung in der Türkei und Deutschland.

152 Vgl. etwa Sunier/Landman, Transnational Turkish Islam, 92 ff.

153 Seufert, Die Gülen-Bewegung in der Türkei und Deutschland, 5; ders., Überdehnt sich die Bewegung von Fethullah Gülen, 7.

154 Informationen unter http://www.muslim-liga.de/

155 Selbstdarstellung, abrufbar unter http://www.muslim-liga.de/%C3%B-Cber-uns/(31.12.15).

156 Vgl. die Stellungnahme «Wir sind Muslime» unter http://www.muslim-liga.de/wir-sind-muslime/(31.12.15).

157 Vgl. die Selbstdarstellung aus dem Jahre 2014 unter http://www.muslim-liga.de/selbst/DMLB-Selbstdarstellung_2014.pdf (31.12.15); vgl. auch Lemmen, Muslime in Deutschland, 118 f.

158 Informationen unter http://www.lib-ev.de/

159 Selbstdarstellung unter http://www.lib-ev.de/index.php?c=2 (23.12.15).

160 Abrufbar unter http://www.lib-ev.de/pdf/LIB_Positionspapier_Homose-xualitaetimIslam.pdf (23.12.15).

161 Informationen unter http://www.lib-ev.de/index.php?c=10 (23.12.15).

162 Informationen unter http://www.liberale-muslime-deutschland.de/ (23.12.15).

163 DIK-Studie 2009, 173 ff.

164 DIK-Studie 2009, 176 ff.

165 DIK-Studie 2012, 40.

166 DIK-Studie 2009, 167 und ff.

167 Abrufbar unter http://www.ditib.de/default1.php?id=5&sid=8&lang=de (22.8.15).

168 Schröter, «Gott näher als der eigenen Halsschlagader», 367 f.

169 Vgl zum Diskurs über die Repräsentation von Muslimen Spielhaus, Wer ist hier Muslim?, 42 ff. mwN.

170 Zu deren Ideologie der Komplementarität der Geschlechter Bendixsen, The Religious Identity, insbes. 222 ff.

171 Vgl. nur Uslucan. Muslime, 372 f.

172 Vgl. die FAQ-Frageseite zu Ehe und Familie, abrufbar unter http://islam. de/1640.php (21.8.15).

173 Abrufbar unter http://islam.de/grundgesetz (22.8.15).

174 Vgl. hierzu die umfangreiche Studie von Becher/El-Menouar, Geschlech-terrollen. Näheres noch unten S. 250 ff.

175 Information von Herrn Taner Yüksel bei einer Besprechung in Essen im Juni 2015.

176 «Fachverband für islamische Theologie gegründet» vom 13.7.2015, abrufbar unter https://www.uni-frankfurt.de/57358583/02-DEGITS (30.12.15).

177 Hierzu Rohe, Das islamische Recht, 30.

178 Vgl. Spielhaus, Wer ist hier Muslim?, 101.

179 Pressemitteilung vom 16.11.15, abrufbar unter http://koordinationsrat. de/detail1.php?id=163&lang=de (29.12.15).

180 Vgl. schon Thielmann, Islam and Muslims, 4 ff.

181 Vgl. Lemmen, Islamische Vereine, 47 ff.; Wunn, Muslimische Gruppie-rungen, 55 ff.; Schiffauer, Die Gottesmänner.

182 Hierzu Rohe, Islamismus und Schari'a, 135 ff.

183 Nirumand/Bamdadan, Im Namen Allahs.

184 Vgl. Hocker, Türkische Jugendliche, 437 mwN zum islamisierten ideolo-gischen Hintergrund der Gruppierung.

185 Heitmeyer/Müller/Schröder, Verlockender Fundamentalismus.

186 Vgl. hierzu etwa Seidensticker, Islamismus; Farschid, Islamismus, 437 ff.; Rohe, Islamismus und Schari'a, 120, 132 ff.

187 So der Autor Henryk Broder mit der Formulierung, Islam verhalte sich zu Islamismus wie Alkohol zu Alkoholismus, dankbar aufgegriffen auf dem Islamhasserblog PI, abrufbar unter http://www.pi-news.net/2009/01/ islam-islamismus/ (24.2.16).

188 So der hilfreiche Hinweis von Heidrun Hassel/Polizeipräsidium Mannheim aus der kooperativen Arbeit mit muslimischen Vereinigungen.

189 Vgl. Becher/El-Menouar, Geschlechterrollen, 5, 77, 177: Nach ihrer repräsentativen Erhebung finden sich (nur) unter 11 % der befragten Christen und 17 % der befragten Muslime Ansichten, die zumindest teilweise als (patriarchalisch) frauenbenachteiligend anzusehen sind.

190 Vgl. hierzu nur Rohe, Islamismus und Schari'a, 132 ff. mwN.

191 Vgl. zu dieser Entwicklung Fuchs, Salafismus, 24 ff. mwN; Baehr, Dschihadistischer Salafismus, 231 ff.

192 Vgl. hierzu etwa Farschid, Von der Salafiyya, 42 ff.; Schneiders, in: Schneiders (Hg.), Einleitung, 11 ff.

193 Vgl. Schulze, Geschichte, 126 ff., der selbst den Begriff «Neo-Salafiyya» einführt.

194 Zu alledem liegen mittlerweile einige weiterführende Publikationen vor, etwa Farschid, Von der Salafiyya, 45 ff.; Ceylan/Kiefer, Salafismus; El-Gayar/Strunk (Hg.), Integration versus Salafismus; Schneiders (Hg.), Salafismus.

195 Vgl. nur Rohe, Das islamische Recht, 148 ff., 178, 260 ff. mwN.

196 Farschid, Von der Salafiyya, 50 ff. mwN.

197 Z. B. die Broschüre «Salafismus» des Bayerischen Staatsministeriums des Innern, für Bau und Verkehr vom Oktober 2014, abrufbar unter http://www.verfassungsschutz.bayern.de/imperia/md/content/lfv_internet/service/brosch_re_salafismus_2014_klein.pdf (16.3.15); der Flyer «Umgang mit radikalisierten Jugendlichen» der Stadt Frankfurt/Main, Amt für multikulturelle Angelegenheiten 10/14, abrufbar unter http://www.vielfalt-bewegt-frankfurt.de/sites/default/files/medien/downloads/amka_flyer_10_seiter_extremismus-v2-final.pdf (16.3.15).

198 Vgl. den vorzüglich recherchierten Bericht von Rainer Hermann, «Saudi Arabien. Der Nährboden des Terrors», FAZ vom 27.11.2015, S. 2, abrufbar unter http://www.faz.net/aktuell/politik/ausland/saudi-arabien-bereitet-den-naehrboden-des-terrors-13934322.html (30.11.15); vgl. auch Farschid, Von der Salafiyya, 44 und ff.

199 Die Websites sind sprachlich und inhaltlich häufig von großer Dürftigkeit; vgl. z. B. die Seite www.diewahrheitimherzen.net

200 Zu den sozialen und psychologischen Hintergründen neo-salafistischer Radikalisierung vgl. etwa Ceylan/Kiefer, Salafismus; El-Gayar/Strunk, Integration versus Salafismus; Mansour, Generation Allah, insbes. 93 ff.; zur Vielfalt der Ursachen Abou Taam/Sarhan, Salafistischer Extremismus, 387 ff. Vgl. auch die Analyse der Hintergründe von 60 der 90 aus Berlin nach Syrien und in den Irak ausgereisten Personen aus dem islamistischen Spektrum der Berliner Senatsverwaltung für Inneres und Sport, Abteilung Verfassungsschutz, Stand Juni 2015, abrufbar unter lageanalyse_ausreise_von_personen_aus_dem_islamistischen_spektrum_in_berlin_nach_syrien_irak.pdf (29.12.15).

201 Kaddor, Zum Töten bereit.

202 Hinweis des Diplom-Psychologen und Präventionsexperten Ahmad Mansour bei der Eröffnungstagung des Bayerischen Präventions- und Deradikalisierungsnetzwerks gegen Salafismus am 2.12.2015 in München.

203 Vgl. die Zusammenfassung der Studie von EZIRE/FAU-Erlangen-Nürnberg und dem Senat von Berlin, Senatsverwaltung für Justiz und Verbraucherschutz vom Dezember 2015, S. 16 ff., abrufbar unter https://www.berlin.de/sen/justv/service/broschueren-und-info-materialien/ (17.12.15).

204 Vgl. zu Internetaktivitäten deutscher Salafisten Holtmann, salafismus.de, 251 ff.

205 Vgl. Bundesministerium des Innern, Verfassungsschutzbericht 2014, 108 f., abrufbar unter https://www.verfassungsschutz.de/embed/vsbericht-2014.pdf, sowie den Bericht «Salafisten-Prediger bekommt Hartz IV» vom 23.4.2012, abrufbar unter http://www.rp-online.de/panorama/deutschland/salafisten-prediger-bekommt-hartz-iv-aid-1.2803724 (2.1.16).

206 Vgl. den einschlägigen Bericht vom 9.4.2015, abrufbar unter http://www.spiegel.de/politik/deutschland/hassprediger-ibrahim-abou-nagie-vorgericht-in-koeln-a-1027770.html (2.1.2016). Die Verurteilung wurde am 12.2.16 bekannt.

207 Beitrag vom 26.2.2009 auf asslema.com, abrufbar unter http://www.asslema.com/forum/showthread.php?t=11324&page=3 (17.12.15).

208 «Gotteskrieger im Swimmingpool», Junge Welt vom 11.4.2015, S. 4.

209 Vgl. z. B. die Angebote der «Video-Lounge» unter http://dawatv.net/viedoportal; hierzu Rohe, Islamismus und Schari'a, 149 f.

210 Vgl. Steinberg, Islamismus, 21 ff. sowie den vorzüglich recherchierten Bericht von Rainer Hermann, «Saudi Arabien. Der Nährboden des Terrors», FAZ vom 27.11.2015, S. 2, abrufbar unter http://www.faz.net/aktuell/politik/ausland/saudi-arabien-bereitet-den-naehrboden-des-terrors-13934322.html (30.11.15).

211 «Imam on Tour», Welt am Sonntag vom 15.3.2015, abrufbar unter http://www.welt.de/print/wams/politik/article138419688/Imam-on-Tour.html (17.12.15) sowie die Einschätzung des baden-württembergischen Landesamts für Verfassungsschutz von 2013, abrufbar unter http://www.verfassungsschutz-bw.de/,Lde/Startseite/Arbeitsfelder/Der+weltbekannte+Prediger+al_ARIFI+tourt+durch+Deutschland (17.12.15).

212 Selbstdarstellung unter http://www.islamothek.de/?page_id=147 (9.2.16).

213 Vgl. etwa Marshall, Paul (Hg.), Radical Islam's Rules. The Worldwide Spread of Extreme Shari'a Law, Lanham u. a. 2005; Rohe, Das islamische Recht, 333 f.

214 Vgl. nur die permanente Verfolgung menschenrechtsorientierter Denker und Aktivisten, z. B. von Raif Badawi und seinem Anwalt Walid Abu al-Khair.

215 Informationen von dem Politikwissenschaftler Christian Wolff. Ende 2014 wurden mindestens 46 000 Twitteraccounts mit inhaltlicher Nähe zur Terrororganisation «Islamischer Staat» betrieben; vgl. die Studie von Berger/Morgan, The ISIS Twitter Census, März 2015 (Brookings Project Analysis Paper Nr. 20), abrufbar unter http://www.brookings.edu/~/media/research/files/papers/2015/03/isis-twitter-census-berger-morgan/brookings-analysis-paper_jm-berger_final_web.pdf (6.3.15).

216 «Islamisten bilden Kinder aus», FAZ vom 21.4.2015, S. 4.

217 Informationen des Verfassers.

218 Der Salafist Pierre Vogel hat im September 2015 auf facebook eine Auflistung veröffentlicht, wie man sich an Flüchtlinge heranmachen kann; abrufbar unter https://www.facebook.com/PierreVogelOffiziell/posts/933 202 230 092 844 (17.12.15).

219 So der Titel eines Berichts und Interviews mit dem Wissenschaftler Aladin El-Maafalani, Süddeutsche vom 31.1.2015, abrufbar unter http://www.sueddeutsche.de/politik/salafismus-als-jugendkultur-burka-ist-der-neue-punk-1.2318706 (17.12.15).

220 «IS-Kämpfer. Religion spielte keine große Rolle», Wolfsburger Allgemeine Zeitung vom 30.7.2015, abrufbar unter http://www.waz-online.de/Wolfsburg/Stadt-Wolfsburg/IS-Kaempfer-Religion-spielte-keine-grosse-Rolle (3.8.15) sowie «Einmal Krieg und zurück», FAZ vom 3.8.2015, S. 2.

221 Er wurde vom OLG Celle im Dezember 2015 zu einer dreijährigen Haftstrafe verurteilt; vgl. «Deutsche IS-Mitglieder verurteilt», FAZ vom 8.12.2015, S. 5.

222 «Ein wertvoller Angeklagter», FAZ vom 21.1.2016, S. 3.

223 Lesenswert das bestätigende Urteil des Bundesverwaltungsgerichts v. 14.5.2014, NVwZ 2014, 1573.

224 Angesprochen ist der Bundesinnenminister, der das Verbot als «klares Signal» bezeichnet hatte. Der Beiname de Khanzir (arab. Schwein) ist ersichtlich beleidigend gemeint.

225 Zitat aus dem Bericht «Ein kleiner Schlag gegen den Salafismus», FAZ vom 27.3.2015, S. 4.4.

226 Im Dezember 2015 war das Verfahren gegen den mutmaßlichen Täter Marco G. noch vor dem OLG Düsseldorf im Gange.

227 «Viel mehr Ermittlungen wegen islamistischen Terrors», FAZ vom 21.1.2016, S. 1.

228 Vgl. die Berichte «Mehrjährige Haftstrafe im ersten deutschen IS-Prozess», Die Zeit vom 5.12.2014, abrufbar unter http://www.zeit.de/gesellschaft/zeitgeschehen/2014-12/is-prozess-frankfurt-am-main-oberlandesgericht-syrien (16.3.15); «Haft für Syrien-Heimkehrer», Frankfurter Rundschau vom 5.12.2014, abrufbar unter http://www.fr-online.de/gericht/kreshnik-b--haft-fuer-syrien-heimkehrer,1472814,29248646.html (16.3.15).

229 «Arbeitslose und Straftäter ziehen in den Krieg», FAZ vom 27.11.2014,

abrufbar unter http://www.faz.net/aktuell/politik/dschihad-in-deutsch
land-zieht-arbeitslose-und-straftaeter-an-13287950.html (9.4.16).

230 Vgl. hierzu Steinberg, Kalifat, 23 ff.

231 Vgl. hierzu etwa Steinberg, Kalifat, 163 ff.

232 «Salafist ruft zu Anschlägen auf Atombombenlager auf», Stern vom
7.8.2014, abrufbar unter http://www.stern.de/politik/deutschland/
terrordrohung-gegen-deutschland-salafist-ruft-zu-anschlag-auf-atom
bombenlager-auf-2129291.html (16.3.15).

233 Vgl. etwa Said, Behnam, Hymnen des Jihads, 2016.

234 Vgl. die Berichte «Glaubenskrieg erreicht Deutschland», FAZ vom 8.8.
2014, abrufbar unter http://www.faz.net/aktuell/politik/ausland/naher-
osten/auseinandersetzungen-in-herford-glaubenskrieg-erreicht-deutsch-
land-13085857.html (17.3.15); «Konflikt im Norden: Islamisten gegen
Kurden», NDR 14.10.2014, abrufbar unter http://www.ndr.de/nachrich-
ten/hamburg/Islamisten-gegen-Kurden-Der-Konflikt-im-Norden,kur-
den130.html (18.3.15).

235 Vgl. z.B. die Auswahl einschlägiger Meldungen in Izvestia und Rossijs-
kaja Gazeta vom 26. Januar bis 3. Februar 2016, abrufbar unter http://
izvestia.ru/news/603243 («Ende von Europa»); unter http://izvestia.
ru/news/603111 («Angriff der Flüchtlinge auf Rentner»); unter http://
www.rg.ru/2016/01/18/bezhency-site.html («Europa verliert seine Identität»); unter http://www.rg.ru/2016/01/26/evropa-site.html («Schengen
bekommt man nicht mehr zurück. Wer möchte den Untergang von Europa?»); «Russlands geheimer Feldzug gegen den Westen», FAZ vom
11.3.2016, S. 2

236 Z. B. Bayerisches Staatsministerium des Innern, für Bau und Verkehr, Salafismus. Prävention durch Information, September 2014, abrufbar unter
http://www.verfassungsschutz.bayern.de/imperia/md/content/lfv_inter-
net/service/brosch_re_salafismus_2014_klein.pdf (16.3.15); Berlin, Senatsverwaltung für Inneres und Sport, Salafismus als politische Ideologie,
Oktober 2014, abrufbar unter https://www.google.de/?gws_rd=ssl#-
q=berlin+senatsverwaltung+inneres+salafismus+ideologie (13.12.15);
Stadt Frankfurt am Main, Amt für Multikulturelle Angelegenheiten, Umgang mit radikalisierten Jugendlichen, 10/2014, abrufbar unter http://
www.vielfalt-bewegt-frankfurt.de/sites/default/files/medien/down-
loads/amka_flyer_10_seiter_extremismus-v2-final.pdf (16.3.15).

237 Informationen abrufbar unter http://www.violence-prevention-network.
de/de/

238 Vgl. die Auflistung in der Broschüre «Salafismus» (Fn. 236), 30 ff.

239 Informationen unter http://vaja-bremen.de/teams/kitab/

240 Vgl. «Bundesamt: Immer mehr Islamisten-Angehörige suchen Beratung»,
Qantara.de vom 13.7.2015, abrufbar unter http://de.qantara.de/cont-
ent/bundesamt-immer-mehr-islamisten-angehoerige-suchen-beratung
(5.8.15).

241 Informationen des zuständigen BAMF-Mitarbeiters Endres bei der Eröff-

nungstagung des Bayerischen Präventions- und Deradikalisierungsnetzwerks gegen Salafismus am 2.12.2015 in München.

242 Informationen unter http://www.mik.nrw.de/verfassungsschutz/islamis-
mus/wegweiser.html

243 Informationen unter http://www.ufuq.de/bayern/

244 «Für mehr Vertrauen», dtj vom 25.10.2014, abrufbar unter http://www.
deutsch-tuerkische-nachrichten.de/2014/10/506 108/fuer-mehr-
vertrauen-schura-rheinland-pfalz-unterzeichnet-kooperation-mit-polizei-
praesidium-mainz/(21.2.16).

245 Hierzu Spielhaus, Wer ist hier Muslim?, 131 ff. mwN.

246 Vgl. die Informationen auf der Website www.aufbruch-neukoelln.de.

247 Vgl. z. B. VG Bremen Beschluss vom 30.5.2014 (5 V 703/14), BeckRS
2014, 51946.

Fünfter Teil
Islamisches Leben und deutsches Recht

1 Vgl. hierzu das allgemeine Grundlagenwerk von von Campenhausen/de
Wall, Staatskirchenrecht, sowie spezifisch Bielefeldt, Muslime im säkularen Rechtsstaat; zu rechtspolitischen Überlegungen Waldhoff, Neue Religionskonflikte.

2 Urt. v. 24.9.2003 Rn. 40, BVerfGE 108, 282 ff.

3 Minister Peillon zugeschriebene Aussage, «Frankreich stärkt Laizität an
Schulen», FAZ vom 10.9.2013, S. 7.

4 Vgl. nur Bielefeldt, Muslime, 59 ff.; Rumpf, Einleitung, in Rumpf/Ger-
hard/Jansen (Hg.), Facetten, 20 ff.

5 Vgl. nur von Campenhausen/de Wall, Staatskirchenrecht, 23 ff., 45 ff.

6 BVerwG NVwZ 2012, 162; für weitere schulbezogene Rechtsfragen vgl.
Rohe, Muslime in der Schule, 257 ff.

7 So wird die Zeitschrift «Emma», die ein Grundsatzurteil zur «Klarstel-
lung» anmahnt, dass Religion Privatsache sei (Artikel «Fundamentalismus» vom 11.9.2013, abrufbar unter http://www.emma.de/artikel/fun-
damentalismus-keine-befreiung-vom-unterricht-311662, 8.4.16), darauf
warten müssen, solange das Grundgesetz und die Europäische Menschenrechtskonvention in Kraft sind.

8 Vgl. Rohe, Das islamische Recht, 167 ff. m. zahlr. N.

9 Vgl. Rohe, Das islamische Recht, 9 ff. und öfter. Grundlegend verfehlt
daher Tilman Nagel in seiner Rezension, abrufbar unter http://www.nzz.
ch/nachrichten/kultur/buchrezensionen/lohn_und_strafe_im_diesseits_
und_im_jenseits_1.3981865.html (4.4.16).

10 Vgl. Khalfaoui, Das islamische Recht, 304 ff.; Khorchide, Wertepluralismus, 579 ff.

11 Kulturelle Rechte ohne religiösen Bezug sind nicht spezifisch und meist
deutlich schwächer geschützt als religiöse; vgl. nur Britz, Kulturelle Rechte.

12 Zu den Grenzen z. B. im Hinblick auf Ungleichbehandlung von Geschlechtern und Religionen, Staatsverständnisse und exzessive Strafvorstellungen vgl. etwa Bielefeldt, Muslime, 85 ff.; Rohe, Das islamische Recht, 342 ff.

13 Vgl. hierzu etwa die Beiträge von Muckel/Tillmanns, Baldschun, Janßen, Coumont und Traub in Muckel (Hg.), Der Islam; de Wall, Das Verhältnis, 189 ff.

14 Vgl. zu ihr Abdullah, Geschichte, 28 ff.

15 Zitiert aus «Der Berliner Westen» Beilage zu Nr. 83, 23.03.1928, S. 1, nach Werquet, Fremdzuschreibung, 130.

16 Werquet, Fremdzuschreibung, 130.

17 Hierzu ausführlich Kraft, Islamische Sakralarchitektur, 70 ff., 91 ff.

18 Vgl. zur Entwicklung Schmitt, Moscheen, 52 ff.; Beinhauer-Köhler/Leggewie, Moscheen, 25 ff.

19 Vgl. zum Moscheebau im Nachkriegsdeutschland die Werke von Kraft, Schmitt und Beinhauer/Köhler/Leggewie.

20 Hierzu Schmitt, Moschee-Konflikte, 151 f.; ausführlich ders., Moscheen, 162 ff.

21 Vgl. nur Schmitt, Moschee-Konflikte, 148.

22 Vgl. zu dieser Moschee den Aufsatz des Architekten Alen Jasarevic, Anders!, 99 ff.

23 Vgl. Jonker, Vor den Toren, 219 ff.

24 So die hilfreiche Einteilung von Schmitt, Moscheen, 109 ff., 120 ff., 133 ff.; ders., Moschee-Konflikte, 151 ff.; vgl. auch Beinhauer-Köhler/Leggewie, Moscheen, 117 ff.

25 Vgl. BVerwG NJW 1992, 2170, 2171 (Betsaal und Koranschule); Bay VGH NVwZ 1997, 1016, 1017 f.; OVG Koblenz NVwZ 2001, 933, 934; OVG Koblenz BeckRS 2009, 38724; VG Berlin BeckRS 2009, 33040.

26 Bay VGH NVwZ 1997, 1016, 1018; OVG Koblenz NVwZ 2001, 933, 934.

27 OVG Koblenz NVwZ 2001, 933, 934; vgl. auch Bay VGH NVwZ 1997, 1016, 1018. Zur städtebaulichen Integration von Moscheen vgl. Zemke, Die Moschee, 2008.

28 OVG Koblenz NVwZ 2001, 933, 934 unter Berufung auf BVerwG NVwZ 1997, 384, 388.

29 Exemplarisch für derartige rechtspopulistisch-islamfeindliche Haltungen der AfD-Funktionär Hans-Thomas Tillschneider zu nicht näher definierten «Großmoscheen»; vgl. den Bericht «AfD geht mit Moscheenkritik und Deutschquote für Musik in sächsischen Wahlkampf», LVZ-online vom 2.3.2014 15:43 (http://www.lvz-online.de/nachrichten/mittel-deutschland/saechsische-afd-formuliert-programm-fuer-landtagswahl-ende-august/r-mitteldeutschland-a-229059.html, 4.4.16).

30 Vgl. z. B. das Urteil des Bundesverwaltungsgerichts zum Verbot eines Vereins, der die HAMAS finanziell unterstützt hat, BVerwG NVwZ 2005, 1435.

31 Vgl. zu einschlägigen Debatten Rohe, Mathias, «Das ist Rechtskulturrelativismus» FAZ vom 22.2.2011 (http://www.faz.net/aktuell/feuilleton/debatten/islam-debatte-das-ist-rechtskulturrelativismus-1595144.html, 4.4.16); ausführlich Bahners, Die Panikmacher, insbes. 131 ff.

32 Vgl. zu den Maßstäben BVerwGE 79, 254, 260; BVerwGE 90, 163, 165 f.

33 «Göttliches Gedränge», Potsdamer neueste Nachrichten vom 23.1.2016, abrufbar unter http://www.pnn.de/potsdam/1043153/(11.2.16).

34 Sachverständigenrat deutscher Stiftungen für Integration und Migration, Jahresgutachten 2016, 44.

35 Hierzu Höpp, Tod und Geschichte, 19 ff.; Heller, Muslime in deutscher Erde, 44 ff., beide mit einigen Abbildungen von Grabstätten; Böer u.a. (Hg.), Türken, 3 ff.

36 Vgl. zu Einzelheiten etwa Lemmen, Islamische Bestattungen, 16 ff. und ders., Muslimische Grabfelder, 87 ff. mwN; Karakaşoğlu, Die Bestattung, 84 ff.; Kokkelink, Islamische Bestattung, 63 ff.

37 Das gilt auch für Aleviten; vgl. Kaplan, Ismail, Leidkultur/Andachtskultur im Alevitentum, in: Die Stimme der Aleviten 3/2015, 32–35.

38 Koran Suren 2, 173; 5, 3; 6, 145; 16, 115. Hierzu ausführlich Andelshauser, Schlachten im Einklang mit der Scharia, 1996.

39 So Stellungnahmen des Großmufti von Ägypten und Rektors der al-Azhar-Universität vom 25.2.1982 und der Islamischen Weltliga in Jiddah 1989 sowie weiterer Autoritäten; al-Qaradawi, Yūsūf, Erlaubtes und Verbotenes im Islam, München 1989, 60; Andelshauser, Schlachten, insbes. 98 ff., 117 ff. mwN.

40 Urt. v. 15.1.2002, BVerfGE 104, 337 ff. entgegen der angegriffenen Entscheidung des Bundesverwaltungsgerichts, BVerwGE 99, 1 ff.; hierzu Britz, Kulturelle Rechte, 28 ff.; Rohe, Matthias, Anmerkung, in: Österreichisches Archiv für Recht und Religion 49 (2002), 78 ff.; eher krit. Muckel/Tillmanns in Muckel (Hg.), Der Islam, 260 f. Bestätigt in BVerwG Urt. 23.11.2006, NVwZ 2007, 461.

41 VGH Kassel NJOZ 2006, 953 ff.

42 Vgl. Koran Suren 2, 173; 5, 3 f; 6, 145; 16, 115.

43 Vgl. Koran Sure 5, 90; hierzu Rohe, Das islamische Recht, 50 und öfter.

44 Vgl. BVerwGE 57, 215, 219; VG Hamburg NVwZ 1994, 816, 817.

45 Die hanafitische und die malikitische Schule erkennen diese Lehre an, die anderen sunnitischen Schulen nur eingeschränkt, vgl. die vom kuwaitischen Ministerium für Stiftungen und religiöse Angelegenheiten herausgegebene Enzyklopädie der islamischen Jurisprudenz (Mausu'a fiqhiya) Bd. 3, 4. Aufl. 1993 (Artikel Istihala) und Band 10, 2. Aufl. 1987 (Artikel Tahawwul).

46 Vgl. al-Qaradawi, Yūsūf, Erlaubtes und Verbotenes im Islam, München 1989, 70.

47 Vgl. den kurzen Überblick zur Beschneidung im Islam bei Rohe, Zur religiös motivierten Beschneidung von Jungen und Männern im Islam, abruf-

bar unter http://www.deutsche-islam-konferenz.de/DIK/DE/Magazin/
Recht/Beschneidung-Grundlagen/beschneidung-grundlagen-inhalt.html
(9.4.16).

48 Urt. v. 7.5.2012, abrufbar unter http://www.justiz.nrw.
de/nrwe/lgs/koeln/lg_koeln/j2012/151_Ns_169_11_Urteil_20120507.html
(07.07.2012). Die Begründung ist für eine Entscheidung dieser Dimension überraschend schlicht.

49 Vgl. nur die Entscheidungen OVG Lüneburg FEVS 44, 465 ff; OVG Lüneburg NJW 2003, 3290 zur sozialrechtlichen Kostenübernahme für die Feierlichkeiten.

50 Eine Fülle elterlicher Entscheidungen kann die körperliche Integrität berühren, von der Zulassung des Ohrlöcherstechens bis hin zu Ernährungsfragen. Eine generelle Kriminalisierung würde weit über die Ordnungsaufgaben des Strafrechts hinausschießen.

51 Vgl. die WHO-Publikation «Eliminating female genital mutilation» aus dem Jahr 2008, abrufbar unter http://whqlibdoc.who.int/publications/2008/9789241596442_eng.pdf (15.7.12); Rohe, Das islamische Recht, 344 f. mwN.

52 Vgl. zu alledem die wohl ausführlichste rechtliche Würdigung bei Beulke, Werner/Dießner, Annika, «(...) ein kleiner Schnitt für einen Menschen, aber ein großes Thema für die Menschheit», in: ZIS 7/2012, 338 ff., abrufbar unter http://www.zis-online.com/dat/artikel/2012_7_685.pdf (5.4.16). Verfehlt sind hingegen die zahlreichen, auch vom LG Köln aufgegriffenen Stellungnahmen von Holm Putzke.

53 Vgl. zu Einzelheiten seither OLG Hamm Beschl. v. 30.8.2013, NJW 2013, 3662; OLG Karlsruhe Beschl. v. 22.9.2014, NJW 2015, 257.

54 Vgl. den Bericht «Kanzlerin warnt vor Beschneidungsverbot», Spiegel online vom 16.7.2012, abrufbar unter http://www.spiegel.de/politik/deutschland/bundeskanzlerin-merkel-warnt-vor-beschneidungsverbot-a-844671.html (5.4.16).

55 Vgl. den erhellenden Aufsatz des UN-Spezialberichterstatters für Religions- und Bekenntnisfreiheit Heiner Bielefeldt, «Marginalisierung der Religionsfreiheit?», abrufbar unter http://www.polwiss.uni-erlangen.de/professuren/menschenrechte/UN%20Sonderberichterstatter/bielefeldt_beschneidungsurteil_vorabfassung.pdf (5.4.16).

56 Vgl. den Bericht «Gauck warnt vor Vulgärrationalismus», Spiegel-online vom 2.12.2012, abrufbar unter http://www.spiegel.de/politik/deutschland/beschneidungsdebatte-gauck-ruegt-vulgaerrationalismus-a-870549.html (5.4.16).

57 Vgl. OLG Koblenz NStZ 1986, 238 f.

58 OLG Koblenz NStZ 1986, 238, 239.

59 Stellungnahme der mittlerweile verbotenen Extremistenorganisation Hilafet Devleti, abgerufen am 7.7.2000 unter http://hilafet.de/almanca/frau/tfr.htm, «Das Thema der Verschleierung», Beantwortung mancher Zweifel S. 9.

60 Balić, Islam, 151. Weitere Nachweise bei Rohe, Der Islam, 143 ff.

61 Der Verfasser weiß von Fällen, in denen junge Frauen das Kopftuch zu tragen begannen, um unliebsame Heiratskandidaten wegen mangelnder Frömmigkeit ablehnen zu können.

62 Zu den vielfältigen Motiven vgl. Sacksofsky, Kopftuchverbote, 37 mwN sowie die Sachverständigenausführungen im Landtag von Nordrhein-Westfalen in der Ausschusssitzung vom 6.5.2004, abrufbar unter https://www.landtag.nrw.de/portal/WWW/GB_I/I.1/Ausschuesse13/A05/1218.pdf (6.4.16).

63 So VG Wiesbaden NVwZ 1985, 137.

64 Vgl. den Bericht «Mann verweigert Notruf für Mädchen mit Kopftuch», Rhein-Zeitung vom 30.7.2013, abrufbar unter http://www.rhein-zeitung.de/region_artikel,-Mann-verweigert-Notruf-fuer-Maedchen-mit-Kopftuch-_arid,1017186.html (8.4.16).

65 Ausführlich hierzu Coumont, Islam und Schule, 499 ff.

66 Vgl. BVerfGE 33, 23, 29; OVG Lüneburg NVwZ 1992, 79, 80.

67 Vgl. BVerfGE 33, 23, 29; OVG Münster NVwZ 1992, 77, 79; OVG Lüneburg NVwZ 1992, 79, 80.

68 Z. B. Oestreich, Der Kopftuchstreit; Berghahn/Rostock (Hg.), Der Stoff aus dem Konflikte sind; Lazzarini, Selbst- und Fremdbild; Sacksofsky, Die Kopftuch-Entscheidung, 3297 ff.; Britz, Verfassungsrechtliche Fragen, 179 ff.

69 Vgl. von Campenhausen/de Wall, Staatskirchenrecht, 71 ff.

70 Urt. v. 24.9.2003, BVerfGE 108, 282 ff.; überzeugend und wegweisend die Besprechung von Sacksofsky, Die Kopftuch-Entscheidung, 3297 ff.

71 «Ein wenig Stoff für hitzige Debatten», taz vom 17.3.2015, abrufbar unter http://www.taz.de/!5016423/(6.4.16).

72 Urt. v. 27.1.2015, NJW 2015, 1359 ff.; grds. zustimmend, aber krit. hinsichtlich der Einschränkungsmöglichkeiten Rusteberg, Kopftuchverbote, 637 ff.

73 «An den Ohren herbeigezogen», taz vom 30.3.2014, abrufbar unter http://www.taz.de/!135842/(11.3.15); mangels Entscheidungsrelevanz wurde die Zeugenaussage schließlich nicht gehört.

74 Die Burka wird fast ausschließlich in Afghanistan und von Afghaninnen im asiatischen Ausland getragen.

75 «Parteitag: CDU vertagt Entscheidung über Burka-Verbot», Spiegel-online vom 10.12.2014, abrufbar unter http://www.spiegel.de/politik/deutschland/parteitag-cdu-vertagt-entscheidung-ueber-burka-verbot-a-1007787.html (17.3.15).

76 Bayerischer Verwaltungsgerichtshof Beschluss vom 22.4.2014 (7 CS 13.2592), abrufbar unter http://www.vgh.bayern.de/media/bayvgh/presse/pm_2014-4-291.pdf (13.3.15).

77 «Studentin muss Schleier lüften», Frankfurter Rundschau vom 12.5.2014, abrufbar unter http://www.fr-online.de/rhein-main/universitaet-giessen-studentin-muss-schleier-lueften,1472796,27108434.html (17.3.15).

78 «Vollverschleiert. Warum eine Mutter nicht mehr aufs Schulgelände darf», Spiegel-online vom 27.11.2014, abrufbar unter http://www.spiegel.de/schulspiegel/nikab-vollverschleierte-mutter-darf-grundschule-nicht-betreten-a-1005406.html (17.3.15).

79 Vgl. insbesondere de Wall, Das Verhältnis, 189 ff.; Oebbecke (Hg.), Muslimische Gemeinschaften; Hennig, Muslimische Gemeinschaften; Spielhaus/Herzog, Die rechtliche Anerkennung.

80 Vgl. nur de Wall, Das Verhältnis, 192 f.

81 Vgl. nur von Campenhausen/de Wall, Staatskirchenrecht, 127 ff.

82 Bundesverfassungsgericht, Urt. v. 19.12.2000, abrufbar unter http://www.bverfg.de/entscheidungen/rs20001219_2bvr150097 (7.4.16).

83 Vgl. de Wall, Das Verhältnis, 200 ff. mwN.

84 Vgl. BVerfG Urt. v. 15.1.2002 Rn. 55 ff., BVerfGE 104, 337.

85 Vgl. aus der Fülle der Literatur Emenet, Verfassungsrechtliche Probleme; Spriewald, Rechtsfragen; Dietrich, Islamischer Religionsunterricht; Langenfeld/Lipp/Schneider (Hg.), Islamische Religionsgemeinschaften; Bock (Hg.), Islamischer Religionsunterricht?; Kiefer/Gottwald/Ucar (Hg.), Auf dem Weg; Kuld/Schmid (Hg.), Islamischer Religionsunterricht; Mohr/Kiefer (Hg.), Islamunterricht; DIK, Islamischer Religionsunterricht; Schröter, Die Einführung; de Wall, Das Verhältnis, 209 ff.

86 BVerwGE 123, 49, 64 f.; de Wall, Das Verhältnis, 202.

87 Vgl. zu den Voraussetzungen Klinkhammer/de Wall, Staatsvertrag.

88 Vgl. Spielhaus/Herzog, Die rechtliche Anerkennung, 19 ff.

89 http://www.deutsche-islam-konferenz.de/DIK/DE/Startseite/startseite-node.html (7.4.16).

90 Vgl. hierzu neben der Website der DIK Goltz/Busch, Ergebnisse, 1165 ff. sowie die abwägend-kritische Würdigung von Schäfer/Foroutan, Die Deutsche Islam Konferenz, 717 ff.

91 Vergleichbar Stollmann, Islamische Feiertage, 1394, 1396 mwN.

92 Zum Themenfeld Islam in der Schule vgl. Anger, Islam; Coumont, Muslimische Schüler; Rohe in Pirner, Menschenrechte, 61 ff.

93 BVerwG NVwZ 2012, 162.

94 Vgl. z. B. Borek, Abdullah Leonhard (Hg.), Islam im Alltag, Ulm 1999, 210.

95 Vgl. Koran Sure 14, 31; 4, 103 sowie statt vieler Mc Auliffe, Jane Dammen (Hg.), Encyclopedia of the Qur'ān Bd. 4, Leiden u. a. 2004, Stichwortartikel Prayer (Gerhard Böwering), 226 f. mwN.

96 Vgl. den Bericht «Mit Gebetsteppich im Sportunterricht – Mülheimer von der Schule verwiesen», WAZ vom 4.3.2014, abrufbar unter http://www.derwesten.de/staedte/muelheim/mit-gebetsteppich-im-sportunterricht-muelheimer-von-schule-verwiesen-id9077053.html, 8.4.16). Den vorhandenen Gebetsraum hatte der Schüler nicht genutzt.

97 Vgl. BVerfGE 52, 223, 236; BVerwG NVwZ 1994, 578, 579; BVerfG NVwZ 2008, 72, 73 mwN.

98 BVerfG NVwZ 2008, 72, 74 mwN.

99 Nach Erhebungen der DIK-Studie 2009 (S. 183 f.) nimmt nur eine Zahl

im niedrigen einstelligen Prozentbereich aus religiösen Gründen nicht am koedukativen Schwimmunterricht teil (männliche Schüler 0,1 %, weibliche 1,9 %). Für den koedukativen Sportunterricht reduzieren sich die Zahlen weiter auf jeweils 0,1 %.

100 BVerwGE 94, 82 ff.

101 BVerwG NVwZ 2014, 81. Vgl. zu den Implikationen für den Schulalltag Rohe, Mathias, Muslimische Schülerinnen im Schwimmunterricht, SchulVerwaltung 12/2013, 338–340.

102 Vgl. VG Hamburg NVwZ-RR 2006, 121; VG Düsseldorf NWVBl. 2006, 68 und BeckRS 2008, 36099; VG Augsburg BeckRS 2010, 54920; OVG Münster BeckRS 2009, 35827.

103 Vgl. VG Köln BeckRS 2012, 60246.

104 Vgl. nur Anger, Islam, 230 ff. mwN; Epping, Volker/Hillgruber, Christian/ Germann, Michael, Grundgesetz, 2. Aufl. 2013, Art. 4 Rn. 51.3. mwN.

105 Vgl. zu diesen Grundsätzen BVerfGE 47, 46, 69 ff.

106 Koran Sure 2, 184 f.

107 Vgl. zur Fastenpraxis Brettfeld/Wetzels, Muslime, 248 f.; DIK-Studie 2009, 155 ff.

108 Vgl. Kleff, Sanem, Nichts essen, nichts trinken – und trotzdem Klausuren schreiben?, ufuq.de Nr. 13/14 August 2009, 2.

109 «Notwendigkeit» (darura) kann Verbotenes erlauben und Erlaubtes verbieten; vgl. zu diesem normativen Prinzip Rohe, Das islamische Recht, 66 f., 192, 194 und öfter.

110 Hier sind religiös-kulturelle Sensibilität und Offenheit ebenso gefordert wie Festigkeit in der Sache, insbesondere im Hinblick auf den in Deutschland bestehenden Staatsauftrag zur Förderung des Kindeswohls in Kooperation mit den Eltern. In nicht wenigen Migrantenfamilien entspricht die staatliche Mitverantwortung nicht den Erfahrungen des Herkunftsstaats und muss erst bewusst gemacht werden.

111 Abdullah, Geschichte, 15.

112 «Wenn die Seele einen Notruf braucht», Islamische Zeitung August 2015, 13; zur Genese vgl. den Bericht von MuTeS unter http://www.mutes. de/wer-wir-sind/unsere-geschichte.html (5.8.15).

113 «Aleviten starten eigene Telefonseelsorge», abrufbar unter http://www. cibedo.de/aktuellenachrichten231176218831 5.html (20.2.16).

114 «Muslime helfen als Seelsorger», Solinger Tagblatt vom 7.5.2015, abrufbar unter http://www.solinger-tageblatt.de/solingen/muslime-helfen-seelsorger-4981082.html (20.2.16).

115 Die Stadt Wiesbaden hat das Projekt MUSE (Muslimische Seelsorge in Wiesbaden; vgl. nur die Website http://muse-wiesbaden.de/) auf der Basis der Integrationsvereinbarung von 2007 mit neun islamischen Gemeinden initiiert, die sich in der Arbeitsgemeinschaft der islamischen Gemeinden in Wiesbaden (AIGW) zusammengeschlossen haben. Der Verfasser gehörte dem Fachbeirat des Projekts an und stützt sich auf die dort vorgelegten Informationen.

116 Informationen erhältlich unter http://www.solinger-tageblatt.de/solin-gen/muslime-helfen-seelsorger-4981082.html (20.2.16).

117 Lemmen/Yardim/Müller-Lange, Notfallbegleitung.

118 «Ausbildungsprojekt zur islamischen Gefängnisseelsorge gestartet», ab-rufbar unter https://www.baden-wuerttemberg.de/de/service/presse/pres-semitteilung / pid / ausbildungsprojekt-zur-islamischen-gefangenenseelsorge-gestartet/(20.2.16).

119 Ausführlich zu rechtlichen und inhaltlichen Fragen Rohe, Bedeutung, 53 ff mwN.

120 Vgl. etwa Aslan, Ednan (Hg.), Islamische Theologie in Österreich. Insti-tutionalisierung der Ausbildung von Imamen, SeelsorgerInnen und Theo-logInnen, Frankfurt a. M. u. a. 2013, 128 f.

121 Vgl. etwa Tellenbach, Muslime, 135, 139 mwN. Selbst ein der Unterstüt-zung von al-Qa'ida verdächtiger Untersuchungshäftling hat in einem vom BGH und vom BVerfG behandelten Fall ein seelsorgerliches Gespräch mit einem katholischen Gemeindereferenten geführt, was die Frage aufwarf, ob diesem das für Geistliche in § 53 Abs. 1 StPO vorgesehene Zeugnis-verweigerungsrecht zusteht; vgl. hierzu de Wall, Heinrich, NJW 2007, 1856 ff.

122 Griebel, Stefan/Rainer, Martin, Immigration, Religion und erneute Straf-fälligkeit bei jugendlichen Straftätern, in: SIAK-Journal 1/2013, 33–44.

123 400 männliche jugendliche Gefangene im Alter von 14–25 Jahren, Alters-schnitt über 20, durchschnittliche Haftdauer 20 Monate aus einem Spek-trum von 6 Monaten bis 6 Jahre; ferner 5 Straftäterinnen ohne Migrati-onshintergrund.

124 Die Rückfallquote innerhalb von 4 Jahren wurde anhand der Parameter Freiheitsstrafe und polizeiliche Suche ermittelt.

125 Angaben zum Stand Juli 2010 bei Meyer, Der Vollzugsalltag, 239, 243.

126 Meyer, Der Vollzugsalltag, 239 ff.

127 Obgleich fast alle muslimischen Gefangenen einen Migrationshinter-grund aufweisen, seien sie doch zumeist in Deutschland aufgewachsen und verstünden keine komplizierten Zusammenhänge in der Sprache ih-rer Eltern, aaO, 242.

128 Vgl. «Vom Knast in den Dschihad», Spiegel-online vom 30.6.2014; ab-rufbar unter http://www.spiegel.de/spiegel/print/d-127862077.html (11.3.15).

129 Vgl. den ausführlichen Bericht in «Erstmals bietet ein Bundesland mus-limischen Häftlingen Seelsorge an»,dtj-online vom 20.12.2012, abrufbar unter http://dtj-online.de/erstmals-bietet-ein-bundesland-muslimischen-haftlingen-seelsorge-an-1400 (5.4.16).

130 Vgl. hierzu Schulten, Die Anstaltsseelsorge.

131 OVG Lüneburg FEVS 44, 465 ff.

132 VG Berlin NVwZ 1994, 617.

133 So OVG Hamburg NJW 1992, 3118, 3119.

134 Zu alledem Rohe, Das islamische Recht, 66 f., 214 f. und öfter.

135 VG Mainz Urt. v. 26.2.2003 (Az. 1 L 98/03.MZ), Bericht unter becklink 88 243.

136 Vgl. Rohe, Das islamische Recht, 215 f.

137 Hier ist nur eine einzige Ehefrau privilegiert; vgl. VGH Mannheim NJW 2007, 3453.

138 Ausführlicher Janßen, Islam, 429 ff.

139 Der Verfasser weiß aus einer Vielzahl von Befragungen in Berlin im Jahre 2015 (Studie zu «Paralleljustiz»), dass dieses Phänomen sehr verbreitet ist (häufig weiß die «Zweitfrau» nichts von der Existenz anderer Partnerinnen), auch wenn keine verlässlichen Zahlenangaben möglich sind.

140 Vgl. zu alledem nur Schönke/Schröder, Strafgesetzbuch Kommentar, 29. Aufl. München 2014, § 166 und Vorbemerkungen (Lenckner/Bosch).

141 AG Tiergarten StraFo 2012, 110.

142 AG Lüdinghausen Urt. v. 23.2.2006, BeckRS 03 249.

143 Vgl. nur Hoevels, Islam und Arbeitsrecht, 25 ff. mwN.

144 Ausführlich Hoevels, Islam und Arbeitsrecht, 149 ff.; Frings, Musliminnen und Muslime im Arbeitsleben, und noch ausführlicher dies. in Antidiskriminierungsstelle des Bundes.

145 Vgl. z. B. BAG NJW 2003, 1685, 1687 und BVerfG NJW 2003, 2815; LAG Hamm NJW 2002, 1970; LAG Hamm NZA 2002, 1090, 1092.

146 Urt. v. 12.8.2008, BeckRS 2010, 73 919, abrufbar unter www.justiz.nrw. de/nrwe/arbgs/koeln/arbg_koeln/j2008/17_Ca_51_08urteil20080812. html (9.4.16).

147 Eine strenge traditionelle Auffassung folgt der Regel «was zu Verbotenem führen kann (hier: Die Versuchung, bei Kontakt mit Alkohol diesen zu konsumieren), ist selbst verboten»; vgl. Rohe, Das islamische Recht, 71 f.

148 BAG Urteil vom 24.2.2011; abrufbar unter http://juris.bundesarbeitsgericht.de / cgi-bin / rechtsprechung / document.py?Gericht=-bag&Art=en&nr=15389 (9.4.16).

149 Bericht abrufbar unter http://www.thisisderbyshire.co.uk/Muslim-worker-loses-Tesco-booze-bid/story-11581305-detail/story.html (9.4.16).

150 Vgl. etwa von Campenhausen/de Wall, Staatskirchenrecht, 179 ff.

151 Urt. v. 24.9.2014, abrufbar unter http://juris.bundesarbeitsgericht.de/ zweitesformat/bag/2015/2015–01–06/5_AZR_611–12.pdf (9.4.16).

152 Vgl. Rohe, Das islamische Recht, 112 ff., 236 ff.

153 Vgl. nur die ausgezeichnete Arbeit von Sacarcelik, Rechtsfragen islamischer Zertifikate.

154 Für Überlegungen zum finanzierten Erwerb von Immobilien im Wege einer GbR zwischen Finanzier und Erwerber vgl. nur Becker, Peter, Islamic Banking und Finance, RNotZ 2014, 22, 28 ff.

155 Vgl. die einschlägige Meldung («Islam-Mietvertrag für Hochhaus!»), Bild-Zeitung vom 10.10.2010, abrufbar unter http://www.bild.de/BILD/ news/2010/10/11/islam-klausel/mietvertrag-multi-kulti-hochhaus-regeln.htm (9.4.16).

156 Vgl. nur Kegel, Gerhard/Schurig, Klaus, Internationales Privatrecht, 9. Aufl. München 2004, 4 ff.

157 Kammergericht Berlin IPRax 2000, 126, zu Recht aufgeboben durch den Bundesgerichtshof, BGH FamRZ 2004, 1952.

158 Grundlegend hierzu Yassari, Die Brautgabe; vgl. auch Rohe, Das islamische Recht, 351 ff.

159 Vgl. Rohe, Das islamische Recht, 182 ff.

160 Vgl. Rohe, Staatsangehörigkeit oder Lebensmittelpunkt?, 1 ff., insbes. 25 ff.

161 Vgl. hierzu Rohe, Europäisches Kollisionsrecht, 67 ff.

162 Vgl. BGH NJW 1999, 574. Ausführlich Yassari, Die Brautgabe, 336 ff. mwN.

163 Vgl. Rohe, Das islamische Recht, 97 ff., 229 f. mwN.

164 Ausführlich hierzu Scholz, Erbrecht; Pattar, Islamisch inspiriertes Erbrecht.

165 Idriz, Grüß Gott, Herr Imam!, 143 ff.

166 Vgl. Rohe, Mathias, Außergerichtliche Streitbeilegung und Paralleljustiz, in: HSS Politische Studien (erscheint im Oktober 2016); vgl. auch Schirrmacher, Friedensrichter.

167 Hierzu Heisig, Das Ende der Geduld; Wagner, Richter ohne Gesetz. Die bislang für Kontinentaleuropa umfangreichste Studie zu solchen Phänomenen wurde für Berlin im Jahre 2015 erstellt; vgl. Rohe/Jaraba, Paralleljustiz. Die Forschungsarbeiten werden gegenwärtig deutschlandweit fortgeführt.

168 Dies belegen nach dem Verfasser vorliegenden Erkenntnissen gleichgeartete Phänomene unter nichtmuslimischen Gruppen wie z. B. christlichen Albanern oder Roma.

169 Vgl. Rohe/Jaraba, Paralleljustiz.

170 Das bayerische Staatsministerium der Justiz und für Verbraucherschutz hat hierfür seit 2013 eine mehrsprachige Broschüre «So funktioniert die deutsche Rechtsordnung» aufgelegt.

171 Öztürk, Y. N., Der verfälschte Islam, 146.

172 Z. B. über den sogenannten Chul'; vgl. Rohe, Das islamische Recht, 95 f., 222 ff.

173 Vgl. z. B. die vom Senat von Berlin vorgelegte Broschüre «Zerrbilder von Islam und Demokratie. Argumente gegen extremistische Interpretationen von Islam und Demokratie», Senatsverwaltung für Inneres und Sport, Januar 2011, wo in Deutsch, Türkisch und Arabisch die gegenläufigen Positionen mit aussagekräftigen Belegen gegeneinandergestellt werden. Zu alledem ausführlicher Rohe/Jaraba, Paralleljustiz.

174 Markus 12, 17; Lukas 20, 25.

175 Vgl. nur Waldhoff, Die Kirchen, 219 ff. mwN.

176 Vgl. den informativen Aufsatz von Hans Michael Heinig, Der Protestantismus in der deutschen Demokratie, FAZ vom 24.9.2015, S. 6, abrufbar unter http://www.faz.net/aktuell/politik/die-gegenwart/staat-und-

religion-der-protestantismus-in-der-deutschen-demokratie-13764878.
html (19.10.15).

177 Vgl. etwa Grabau, Identität, 199 mwN zu einschlägigen Studien, sowie
den informativen Überblicksbeitrag von Shooman, Das Zusammenspiel,
53 ff.; Bielefeldt, Das Islambild, 174 ff.; zum essentialistischen Umgang
mit Koranversen Kermani, «Und tötet sie, wo immer ihr sie findet»,
201 ff. Ein Beispiel sind die öffentlichen Äußerungen des Göttinger Emeri-
tus Tilman Nagel, beliebter Referent bei rechtspopulistischen Gruppierungen (vgl. z. B. den Hinweis auf den Vortrag bei der AfD in Stade am
10.10.2015, abrufbar unter http://www.afd-landkreis-stade.de/index.
php/termine/11-startseite/560-09-10-2015-vortrag-zum-thema-islam,
6.1.16) und wichtige Referenz islamfeindlicher Blogs wie PI.

178 Dies ist z. b. eine von drei Schlüsselfragen zur Bestimmung von religiösem
«Fundamentalismus» in einer Studie von Ruud Koopmans von 2014:
Religious fundamentalism and out-group hostility among Muslims and
Christians in Western Europe, abrufbar unter https://bibliothek.wzb.
eu/pdf/2014/vi14–101.pdf (15.2.16). Auch die zweite Frage nach der
Rückkehr zu den unveränderlichen Regeln der Religion ist höchst vage
formuliert. Die sehr unpräzise Kategorie des «Fundamentalismus», mit
welcher die Studie operiert, ist zudem im Hinblick auf für den Staat problematische extremistische Einstellungen unter Muslimen längst durch
Aussagekräftigeres ersetzt worden. Damit erbringt die Studie meines
Erachtens keinen neuen Erkenntnisgewinn. Auch wird die Behauptung,
es handele sich um eine repräsentative Befragung, von Ferda Ataman
überzeugend widerlegt: «Umstrittene Studie», abrufbar unter http://
mediendienst-integration.de/artikel/wzb-studie-koopmans-zu-funda-
mentalismus-muslime-und-christen-im-europaeischen-vergleich.html
(15.2.16).

179 Abrufbar unter http://zentralrat.de/3035.php (17.3.16).

180 Ausführlich hierzu Rohe, Das islamische Recht, 158, 260, 381 mwN.

181 Z. B. bei Pollack/Müller, Religiosität, 23.

182 Zum eher schmalen Forschungsstand bis 2007 vgl. die erste breit angelegte Studie von Brettfeld/Wetzels, Muslime, 24 ff.; zur Methodik dieser
Studie 66 ff. Sie beruht im Wesentlichen auf 970 Telefoninterviews mit
Menschen über 18 Jahren aus der Wohnbevölkerung, die sich selbst als
dem Islam zugehörig bezeichnet haben (aaO, 83), darunter 78 % Türkischstämmige (aaO, 86). Die Studie beschränkt sich auf Befragte in vier
großstädtischen Agglomerationen (aaO, 492). Eine kritische Würdigung
bietet Seidensticker, Empirische Daten, 53 ff. Weitere Belege sind die DIK-
Studie 2009 sowie die Studien von Pollack/Müller von 2013 und von
Halm/Sauer von 2015 sowie einige Aufsätze, insbesondere die Auswertung von Grabau von 2013.

183 Brettfeld/Wetzels, Muslime, 77. Inhaltlich problematisch erscheint hier
z. B. die Einstufung der Befürwortung der Todesstrafe als Element der Demokratiedistanz. Die deutliche Mehrheit der US-Bürger für diese Strafe

dürfte kaum so gedeutet werden. Auch die Haltung zur Koalitionsfreiheit wird sich schwerlich mit religiösen Einstellungen deuten lassen. Zudem sollte stets eine Vergleichsbefragung der deutschen Gesamtbevölkerung vorgelegt werden, um Schlüsse auf die spezifischen Auswirkungen auf das Zusammenleben zu ermöglichen.

184 Brettfeld/Wetzels, Muslime, 173, 500.

185 Brettfeld/Wetzels, Muslime, 174 f., 493 f. Die Bedeutung der Religiosität wird in der Studie gleichfalls aufgegriffen, erscheint dem Verfasser aber mit teilweise ungeeigneten Indikatoren erfasst und zu sehr von parallelen sozialen Unterschieden überlagert (aaO, 173), als dass belastbare Schlüsse zu ziehen wären. Auch Brettfeld/Wetzels kommen zu dem Schluss, dass starke Religiosität oder Gläubigkeit nicht den entscheidenden Risikofaktor darstellen (aaO, 500); vgl. auch Gesemann, Die Integration, 18.

186 Brettfeld/Wetzels, Muslime, 495.

187 Brettfeld/Wetzels, Muslime, 497. Vgl. auch die korrespondierenden Ergebnisse bei Öztürk, H., Wege zur Integration, 255 und öfter.

188 Die Frage ist zum einen sehr abstrakt formuliert, lässt also offen, welche persönlichen Faktoren für die Verbundenheit maßgeblich sind. Zudem insinuiert sie, dass eine stärkere Verbindung zum Herkunftsland per se problematisch für das Leben in Deutschland ist. Das trifft aber sicherlich nicht generell zu, schon gar nicht im Hinblick auf Menschen, die nur einen zeitweiligen Aufenthalt im Land planen. Vgl. auch Grabau, Identität, 201 ff.

189 DIK-Studie 2009, 299 f.

190 DIK-Studie 2009, 298.

191 Brettfeld/Wetzels, Muslime, 26 f.

192 Brettfeld/Wetzels, Muslime, 24.

193 Er stützt sich auf Daten von 322 deutschen Muslimen (vermutlich: Muslimen, die in Deutschland leben) und von 974 Muslimen in der Türkei. Benutzt wurden die vergleichsweise zahlreichen Daten von sunnitischen Muslimen in Deutschland.

194 Bertelsmann Religionsmonitor Sonderauswertung Islam 2015, 4.

195 Spielhaus, Wer ist hier Muslim?, 34.

196 Grabau, Identität, 210.

197 Ausführlicher wird eine modellhafte Gruppenbildung entwickelt in Rohe, Das islamische Recht, 385 ff.

198 Vgl. hierzu z.B. Remien, Florian, Muslime in Europa, Westlicher Staat und islamische Identität, Schenefeld 2007; March, Andrew, Islam and Liberal Citizenship, Oxford 2009, insbes. 163 ff.; Albrecht, Sarah, Islamisches Minderheitenrecht, Würzburg 2010; Rohe, Shariah in Europe, 656, 674 ff.

199 Abrufbar unter https://secure.avaaz.org/de/petition/Der_Bundestag_Vielen_Dank_Deutschland/?Day2Share (9.4.16); vgl. auch den Bericht «Es reicht nicht, nur Dankeschön zu sagen», Stuttgarter Zeitung vom 13.10.2015, S. 21.

200 Talgharizadeh, Beitrag, 91.

201 Vgl. etwa den Aufsatz von Işik, Dispositiv Muslim, 43 ff.

202 Kritisch zu dieser Begrifflichkeit schon Spielhaus, Wer ist hier Muslim?, 102 ff.

203 Bertelsmann Religionsmonitor Sonderauswertung Islam 2015, 3.

204 Vgl. die repräsentative Umfrage unter Menschen über 14 Jahren im Auftrag der Antidiskriminierungsstelle des Bundes von 2016, Bericht abrufbar unter http://www.antidiskriminierungsstelle.de/SharedDocs/Pressemitteilungen/DE/2015_/20160406_Umfrage_PM_TJ2016.html (10.4.16). Danach sind 64 % der Befragten Muslimen gegenüber positiv eingestellt, 25 % haben ein negatives, 8 % ein sehr negatives Bild. Die Formulierung der Frage ist sehr unscharf, die Antworten geben allerdings ein nicht unwichtiges Grundgefühl wieder.

205 Vgl. Grabau, Identität, 211; Nordbruch, Islamische Jugendkulturen, 2010; zu den verbreiteten Diskriminierungswahrnehmungen unter Jugendlichen Brettfeld/Wetzels, Muslime, 236 ff.

Sechster Teil
Perspektiven des Zusammenlebens

1 Abrufbar unter http://www.kulturrat.de/islam/islam-1.pdf (11.4.16).

2 Vgl. die kritischen Schilderungen der Frauenorganisation nafisa in dem Bericht «Durch den Seiteneingang ins Hinterzimmer? Frauen in Moscheen», unter http://www.nafisa.de/frau-und-islam/durch-den-seiteneingang-ins-hinterzimmer-frauen-in-moscheen/(16.2.16).

3 Vgl. den Bericht «Muslimische Gemeinde hat Frau als Imam», abrufbar unter http://www.n-tv.de/panorama/Muslimische-Gemeinde-hat-Frau-als-Imam-article14428461.html (20.2.16).

4 Kaddor, Jung – Muslimisch – Deutsch!, 57.

5 Vgl. z.B. den Bericht aus Mannheim «Opferfest statt Ostern für die Kleinsten im muslimischen Kindergarten» aus Mannheim (SWP vom 26.2.2015), abrufbar unter http://www.swp.de/ulm/nachrichten/suedwestumschau/Opferfest-statt-Ostern-fuer-die-Kleinsten-im-muslimischen-Kindergarten;art4319,3071306 (24.2.16).

6 «Ausstellung zeigt muslimisches Leben», Hamburger Abendblatt vom 15.5.2015, abrufbar unter http://www.abendblatt.de/region/schleswigholstein/article205317609/Salaam-Luebeck-Ausstellung-ueber-muslimisches-Leben-eroeffnet.html (22.2.16).

7 «Ich trage meine Religion nicht vor mir her», FAZ vom 15.7.2015, S. 13.

8 Abrufbar unter www.muslima.com/German (9.8.15).

9 Abgerufen unter https://edialogue.org/index/de-src-mj?&plk=pi-96–7dgm&gclid=CPjs4aTwm8cCFQLJtAodNKgLMA (9.8.15).

10 Abgerufen 9.8.15.

11 «Halal Expo abgesagt», Stuttgarter Zeitung vom 27.1.2014.

12 Sachverständigenrat deutscher Stiftungen für Integration und Migration, In Vielfalt altern: Pflege und Pflegepräferenzen, 12; eine Zusammenfassung findet sich in dem Bericht «Altern in Vielfalt» vom 17.11.2015, abrufbar unter http://www.svr-migration.de/presse/presse-forschung/altern-in-vielfalt/(18.11.15).

13 Bericht in EZW-Materialdienst 1/2016, 29.

14 Ilkılıç, Begegnung und Umgang mit muslimischen Patienten; Laabdallaoui/Rüschoff, Umgang mit muslimischen Patienten und Ratgeber für Muslime bei psychischen und psychosozialen Krisen.

15 Von Wensierski/Lübcke, «Als Moslem fühlt man sich hier auch zu Hause».

16 Von Wensierski/Lübcke, 18, 21 f., 28 ff., 98 ff. und öfter; vgl. zum differenzierten Bild auch Toprak, Integrationsunwillige Muslime?, 19 ff.; vgl. auch Öztürk, H., Wege zur Integration.

17 Von Wensierski/Lübcke, 2012, 20.

18 Vgl. hierzu etwa Kiefer, Lebenswelten, 149 ff.

19 Von Wensierski/Lübcke, 80 ff. m. zahlr. Nachweisen auch aus anderen Studien.

20 Informationen unter http://www.juma-projekt.de/(22.2.16).

21 Hamdan/Schmid, Junge Muslime als Partner. Vorgestellt werden JUMA, Berlin; Jung Hessisch. Muslimisch. Und selbstverständlich mit dabei, Hessen; Ibrahim trifft Abraham, Düsseldorf; Jüdisch-christlich-muslimische Kooperationen, München; Dialogbereit, NRW; Coaching-Projekt, bundesweit; Christlich-islamischer Jugendkreis, Kirchheim unter Teck; Evangelisch-Muslimisches Mädchenprojekt, Emsdetten.

22 Informationen auf der Website http://www.heroes-net.de/sowie unter http://www.deutsche-islam-konferenz.de/DIK/DE/Service/Bottom/Projektfoerderung/ProjekteGegenPolarisierung/ProjektHeroes/gegen-polarisierung-heroes-node.html (15.2.).

23 Informationen unter http://www.lichtjugend.de/; vgl. auch die Beschreibung der Bundeszentrale für politische Bildung vom 30.6.2014 unter http://www.lichtjugend.de/(15.2.16).

24 Nordbruch, Islamische Jugendkulturen. Eine Facebook-Präsenz mit religiösen und nationalistischen Themen ist abrufbar unter https://de-de.facebook.com/UlkucuGenclikAlmanya (15.2.16).

25 Zum Text und zu den Hintergründen der Bewegung vgl. nur Innenministerium des Landes Nordrhein-Westfalen, Internet-Aktivitäten der Ülkücü-Bewegung – «Graue Wölfe», Düsseldorf 2009, abrufbar unter http://www.mik.nrw.de/fileadmin/_migrated/content_uploads/gw_video.pdf (15.2.16).

26 Gerlach, Zwischen Pop und Dschihad.

27 Vgl. hierzu auch den instruktiven Übersichtsartikel von Nordbruch, Islamische Jugendkulturen.

28 Informationen erhältlich unter http://www.i-slam.de/index.php/de/http://www.i-slam.de/index.php/de/(22.2.16).

29 Informationen abrufbar unter http://www.muslimische-jugend.de/

30 Vgl. etwa Jouili, Re-Fashioning, 484 ff.

31 Informationen unter http://www.ramsa-deutschland.org/gedanken-zum-freitag/islamische-politik-und-politischer-islam (22.2.16).

32 Vgl. zur Methodik Becher/El-Menouar, Geschlechterrollen, 29 ff.

33 Becher/El-Menouar, Geschlechterrollen, 61.

34 Becher/El-Menouar, Geschlechterrollen, 58.

35 Becher/El-Menouar, Geschlechterrollen,5, 46, 79 ff. 177 f. und öfter.

36 Becher/El-Menouar, Geschlechterrollen, 7, 143.

37 So die Empfehlungen von Becher/El-Menouar, Geschlechterrollen, 182.

38 Becher/El-Menouar, Geschlechterrollen, 59.

39 Becher/El-Menouar, Geschlechterrollen, 72 ff.

40 Becher/El-Menouar, Geschlechterrollen, 6, 64 ff., 95 f. und öfter.

41 Becher/El-Menouar, Geschlechterrollen, 65; vgl. hierzu auch Von Wensierski/Lübcke, 108 ff. mwN.

42 Becher/El-Menouar, Geschlechterrollen, 6 f., 15, 21 ff., 112 ff., 143 ff.

43 Becher/El-Menouar, Geschlechterrollen, 115.

44 DIK, Geschlechterbilder, C. 30 und ff. mwN.

45 Zu Türken vgl. in jüngerer Zeit Toprak, Türkischstämmige Mädchen in Deutschland.

46 Vgl. zur (beschränkten) Rolle der islamischen Religion auch die kritischen Anmerkungen von Çakir (Islamfeindlichkeit, 177 ff.) an den Aussagen der 2010 vorgelegten Studie von Baier u. a., Kinder und Jugendliche in Deutschland, welche hohe Religiosität bei muslimischen Jugendlichen mit höherer Gewaltbereitschaft in Verbindung brachte (aaO, 9, 127 ff.). Es kommt offenbar nicht auf das Maß der Religiosität an, sondern auf deren Ausrichtung.

47 Toprak/Nowacki, Gewaltphänomene; ausführlicher dies., Muslimische Jungen.

48 Der Verfasser hat in einer Vielzahl von Gesprächen mit engagierten Lehrkräften in ganz Deutschland eindrucksvolle Beispiele solcher Verhaltensweisen gehört.

49 Zu den Hintergründen solcher Haltungen und möglichen Handlungsstrategien vgl. Toprak, Jungen und Gewalt.

50 Zu solchen pauschalen Zuschreibungen vgl. Shooman, Muslimisch, weiblich, unterdrückt und gefährlich, 86 ff.; vgl. auch Nökel, Die Töchter, 263 ff.

51 So die Attitüde Keleks in einem Interview in Die Welt vom 12.2.2016, abrufbar unter http://www.welt.de/politik/article152184546/Merkel-muss-darueber-nachdenken-was-sie-uns-zumutet.html (16.2.16).

52 Schneider, Der Islam und die Frauen.

53 Vgl. nur Rohe, Das islamische Recht, 79 ff., 171 ff., 207 ff. mwN.

54 «Fatwa in der Türkei: Flirten verboten» Spiegel-online vom 5.1.2016, abrufbar unter http://www.spiegel.de/politik/ausland/tuerkei-fatwa-verbietet-flirten-und-haendchenhalten-a-1070458.html (5.1.16). Das Fatwa ist

in türkischer Sprache abrufbar unter https://fetva.diyanet.gov.tr/Duyuru-Detay/Duyurular/559/nisanlilarin-rahat-gorusebilmek-icin-nikah-kiymalari-uygun-mudur- (5.1.16).

55 Wielandt, Das Bild, 489 ff.

56 Wielandt, Das Bild, 498.

57 Vgl. den Bericht «Mehr als 1500 Straftaten: Die Ermittlungsergebnisse zur Kölner Silvesternacht», Spiegel-online vom 6.4.2016, abrufbar unter http://www.spiegel.de/panorama/justiz/koeln-silvesteruebergriffe-die-er-mittlungsergebnisse-a-1085716.html (7.4.16).

58 Zu Ansätzen der Loslösung der Religion des Islam von patriarchalischen Verständnissen vgl. z. B. Mir-Hosseini, Neue Überlegungen, 53 ff. mwN; Rohe, Das islamische Recht, 172 ff., 197 ff. und öfter mwN.

59 Der Philologenverband Sachsen-Anhalt hat in seiner Zeitschrift (Ausgabe 3/2015, abrufbar unter http://www.phvsa.de/files/gisa/Zeitschrift_03-2015_WEB.pdf, 7.11.15) einen Leitartikel abgedruckt, der nach Rhetorik und Inhalt den Vergleich mit den intellektuell unterbelichteten Äußerungen auf Hass-Websites wie «Politically Incorrect» nicht scheuen muss; dementsprechend fällt dort der Beifall aus (Kommentare abrufbar unter http://www.pi-news.net/2015/11/p489778/, 7.11.15). Vgl. auch den lesenswerten Kommentar von Alois Kösters, abrufbar unter http://www.volksstimme.de/sachsen-anhalt/20 151 109/aufgespiesst-die-rezension-gefuehltes-wissen (9.11.15).

60 Vgl. die ausführliche Studie des Bundesministeriums für Familie, Senioren, Frauen und Jugend (BFSFJ), Zwangsverheiratung in Deutschland.

61 Vgl. Rohe, Das islamische Recht, 84 f., 213; unzutreffend daher die polemischen Ausführungen Abdurahman Reidegelds, Aus gegebenem Anlass: Ehen unter Zwang sind im Islam ungültig, Islamische Zeitung vom 9.11. 2011, abrufbar unter http://www.islamische-zeitung.de/aus-gegebenem-anlass-ehen-unter-zwang-sind-im-islam-ungueltig-von-abdurahman-reidegeld/(9.4.16).

62 Ausführlich hierzu Sütcü, Zwangsheirat; Straßburger, Zwangsheirat, 68 ff.

63 Zu den Hintergründen solcher Verbrechen vgl. z. B. Toprak, Integrationsunwillige Muslime?, 47 ff.

64 Vgl. den Bericht bei Thiemann, Zwangsverheiratung, 187.

65 Bundesministerium für Familie, Senioren, Frauen und Jugend, Zwangsverheiratung in Deutschland.

66 Bielefeldt, Das «Fremdbild Islam», 117 mwN; ausführlich ders., Zwangsheirat, 13 ff. Vgl. zur entsprechenden Auswertung verschiedener Untersuchungen in Europa auch Karakaşolu/Subaşı, Ausmaß, 110 ff.

67 DIK, Geschlechterbilder, Anhang D.32.

68 Vgl. nur Müller, Gleich und doch nicht gleich, 221 ff.; Rohe, Das islamische Recht, 171 ff., 196 ff. und öfter mit zahlr. Nachweisen.

69 Vgl. etwa Müller, Gleich und doch nicht gleich, 221 ff.; «Islamischer Feminismus in Deutschland», abrufbar unter http://www.deutsche-islam-

konferenz.de/DIK/DE/Magazin/IslamGender/Feminismus/feminismus-node.html (22.8.15).

70 Hierzu Kaddor, Warum das islamische Kopftuch obsolet geworden ist, 131 ff.

71 Vgl. zum traditionell mit «Schlagen» übersetzten Wortlaut von Sure 4,34 als Sanktion gegen Frauen bei Ehestreitigkeiten Zentrum für Islamische Frauenforschung und Frauenförderung, Ein einziges Wort; Seker, Ermahnt sie, 117 ff.; Khorchide, Die Männerbilder des Korans, Die Zeit vom 15.1.2016, abrufbar unter http://www.zeit.de/gesellschaft/2016–01/islam-maennerbild-geschlechter-koran (20.1.16); Rohe, Das islamische Recht, 200 ff. mwN.

72 Vgl. Sachverständigenrat deutscher Stiftungen für Integration und Migration, Jahresgutachten 2015, 142 ff.; Hierl, Die Islamisierung der deutschen Integrationsdebatte; Seidel, In welche Richtung, 250, 253 ff.

73 Deutlich Spielhaus, Wer ist hier Muslim?, 189 ff.

74 Ammann, Östliche Spiegel, 26 ff.

75 Jonker, The *longue durée*, 12, 34 und öfter.

76 Tworuschka, Der Islam, 311.

77 Bielefeldt, Entgleisende Islamkritik, 135, 138 ff.

78 Petersen, Thomas, Sorgen und Hilfsbereitschaft. Die Einstellungen der Deutschen zur Flüchtlingskrise, in: Forschung & Lehre 1/2016, 18, 21.; vgl. auch die entsprechenden Daten bei Hafez/Schmidt, Die Wahrnehmung, 15 ff.

79 Foroutan u. a., Deutschland postmigrantisch II, 54 ff, 80; vergleichbar die Untersuchungen Pollacks, Öffentliche Wahrnehmung, 114.

80 Bertelsmann Religionsmonitor Sonderauswertung Islam 2015, 7 f., 11.

81 Hafez/Schmidt, Die Wahrnehmung, 16.

82 Sachverständigenrat deutscher Stiftungen für Integration und Migration, Jahresgutachten 2016, 24; 41 ff. Die Ergebnisse beruhen auf der Befragung von insgesamt 5396 Personen.

83 «Umfrage zu Flüchtlingen», Spiegel-online vom 29.2.2016, abrufbar unter http://www.spiegel.de/politik/deutschland/fluechtlinge-ueber-die-haelfte-deutschen-glaubt-an-integration-unter-bedingungen-a-1079748.html (29.2.16).

84 Decker/Kiess/Brähler, Die Untersuchung 2014, 35, 58; Kiess/Decker/Brähler, Die Wählerinnen und Wähler, 83, 95 f.

85 Vgl nur Foroutan u. a., Deutschland postmigrantisch I, 7 ff.

86 Hafez/Schmidt, Die Wahrnehmung, 15.

87 Vgl. zu den Diskrepanzen zwischen Selbst- und Fremdwahrnehmung mit rechtlichen Implikationen am Beispiel des Kopftuchstreits die aufschlussreiche Studie von Lazzarini, Selbst- und Fremdbild.

88 Vgl. die Übersicht bei Küpper/Zick, Homophobie, 4, 7, 11 mwN.

89 Zick, Islam- und muslimfeindliche Einstellungen, 35, 43.

90 Vgl. die Daten bei Hafez/Schmidt, Die Wahrnehmung, 40 ff.

91 Vgl. Leibold/Kühnel, Islamophobie (2006), 148 mwN.

92 Vgl. auch Bielefeldt, Das «Fremdbild Islam», 115 ff.; Bahners, Die Panik-macher, 233 ff.; Foroutan, Muslimbilder, 18 ff.

93 Neben Erkenntnissen des Verfassers aus Hunderten von Gesprächen in den vergangenen Jahren vgl. auch Halm/Sauer, Lebenswelten, 14 mwN.

94 Vgl. nur Bielefeldt, Das Islambild, 184 f. mwN.

95 Schneiders, Islamkritik, 104, 109;

96 Uslucan, Muslime, 371 ff.

97 Vgl. den ausführlichen Bericht von Alexis Jay, Independent Inquiry into Child Sexual Exploitation in Rotherham 1997–2013, August 2014, ab-rufbar unter http://www.rotherham.gov.uk/downloads/file/1407/inde-pendent_inquiry_cse_in_rotherham (10.3.16).

98 «Ende einer unehrenhaften Regentschaft», FAZ vom 25.4.2015, S. 6.

99 Schneiders (Hg.), Islamfeindlichkeit; Çakir, Islamfeindlichkeit, mit zahl-reichen weiteren Nachweisen; Shooman, «… weil ihre Kultur so ist».

100 Vgl. etwa die Übersicht über die Forschung zur «Islamophobie» seit 1997 bei Leibold/Kühnel, Islamophobie (2003), 100 ff.; dies., Islamophobie (2006), 135 ff.

101 Erstmals erforscht in einer Studie der Runnymede Trust Commission on British Muslims and Islamophobia, Islamophobia: A Challenge for Us All, London 1997. Für Deutschland vgl. die Ergebnisse der Befragungen bei Heitmeyer (u.a.) zu Fragen gruppenbezogener Menschenfeindlich-keit, in der von Heitmeyer seit 2002 herausgegebenen Reihe «Deutsche Zustände».

102 Vgl. Heitmeyer, Gruppenbezogene Menschenfeindlichkeit, 13 ff.; Biele-feldt, Muslimfeindlichkeit, 23 ff.

103 Bielefeldt, Muslimfeindlichkeit, 26 ff.

104 So die Kriterien, die in der Arbeitsgruppe Islamismus und Islamfeindlich-keit des Dialogforum Islam (Republik Österreich, BM.I) 2012 herausge-arbeitet wurden; vgl. Rohe, Islamismus und Islamfeindlichkeit, in: BM.I, Dialogforum Islam, Bericht, 2012, 25–29, abrufbar unter https://www.bmeia.gv.at/fileadmin/user_upload/Zentrale/Integration/Publikatio-nen/DFI_Bericht_Web.pdf (11.3.16).

105 Çakir, Islamfeindlichkeit, 83 ff., 131 ff.; vgl. auch Attia, Die «westliche Kultur», 57 ff., 62 ff.

106 Hierzu z.B. Bielefeldt, Das Islambild, 189 f. Hier sind Autoren wie Udo Ulfkotte, Hans-Peter Raddatz oder Rolf Stolz zu nennen.

107 Vgl. z.B. die Äußerung eines Buchrezensenten (Ziemlich beste Feinde, FAZ vom 10.9.2013, S. 29) «(…) passt zur politisch angenehm inkorrek-ten Tendenz (…) Leon de Winters, der nicht einsehen will, warum das Einfordern von Freiheitsrechten und begründete Islamkritik inzwischen als rechtsradikal gelten». Es bleibt das Geheimnis des Verfassers, wer denn *derartiges* als rechtsradikal bezeichnen würde.

108 Zu den Ausfällen Ralph Giordanos vgl. Brumlik, Das halbierte Huma-num, 232 ff.

109 Vgl. hierzu Bahners, Die Panikmacher; Bade, Kritik und Gewalt.

110 Schneiders, Die Schattenseite, 403 ff.; ders., Wegbereiter.

111 Vgl. insbesondere sein Buch «Mohamed – eine Abrechnung» aus dem
Jahr 2015. Schon der Name des Hassobjekts ist falsch geschrieben (es
müsste zumindest «Mohammed» heißen). Die Ausarbeitung ist ungewöhnlich nachlässig. Der Untertitel macht die Zielrichtung deutlich.
Seine küchenpsychologischen Deutungen entbehren jeglicher wissenschaftlicher Seriosität. Regelrecht infam ist die Unterstellung einer «Ar-
beitsteilung» zwischen radikal-terroristischen und gemäßigten Muslimen; vgl. den Bericht in Der Spiegel vom 29.9.2015 unter http://www.
spiegel.de/kultur/tv/hart-aber-fair-plasberg-talk-zu-islam-terrorismus-
und-religion-a-1055105.html (1.10.15). Sie insinuiert eine Zusammenarbeit und kann nicht erklären, weswegen gemäßigte Muslime Haupt-
feinde der Radikalen sind. Vgl. auch die Rezension von Rainer Hermann
mit dem bezeichnenden Titel «Phantasieren über Muhammad», FAZ vom
30.9.2015, S. 10. Zur Widerlegung seiner kruden Thesen vom «Islamo-
Faschismus» vgl. Pfahl-Traughber, Der Islamismus, 149 ff.

112 Die authentischen autobiographischen Ausführungen stehen in starkem
Kontrast zu wenig fachkundigen Aussagen über «den Islam» oder «die
Muslime». Zu ihr Bade, Kritik und Gewalt, 147 ff.; Bahners, Die Panik-
macher, 131 ff.; Çakir, Islamfeindlichkeit, 194 ff.

113 So die treffende Bezeichnung durch einen der führenden deutschen
Migrationsforscher, Klaus Bade («Ich sitze keinem Politbüro vor», FAZ
vom 18.5.2011, S. 25), als Reaktion auf unqualifizierte Angriffe und Verschwörungstheorien Necla Keleks.

114 Abgedruckt in FAZ vom 9.3.2015, S. 15.

115 Vgl. nur die Beiträge in Häusler (Hg.), Rechtspopulismus als «Bürgerbewegung».

116 Vgl. «Immer wieder montags», FAZ vom 16.5.2015, S. 2: Die Düsseldorfer Aktivitäten werden von einer vormals in der NPD-Jugendorganisation,
später in der Führung der rechtsextremen Gruppierung Pro NRW tätigen
Person gesteuert. Die Ableger in Nürnberg, Würzburg und München stehen seit 2015 unter Beobachtung des Verfassungsschutzes; vgl. «Islamhasser, Rechtspopulisten, Neonazis», BR Nachrichten 23.1.2016, abrufbar unter http://www.br.de/nachrichten/rechtsextremismus/pegida-
nuegida-nuernberg-100.html (17.3.16).

117 «Kein Geheimnis mehr. Die AfD und Pegida», FAZ-online vom 10.12.
2014, abrufbar unter http://www.faz.net/aktuell/politik/inland/die-
naehe-der-afd-zum-islamkritischen-pegida-buendnis-13314224.html
(9.3.15).

118 So der damals sächsische AfD-Funktionär Hans-Thomas Tillschneider zu
nicht näher definierten «Großmoscheen»; vgl. den dpa-Bericht «AfD geht
mit Moscheenkritik und Deutschquote für Musik in sächsischen Wahlkampf», LVZ-online vom 2.3.2014 15:43 abrufbar unter http://www.lvz-
online.de/nachrichten/mitteldeutschland/saechsische-afd-formuliert-
programm-fuer-landtagswahl-ende-august/r-mitteldeutschland-a-229

059.html (11.3.16). Dieser Funktionär äußerte auf dem Stuttgarter Parteitag 2016 auch, der Islam könne sich nicht im selben Maße auf die Religionsfreiheit berufen wie das Christentum, weil er «fremd» sei – eine klare Positionierung gegen das Neutralitätsgebot der Verfassung.

119 Vgl. «Die AfD rückt nach rechts», Süddeutsche Zeitung vom 4.7.2015, abrufbar unter http://www.sueddeutsche.de/politik/lucke-unterliegt-petry-die-afd-rueckt-nach-rechts-1.2551270 (5.7.15).

120 Zitate aus dem Bericht über die EDK-Synodentagung in Bremen «Das Grundprinzip wechselseitiger Einfühlung», FAZ vom 9.11.2015, S. 4.

121 So die treffende Formulierung von Heiner Bielefeldt, UN-Sonderberichterstatter für Religions- und Weltanschauungsfreiheit.

122 Vgl. nur «Die AfD will Deutschland einzäunen», FAZ-online vom 1.5.2016, abrufbar unter http://www.faz.net/aktuell/politik/inland/afd-beschliesst-anti-islam-kurs-mit-grosser-mehrheit-14209697.html (2.5.16).

123 Vgl. «Lucke: Islam ist uns fremd», FAZ vom 2.3.2015, S. 5.

124 Vgl. den Artikel «Gewalttätige Hooligan-Demo in Köln», Die Zeit vom 26.10.2014, abrufbar unter http://www.zeit.de/politik/deutschland/2014–10/demonstration-gegen-salafisten (10.3.16).

125 Vgl. «Bedrohter Muslim», SZ vom 23.3.2015, S. 34.

126 Vgl. «Flüchtlingsheim mit Schweineabfällen besudelt», FAZ vom 2.7.2015, abrufbar unter http://www.faz.net/aktuell/rhein-main/fluechtlingsheim-in-mengerskirchen-mit-schweineabfaellen-beschmutzt-13681225.html (4.7.15).

127 «Totes Schwein auf Moschee-Baustelle abgelegt», SZ vom 25.2.2016, abrufbar unter http://www.sueddeutsche.de/panorama/leipzig-totes-schwein-auf-moschee-baustelle-abgelegt-1.2879542 (25.2.16).

128 Berlin, Senatsverwaltung für Inneres und Sport, Lageanalyse Rechtsextremistische Aktivitäten gegen Flüchtlinge und Flüchtlingsunterkünfte in Berlin, November 2015, 5, 9 ff., abrufbar unter lageanalyse-aktivitaeten-gegen-fluechtlinge.pdf (30.12.15).

129 Bericht «Neonazis», Spiegel-online vom 10.1.2016, abrufbar unter http://www.spiegel.de/politik/deutschland/neonazis-hunderte-rechte-straftaeter-trotz-haftbefehls-auf-freiem-fuss-a-1071348.html (17.3.16).

130 Kommentar Nr. 24, abrufbar unter http://www.pi-news.net/2016/02/heute-19-uhr-livestream-legida-aus-leipzig/#comments (2.2.16).

131 Kommentar Nr. 61 («eckie») verweist auf einen Artikel mit extrem vulgär-antisemitischen Verschwörungstheorien, abrufbar unter http://trutzgauer-bote.info/2015/04/25/vermischung-der-rassen-ist-gezielte-strategie-der-neuen-weltordnung/(1.5.16). Danach habe ein «kleiner palästinensischer Stamm namens Juda» ein rassisch fundiertes Glaubensbekenntnis mit einer «Theorie von der Herrenrasse» geschaffen, die unter sich bleiben solle. Der einzige Sinn der jüdischen Geschichte sei es, nichtjüdische Gesellschaften zu zerstören, unter anderem durch eine gezielte Politik der Völkervermischung. Trotz offenbar vorhandener Moderation fand man solche Zuschriften offenbar nicht anstößig.

132 Vgl. die PI-Meldung vom 25.1.2015 unter http://www.pi-news.net/2015/
    01/die-doppelmoral-von-roth-und-woehrl-im-iran/(18.3.15); in ähn-
    lichem Zusammenhang stand eine Hetzkampagne gegen ein Flücht-
    lingsheim in Müllheim, vgl. den Bericht «Müllheim: Flüchtlingsun-
    terkunft im Visier der rechten Szene», Badische Zeitung vom 16.12.2014,
    abrufbar unter http://www.badische-zeitung.de/muellheim/muellheim-
    fluechtlingsunterkunft-im-visier-der-rechten-szene--97224583.html
    (18.3.15).

133 «Ausschreitungen in Heidenau: Rechter Terror mit Ansage», Spiegel-
    online vom 22.8.2015, abrufbar unter http://www.spiegel.de/poli-
    tik/deutschland/fluechtlingsheim-in-heidenau-rechter-terror-mit-
    ansage-a-1049372.html (22.8.15).

134 «Immer mehr Übergriffe auf Moscheen», Deutsche Welle 29.7.2014, ab-
    rufbar unter http://www.dw.de/immer-mehr-%C3%BCberf%C3%A4lle-
    auf-moscheen/a-17820463 (18.8.15).

135 Vgl. den Artikel «Scharfe Kritik an Anti-Islambündnis Pegida», FAZ vom
    13.12.2014, S. 1, abrufbar unter http://www.onleihe.de/static/content/
    faz/20141213/F141213/vF141213.pdf (17.3.15).

136 «Aufmarsch in Dresden: Innenminister besorgt über Anti-Islam-Bewe-
    gung Pegida», Spiegel-online vom 9.12.2014, abrufbar unter http://www.
    spiegel.de/politik/deutschland/pegida-innenminister-besorgt-ueber-anti-
    islam-bewegung-in-dresden-a-1007323.html (17.3.15).

137 Vgl. den Artikel «Domprobst Feldhoff: wir wollen wachrütteln», Radio
    Vatikan 2.1.15, abrufbar unter http://de.radiovaticana.va/news/2015/
    01/02/d_der_k%C3%B6lner_dom_bleibt_am_montag_dunkel_wach-
    r%C3%BCtteln/1 116 692 (17.3.15).

138 Vgl den Artikel «Domprobst Feldhoff: wir wollen wachrütteln», Radio
    Vatikan 2.1.15, abrufbar unter http://de.radiovaticana.va/news/2015/
    01/02/d_der_k%C3%B6lner_dom_bleibt_am_montag_dunkel_wach-
    r%C3%BCtteln/1 116 692 (17.3.15).

139 Vgl. die Wiedergabe seiner Äußerungen im WDR am 22.12.2014,
    abrufbar unter http://www1.wdr.de/radio/nachrichten/wdr345/radio-
    homepage212678.html (18.3.15).

140 Vgl. «Zentralrat der Juden nimmt Muslime in Schutz», Die Zeit vom
    22.12.2014, abrufbar unter http://www.zeit.de/politik/deutschland/
    2014–12/zenralrat-der-juden-islam-pegida (18.3.14).

141 Vgl. «Letzte Hoffnung Wuppertal», Wirtschaftswoche 32/2015 vom
    31.7.2015, S. 23 f.

142 Vgl. «Das Versprechen», Der Spiegel vom 21.3.2015, abrufbar unter
    http://www.spiegel.de/spiegel/print/d-132696523.html (17.7.15).

143 Vgl. Pinn/Wehner, Euro-Phantasien. Die islamische Frau aus westlicher
    Sicht.

144 Susanne von Paczensky in Baumgartner-Karabak, Andrea/Landesberger,
    Gisela, Die verkauften Bräute, Reinbek 1978, 7; hierzu Mattes,
    «Fremdarbeiter», 104; Beck-Gernsheim, Türkische Bräute, 32 ff.

145 Bundesministerium für Familie, Senioren, Frauen und Jugend, Familien
    ausländischer Herkunft in Deutschland, Sechster Bericht, Berlin 2000, 5,
    75 (abrufbar unter http://www.bmfsfj.de/RedaktionBMFSFJ/Internet-
    redaktion/Pdf-Anlagen/PRM-3529-Familienbericht,property=pdf,-
    bereich=,rwb=true.pdf; 29.3.15) mit übereinstimmend kritischer
    Stellungnahme der Bundesregierung zu derlei Verzerrungen, Bundestags-
    drucksache 14/4357 vom 20.10.2000, XVII; vgl. auch Beck-Gernsheim,
    Türkische Bräute, 33.
146 BGH NJW 1999, 135.
147 Der Mitgründer Miersch hat diesen Blog wegen Pegida-Affinität im Ja-
    nuar 2015 verlassen, vgl. den Eintrag vom 20.1.15 «Na dann ohne mich»,
    abrufbar unter http://www.achgut.com/dadgdx/index.php/dadgd/ar-
    ticle/na_dann_ohne_mich (3.2.15). Einer der schreibfreudigsten Auto-
    ren, Henryk Broder, wird in dem kruden «Manifest» des islamhassen-
    den Massenmörders Breivik als Referenz genutzt. Den Autor Broder hat
    das nicht irritiert, vgl. «Broder über Broder bei Breivik», Tagesspiegel
    vom 24.7.2011, abrufbar unter http://www.welt.de/debatte/kommen-
    tare/article13506649/Das-Manifest-des-Anders-Behring-Breivik-und-
    ich.html (24.2.16).
148 Zur polarisierten feministischen Debatte vgl. Marx, Feministische Gegen-
    stimmen?, 101ff.
149 Exemplarisch die substanzarme Gerichtsschelte bei Mönch, «Kopftuch-
    Urteil: Eine Gefahr für die offene Gesellschaft», FAZ vom 16.3.2015,
    abrufbar unter http://www.faz.net/aktuell/feuilleton/kopftuch-urteil-
    eine-gefahr-fuer-die-offene-gesellschaft-13484485.html   (17.3.2015).
    Der Artikel ignoriert auch die differenzierten Aussagen des Bundesver-
    fassungsgerichts zu den Möglichkeiten, genau den von der Autorin be-
    schworenen, wenngleich nicht belegten Gefahren gegebenenfalls entge-
    genzutreten. Auf der Islamhasserwebsite PI wurde der Artikel wenig
    überraschend als «Lichtblick» gepriesen, vgl. http://www.pi-news.
    net/2015/03/regina-moench-faz-zum-kopftuch-urteil/(17.3.15), gelobt
    auch auf der Hasswebsite madrasaoftime am 16.3.15, abrufbar unter
    https://madrasaoftime.wordpress.com/(21.3.15). Zu den vielen Facetten
    der Debatte vgl. den Sammelband von Berghahn/Rostock (Hg.), Der
    Stoff aus dem Konflikte sind, und schon Oestreich, Der Kopftuch-
    Streit.
150 Exemplarisch für die deutsche Gegenwart Reidegeld, Handbuch Islam,
    276ff., insbes. 277.
151 Vgl. «Die Kleidung einer Muslimischen Frau», abrufbar unter http://
    erfurter-moschee.com/?p=59#more-59 (16.2.2016). Der Artikel ist mit
    einem Bild versehen, das fünf mit einem Niqab verhüllte Frauen zeigt.
152 Reidegeld, Handbuch, 277.
153 Vgl. nur Sacksofsky, Kopftuchverbote, 37 mwN sowie die Sachverständi-
    genstellungnahmen im Landtag von NRW (Fn. 743).
154 Bielefeldt, Das «Fremdbild Islam», 112.

155 Zur Fragwürdigkeit solcher Positionen auch aus feministischer Sicht vgl. Rommelsbacher, Feminismus, 395 ff.

156 Berghahn, Deutschlands konfrontativer Umgang, 35 mwN; ausführlich Lazzarini, Selbst- und Fremdbild.

157 Vgl. den erhellenden Beitrag auf der Website der Deutschen Islam Konferenz von Yasemin Shooman vom 9.1.2012, Muslimisch, weiblich, unterdrückt und gefährlich – Stereotype muslimischer Frauen in öffentlichen Diskursen(http://www.deutsche-islam-konferenz.de/DIK/DE/Magazin/IslamGender/StereotypMuslima/stereotypmuslima-node.html, 10.3. 16); dies., «… weil ihre Kultur so ist», 83 ff.; Beck-Gernsheim, Wir und die Anderen, 51 ff.

158 «Verhüllter Journalismus», Emma 2015, abrufbar unter http://www.aliceschwarzer.de/artikel/verhuellter-journalismus-318609 (21.3.15).

159 Abrufbar unter https://www.facebook.com/pegidaevdresden?ref=bookmarks (14.7.15).

160 Rommelsbacher, Feminismus, 298; vgl. auch Bühl, Islamfeindlichkeit, 159, der in Schwarzers Positionen die Tradition eines «kolonialen Feminismus» erkennt; Rumpf, Mechthild, Religiöses Selbstverständnis junger Musliminnen im Spannungsfeld von Identitätspolitik und multiplen Identitätskonstruktionen, in: Rumpf/Gerhard/Jansen (Hg.), Facetten, 15, 198 ff.

161 «Auftakt im Marwa-Prozess», Spiegel-online vom 26.10.2009, abrufbar unter http://www.spiegel.de/panorama/justiz/auftakt-im-marwa-prozess-ein-angeklagter-voll-widerstand-und-provokation-a-657498.html (15.6. 15).

162 Vgl. Bühl, Islamfeindlichkeit, 8 ff.; Attia/Shooman, Aus blankem Hass, 23 ff.

163 Kommentar Nr. 17 vom 14.11.2009 (abgerufen am 16.12.09 unter www.pi-news.net/2009/11/aegypter-fordern-kopf-des-marwa-moerders/#comments).

164 Vgl. zur Vielfalt der Positionen Rohe, Das islamische Recht, 244 ff.

165 Vgl. hierzu Wehrstein, Deutsche und französische Pressetexte, insbes. 235 ff.

166 Vgl. «Kölner Jecken haben Angst vor der eigenen Courage», FAZ vom 30.1.2015, S. 6.

167 «Muslime empören sich über Aldi-Seife mit Moschee», Die Welt vom 18.1.2015, abrufbar unter http://www.welt.de/wirtschaft/article136502475/Muslime-empoeren-sich-ueber-Aldi-Seife-mit-Moschee.html (7.1.16).

168 «Vermeintliche Rücksichtnahme auf Muslime» vom 14.11.13, abrufbar unter http://mediendienst-integration.de/artikel/sankt-martin-sonnemond-und-sterne-christliche-symbole.html (7.1.16).

169 «Linke entfacht Streit über Sankt Martin in NRW», Die Welt vom 5.11. 2013, abrufbar unter http://www.welt.de/regionales/duesseldorf/article121565472/Linke-entfacht-Streit-ueber-Sankt-Martin-in-NRW.html (7.1.16).

170 Vgl. «Es geht um die Wurst», Chrismon 1/2016, 44 ff.

171 Vgl. den ausführlichen Bericht «Ein Weihnachtsmärchen», taz vom 17.12.2014, abrufbar unter http://www.taz.de/!5025974/(7.1.16).

172 «Polizei warnt vor falschen Gerüchten um Asylbewerber», Freie Presse/Chemnitzer Zeitung vom 9.10.2015, S. 2.

173 «Vergewaltigung an der Münchner Straße war erfunden», Dresdner Neueste Nachrichten vom 27.11.2015, abrufbar unter http://www.dnn. de/Dresden/Polizeiticker/Polizeiticker-Dresden/Vergewaltigung-an-der-Muenchner-Strasse-war-erfunden (11.3.16).

174 Hierzu Heyder/Iser/Schmidt, Israelkritik oder Antisemitismus?, 144 ff.

175 «Rabbiner zusammengeschlagen», Tagesspiegel vom 29.8.2012, abrufbar unter http://www.tagesspiegel.de/berlin/polizei-justiz/rabbiner-zusammengeschlagen-das-war-eine-attacke-auf-die-religionsfreiheit/7067800. html (7.1.16).

176 Vgl. die empirischen Untersuchungen der Hintergründe bei Mansel/Spaiser, Antisemitische Einstellungen, 220 ff., insbes. 234 ff., sowie Müller, Zwischen Berlin und Beirut, 303 ff.

177 Vgl. zum zuvor «exportierten» und aus dem Palästinakonflikt entstandenen arabischen Antizionismus und Antisemitismus/-judaismus Krämer, Demokratie, 158 ff.

178 Ausführlicher Rohe, Islamismus, 2005, 133 ff.

179 Information von Herrn Christian Horn von der Polizeidirektion 5 bei einer Tagung am 3.3.2016 in Fürstenfeldbruck.

180 «Angegriffener Israeli wehrt sich gegen Instrumentalisierung», Berliner Tagesspiegel vom 6.1.2015, abrufbar unter http://www.tagesspiegel. de/berlin/antisemitismus-und-rassismus-in-berlin-angegriffener-israeli-wehrt-sich-gegen-instrumentalisierung/11183708.html. (23.12.15).

181 «Antisemitismus: Zentralrat der Muslime nennt Ängste von Juden «berechtigt»», Der Spiegel vom 27.2.2015, abrufbar unter http://www.spiegel.de/politik/deutschland/antisemitismus-muslime-zentralrat-versteht-aengste-von-juden-a-1020784.html (5.3.15).

182 «So ein widerwärtiger Typ macht alles kaputt», Tagesspiegel vom 30.8. 2012, abrufbar unter http://www.tagesspiegel.de/berlin/junge-muslime-empoert-ueber-attacke-auf-rabbiner-so-ein-widerwaertiger-typ-macht-alles-kaputt/7071166.html (7.1.16).

183 Jitzhak Rabin in seiner Rede vor der Knesset anlässlich der Unterzeichnung des Osloer Friedensvertrags am 5.10.1995, abrufbar unter http:// www.jewishvirtuallibrary.org/jsource/History/rabinoslospeech.html (17.3.15).

184 Vgl. nur die eindrucksvolle Rede des israelischen Schriftstellers David Grossman zum 75. Geburtstag von Bundespräsident Joachim Gauck, abgedruckt unter «Israel ist kein Ort der Freiheit», SZ vom 30.1.2015, S. 11. Er schreibt aber auch: «In den Herzen einiger weniger Israelis und Palästinenser pulsiert noch immer die Hoffnung, dass, wenn das Feuer unter dem Konflikt je erlischt, die gesunden und vernünftigen Charakter-

züge der beiden Völker wieder hervortreten werden. Dann könnte die Kraft des Alltags und des Kompromisses zu wirken beginnen, und auch das Gefühl existenzieller Sicherheit. Dann würde die Hoffnung wachsen, dass wir unsere Kinder großziehen können, ohne um ihr Leben zu fürchten. Dann könnten wir ohne die Demütigung der Besatzung leben und ohne die Angst vor Terror und könnten grundlegende menschliche Wünsche verwirklichen, die mit Familie, Einkommen, Lernen und Kreativität zu tun haben: mit der Textur des Lebens.»

185 Deutsche Bischofskonferenz, Moscheebau in Deutschland (Fulda, 25. September 2008), in: Güzelmansur (Bearbeiter), Die offiziellen Dokumente, Rn. 2602.

186 «Es gibt keine deutsche Identität ohne Auschwitz», enthalten in der Rede vom 27.1.2015, abrufbar unter http://www.bundespraesident.de/Shared-Docs/Reden/DE/Joachim-Gauck/Reden/2015/01/150127-Bundestag-Gedenken.html (2.2.15).

187 Vgl. «Mein Opa war kein Nazi», FAZ vom 29.1.2015, S. 6, abrufbar unter https://www.torial.com/en/anja.reiter/portfolio/57679 (2.2.15).

188 So die Münchener Journalistin für Bildungs- und Migrationsthemen Anja Reuter in: «Mein Opa war kein Nazi», FAZ vom 29.1.2015, S. 6.

189 «Es gibt keine deutsche Identität ohne Auschwitz», Nürnberger Nachrichten vom 28.1.2015, S. 6.

190 Vgl. z. B. die sehr starken Aussagen auf schmaler Faktenbasis bei Salama, Ibrahim, Muslimische Gemeinschaften in Deutschland, Frankfurt u. a. 2010, 202 ff. und öfter.

191 Die Ausführungen in diesem Kapitel beruhen für die Entwicklungen seit den späten 1990er-Jahren weitgehend auf eigener Anschauung des Verfassers und unmittelbar erworbenen Informationen.

192 Sachverständigenrat deutscher Stiftungen für Integration und Migration, Jahresgutachten 2016, 42 f.

193 Vgl. zur Entwicklung Engin, Die Institutionalisierung, 369 ff.

194 Vgl. hierzu Lähnemann (Hg.), «Erziehung zur Kulturbegegnung».

195 Vgl. Mahler, Möglichkeiten, 29, 30 ff.

196 OVG Berlin Urt. v. 4.11.1998, NVwZ 1999, 786; das BVerwG (NVwZ 2000, 922) hat die Revision zurückgewiesen.

197 Informationen unter http://li.hamburg.de/religion/material/4419346/art-einleitung/

198 Vgl. auch Gorzewski, Die Türkisch-Islamische Union, 190 ff.

199 Vgl. z. B. zu Niedersachsen Uslucan, Integration durch Islamischen Religionsunterricht, 145, 152 ff.

200 Vgl. für NRW Gorzewski, Die Türkisch-Islamische Union, 175 ff.

201 Vgl. die Informationen in Niedersächsischer Landtag, Drucksache 17/3654 vom 15.6.15.

202 Hierzu Özsoy/Şahin, Fundamente, 422 ff.

203 Blume, Islamische Religiosität, 48.

204 Vgl. statt vieler die an ein breiteres Publikum gerichteten Publikationen

von Khorchide, Islam ist Barmherzigkeit (2012) und Scharia – der missverstandene Gott (2013).

205 Vgl. de Wall, Der religionsrechtliche Rahmen, 15, 31 ff.

206 Özsoy/Şahin, Fundamente, 424 ff.

207 Vgl. nur «Muslimische Kita in Mannheim», FAZ vom 4.12.2013, S. 4.

208 Z. B. Behr, Harry Harun, Islamische Bildungslehre, Garching 1998.

209 Beispielhaft hierfür Reidegeld, Handbuch Islam.

210 Der Verlag vertreibt mehrere Werke dieses Autors und scheint sich auf
Kinder- und Jugendliteratur, vorwiegend in türkischer Sprache, speziali-
siert zu haben; vgl. die website http://www.arcelmedia.de/index.php-
p?cat=c1_arcelmedia.html (abgerufen am 29.1.15).

211 Ausführlicher Rohe, Islamismus, 2010, 179 f.

212 Rassoul, Muhammad, Schüler-Lexikon des Islam, o. O., 2. Aufl. 2007,
36.

213 Schüler-Lexikon, 35 Fn. 2.

214 Gemeint ist vermutlich die UN-Weltfrauenkonferenz, deren erste 1975 in
Mexiko stattfand, die vierte in Beijing 1995; vgl. die bedeutende Beijinger
Erklärung, abrufbar unter http://www.unwomen.org/~/media/headquar-
ters/attachments/sections/csw/pfa_e_final_web.pdf (2.2.15).

215 Die Abkürzung steht für Handbuch der muslimischen Frau, Islamische
Bibliothek.

216 Schüler-Lexikon, 164.

217 Gemeint ist vermutlich Haifa.

218 Schüler-Lexikon, 66 f.

219 Schüler-Lexikon, 11; 961 f.

220 Özsoy/Güneş, Plädoyer, 73 ff.

221 Ucar, Normen, 31 ff.

222 Mohagheghi, Frauen für den Dschihad, Kommentierung, 141 f.

223 Exemplarisch hierfür steht die Kontroverse zwischen dem Münsteraner
Professor Mouhanad Khorchide und dem Islamwissenschaftler und Verbandsvertreter Mohammed Khallouk über das von Khorchide vorgelegte,
sehr erfolgreiche Buch «Islam ist Barmherzigkeit»; vgl. hierzu die scharf
kritische Stellungnahme von Mohammed Khallouk «Wider die Beliebigkeit im Islam» vom 2.1.2013 (abrufbar unter http://islam.de/21745) und
die belegreiche Entgegnung Khorchides «Die historische Kontextualisie-
rung soll keineswegs religiöse Rituale relativieren» vom 6.2.2013 (abrufbar unter http://islam.de/21821).

224 Behr, Muslim sein, 108.

225 DIK, Geschlechterbilder, Anhang D.19 ff.

226 Diese Aussage darf nicht als «Islamisierung der deutschen Gesellschaft»
missverstanden werden. Vielmehr geht es um gleichberechtigte und verantwortliche Mitgestaltung der Gesellschaft als Bürger dieses Landes im
Rahmen der bestehenden Rechtsordnung.

227 Vgl. nur den Bericht «Stimme der Jugend», Tagesspiegel vom 10.09.
2015, S. 26.

228 Vgl. Endreß, Einführung, 16 mwN.

229 Erklärung Nostra aetate, abrufbar unter http://www.vatican.va/archive/
hist_councils/ii_vatican_council/documents/vat-ii_decl_19651028_
nostra-aetate_ge.html (17.7.15). Vgl. zur weiteren Entwicklung Lemmen,
Thomas, Wo steht der christlich-islamische Dialog heute? Eine Standort-
bestimmung, ohne Ort und Jahr (wohl 2010), abrufbar unter https://
www.erzbistum-koeln.de/export/sites/ebkportal/.content/.galle-
ries/seelsorge-und-glaube/downloads_kirche_im_dialog/Stand_des_Dia-
logs.pdf (17.7.15).

230 Renz, Die katholische Kirche und der interreligiöse Dialog.

231 Sekretariat der Deutschen Bischofskonferenz (Hg.), Muslime in Deutschland, Bonn 1982.

232 Güzelmansur (Bearbeiter), Die offiziellen Dokumente, 2009.

233 Micksch, Jürgen (Hg.), Zusammenleben mit Muslimen. Eine Handreichung, Frankfurt a. M. 1980.

234 Micksch, Jürgen/Mildenberger, Michael, Christen und Muslime im Gespräch. Eine Handreichung, Frankfurt a. M. 1982.

235 Fingerlin, Erika/Mildenberger, Michael, Ehen mit Muslimen, Frankfurt
a. M. 1983.

236 Mildenberger, Michael/Vöcking, Hans, Islamische und christliche Feste,
Frankfurt a. M. 1984.

237 Vgl. die aktuellen Informationen auf der website http://www.cibedo.de/.

238 Vgl. Goeden, Die Arbeit, 170 f.

239 Informationen abrufbar unter http://essenergespraeche.jimdo.com/ge-
schichte/(9.3.16).

240 Informationen abrufbar unter http://www.interkultureller-rat.de/pro-
jekte/deutsches-islamforum-und-islamforen-in-den-laendern/.

241 Klinkhammer u. a., Interreligiöse und interkulturelle Dialoge mit MuslimInnen in Deutschland.

242 Ausführlich und instruktiv zur Entwicklung Schmid, Zwischen Asymmetrie und Augenhöhe, 49 ff.

243 Hierzu Kuschel, Theologisch gewogen – und zu leicht befunden, 45 ff.

244 Rat der EKD, Klarheit und gute Nachbarschaft, 19. Vgl. die kritische
Würdigung bei Micksch (Hg.), Evangelisch aus fundamentalem Grund;
Just, Der Islam, 377 ff.; Bielefeldt, Das Islambild, 169 f.

245 Rat der EKD, Christlicher Glaube, 67.

246 Rad der EKD, Christlicher Glaube, 19.

247 Als Download erhältlich unter http://ekd.de/download/2015_dialograt-
geber_christen_muslime.pdf (9.6.15).

248 Reihe Theologisches Forum Christentum Islam im Verlag Pustet Regensburg.

249 Abrufbar unter http://www.ekkw.de/media_ekkw/downloads/aktuell_
080820_kommunique.pdf (22.12.15).

250 Informationen im Bericht von Theresia Smolka, CHRISTLICHE MITTE –
Für ein Deutschland nach GOTTES Geboten (CM) vom 28.4.2014, ab-

rufbar unter https://www.bpb.de/politik/wahlen/wer-steht-zur-wahl/europawahl-2014/180965/cm (1.5.16). Die Website der Gruppe ist mittlerweile inaktiv.

251 Vgl. «Er wird nicht in den Himmel kommen», Nürnberger Nachrichten vom 31.1.2015, S. 16.

252 «Religion als hochentzündlicher Gefahrenstoff», FAZ vom 12.2.2015, abrufbar unter http://www.faz.net/aktuell/feuilleton/debatten/bremer-pastor-olaf-latzel-sorgt-mit-hasspredigt-fuer-wirbel-13423492.html (15.3.15). Für die Wortwahl hat sich der Pastor später entschuldigt.

253 Reidegeld, Handbuch Islam, 773.

254 Vgl. z.B. die Handreichung «Konfessionsverschiedene Ehen – Religionsverschiedene Ehen» des Diözesanrats der Katholiken im Bistum Hildesheim von 2006; Affolderbach/Wöhlbrand, Was jeder vom Islam wissen muss, 300 ff., sowie die Aufsätze der muslimischen Theologin Rabeya Müller (Christlich-muslimische Eheschließungen – Reflexionen und Hinweise) in CIBEDO-Beiträge 2/2014, 65–70 und von Martin Rehak (Die katholisch-islamische Eheschließung – ein kirchenrechtlicher Beitrag zum interreligiösen Dialog) in CIBEDO-Beiträge 1/2015, 13–23.

255 Heinzmann (Hg.), Lexikon des Dialogs.

256 Rohe/Engin/Khorchide/Özsoy/Schmid (Hg.), Handbuch Christentum und Islam in Deutschland.

257 Z. B. Heine/Özsoy/Schwöbel/Takim (Hg.), Christen und Muslime im Gespräch.

258 Informationen unter www.house-of-one.org

259 Informationen unter https://cafeabraham.com/(4.5.16).

260 Informationen unter http://rat-der-religionen.de/(17.3.16).

261 Informationen unter http://www.stadt-koeln.de/leben-in-koeln/soziales/diversity/rat-der-religionen (17.3.16).

262 «Rat der Religionen will Verständigung fördern», Stuttgarter Zeitung vom 27.10.2015, S. 17.

263 So die Feststellungen von Hansjörg Schmid in seiner Auswertung der Entwicklungen in Deutschland im Beitrag Zwischen Asymmetrie und Augenhöhe, insbes. 63 ff. mwN.

264 Exemplarisch Harwazinski, Assia, «Ich hätte einfach gesagt, die Muslime, die hier leben, gehören zu Deutschland», in: Spenlen, Klaus (Hg.), Gehört der Islam zu Deutschland?, Düsseldorf 2013, 231, 246 ff.

265 Näher hierzu Rohe, Das islamische Recht (2013), 83, 86 ff.

266 Eine armenisch-stämmige politisch aktive Frau ließ sich 2015 dazu hinreißen, alle sunnitischen Muslime als «Pack», «Dreck» und «Rassisten» zu bezeichnen («Im wahrsten Sinne wächst kein Gras, wo dieses Pack lebt», Bericht vom 29.9.2015 abrufbar unter http://www.n-tv.de/politik/CDU-Politikerin-hetzt-gegen-Muslime-article16037446.html). Scharfe Töne finden sich auch auf der von koptischen Christen getragenen Website https://koptisch.wordpress.com/.

267 Umfassend hierzu Bobzin, Der Koran im Zeitalter der Reformation, Vorwort VI f., 181 ff.

268 Vgl. Rotter, Die arabistischen und islamkundlichen Studien, 10.

269 Vgl. die Würdigung bei Wolfgang Lerch, Unstillbare Sehnsucht nach Arabien. Johann Jakob Reiskes Bild des Islams, FAZ vom 31.1.1998; vgl. auch Endreß, Einführung, 13 f., 19 f.

270 Mangold, Eine «weltbürgerliche Wissenschaft»; Wokoeck, German Orientalism, spezifisch zu Islamwissenschaften 164 ff.; vgl. auch Mangold, Anmerkungen, 223 ff.

271 Paret, Arabistik und Islamkunde.

272 Marchand, German Orientalism.

273 Zu ihr Mangold, Eine «weltbürgerliche Wissenschaft», 176 ff.

274 Nöldeke, Theodor, Geschichte des Qorāns, 2. Auflage völlig umgearbeitet von Friedrich Schwally, Leipzig 1909–1919 (Dieterich'sche Verlagsbuchhandlung). Das ursprüngliche Werk Nöldekes von 1860 erschien als Nachdruck Hildesheim 2005 (Olms), im Internet ist die Originalausgabe abrufbar unter http://reader.digitale-sammlungen.de/de/fs1/object/display/bsb10249256_00003.html (5.8.15).

275 Vgl. hierzu Heschel, Susannah, Abraham Geiger and the Jewish Jesus, Chicago 1998; Berman, German Literature, 158 f.

276 Vgl. Höpp, Ein Bild vom anderen, 167 ff.

277 Vgl. Mangold, Eine «weltbürgerliche Wissenschaft», 251 ff.

278 Becker, Carl Heinrich, Der Islam als Problem, in: Der Islam 1 (1910), 1–21. Vgl. für die europäische Wissenschaftsperspektive Hourani, Albert, Der Islam im europäischen Denken, Frankfurt a. M. 1994, 17 ff.

279 Vgl. Wokoeck, German Orientalism, 164 und ff.

280 Bauknecht, Muslime in Deutschland, 92 f. mwN.

281 Vgl. die bedrückende Namensliste bei Wokoeck, German Orientalism, 188 f.

282 Vgl. Ellinger, Deutsche Orientalistik; Wokoeck, German Orientalism, 186 ff.

283 Vgl. zu alledem Hafez, Orientwissenschaft in der DDR, 1995.

284 Said, Edward, Orientalism, 1. Aufl. 1978.

285 Vgl. Berman, German Literature, 159 ff. mwN; Marchand, German Orientalism, insbes. 103 ff.

286 Vgl. die Ausgabe von Orientalism, London 1995 (Penguin), 27 ff.

287 Informationen abrufbar unter http://davo1.de/(20.3.16).

288 Vgl. hierzu aus jüngerer Zeit Reinkowski, Islamwissenschaft, 19 ff., sowie die anderen Aufsätze in dem lesenswerten Sammelband Poya/Reinkowski (Hg.), Das Unbehagen in der Islamwissenschaft.

289 Vgl. nur Schöller u.a. (Hg.), Das Verhältnis zwischen Islamwissenschaft und islamischer Theologie.

290 Ähnlich schon Endreß, Einführung, 31.

291 Kurt Tucholsky, Schnipsel (Hg. Mary Gerold-Tucholsky/Fritz Raddatz), Reinbek 1976, 128.

292 Spies, Schicksale, 334. Für des Alemannischen Unkundige: «Hier wohnen die Türken, liebe Leute! Habt keine Angst mehr, wir tun euch nichts!» (Übersetzung ins Hochdeutsche durch den Verfasser).

293 Mitteilungen der Stadt Müllheim, abrufbar unter http://www.muellheim. de/index.php?article_id=512 (12.12.14).

294 Interview-Äußerung von Khaldun Al Saadi, wiedergegeben in «Fremd in der Heimat», FAZ vom 31.1.2015, S. 3 (Yasemin Ergin).

Literatur

Abdullah, Muhammad Salim, Geschichte des Islams in Deutschland, Graz u.a. 1981

–, ... und gab ihnen sein Königswort. Berlin-Preussen-Bundesrepublik. Ein Abriss der Geschichte der islamischen Minderheit in Deutschland, Altenberge 1987

–, Was will der Islam in Deutschland?, Gütersloh 1993

Abou Taam, Marwan/Sarhan, Aladdin, Salafistischer Extremismus im Fokus deutscher Sicherheitsbehörden, in: Schneiders (Hg.), Salafismus, 387–402

Affolderbach, Martin/Wöhlbrand, Inken (Hg.) im Auftrag der VELKD und der EKD, Was jeder vom Islam wissen muss, 8. Aufl. 2011

Agai, Bekim, Zwischen Netzwerk und Diskurs. Das Bildungswerk um Fethullah Gülen (geb. 1938): die flexible Umsetzung modernen islamischen Gedankenguts, Schenefeld 2004

Ağuiçenoğlu, Hüseyin, Alevitische Theologie an der Pädagogischen Hochschule Weingarten, Alevilerin Sesi März 2016, 28–31

Alacacıoğlu, Hasan, Außerschulischer Religionsunterricht für muslimische Kinder und Jugendliche türkischer Nationalität in NRW. Eine empirische Studie zu Koranschulen in türkisch-islamischen Gemeinden, Münster 1999

Al-Hamarneh, Ala/Thielmann, Jörn (Hg.), Islam and Muslims in Germany, Leiden/Boston 2008

Alsulami, Mohammed, Iranian Journals in Berlin during the Interwar Period, in: Nordbruch/Ryad (Hg.), Transnational Islam, 157–180

Ammann, Ludwig, Östliche Spiegel. Ansichten vom Orient im Zeitalter seiner Entdeckung durch den deutschen Leser 1800–1850, Hildesheim u.a. 1989

Andelshauser, Beate, Schlachten im Einklang mit der Scharia. Die Schlachtung von Tieren nach islamischem Recht im Lichte moderner Verhältnisse, Sinzheim 1996

Andermann, Ulrich, Geschichtsdeutung und Prophetie. Krisenerfahrung und -bewältigung am Beispiel der osmanischen Expansion im Spätmittelalter und in der Reformationszeit, in: Guthmüller/Kühlmann (Hg.), Europa und die Türken, 29–54

Anger, Thorsten, Islam in der Schule, Berlin 2003

Antidiskriminierungsstelle des Bundes, Diskriminierung aufgrund der islamischen Religionszugehörigkeit im Kontext Arbeitsleben – Erkenntnisse, Fragen und Handlungsempfehlungen, Berlin 2010:

–, Erkenntnisse der sozialwissenschaftlichen Forschung und Handlungsempfehlungen (Mario Peucker)

–, Rechtswissenschaftliche Expertise (Dorothee Frings)

Asad, Muhammad (Leopold Weiss), The Message of the Qur'an, Gibraltar 1980

Aslan, Ednan, Der Wandel der islamischen Theologie im Westen, in: Polak, Regina/Reiss, Wolfram (Hg.), Religion im Wandel, Wien 2015, 375–388

Attia, Iman, Die «westliche Kultur» und ihr Anderes. Zur Dekonstruktion von Orientalismus und antimuslimischem Rassismus, Bielefeld 2010

–/Shooman, Yasemin, «Aus blankem Hass auf Muslime». Zur Rezeption des Mordes an Marwa el-Sherbini in deutschen Printmedien und im deutschsprachigen Internet, in: Jahrbuch für Islamophobieforschung 1 (2010), 23–46

Aydın, Yaşar, Die neue türkische Diasporapolitik, SWP-Studie Berlin September 2014

Bade, Klaus J., Kritik und Gewalt. Sarrazin-Debatte, «Islamkritik» und Terror in der Einwanderungsgesellschaft, Schwalbach/Ts. 2013

Baehr, Dirk, Dschihadistischer Salafismus in Deutschland, in: Schneiders (Hg.), Salafismus, 231–250

Bahners, Patrick, Die Panikmacher. Die deutsche Angst vor dem Islam, München 2011

Baier, Dirk/Pfeiffer, Christian/Rabold, Susann, Simonson, Julia/Kappes, Cathleen, Kinder und Jugendliche in Deutschland: Gewalterfahrungen, Integration, Medienkonsum, Hannover 2010

Bálic, Smail, Islam für Europa, Köln u. a. 2001

Bauknecht, Bernd, Muslime in Deutschland von 1920 bis 1945, Köln 2001

Becher, Inna/El-Menouar, Yasemin, Geschlechterrollen bei Deutschen und Zuwanderern christlicher und muslimischer Religionszugehörigkeit, Bundesamt für Migration und Flüchtlinge Nürnberg 2013, abrufbar unter https://www.bamf.de/SharedDocs/Anlagen/DE/Publikationen/Forschungsberichte/fb21-geschlechterrollen.pdf?__blob=publicationFile (9.2.2016)

Beck-Gernsheim, Elisabeth, Türkische Bräute und die Migrationsdebatte in Deutschland, APuZ 1–2/2006, 32–37, abrufbar unter http://www.bpb.de/apuz/30019/tuerkische-braeute-und-die-migrationsdebatte-in-deutschland (29.3.2015)

–, Wir und die Anderen. Kopftuch, Zwangsheirat und andere Missverständnisse, Frankfurt a. M. 2007

Becker, Carl Heinrich, Deutschland und der Islam, Stuttgart/Berlin 1914

Behr, Harry Harun, Muslim sein – eine Frage der Person, in: Schneiders (Hg.), Islamverherrlichung, 107–115

Beier-de Haan, Rosemarie/Werquet, Jan (Hg.), Fremde? Bilder von den «Anderen» in Deutschland und Frankreich seit 1871, Dresden 2009

Beilschmidt, Theresa, Gelebter Islam. Eine empirische Studie zu DITIB-Moscheegemeinden in Deutschland, Bielefeld 2015

Beinhauer-Köhler, Bärbel/Leggewie, Claus, Moscheen in Deutschland, München 2009

Bendixsen. Synnøve, The Religious Identity of Young Muslim Women in Berlin, Leiden 2013

Berghahn, Sabine/Rostock, Petra (Hg.), Der Stoff aus dem Konflikte sind. Debatten um das Kopftuch in Deutschland, Österreich und der Schweiz, Bielefeld 2009

Berghahn, Sabine, Deutschlands konfrontativer Umgang mit dem Kopftuch der Lehrerin, in: Berghahn/Rostock (Hg.), Der Stoff, 33–72

Berman, Nina, Orientalismus, Kolonialismus und Moderne. Zum Bild des Orients in der deutschsprachigen Kultur um 1900, Stuttgart/Weimar 1999

–, German Literature on the Middle East. Discourses and Practices, 1000–1989, Ann Arbor 2011

Bertelsmann Stiftung, Religionsmonitor 2008 Muslimische Religiosität in Deutschland. Überblick zu religiösen Einstellungen und Praktiken, Gütersloh 2008, abrufbar unter https://www.bertelsmann-stiftung.de/fileadmin/files/BSt/Publikationen/GrauePublikationen/GP_Religionsmonitor_2008_Muslimische_Religiositaet.pdf (6.8.2015) (zit. als Bertelsmann Religionsmonitor 2008)

–, Religionsmonitor Sonderauswertung Islam 2015. Die wichtigsten Ergebnisse im Überblick, abrufbar unter http://www.bertelsmann-stiftung.de/fileadmin/files/Projekte/51_Religionsmonitor/Zusammenfassung_der_Sonderauswertung.pdf (7.8.2015)

Bielefeldt, Heiner, Muslime im säkularen Rechtsstaat, Bielefeld 2003

–, Zwangsheirat und multikulturelle Gesellschaft – Anmerkungen zur aktuellen Debatte, Berlin Oktober 2005 (Deutsches Institut für Menschenrechte), abrufbar unter http://www.institut-fuer-menschenrechte.de/uploads/tx_commerce/essay_no_2_zwangsheirat_u_multikulturelle_gesellschaft.pdf (29.3.2015)

–, Das «Fremdbild Islam» in Deutschland, in: Beier-de Haan/Werquet (Hg.), Fremde?, 112–121

–, Das Islambild in Deutschland. Zum öffentlichen Umgang mit der Angst vor dem Islam, in: Schneiders (Hg.), Islamfeindlichkeit, 167–200

–, Entgleisende Islamkritik. Differenzierung als Fairnessgebot, in: Meyer/Schubert (Hg.), Politik und Islam, 135–144

–, Muslimfeindlichkeit. Ausgrenzungsmuster und ihre Überwindung, in: DIK, Muslimfeindlichkeit, 23–34

Biskamp, Floris/Hößl, Stefan (Hg.), Islam und Islamismus, Gießen 2013

Blume, Michael, Islamische Religiosität nach Altersgruppen, Bertelsmann Religionsmonitor 2008, Gütersloh 2008, 44–49

Bobzin, Hartmut, Martin Luthers Beitrag zur Kenntnis und Kritik des Islam, in: Neue Zeitschrift für systematische Theologie und Religionsphilosophie 27 (1985), 262–289

–, Luther und der Islam: Anweisung zu Konfrontation oder Dialog?, in: Lähnemann, (Hg.), Erziehung, 117–131

–, «Der Orient sey neubewegt ...». Platens Studium des Persischen und seine Ghaselen-Dichtung, in: Och, Gunnar (Hg.), August Graf von Platen 1797–1835, Erlangen 1996, 88–130

–, Der Koran im Zeitalter der Reformation, Beirut 2008

Bock, Wolfgang (Hg.), Islamischer Religionsunterricht? Rechtsfragen, Länder-
berichte, Hintergründe (Religion und Aufklärung), Tübingen 2007
Böer, Ingeborg/Haberkötter, Ruth/Kappert, Petra (Hg.), Türken in Berlin
1871–1945. Eine Metropole in den Erinnerungen osmanischer und türki-
scher Zeitzeugen, Berlin/New York 2002
Boos-Nünning, Ursula, Die Bildungsarbeit islamischer Organisationen und
die Identitätsentwicklung junger Muslime in Deutschland, in: Schmitz/Işik
(Hg.), Muslimische Identitäten in Europa, 159–178
Borchard, Michael/Ceylan, Rauf (Hg.), Imame und Frauen in Moscheen im
Integrationsprozess. Gemeindepädagogische Perspektiven, Osnabrück 2011
Borgolte, Michael, Christen, Juden, Muselmanen. Die Erben der Antike und
der Aufstieg des Abendlandes 300 bis 1400 n. Chr., München 2006
–, Der Islam als Geburtshelfer Europas, in: Bundeszentrale für politische Bil-
dung, APuZ 13–14/2011 (23.03.2011), abrufbar unter http://www.bpb.
de/apuz/33398/der-islam-als-geburtshelfer-europas?p=all (19.7.2015)
Born, Robert/Messling, Guido/Dziewulski, Michal (Hg.), L'empire du sultan.
L'orient ottoman dans l'art de la Renaissance, Brüssel 2015
Bozay, Kemal, Fatale Synthese. Nationalistische Spuren im Islam am Beispiel
türkischer Organisationen in Deutschland, in: Schneiders (Hg.), Islamverherrlichung, 315–327
Braune, Gabriele, Musik in Orient und Okzident, in: Sievernich/Budde (Hg.),
Europa und der Orient, 210–230
Brettfeld, Katrin/Wetzels, Peter, Muslime in Deutschland – Integration, Inte-
grationsbarrieren, Religion sowie Einstellungen zu Demokratie, Rechtsstaat
und politisch-religiös motivierter Gewalt, Hamburg/Berlin 2007 (Bundes-
ministerium des Innern), abrufbar unter https://www.bmi.bund.de/cae/ser-
vlet/contentblob/139732/publicationFile/14975/Muslime%20in%20
Deutschland.pdf (5.1.2016)
–/Gün, Menekşe/Simon, Bernd, Religion und sexuelle Identität in muslimi-
schen Gemeinschaften, Berlin Dezember 2008
Britz, Gabriele, Kulturelle Rechte und Verfassung, Tübingen 2000
–, Verfassungsrechtliche Fragen islamischer Bekleidungsvorschriften für
Frauen, in: Rumpf/Gerhard/Jansen (Hg.), Facetten, 179–191
Brumlik, Micha, Das halbierte Humanum – Wie Ralph Giordano zum Aus-
länderfeind wurde, in: Häusler (Hg.), Rechtspopulismus, 231–238
Bühl, Achim, Islamfeindlichkeit in Deutschland. Ursprünge, Akteure, Stereo-
type, Hamburg 2010
Bundesministerium für Familie, Senioren, Frauen und Jugend (BFSFJ),
Zwangsverheiratung in Deutschland, Baden-Baden 2008, abrufbar unter
http://www.bamf.de/SharedDocs/Anlagen/DE/Publikationen/Migra-
tionsberichte/migrationsbericht-2012.pdf?__blob=publicationFile   (3.1.
2016)
Bundesministerium des Innern/Bundesamt für Migration und Flüchtlinge,
Migrationsbericht 2013, Nürnberg 2015, abrufbar unter http://www.bamf.
de/SharedDocs/Anlagen/DE/Publikationen/Migrationsberichte/migrati-

onsbericht-2013.pdf?__blob=publicationFile (3.1.2016) (zit. BMI/BAMF, Migrationsbericht 2012)

Çakir, Naime, Islamfeindlichkeit. Anatomie eines Feindbildes in Deutschland, Bielefeld 2014

Campenhausen, Axel von/de Wall, Heinrich, Staatskirchenrecht: Eine systematische Darstellung des Religionsverfassungsrechts in Deutschland und Europa, 4. Aufl. München 2006

Cardini, Franco, Europa und der Islam. Geschichte eines Mißverständnisses, München 2000

Ceylan, Rauf, Ethnische Kolonien. Entstehung, Funktion und Wandel am Beispiel türkischer Moscheen und Cafés, Wiesbaden 2006

– (Hg.), Islam und Diaspora, Frankfurt am Main u.a. 2012

–/Kiefer, Michael, Salafismus. Fundamentalistische Strömungen und Radikalisierungsprävention, Bonn 2013

–/Kiefer, Michael, Muslimische Wohlfahrtspflege in Deutschland. Eine historische und systematische Einführung, Wiesbaden 2016

Chbib, Raida, Einheitliche Repräsentation und muslimische Binnenvielfalt. Eine datengestützte Analyse der Institutionalisierung des Islam in Deutschland, in: Meyer/Schubert (Hg.), Politik und Islam, 2011

Chronica unnd Beschreibung der Türckey, mit eyner Vorherred D. Martini Lutheri, Unveränderter Nachdruck der Ausgabe Nürnberg 1530, mit einer Einführung von Carl Göllner, Köln/Wien 1983

Coumont, Nina, Muslimische Schüler und Schülerinnen in der öffentlichen Schule, Frankfurt a. M. u. a. 2008

–, Islam und Schule, in: Muckel (Hg.), Der Islam, 440–581

Crespi, Gabriele, Die Araber in Europa, Stuttgart/Zürich 1992

Cwiklinski, Sebastian, Between National and Religious Solidarities: The Tatars in Germany and Poland in the Inter-War Period, in: Clayer, Nathalie/Germain, Eric (Hg.), Islam in Inter-War Europe, London 2008, 64–88

Decker, Oliver/Kiess, Johannes/Brähler, Elmar (Hg.), Rechtsextremismus der Mitte und sekundärer Autoritarismus, Gießen 2015

–/Kiess, Johannes/Brähler, Elmar, Die Untersuchung 2014 – Starke Wirtschaft, gefestigte Mitte, in: dies. (Hg.), Rechtsextremismus, 35–69

Deutsche Islam Konferenz, Islamischer Religionsunterricht in Deutschland. Perspektiven und Herausforderungen, Nürnberg 2011 (zit. DIK, Islamischer Religionsunterricht)

–, Dialog, Öffnung, Vernetzung. Leitfaden für die gesellschaftskundliche und sprachliche Fortbildung von religiösem Personal und weiteren Multiplikatoren islamischer Gemeinden auf kommunaler Ebene, o.O. 2011

–, Geschlechterbilder zwischen Tradition und Moderne, o.O. 2013

–, Muslimfeindlichkeit – Phänomen und Gegenstrategien, Berlin 2013

–, Geschlechterbilder zwischen Tradition und Moderne. Materialien der Deutschen Islam Konferenz zu Rollenbildern und aktuellen rollenbezogenen Fragestellungen, o.O. Mai 2013

–, Muslimfeindlichkeit – Phänomen und Gegenstrategien, Berlin o.J. (2013), abrufbar unter http://www.deutsche-islam-konferenz.de/SharedDocs/Anlagen/DIK/DE/Downloads/LenkungsausschussPlenum/2013-tagungsband-muslimfeindlichkeit-dik.pdf;jsessionid=996627A7A3A523B0C-26C5F507909B658.1_cid359?__blob=publicationFile

de Wall, Heinrich, Der religionsrechtliche Rahmen für die Einführung des Fachs «islamische Studien» und für Beiräte für islamische Studien, in: Walter, Christian u.a. (Hg.), Die Einrichtung von Beiräten für islamische Studien, Baden-Baden 2011, 15–40

–, Das Verhältnis von Staat und Religionsgemeinschaften in Deutschland, in: Rohe u.a. (Hg.), Handbuch 2014, 189–223

DIK-Studie 2009 siehe unter Haug/Müssig/Stichs

DIK-Studie 2012 siehe unter Halm/Sauer/Schmidt/Stichs

DIK-Studie 2015 siehe unter Halm/Sauer

Dietrich, Myrian, Islamischer Religionsunterricht. Rechtliche Perspektiven, Frankfurt a.M. u.a. 2006

Dietze, Gabriele/Brunner, Claudia/Wenzel, Edith (Hg.), Kritik des Okzidentalismus. Transdisziplinäre Beiträge zu (Neo-)Orientalismus und Geschlecht, Bielefeld 2009

Dunker, Axel/Hofmann, Michael (Hg.), Morgenland und Moderne. Orient-Diskurse in der deutschsprachigen Literatur von 1890 bis zur Gegenwart, Frankfurt a.M. 2014

Eichenhofer, Eberhard, Kultur und Tradition der Muslime – die polygame Ehe und Implikation für deutsches Sozialrecht, in: Haedrich (Hg.), Muslime, 103–112

El-Gayar, Wael/Strunk, Katrin (Hg.), Integration versus Salafismus. Identitätsfindung muslimischer Jugendlicher in Deutschland, Schwalbach/Ts. 2014

Ellinger, Ekkehard, Deutsche Orientalistik zur Zeit des Nationalsozialismus 1933–1945, Edingen-Neckarhausen 2006

El Masrar, Sineb, Muslim Girls. Wer wir sind, wie wir leben, Frankfurt a.M. 2010

Elsas, Christoph, Einflüsse der islamischen Religion auf die Integrationsfähigkeit der ausländischen Arbeitnehmer und ihrer Familienangehörigen, Berlin 1980

Emenet, Axel, Verfassungsrechtliche Probleme einer islamischen Religionskunde an öffentlichen Schulen. Dargestellt anhand des nordrhein-westfälischen Schulversuchs «Islamische Unterweisung», Frankfurt a.M. u.a. 2003

Endreß, Gerhard, Einführung in die islamische Geschichte, München 1982

Engel, Josef, Kreuzzug und Türkenkrieg im 16. und frühen 17.Jahrhundert, in: Schieder, Theodor/Engel, Josef (Hg.), Handbuch der Europäischen Geschichte Bd. 3, 4.Aufl. Stuttgart 1994, 274–292

Engels, Peter, Das Bild des Propheten Mohammed in abendländischen Schriften des Mittelalters, in: Kotzur (Hg.), Die Kreuzzüge, 249–263

Engin, Havva, Das Alevitentum – der vorderasiatische «Kultur-Islam», in: Rohe u.a. (Hg.), Handbuch 2014, 129–170

–, Die Institutionalisierung des Islams an staatlichen und nichtstaatlichen Bildungseinrichtungen, in: Rohe u. a. (Hg.), Handbuch 2014, 369–391

Esser, Hartmut, Integration und ethnische Schichtung. Zusammenfassung einer Studie für das Mannheimer Zentrum für Europäische Sozialforschung aus dem Jahre 2001, abrufbar unter http://library.fes.de/pdf-files/akademie/online/50366.pdf (5.1.2016)

Ettinghausen, Richard, Der Einfluss der angewandten Künste und der Malerei des Islam auf die Künste Europas, in: Sievernich/Budde (Hg.), Europa und der Orient, 165–291

EZIRE (Erlanger Zentrum für Islam und Recht in Europa/FAU Erlangen-Nürnberg und Senat von Berlin/Senatsverwaltung für Justiz und Verbraucherschutz, Paralleljustiz, Zusammenfassung, Dezember 2015, abrufbar unter https://www.berlin.de/sen/justv/service/broschueren-und-info-materialien/(zit. Studie Paralleljustiz 2015)

Farschid, Olaf, Von der Salafiyya zum Salafismus. Extremistische Positionen im politischen und jihadistischen Salafismus, in: Biskamp,/Hößl (Hg.), Islam, 41–64

–, Islamismus und Verfassungsschutz, in: Rohe u. a. (Hg.), Handbuch 2014, 435–453

Foroutan, Naika (Hg.), Sarrazins Thesen auf dem Prüfstand, 2. Aufl. Berlin 2011

–, Muslimbilder in Deutschland. Wahrnehmungen und Ausgrenzungen in der Integrationsdebatte, Berlin 2012

–/Schäfer, Isabel, Hybride Identitäten. Muslimische Migrantinnen und Migranten in Deutschland und Europa, APuZ 2009, abrufbar unter http://www.bpb.de/apuz/32223/hybride-identitaeten-muslimische-migrantinnen-und-migranten-in-deutschland-und-europa?p=all (8.3.2016)

–/Coşkun, Canan/Arnold, Sina/Schwarze, Benjamin/Beigang, Steffen, Kalkum, Dorina, Deutschland postmigrantisch I. Gesellschaft, Religion, Identität. Erste Ergebnisse, Berlin 2014, abrufbar unter https://www.projekte.hu-berlin.de/de/junited/deutschland-postmigrantisch-1/(20.1.2016)

–/Coşkun, Canan/Arnold, Sina/Schwarze, Benjamin/Beigang, Steffen/Kalkum, Dorina, Deutschland postmigrantisch II. Einstellungen von Jugendlichen und jungen Erwachsenen zu Gesellschaft, Religion und Identität, 2. Aufl. Berlin 2015, abrufbar unter https://www.projekte.hu-berlin.de/de/junited/deutschland-postmigrantisch-2-pdf (16.3.2016)

Friedrich, Markus, «Türken» im Alten Reich. Zur Aufnahme und Konversion von Muslimen im deutschen Sprachraum (16.–18. Jahrhundert), in: Historische Zeitschrift 294 (2012), 329–360

Friedrich Ebert Stiftung (FES), Handlungsempfehlungen zur Auseinandersetzung mit islamistischem Extremismus und Islamfeindlichkeit, Berlin 2015

Frings, Dorothee, Musliminnen und Muslime im Arbeitsleben – Rechtliche Grundlagen, 2012, abrufbar unter http://www.deutsche-islam-konferenz.de/SharedDocs/Anlagen/DIK/DE/Downloads/Sonstiges/vortrag-frings-muslime-arbeitsmarkt.pdf?__blob=publicationFile (8.4.2016)

Fuchs, Peter, Salafismus. Eine dogmatische Strömung des sunnitischen Islamismus und ihre Ausprägung in Deutschland, in: Pfahl-Traughber, Armin (Hg.), Jahrbuch für Extremismus- und Terrorismusforschung 2011/2012 (II), Brühl 2012, 5–38

Gabrieli, Francesco, Der Islam in der Mittelmeerwelt, in: Schacht/Bosworth (Hg.), Das Vermächtnis des Islams Bd. 1, 83–131

Gast, Wolfgang, Anhaltende Beklemmung 12 Monate nach dem 11. September, in: Heitmeyer, Wilhelm (Hg.), Deutsche Zustände Folge 1, Frankfurt a. M. 2002, 230–236

Geiges, Lars/Marg, Stine/Walter, Franz, PEGIDA. Die schmutzige Seite der Zivilgesellschaft?, Bielefeld 2015

Gensicke, Klaus, Der Mufti von Jerusalem, Amin el-Husseini, und die Nationalsozialisten, Frankfurt a. M. u. a. 1988

Gerlach, Julia, Zwischen Pop und Dschihad. Muslimische Jugendliche in Deutschland, Berlin 2006

Gesemann, Frank, Die Integration junger Muslime in Deutschland, Berlin Dezember 2006

–/Höpp, Gerhard/Sweis, Harun, Araber in Berlin, Berlin 1998

Gierlichs, Joachim/Hagedorn, Annette (Hg.), Islamic Art in Germany, 2004

Globisch, Claudia/Pufelska, Agnieszka/Weiß, Volker, Die Dynamik der europäischen Rechten. Geschichte, Kontinuitäten und Wandel, Wiesbaden 2011

Goeden, Roland, Die Arbeit der Christlich-islamischen Gesellschaft (CIG), in: Lähnemann (Hg.), Erziehung, 170–178

Goer, Charis/Hofmann, Michael (Hg.), Der Deutschen Morgenland. Bilder des Orients in der deutschen Literatur und Kultur 1770–1850, Paderborn 2008

Göle, Nilüfer/Ammann, Ludwig (Hg.), Islam in Sicht. Der Auftritt von Muslimen im öffentlichen Raum, Bielefeld 2004

Goltz, Gabriel/Busch, Reinhard, Ergebnisse und Wirkungsweise der Deutschen Islam Konferenz am Beispiel religionsrechtlicher Themen 2009 bis 2013, in: Rohe u. a. (Hg.), Handbuch, 1165–1181

Gorzewski, Andreas, Zwischen internen und externen Erwartungen – die neuen DİTİB-Landesverbände, in: Die Welt des Islams 53-2 (2013), 246–261

–, Die Türkisch-Islamische Union im Wandel, Wiesbaden 2015

Grabau, Martina, Identität und Loyalität von Muslimen in Deutschland, in: Halm/Meyer, Islam und die deutsche Gesellschaft, 195–216

Griffel, Frank, What Do We Mean By «Salafi»?, in: Die Welt des Islams 55 (2015), 186–220

Gülen, Fethullah, Was ich denke, was ich glaube, Freiburg i. Br. 2014

Gür, Metin, Türkisch-islamische Vereinigungen in der Bundesrepublik Deutschland, Frankfurt a. M. 1993

Guthmüller, Bodo/Kühlmann, Wilhelm (Hg.), Europa und die Türken in der Renaissance, Tübingen 2000

Güvercin, Eren, Neo-Moslems. Porträt einer deutschen Generation, Freiburg i. Br. 2012

Güzelmansur, Timo (Bearbeiter), Die offiziellen Dokumente der katholischen Kirche zum Dialog mit dem Islam, Regensburg 2009

Haag, Norbert, «Erbfeind der Christenheit» – Türkenpredigten im 16. und 17. Jahrhundert, in: Haug-Moritz/Pelizaeus (Hg.), Repräsentationen, 127–149

Haase, Claus-Peter/Kröger, Jens/Lienert, Ursula, Morgenländische Pracht. Islamische Kunst aus deutschem Privatbesitz, Katalog Museum für Kunst und Gewerbe Hamburg 1993

Haberland, Detlef, Der Türkenkonflikt im südöstlichen Europa in Hartmann Schedels Weltchronik, in: Spannenberger, Norbert/Varga, Szabolcs (Hg.), Ein Raum im Wandel. Die osmanisch-habsburgische Grenzregion vom 16. bis zum 18. Jahrhundert, Stuttgart 2014, 115–122

Hack, Achim Thomas, Welterfahrung durch Diplomatie zur Zeit Karls des Großen, in: Pohle, Frank (Hg.), Karl der Große. Orte der Macht, Essays, Aachen 2014, 66–78

Haedrich, Martina (Hg.), Muslime im säkularen Staat, Stuttgart u. a. 2009

Hafez, Kai, Orientwissenschaft in der DDR. Zwischen Dogma und Anpassung – 1969–1989, Hamburg 1995

–/Schmidt, Sabrina, Die Wahrnehmung des Islams in Deutschland, 2. Aufl. Gütersloh 2015

Hagemann, Ludwig, Martin Luther und der Islam, Altenberge 1983

Hakenberg, Marie/Klemm, Verena (Hg.), Muslime in Sachsen. Geschichte, Fakten. Lebenswelten, Leipzig 2016

Halm, Dirk, Islam als Diskursfeld. Bilder des Islams in Deutschland, 2. Aufl. Wiesbaden 2008

–/Sauer, Martina/Schmidt, Jana/Stichs, Anja, Islamisches Gemeindeleben in Deutschland, Bundesamt für Migration und Flüchtlinge Nürnberg 2012 (zit. DIK-Studie 2012)

–/Meyer, Hendrik (Hg.), Islam und die deutsche Gesellschaft, Wiesbaden 2013

–/Sauer, Martina, Lebenswelten deutscher Muslime, Gütersloh 2015; Zusammenfassung abrufbar unter http://www.bertelsmann-stiftung.de/fileadmin/files/Projekte/51_Religionsmonitor/Zusammenfassung_der_Sonderauswertung.pdf (6.8.2015)

–/Sauer, Martina, Soziale Dienstleistungen der in der Deutschen Islam Konferenz vertretenen religiösen Dachverbände und ihrer Gemeinden, Studie im Auftrag der DIK, o. O. 2015, abrufbar unter http://www.deutsche-islamkonferenz.de/SharedDocs/Anlagen/DIK/DE/Downloads/WissenschaftPublikationen/soziale-dienstleistungen-gemeinden.pdf?__blob=publicationFile (29.12.2015) (zit. als DIK-Studie 2015)

Hamdan, Hussein/Schmid, Hansjörg, Junge Muslime als Partner. Ein empiriebasierter Kompass für die praktische Arbeit, Weinheim/Basel 2014

Haug, Sonja/Müssig, Stephanie/Stichs, Anja, Muslimisches Leben in Deutschland im Auftrag der Deutschen Islam Konferenz, (Hg. Bundesamt für Migration und Flüchtlinge), Nürnberg Juni 2009, abrufbar unter http://www.bmi.bund.de/cae/servlet/contentblob/566008/publicationFile/

31710/vollversion_studie_muslim_leben_deutschland_.pdf (17.7.2015) (zit. als DIK-Studie 2009)

–/Stichs, Anja, Muslimisches Leben in Deutschland – Zahl der Muslime, Arbeitsmarktintegration, Soziale Integration, in: Rohe u. a. (Hg.), Handbuch 2014, 72–128

Haug-Moritz, Gabriele/Pelizaeus, Ludolf (Hg.), Repräsentationen der islamischen Welt im Europa der Frühen Neuzeit, Münster 2010

Häusler, Alexander (Hg.), Rechtspopulismus als «Bürgerbewegung». Kampagnen gegen Islam und Moscheebau und kommunale Gegenstrategien, Wiesbaden 2008

Heckmann, Friedrich, Nation und Integration von Migranten in Deutschland, in: Körber-Stiftung (Hg.), Was ist ein Deutscher? – Was ist ein Türke?, Hamburg 1997, 181–195

–, Integration von Migranten. Einwanderung und neue Nationenbildung, Wiesbaden 2015

Hehl, Ernst-Dieter, Die Kreuzzüge. Feindbild – Erfahrung – Reflexion, in: Kotzur (Hg.), Die Kreuzzüge, 237–247

Heidemann, Stefan (Hg.), Islamische Numismatik in Deutschland. Eine Bestandsaufnahme, Wiesbaden 2000

Heimbach, Marfa, Die Entwicklung der islamischen Gemeinschaft in Deutschland seit 1961, Berlin 2001

Heine, Peter, Die Imam-Kurse der deutschen Wehrmacht im Jahre 1944, in: Höpp (Hg.), Fremde Erfahrungen, 229–238

Heine, Susanne/Özsoy, Ömer/Schwöbel, Christoph/Takim, Abdullah (Hg.), Christen und Muslime im Gespräch. Eine Verständigung über Kernthemen der Theologie, Gütersloh 2014

Heinzmann, Richard (Hg.), Lexikon des Dialogs – Grundbegriffe aus Christentum und Islam, 2 Bde. Freiburg u. a. 2013

Heisig, Kirsten, Das Ende der Geduld. Konsequent gegen jugendliche Gewalttäter, 2. Aufl. Freiburg u. a. 2010

Heitmeyer, Wilhelm/Müller, Joachim/Schröder, Helmut, Verlockender Fundamentalismus. Türkische Jugendliche in Deutschland, Frankfurt a. M. 1997

–, Gruppenbezogene Menschenfeindlichkeit. Die theoretische Konzeption und empirische Ergebnisse aus 2002 sowie 2003, in: Heitmeyer, Wilhelm (Hg.), Deutsche Zustände Folge 2, Frankfurt a. M. 2003, 13–32

–/Dollase, Rainer (Hg.), Die bedrängte Toleranz. Ethnisch-kulturelle Konflikte, religiöse Differenzen und die Gefahren politisierter Gewalt, Frankfurt a. M. 1996

Heller, Hartmut, Türkentaufen um 1700 – ein vergessenes Kapitel der fränkischen Bevölkerungsgeschichte, Frankenland 39 (1987), 255–271

–, «Türken in Nürnberg», in: Harmening, Dieter/Wimmer, Erich (Hg.), FS für Wolfgang Brückner, Würzburg 1990, 689–704

–, Einbürgerung von Türken vor 300 Jahren. Archivmaterial aus Franken, in: KEA, Zeitschrift für Kulturwissenschaft, Heft 1 (1990), 69–85

–, Nürnberger Jerusalempilger in Kairo, in: Ruppert, Rasso/Storck, Karl-Ludwig (Hg.), Festschrift für Wigand Ritter, Nürnberg 1993, 201–233

–, Muslime in deutscher Erde. Frühe Grabstätten des 14. bis 18. Jahrhunderts, in: Höpp/Jonker (Hg.), In fremder Erde, 45–62

–, «Mit klingendem Spiel». Der Siegeszug der Janitscharenmusik vom Schlachtfeld ins Kinderzimmer, in: Liedtke, Max (Hg.), Spiel und Spielen, Graz 1996, 53–68

–, Türkengassen in Franken, in: Jahrbuch für fränkische Landesforschung 57 (1997), 321–338

–, Um 1700: Seltsame Dorfgenossen aus der Türkei. Minderheitenbeobachtungen in Franken, Kurbayern und Schwaben, in: Heidrich, Hermann u. a. (Hg.), Fremde auf dem Land, Bad Windsheim 2000, 13–44

–, Janitscharenhauptmann Hussin, der ab 1694 Friedrich Carl Wilhelm Benedict hieß und in Schwaig Branntweinbrenner wurde, in: Korn, Brigitte/Diefenbacher, Michael/Zahlaus, Steven M. (Hg.), Von Nah und Fern. Zuwanderer in die Reichsstadt Nürnberg, Nürnberg 2014, 219–222

Hennig, Wiebke, Muslimische Gemeinschaften im Religionsverfassungsrecht. Die Kooperation des Staates mit muslimischen Gemeinschaften im Lichte der Religionsfreiheit, der Gleichheitssätze und des Verbots der Staatskirche, Baden-Baden 2010

Heyder, Aribert/Iser, Julia/Schmidt, Peter (Hg.), Israelkritik oder Antisemitismus? Meinungsbildung zwischen Öffentlichkeit, Medien und Tabus, in: Heitmeyer, Wilhelm (Hg.), Deutsche Zustände Folge 3, Frankfurt a. M. 2005, 144–165

Hierl, Katharina, Die Islamisierung der deutschen Integrationsdebatte, Berlin 2012

Hobohm, Mohammed Aman, Neuanfänge muslimischen Gemeindelebens in Berlin nach 1945, in: Moslemische Revue 70 (1994), 28–40

Hocker, Reinhard, Türkische Jugendliche im ideologischen Zugriff. Zur Einflußnahme extremistischer Gruppierungen auf jugendliche Migranten türkischer Herkunft, in: Heitmeyer/Dollase (Hg.), Die bedrängte Toleranz, 426–449

Höfert, Almut, Den Feind beschreiben. «Türkengefahr» und europäisches Wissen über das Osmanische Reich 1450–1600, Frankfurt a. M./New York 2003

–, Alteritätsdiskurse: Analyseparameter historischer Antagonismusforschung und ihre historiographischen Folgen, in: Haug-Moritz/Pelizaeus (Hg.), Repräsentationen der islamischen Welt, 21–40

Holtmann, Philipp, salafismus.de – Internetaktivitäten deutscher Salafisten, in: Schneiders (Hg.), Salafismus, 251–276

Höpp, Gerhard, Ein Bild vom anderen: Berlin in arabischen Reisebeschreibungen des 19. Jahrhunderts, in: Wunsch, Cornelia (Hg.), XXV. Deutscher Orientalistentag, Stuttgart 1994, 167–173

–, Arabische und islamische Periodika in Berlin und Brandenburg, 1915–1945, Berlin 1994; abrufbar unter https://www.zmo.de/publikationen/zmo_arbeitshefte/ah4.pdf (14.3.2015)

–, Der Koran als «Geheime Reichssache». Bruchstücke deutscher Islam-Politik zwischen 1938 und 1945, in: Preißler, Holger/Seiwert, Uwe (Hg.), Gnosisforschung und Religionsgeschichte, Marburg 1994, 435–446

–, Muslime unterm Hakenkreuz. Zur Entstehungsgeschichte des Islamischen Zentralinstituts zu Berlin e. V., Moslemische Revue 70 (1994), 16–27

– (Hg.), Fremde Erfahrungen. Asiaten und Afrikaner in Deutschland, Österreich und in der Schweiz bis 1945, Berlin 1996

–, Tod und Geschichte oder Wie in Berlin prominente Muslime bestattet wurden, in: Höpp/Jonker (Hg.), In fremder Erde, 19–43

–, Muslime in der Mark. Als Kriegsgefangene und Internierte in Wünsdorf und Zossen, 1914–1924, Berlin 1997

–, In the Shadow of the Moon. Arab Inmates in German Concentration Camps, in: Schwanitz, Wolfgang (Hg.), Germany and the Middle East, 1871–1945, Princeton 2001, 217–240

–, Der verdrängte Diskurs. Arabische Opfer des Nationalsozialismus, in: Höpp, Gerhard/Wien, Peter/Wildangel, René (Hg.), Blind für die Geschichte? Arabische Begegnungen mit dem Nationalsozialismus, Berlin 2004, 215–268

–/Jonker, Gerdien (Hg.), In fremder Erde. Zur Geschichte und Gegenwart der islamischen Bestattung in Deutschland, Berlin 1996

Horsch, Silvia, Rationalität und Toleranz. Lessings Auseinandersetzung mit dem Islam, Würzburg 2004

Horst, Eberhard, Der Sultan von Lucera. Friedrich II. und der Islam, Freiburg u. a. 1997

Hövels, Niloufar, Islam und Arbeitsrecht, Köln u. a. 2003

Hübsch, Khola Maryam, Ahmadiyya in Deutschland, in: Rohe u. a. (Hg.), Handbuch 2014, 171–185

Hüpping, Sandra/Reinecke, Jost, Abwärtsdriftende Regionen. Die Bedeutung sozioökonomischer Entwicklungen für Orientierungslosigkeit und Gruppenbezogene Menschenfeindlichkeit, in: Heitmeyer, Wilhelm (Hg.), Deutsche Zustände Folge 5, Frankfurt a. M. 2007, 77–101

Ibn Dschubair, Tagebuch eines Mekkapilgers, Stuttgart 1985

Idriz, Benjamin, Grüß Gott, Herr Imam!, München 2010

Ihrig, Stefan, Justifying Genocide: Germany and the Armenians from Bismarck to Hitler, Cambridge, Mass. 2016

Ilg, Ulrike, Die Türkei in der europäischen Literatur und Buchillustration des 16.–19. Jahrhunderts, in: Kalter, Johannes/Schönberger, Irene (Hg.), Der lange Weg der Türken. 1500 Jahre türkische Kultur, Stuttgart 2003, 272–298

Ilkılıç, Ilhan, Begegnung und Umgang mit muslimischen Patienten: eine Handreichung für die Gesundheitsberufe, 4. Aufl. Bochum 2005

Işık, Tuba, Die Bedeutung des Gesandten Muḥammad für den Islamischen Religionsunterricht. Systematische und historische Reflexionen in religionspädagogischer Absicht, Paderborn 2015

–, Dispositiv Muslim in Deutschland – ein nie endendes Unterfangen, in: Schmitz/Işık (Hg.), Muslimische Identitäten, 43–64

Jäger, Ralf Martin, Der türkische Orient in Musik und Musikforschung. Zu den Diskursen zwischen 1550 und 1740, in: Haug-Moritz,/Pelizaeus (Hg.), Repräsentationen, 150–167

Janßen, Peter, Islam und Sozialrecht, in: Muckel (Hg.), Der Islam, 399–439

Jasarevic, Alen, Anders! Das islamische Forum Penzberg, in: Beinhauer-Köhler/Leggewie, Moscheen, 99–111

Johnson, Ian, A Mosque in Munich, Boston/New York 2010

Jonker, Gerdien, Eine Wellenlänge zu Gott. Der «Verband der Islamischen Kulturzentren» in Europa, Bielefeld 2002

–, Vor den Toren: Bildung, Macht und Glauben aus der Sicht religiöser muslimischer Frauen, in: Rumpf/Gerhard/Jansen (Hg.), Facetten, 219–241

–, The longue durée of the Islam narrative: the emergence of a script for German history education (1550 to 1804), in: Jonker, Gerdien/Thobani, Shiraz (Hg.), Narrating Islam. Interpretations of the Muslim World in European Texts, London/New York 2010, 11–39

–, Wer «wir» nicht ist: Zur Darstellung des Islam in den deutschen Schulbüchern (von 1700 bis 2010), in: Gemein, Gisbert (Hg.), Kulturkonflikte – Kulturbegegnungen, Bonn 2011, 136–151

–, Im Spiegelkabinett. Europäische Wahrnehmungen von Muslimen, Heiden und Juden (1700–2010), Würzburg 2013

–, The Ahmadiyya Quest for Religious Progress. Missionizing Europe 1900–1965, Leiden 2016

–/Amiraux, Valérie Politics of Visibility. Young European Muslims in European Public Spaces, Bielefeld 2006

Joppig, Gunther, Alla turca. Orientalismen in der europäischen Kunstmusik vom 17. bis zum 19. Jahrhundert, in: Sievernich,/Budde, (Hg.), Europa und der Orient, 295–304

Jouili, Jeanette, Re-Fashioning the Self Through Religious Knowledge: How Muslim Women Become Pious in the German Diaspora, in: Al-Hamarneh/Thielmann, Islam, 465–488

Just, Wolf-Dieter, Der Islam und die Evangelische Kirche in Deutschland «Klarheit und gute Nachbarschaft», in: Schneiders (Hg.), Islamfeindlichkeit, 377–400

Kaddor, Lamya, Muslimisch – Weiblich – Deutsch! Mein Weg zu einem zeitgemäßen Islam, München 2010

–, Warum das islamische Kopftuch obsolet geworden ist. Eine theologische Untersuchung anhand einschlägiger Quellen, in: Schneiders (Hg.), Islamverherrlichung, 131–155

–, Zum Töten bereit. Warum deutsche Jugendliche in den Dschihad ziehen, München 2015

Karakaşoğlu, Yasemin, Die Bestattung von Muslimen in der Bundesrepublik aus der Sicht türkisch-islamischer Organisationen, in: Höpp/Jonker (Hg.), In fremder Erde, 83–105

Karakaşoğlu-Aydın, Yasemin, Muslimische Religiosität und Erziehungsvorstellungen. Eine empirische Untersuchung zu Orientierungen bei türkischen

Lehramts- und Pädagogok-Studentinnen in Deutschland, Frankfurt a. M. 1999

Karakaşoğlu, Yasemin/Subaşı, Sakine, Ausmaß und Ursachen von Zwangsverheiratungen in europäischer Perspektive, in: BFSFJ, Zwangsverheiratung, 99–126

Kaufmann, Thomas, «Türckenbüchlein». Zur christlichen Wahrnehmung «türkischer Religion» in Spätmittelalter und Reformation, Göttingen 2008

Kermani, Navid, «Und tötet sie, wo immer ihr sie findet». Zur Missachtung des textuellen und historischen Kontexts bei der Verwendung von Koranzitaten, in: Schneiders (Hg.), Islamfeindlichkeit, 201–207

–, Wer ist Wir? Deutschland und seine Muslime, 6. Aufl. München 2016

Khalfaoui, Mouez, Das islamische Recht und das staatliche Recht aus muslimischer Perspektive, in: Rohe u. a. (Hg.), Handbuch 2014, 304–340

Khorchide, Mouhanad, Islam ist Barmherzigkeit. Grundzüge einer modernen Religion, Freiburg i. Br. 2012

–, Scharia – der missverstandene Gott. Der Weg zu einer modernen islamischen Ethik, Freiburg 2013

–, Wertepluralismus: Wertekonsens und Grunddiskrepanz – eine muslimische Perspektive, in: Rohe u. a. (Hg.), Handbuch 2014, 579–605

Kiefer, Michael/Gottwald, Eckart/Ucar, Bülent (Hg.), Auf dem Weg zum Islamischen Religionsunterricht. Sachstand und Perspektiven in Nordrhein-Westfalen, Berlin 2008

–, Lebenswelten muslimischer Jugendlicher – eine Typologie von Lebensentwürfen, in: Behr, Harry Harun/Schmid, Hansjörg/Rohe, Mathias (Hg.), Was soll ich hier? Berlin 2010, 149–158

Kiess, Johannes/Decker, Oliver/Brähler, Elmar, Die Wählerinnen und Wähler von AFD und NPD – Gemeinsamkeiten und Unterschiede, in: Decker/Kiess/Brähler (Hg.), Rechtsextremismus, 83–104

Klinkhammer, Gritt, Moderne Formen der Lebensführung. Eine qualitativ-empirische Untersuchung zur Religiosität sunnitisch geprägter Türkinnen in Deutschland, Marburg 2000

–/Frese, Hans-Ludwig/Satilmis, Ayla/Seibert, Tina, Interreligiöse und interkulturelle Dialoge mit MuslimInnen in Deutschland, Bremen 2011

–/de Wall, Heinrich, Staatsvertrag mit Muslimen in Hamburg – die rechts- und religionswissenschaftlichen Gutachten, Bremen 2012

Koch, Marion/Reinig, Joachim, Moscheen und Gebetsräume in Hamburg. Untersuchung der räumlichen Situation, Hamburg 2013

Kokkelink, Gesa, Islamische Bestattung auf kommunalen Friedhöfen, in: Höpp/Jonker (Hg.), In fremder Erde, 63–82

Koop, Volker, Hitlers Muslime. Die Geschichte einer unheiligen Allianz, Berlin 2012

Koppelkamm, Stefan, Exotische Architekturen im 18. und 19. Jahrhundert, Berlin 1987 (Teilkatalog der Ausstellung Exotische Welten – Europäische Phantasien 1987 in Stuttgart)

Korn, Lorenz, Wechselwirkungen zwischen der Architektur der Kreuzfahrer und islamischer Architektur in der Levante, in: Wieczorek/Fansa/Meller (Hg.), Saladin, 227–237

Kotzur, Hans-Jürgen (Hg.), Die Kreuzzüge, Mainz 2004

–, Denkmäler des Triumphs, in: Kotzur (Hg.), Die Kreuzzüge, 265–285

Kraft, Sabine, Islamische Sakralarchitektur in Deutschland. Eine Untersuchung ausgewählter Moschee-Neubauten, Münster u. a. 2002

Krämer, Gudrun, Demokratie im Islam, München 2011

Kreiser, Klaus, Preußen und Osmanen – Wahrnehmungen und Begegnungen, in: Reindl-Kiel/Kenan (Hg.), Deutsch-türkische Begegnungen, 188–209

Kreutzer, Stefan, Dschihad für den deutschen Kaiser: Max von Oppenheim und die Neuordnung des Orients, Graz 2012

Kritzl, Johannes, «Adversus turcas et turcarum Deum». Beurteilungskriterien des Türkenkriegs und des Islam in den Werken Martin Luthers, Bonn 2008

Krüppner, Thomas, Islamische Gemeinden als Akteure der Flüchtlingshilfe, in: Spielhaus, Riem/Mühe, Nina (Hg.), Islamisches Gemeindeleben in Berlin, Berlin 2016 (im Erscheinen)

Kuld, Lothar/Schmid, Bruno (Hg.), Islamischer Religionsunterricht in Baden-Württemberg. Zur Differenzierung des Lernfelds Religion, Berlin 2009

Kulturrat, Islam, Kultur, Politik. Dossier zur Politik und Kultur Januar-Februar 2011, abrufbar unter http://www.kulturrat.de/islam/islam-1.pdf (11.4.2016)

Küpper, Beate/Zick, Andreas, Homophobie – zur Abwertung nicht-heterosexueller Menschen, in: Landeszentrale für politische Bildung Baden-Württemberg, in: Der Bürger im Staat 1/2015, 4–13

Kuschel, Karl-Josef, Theologisch gewogen – und zu leicht befunden, in: Micksch (Hg.), Evangelisch aus fundamentalem Grund, 45–64

Laabdallaoui, Malika/Rüschoff, Ibrahim, Ratgeber für Muslime bei psychischen und psychosozialen Krisen, Mössingen 2009

–/Rüschoff, Ibrahim, Umgang mit muslimischen Patienten, Köln 2009

Lähnemann, Johannes (Hg.), Erziehung zur Kulturbegegnung. Modelle für das Zusammenleben von Menschen verschiedenen Glaubens. Schwerpunkt Christentum – Islam, Hamburg 1986

Lange, Claudio, Der nackte Feind. Anti-Islam in der romanischen Kunst, Berlin 2004

Langenfeld, Christine/Lipp, Volker/Schneider, Irene (Hg.), Islamische Religionsgemeinschaften und islamischer Religionsunterricht: Probleme und Perspektiven, Göttingen 2005

Lazzarini, Claudia, Selbst- und Fremdbild im prä-rechtlichen Vorverständnis. Analysiert am Beispiel des Kopftuchstreits, Zürich u. a. 2009

Leibold, Jürgen/Kühnel, Steffen, Islamophobie. Sensible Aufmerksamkeit für spannungsreiche Anzeichen, in: Heitmeyer, Wilhelm (Hg.), Deutsche Zustände Folge 2, Frankfurt a. M. 2003, 100–119

–/Kühnel, Steffen, Islamophobie. Differenzierung tut not, in: Heitmeyer, Wilhelm (Hg.), Deutsche Zustände Folge 4, Frankfurt a. M. 2006, 135–155

Lemmen, Thomas, Türkisch-islamische Organisationen in Deutschland, Altenberge 1998

–, Islamische Bestattungen in Deutschland, 2. Aufl. Altenberge 1999

–, Muslimische Spitzenorganisationen in Deutschland: Der Islamrat und der Zentralrat, Altenberge 1999

–, Muslime in Deutschland, Baden-Baden 2001

–, Islamische Organisationen in Deutschland, Berlin 2002

–, Islamische Vereine und Verbände in Deutschland, Bonn 2002, abrufbar unter http://library.fes.de/pdf-files/asfo/co2–02580.pdf (22.8.2015)

–, Muslimische Grabfelder in Deutschland, in: Schrode, Paule/Simon, Udo (Hg.), Die Sunna leben. Zur Dynamik islamischer Religionspraxis in Deutschland, Würzburg 2012, 87–101

–/Yardim, Nigar/Müller-Lange, Joachim (Hg.), Notfallbegleitung für Muslime und mit Muslimen, Gütersloh 2011

Loimeier, Roman, Afrika in der deutschen Islamwissenschaft, in: Poya/Reinkowski (Hg.), Das Unbehagen in der Islamwissenschaft, 119–134

Mahler, Gerhart, Möglichkeiten religiöser Unterweisung muslimischer Kinder an öffentlichen Schulen in den Ländern der Bundesrepublik Deutschland entsprechend dem Beschluß der Kultusministerkonferenz, in: Lähnemann (Hg.), Erziehung, 29–42

Mangold, Sabine, Eine «weltbürgerliche Wissenschaft» – Die deutsche Orientalistik im 19. Jahrhundert, Stuttgart 2004

–, Anmerkungen zur deutschen Orientalistik im frühen 19. Jahrhundert und ihrem Orientbild, in: Goer/Hofmann (Hg.), Der Deutschen Morgenland, 223–241

Mansel, Jürgen/Spaiser, Viktoria, Antisemitische Einstellungen bei Jugendlichen aus muslimisch geprägten Sozialisationskontexten, in: Heitmeyer, Wilhelm (Hg.), Deutsche Zustände Folge 10, 3. Aufl. Berlin 2015, 220–241

Mansour, Ahmad, Generation Allah. Warum wir im Kampf gegen religiösen Extremismus umdenken müssen, Frankfurt a. M. 2015

–, Geschlechterrollen, Sexualität und Ehre zwischen Tradition und Religion, in: Landeszentrale für politische Bildung Baden-Württemberg, in: Der Bürger im Staat 1/2015, 56–62

Marchand, Suzanne L., German Orientalism in the Age of Empire. Religion, Race, and Scholarship, Cambridge 2009

Marx, Daniela, Feministische Gegenstimmen? Aushandlungen westlich-abendländischer Identität in Auseinandersetzung mit «dem Islam», in: Dietze/Brunner/Wenzel (Hg.), Kritik, 101–115

Mattes, Monika, «Fremdarbeiter», «Südländer», «Gastarbeiter». Bilder der Arbeitsemigration in der Bundesrepublik Deutschland 1955–1989, in: Beier-de Haan/Werquet (Hg.), Fremde?, 98–105

Meissner, Volker/Affolderbach, Martin/Mohagheghi, Hamideh/Renz, Andreas (Hg.), Handbuch christlich-islamischer Dialog: Grundlagen – Themen – Praxis – Akteure, Freiburg i. Br. u. a. 2014

Messling, Guido, Un regard venu du nord: Albrecht Dürer et les Ottomans, in: Born/Dziwulski/Messling (Hg.), L'empire du Sultan, 53–55

Metzke, Hermann, Türken in Mitteldeutschland, in: Familie und Geschichte 5 (1996), 256–266

Meyer, Hendrik/Schubert, Klaus (Hg.), Politik und Islam, Wiesbaden 2011

Meyer, Husamuddin, Der Vollzugsalltag aus der Sicht der islamischen Seelsorge, in: Jung-Silberreis, Hadmut (Hg.), 50 Jahre Jugendstrafvollzug in Wiesbaden 1963–2013, Wiesbaden 2013, 239–245

Micksch, Jürgen (Hg.), Evangelisch aus fundamentalem Grund. Wie sich die EKD gegen den Islam profiliert, Frankfurt a. M. 2007

Mir-Hosseini, Ziba, Neue Überlegungen zum Geschlechterverhältnis im Islam. Perspektiven der Gerechtigkeit und Gleichheit für Frauen, in: Rumpf/Gerhard/Jansen (Hg.), Facetten, 53–81

Mirbach, Friedrich, Das religiöse Leben von Muslimen in Deutschland. Ergebnisse des Religionsmonitors, in: Halm/Meyer (Hg.), Islam, 21–47

Mohagheghi, Hamideh/von Stosch, Klaus (Hg.), Gewalt in den Heiligen Schriften von Islam und Christentum, Paderborn 2014

–, Die Schiiten, in: Wunn, Muslimische Gruppierungen, 114–128

–, Frauen für den Dschihad. Das Manifest der IS-Kämpferinnen, kommentiert von Hamideh Mohagheghi, Freiburg i. Br. 2015

Mohr, Irka-Christin/Kiefer, Michael (Hg.), Islamunterricht – Islamischer Religionsunterricht – Islamkunde. Viele Titel – ein Fach?, Bielefeld 2009

Möhring, Hannes, Sultan Saladin und Kaiser Friedrich Barbarossa, in: Wieczorek/Fansa/Meller (Hg.), Saladin, 151–155

–, Saladin und die Frage der religiösen Toleranz, in: Wieczorek/Fansa/Meller (Hg.), Saladin, 156–161

Motadel, David, Islam and Nazi Germany's War, Cambridge, Mass/London 2014

Muckel, Stefan (Hg.), Der Islam im öffentlichen Recht des säkularen Verfassungsstaates, Berlin 2008

Müller, Jochen, Zwischen Berlin und Beirut – Antisemitismus bei Jugendlichen arabischer, türkischer und/oder muslimischer Herkunft, Landeszentrale für politische Bildung Baden-Württemberg, Der Bürger im Staat 4–2013, 303–310

Müller, Rabeya, Gleich und doch nicht gleich. Die Dimensionen der Frauenfrage im Islam, in: Schneiders (Hg.), Islamverherrlichung, 221–236

Mußmann, Olaf, Zwischen Verschleppung und sozialem Aufstieg – Türken im Deutschland des 17. Jahrhunderts, in: Sozialwissenschaftliche Informationen 30 (2001), 10–13

Mykytjuk-Hitz, Karin, Die zivilgesellschaftlichen Potentiale von neo-muslimischen Akteuren, in: Nagel, Alexander-Kenneth (Hg.), Religiöse Netzwerke. Die zivilgesellschaftlichen Potentiale religiöser Migrantengemeinden, Bielefeld 2015, 191–213

Neuber, Wolfgang, Grade der Fremdheit, in: Guthmüller/Kühlmann (Hg.), Europa und die Türken, 249–265

Neugebauer, Sonja, Sieg oder Niederlage? Das Ende der osmanischen Belagerung Wiens 1683 auf zeitgenössischen Flugblättern, in: Haug-Moritz/Pelizaeus (Hg.), Repräsentationen, 55–74

Nirumand, Bahman/Bamdadan, Babak (Hg.), Im Namen Allahs. Islamische Gruppen und der Fundamentalismus in der Bundesrepublik, Köln 1990

Nökel, Sigrid, Die Töchter der Gastarbeiter und der Islam. Zur Soziologie alltagsweltlicher Anerkennungspolitiken, Bielefeld 2002

Nordbruch, Götz, Islamische Jugendkulturen in Deutschland, bpb 26.6.2010, abrufbar unter http://www.bpb.de/apuz/32655/islamische-jugendkulturen-in-deutschland (16.2.2016)

–/Ryad, Umar (Hg.), Transnational Islam in Interwar Europe, New York 2014

Oebbecke, Janbernd (Hg.), Muslimische Gemeinschaften im deutschen Recht, Frankfurt am Main 2003

Oestreich, Heide, Der Kopftuch-Streit, Frankfurt a. M. 2004

Özsoy, Ömer/Güneş, Serdar, Plädoyer für ein aufgeklärtes Islamverständnis in Zeiten der Islamkritik, in: Schneiders (Hg.), Islamverherrlichung, 73–82

–/Şahin, Ertuğrul, Fundamente der islamischen Theologie in Deutschland, in: Rohe u. a. (Hg.), Handbuch 2014, 422–434

Öztürk, Halit, Wege zur Integration. Lebenswelten muslimischer Jugendlicher in Deutschland, Bielefeld 2007

Öztürk, Yaşar Nuri, Der verfälschte Islam, 2. Aufl. Düsseldorf 2014

Paret, Rudi, Arabistik und Islamkunde an deutschen Universitäten. Deutsche Orientalisten seit Theodor Nöldeke, Wiesbaden 1966

Pattar, Andreas Kurt, Islamisch inspiriertes Erbrecht, Berlin 2007

Pausch, Alfons, Türkensteuer im Heiligen Römischen Reich Deutscher Nation. Dokumente aus dem 16. Jahrhundert, Köln 1986

Pernoud, Régine (Hg.), Die Kreuzzüge in Augenzeugenberichten, 2. Aufl. München 1972

Pfahl-Traughber, Armin, Der Islamismus ist kein grüner Faschismus, sondern ein religiöser Extremismus, in: Schneiders (Hg.), Salafismus, 149–167

Pickel, Gert, Religiosität im internationalen Vergleich, Bertelsmann Religionsmonitor, Gütersloh 2013

Pinn, Irmgard/Wehner, Marlies, Euro-Phantasien. Die islamische Frau aus westlicher Sicht, Duisburg 1995

Pirner, Manfred/Lähnemann, Johannes/Bielefeldt, Heiner (Hg.), Menschenrechte und inter-religiöse Bildung, Berlin 2015

Pollack, Detlef, Öffentliche Wahrnehmung des Islam in Deutschland, in: Halm/Meyer (Hg.), Islam, 89–118

–/Müller, Olaf, Religiosität und Zusammenhalt in Deutschland, Gütersloh 2013, abrufbar unter http://www.bertelsmann-stiftung.de/fileadmin/files/BSt/Publikationen/GraduePublikationen/GP_Religionsmonitor_verstehen_was_verbindet_Religioesitaet_und_Zusammenhalt_in_Deutschland.pdf (6.8.2015)

Poya, Abbas/Reinkowski, Maurus (Hg.), Das Unbehagen in der Islamwissenschaft. Ein klassisches Fach im Scheinwerferlicht der Politik und der Medien, Bielefeld 2008

Preckel, Claudia, Philosophers, Freedom Fighters, Pantomimes: South Asian Muslims in Germany, in: Al-Hamarneh/Thielmann (Hg.), Islam, 299–351

Quakatz, Manja, «Conversio Turci». Konvertierte und zwangsgetaufte Osmanen. Religiöse und kulturelle Grenzgänger im Alten Reich (1683–1710), in: Spannenberger, Norbert/Varga, Szabolcs (Hg.), Ein Raum im Wandel. Die osmanisch-habsburgische Grenzregion vom 16. bis zum 18. Jahrhundert, Stuttgart 2014, 215–231

Rat der Evangelischen Kirche in Deutschland (EKD), Klarheit und gute Nachbarschaft. Christen und Muslime in Deutschland, Hannover 2006

–, Christlicher Glaube und religiöse Vielfalt in evangelischer Perspektive, Gütersloh 2015

Rathmann, Lothar, Some Remarks on the Stay in Germany of Muṣṭafā Kāmil, Muḥammad Farīd, and Other Leaders of the Egyptian Movement for Independence, in: Wissenschaftliche Zeitschrift der Karl-Marx-Universität Leipzig 1964, 217–221

Reidegeld, Aḥmad, Handbuch Islam, Kandern 2005

Reindl-Kiel, Hedda/Kenan, Seyfi (Hg.), Deutsch-türkische Begegnungen – Alman Türk Tesadüfleri. Festschrift für Kemal Beydilli, Berlin 2013

Renz, Andreas, Die katholische Kirche und der interreligiöse Dialog. 50 Jahre «Nostra aetate» – Vorgeschichte, Kommentar, Rezeption, Stuttgart 2014

Riedel, Almut, Wer guckt auf uns? Muslime Migranten in der DDR, Horch und Guck 40/2002, 42–45, abrufbar unter http://www.horch-und-guck.info/hug/archiv/2000–2003/heft-40/04011-riedel/(16.3.2016)

Reinkowski, Maurus, Islamwissenschaft und relevante Redundanz, in: Poya/Reinkowski (Hg.), Das Unbehagen in der Islamwissenschaft, 19–35

Robotka, Bettina, Iqbal und Deutschland, in: Höpp (Hg.), Fremde Erfahrungen, 347–358

Rohe, Mathias, Staatsangehörigkeit oder Lebensmittelpunkt?, in: Engel, Christoph/Weber, Helmut (Hg.), FS Rothoeft, (1994), 1–39

–, Der Islam – Alltagskonflikte und Lösungen, Freiburg/Br. 2 Auflage 2001

–, Islamismus und Schari'a, in: Bundesamt für Migration und Flüchtlinge (Hg.), Integration und Islam, Nürnberg 2006, 120–156

–, Muslime in der Schule, in: Bayerische Verwaltungsblätter 2010, S. 257–264

–, Islamismus in Deutschland, in: Schneiders (Hg.), Islamverherrlichung, 170–184

–, Das islamische Recht: Geschichte und Gegenwart, 3. Aufl. München 2011

–, Das islamische Recht. Eine Einführung, München 2013

–, Scharia und Grundgesetz: Ein Widerspruch, in: Kulturrat, Islam, 32

–, Bedeutung und Perspektiven der Seelsorge im Justizvollzug, Forum Strafvollzug 63 (2014), 53–58

–, Religion in der Schule aus rechtlicher Sicht: in: Pirner/Lähnemann/Bielefeld (Hg.), Menschenrechte, 61–79

–, Europäisches Kollisionrecht und religiöses Recht, in: Arnold, Stefan (Hg.), Grundfragen des europäischen Kollisionsrechts, Tübingen 2016, 67 ff.

–/Engin, Havva/Khorchide, Mouhanad/Özsoy, Ömer/Schmid, Hansjörg (Hg.), Handbuch Christentum und Islam in Deutschland, 2 Bde. Freiburg u. a. 2014

–, Shariah in Europe, in: Cesari, Jocelyne (Hg.), The Oxford Handbook of European Islam, Oxford 2015, 656–700

–/Jaraba, Mahmoud, Paralleljustiz in Berlin, Studie im Auftrag des Landes Berlin, Dezember 2015, abrufbar unter https://www.berlin.de/sen/justv/service/broschueren-und-info-materialien/

Rommelsbacher, Birgit, Feminismus und kulturelle Dominanz. Kontroversen um die Emanzipation der muslimischen Frau, in: Berghahn/Rostock (Hg.), Der Stoff, 395–411

Rosenow-Williams, Kerstin, Organizing Muslims and Integrating Islam in Germany. New Developments in the 21st Century, Leiden/Boston 2012

Rosenow, Kerstin/Kortmann, Matthias, Die muslimischen Dachverbände und der politische Islamdiskurs in Deutschland im 21. Jahrhundert: Selbstverständnis und Strategien, in: Meyer/Schubert, Politik und Islam, 47–86

Rotter, Gernot, Die arabistischen und islamkundlichen Studien an der Universität Tübingen, in: Orientalisches Seminar der Universität Tübingen, Deutsche Orientalistik am Beispiel Tübingens, Tübingen/Basel 1974, 9–16

Rumpf, Mechthild/Gerhard, Ute/Jansen, Mechthild (Hg.), Facetten islamischer Welten. Geschlechterordnungen, Frauen- und Menschenrechte in der Diskussion, Bielefeld 2003

Rusteberg, Benjamin, Kopftuchverbote als Mittel zur Abwehr nicht existenter Gefahren, in: JZ 2015, 637–644

Ryad, Umar, A Salafi Student, Orientalist Scholarship, and Radio Berlin in Nazi Germany: Taqi al-Din al-Hilali and His Experiences in the West, in: Nordbruch/Ryad (Hg.), Transnational Islam, 107–155

Sacarcelik, Osman, Rechtsfragen islamischer Zertifikate (sukuk), Baden-Baden 2013

Sachverständigenrat deutscher Stiftungen für Integration und Migration, Deutschlands Wandel zum modernen Einwanderungsland, Jahresgutachten 2014 mit Integrationsbarometer, Berlin 2014 (abrufbar unter http://www.svr-migration.de/wp-content/uploads/2014/11/SVR_JG_2014_WEB.pdf; 8.8.2015)

–, Diskriminierung am Ausbildungsmarkt. Ausmaß, Ursachen und Handlungsperspektiven, Berlin 2014 (abrufbar unter http://www.bosch-stiftung.de/content/language1/downloads/Studie_Diskriminierung_am_Ausbildungsmarkt.pdf; 9.8.2015)

–, Unter Einwanderungsländern: Deutschland im internationalen Vergleich, Jahresgutachten 2015, Berlin 2015 (zitiert Sachverständigenrat deutscher Stiftungen für Integration und Migration, Jahresgutachten 2015) (abrufbar unter http://www.svr-migration.de/wp-content/uploads/2015/07/SVR_JG_2015_WEB.pdf; 8.8.2015)

–, In Vielfalt altern: Pflege und Pflegepräferenzen im Einwanderungsland Deutschland, Berlin 2015 (erstellt von Caroline Schultz/Alex Wittlif) (abrufbar unter http://www.svr-migration.de/wp-content/uploads/2015/11/In-Vielfalt-altern.-Pflege-und-Pflegepr%C3%A4ferenzen-im-Einwanderungsland-Deutschland.pdf; 18.11.2015)

–, Viele Götter, ein Staat: Religiöse Vielfalt und Teilhabe im Einwanderungsland. Jahresgutachten 2016 mit Integrationsbarometer, Berlin 2016 (zitiert Sachverständigenrat deutscher Stiftungen für Integration und Migration, Jahresgutachten 2016) (abrufbar unter http://www.svr-migration.de/wp-content/uploads/2016/04/SVR_JG_2016-mit-Integrationsbarometer_WEB.pdf; 4.5.2016)

Sacksofsky, Ute, Die Kopftuch-Entscheidung. Von der religiösen zur föderalen Vielfalt, NJW 2003, 3297–3301

–, Kopftuchverbote in den Ländern – am Beispiel Hessen, in: Berghahn/Rostock (Hg.), Der Stoff, 275–293

Sag, Emir Ali, Üben islamisch-fundamentalistische Organisationen eine Anziehungskraft auf Jugendliche aus?, in: Heitmeyer/Dollase, Die bedrängte Toleranz, 450–473

Said, Behnam, Hymnen des Jihads. Naschids im Kontext jihadistischer Mobilisierung, Würzburg 2016

Sauer, Martina, Partizipation und Engagement türkischstämmiger Migrantinnen und Migranten in Nordrhein-Westfalen, Stiftung Zentrum für Türkeistudien und Integrationsforschung im Auftrag des Ministeriums für Arbeit, Integration und Soziales des Landes Nordrhein-Westfalen, Essen März 2011, abrufbar unter http://www.zfti.de/downloads/down_mehrthemenbefragung-2010_langfassung.pdf (5.1.2016)

Schacht, Joseph/Bosworth, C. E. (Hg.), Das Vermächtnis des Islams, 2 Bände München 1983

Schäfer, Korinna/Foroutan, Naika, Die Deutsche Islam Konferenz im Rückblick (2006–2013), in: Rohe u. a. (Hg.), Handbuch 2014, 717–751

Schiffauer, Werner, Die Gottesmänner – Türkische Islamisten in Deutschland, Frankfurt a. M. 2000

–, Nach dem Islamismus – Eine Ethnographie der islamischen Gemeinschaft Milli Görüş, Berlin 2010

Schimmel, Annemarie, Mystische Dimensionen des Islam. Die Geschichte des Sufismus, München 1995

Schirrmacher, Christine, Friedensrichter, Streitschlichter, Schariagerichtshöfe: Ist die Rolle der Vermittler auf den säkularen Rechtsstaat übertragbar?, Trier 2013

Schleßmann, Ludwig, Sufismus in Deutschland, Köln u. a. 2003

Schmid, Hansjörg, Zwischen Asymmetrie und Augenhöhe. Zum Stand des christlich-islamischen Dialogs in Deutschland, in: Hünseler, Peter/Di Noia, Salvatore (Hg.), Kirche und Islam im Dialog. Europäische Länder im Vergleich, Regensburg 2010, 49–89

Schmitt, Thomas, Moscheen in Deutschland. Konflikte um ihre Errichtung und Nutzung, Flensburg 2003 (Deutsche Akademie für Landeskunde), abrufbar unter http://www.mmg.mpg.de/fileadmin/user_upload/pdf/Moscheen_in_Deutschland.pdf (2.2.2016)

–, Moschee-Konflikte und deutsche Gesellschaft, in: Halm/Meyer (Hg.), Islam, 145–166

Schmitz, Sabine/Işik, Tuba (Hg.), Muslimische Identitäten in Europa. Dispositive im gesellschaftlichen Wandel, Bielefeld 2015

Schneider, Irene, Der Islam und die Frauen, München 2011

Schneiders, Thorsten Gerald (Hg.), Islamfeindlichkeit. Wenn die Grenzen der Kritik verschwimmen, Wiesbaden 2009

–, Die Schattenseite der Islamkritik. Darstellung und Analyse der Argumentationsstrategien von Henryk M. Broder, Ralph Giordano, Necla Kelek, Alice Schwarzer und anderen, in: Schneiders (Hg.), Islamfeindlichkeit, 403–432

– (Hg.), Islamverherrlichung. Wenn die Kritik zum Tabu wird, Wiesbaden 2010

–, Islamkritik – Deckmantel für feindliche Bestrebungen und notwendiges Korrektiv, in: DIK, Muslimfeindlichkeit, 104–113

– (Hg.), Salafismus in Deutschland, Bielefeld 2014

–, Wegbereiter der modernen Islamfeindlichkeit. Eine Analyse der Argumentationen so genannter Islamkritiker, Wiesbaden 2015

Schöller, Marco u. a. (Hg.), Das Verhältnis zwischen Islamwissenschaft und islamischer Theologie, Münster 2012

Scholz, Peter, Erbrecht der maghrebinischen Staaten und deutscher ordre public, Hamburg 2006

Schrode, Paula/Simon, Udo (Hg.), Die Sunna leben. Zur Dynamik islamischer Religionspraxis in Deutschland, Würzburg 2012

Schröter, Jörg Imran, Die Einführung eines Islamischen Religionsunterrichts an öffentlichen Schulen in Baden-Württemberg, Freiburg i. Br. 2015

Schröter, Susanne, «Gott näher als der eigenen Halsschlagader». Fromme Muslime in Deutschland, Frankfurt/New York 2016

Schulten, Markus, Die Anstaltsseelsorge im religionsverfassungsrechtlichen Gefüge des Grundgesetzes – Struktur, Gestaltungsmöglichkeiten, Herausforderungen, Vortrag bei der DIK am 18.2.2016, abrufbar unter http://www.deutsche-islam-konferenz.de/SharedDocs/Anlagen/DIK/DE/Downloads/Sonstiges/20160307_vortrag_schulten_anstaltsseelsorge.pdf?__blob=publicationFile (18.3.2016)

Schulze, Reinhard, Geschichte der Islamischen Welt. Von 1900 bis zur Gegenwart, München 2016

Schwanitz, Wolfgang, Euro-Islam, in: DAVO-Nachrichten 12 (2008), 85–86

–, Max von Oppenheim und der Heilige Krieg. Zwei Denkschriften zur Revolutionierung islamischer Gebiete 1914 und 1940, in: Sozial.Geschichte 19 (2014), 28–59

Schwarz, Klaus, Vom Krieg zum Frieden: Berlin, das Kurfürstentum Brandenburg, das Reich und die Türken, in: Sievernich/Budde (Hg.), Europa und der Orient, 245–278

Seidel, Eberhard, In welche Richtung verschieben sich die medialen Diskurse zum Islam?, in: Heitmeyer, Wilhelm (Hg.), Deutsche Zustände Folge 6, Frankfurt a. M. 2008, 250–259

Seidensticker, Tilman, Empirische Daten zu politisch-religiös motivierter Gewalt in der Studie «Muslime in Deutschland», in: Haedrich (Hg.), Muslime, 53–60

–, Islamismus. Geschichte, Vordenker, Organisationen, München 2015

Seker, Nimet, Ermahnt sie, meidet sie im Bett und schlagt sie! Zur Frage der Geschlechtergewalt in Q 4:34, in: Mohagheghi/von Stosch (Hg.), Gewalt, 117–144

Seufert, Günter, Überdehnt sich die Bewegung von Fethullah Gülen. Eine türkische Religionsgemeinde als nationaler und internationaler Akteur, Berlin Dezember 2013 (Stiftung Wissenschaft und Politik), abrufbar unter https://www.swp-berlin.org/fileadmin/contents/products/studien/2013_S23_srt.pdf (25.12.2015)

–, Die Gülen-Bewegung in der Türkei und Deutschland, 1.9.2014, Bundeszentrale für politische Bildung, abrufbar unter http://www.bpb.de/internationales/europa/tuerkei/184979/guelen-bewegung (25.12.2015)

Shalem, Avinoam, Reliquien der Kreuzfahrerzeit: Verehrung, Raub und Handel, in: Kotzur, Die Kreuzzüge, 213–227

Shooman, Yasemin, Das Zusammenspiel von Religion, Kultur, Ethnizität und Geschlecht im antimuslimischen Rassismus, APuZ 62 (2012), 53–57, abrufbar unter https://www.tu-berlin.de/fileadmin/i65/Publikationen_Mitarbeiter/Shooman/APuZ_2012-16-17_online.pdf (22.2.2016)

–, «… weil ihre Kultur so ist»: Narrative des antimuslimischen Rassismus, Bielefeld 2014

–, Muslimisch, weiblich, unterdrückt und gefährlich. Stereotypisierungen muslimischer Frauen in aktuellen islam-Diskursen, in: Benz, Wolfgang (Hg.), Ressentiment und Konflikt, Schwalbach/Ts 2014

Sievernich, Gereon/Budde, Hendrik (Hg.), Europa und der Orient 800–1900, Berlin 1989

Sökefeld, Martin (Hg.), Aleviten in Deutschland, Bielefeld 2008

–, Sind Aleviten Muslime? Die alevitische Debatte über das Verhältnis von Alevitentum und Islam in Deutschland, in: Sökefeld, (Hg.), Aleviten, 195–218

Spielhaus, Riem, Wer ist hier Muslim? Die Entwicklung eines islamischen Bewusstseins in Deutschland zwischen Selbstidentifikation und Fremdzuschreibung, Würzburg 2011

–, Muslime in der Statistik. Wer ist Muslim und wenn ja wie viele? Gutachten im Auftrag des Mediendienst Integration, Berlin 2013, abrufbar unter https://mediendienst-integration.de/fileadmin/Dateien/Muslime_Spielhaus_MDI.pdf (17.7.2015)

–, Germany, in: Cesari, Jocelyne, The Oxford Handbook of European Islam, Oxford 2015, 104–157

–/Herzog, Martin, Die rechtliche Anerkennung des Islams in Deutschland, Berlin 2015

Spies, Otto, Schicksale türkischer Kriegsgefangener in Deutschland nach den Türkenkriegen, in: Gräf, Erwin (Hg.), Festschrift Werner Caskel zum 70. Geburtstag, Leiden 1968, 316–335

Spohn, Margret, Alles getürkt. 500 Jahre (Vor)Urteile der Deutschen über die Türken, Oldenburg 1993

Spriewald, Simone, Rechtsfragen im Zusammenhang mit der Einführung von islamischem Religionsunterricht als ordentliches Lehrfach an deutschen Schulen, Berlin 2003

Spuler-Stegemann, Ursula, Muslime in Deutschland, Freiburg i. Br. 1998

Staehelin, Martin/Neubauer, Eckard, Türkische Derwischmusik bei Heinrich Isaac, in: Heidlberger, Frank/Osthoff, Wolfgang/Wiesend, Reinhard (Hg.), Von Isaac bis Bach, FS Martin Just, Kassel u. a. 1991, 27–41

Steinberg, Guido, Islamismus und islamistischer Terrorismus im Nahen und Mittleren Osten. Ursachen der Anschläge vom 11. September 2001, Sankt Augustin 2002

–, Kalifat des Schreckens. IS und die Bedrohung durch den islamistischen Terror, München 2015

Stichs, Anja/Müssig, Stefanie, Muslime in Deutschland und die Rolle der Religion für die Arbeitsmarktintegration, in: Halm/Meyer (Hg.), Islam, 49–85

Stollmann, Frank, Islamische Feiertage in Deutschland – Zu den verfassungsrechtlichen Grenzen kultureller Vielfalt, NVwZ 2005, 1394–1396

Straßburger, Gabi, Zwangsheirat und arrangierte Ehe – zur Schwierigkeit der Abgrenzung, in: Bundesministerium für Familie, Senioren, Frauen und Jugend, Zwangsverheiratung in Deutschland, 68–82

Suder, Piotr, Die zivilgesellschaftlichen Potentiale von Moscheevereinen, in: Nagel, Alexander-Kenneth (Hg.), Religiöse Netzwerke. Die zivilgesellschaftlichen Potentiale religiöser Migrantengemeinden, Bielefeld 2015, 165–190

Sunier, Thijl, Domesticating Islam: Exploring Academic Knowledge Production on Islam and Muslims in European Societies, in: Ethnic and Racial Studies 37 (2014), 138–1155

–/Landman, Nico, Transnational Turkish Islam. Shifting Geographies of Religious Activism and Community Building in Turkey and Europe, Houndmills, Basingstoke 2015

Sütcü, Filiz, Zwangsheirat und Zwangsehe: Falllagen, rechtliche Beurteilung und Prävention, Frankfurt a. M. u. a. 2009

Syndram, Karl Ulrich, Der erfundene Orient in der europäischen Literatur vom 18. bis zum Beginn des 20. Jahrhunderts, in: Sievernich/Budde (Hg.), Europa und der Orient, 324–341

Talgharizadeh, Sayed M., Beitrag der islamischen Philosophie und Mystik zur Integration der Muslime in Deutschland, in: Ucar (Hg.), Islam im europäischen Kontext, 87–93

Tellenbach, Silvia, Muslime im Strafvollzug, in: Lehmann, Hartmut (Hg.), Multireligiosität im vereinten Europa, Göttingen 2003, 135–144

Tezcan, Levent, Das muslimische Subjekt: Verfangen im Dialog der Deutschen Islam Konferenz, Konstanz 2012

Theilig, Stephan, Türken, Mohren und Tataren. Muslimische (Lebens-)Welten in Brandenburg-Preußen im 18. Jahrhundert, Berlin 2013

Thielmann, Jörn, Islam and Muslims in Germany: An Introductory Exploration, in: Al-Hamarneh/Thielmann, Islam and Muslims in Germany, 1–29

–, Vielfältige muslimische Religiosität in Deutschland. Ein Gesamtüberblick zu den Ergebnissen der Studie der Bertelsmann Stiftung, in: Bertelsmann Stiftung Religionsmonitor 2008, 13–21 (zitiert als Thielmann, Gesamtüberblick)

–, Die Sunna leben in Deutschland: Von der Entstehung islamischer Felder und muslimischer Techniken des Selbst, in: Schrode/Simon (Hg.), Die Sunna leben, 149–172

–, Muslime in Rheinland-Pfalz, in: Kahlenberg, Friedrich/Kißener, Michael (Hg.), Kreuz – Rad – Löwe. Rheinland Pfalz. Ein Land und seine Geschichte Bd. 2, Mainz 2012, 614–620

–, Schweigen? – Die deutschen islamischen Verbände und die Salafisten, in: Schneiders (Hg.), Salafismus, 423–432

Thiemann, Anne, Zwangsverheiratung im Kontext gleichgeschlechtlicher Lebensweisen, in: Bundesministerium für Familie, Senioren, Frauen und Jugend, Zwangsverheiratung in Deutschland Bundesministerium für Familie, Senioren, Frauen und Jugend, Zwangsverheiratung in Deutschland, 183–196

Tietze, Nikola, Islamische Identitäten. Formen muslimischer Religiosität junger Männer in Deutschland und Frankreich, Hamburg 2001

Toprak, Ahmet, Integrationsunwillige Muslime? Ein Milieubericht, Freiburg i. Br. 2010

–, Türkischstämmige Mädchen in Deutschland. Erziehung – Geschlechterrollen – Sexualität, Freiburg i. Br. 2014

–, Jungen und Gewalt. Die Anwendung der Konfrontativen Pädagogik mit türkischstämmigen Jungen, 3. Aufl. Wiesbaden 2016

–/Nowacki, Katja (im Auftrag des Bundesministeriums für Familie, Senioren, Frauen und Jugend), Gewaltphänomene bei männlichen, muslimischen Jugendlichen mit Migrationshintergrund und Präventionsstrategien, Dortmund 2010

–/Nowacki, Katja, Muslimische Jungen. Prinzen, Machos oder Verlierer? Ein Methodenhandbuch, Freiburg i. Br. 2012

Tworuschka, Monika, Analyse der Geschichtsbücher zum Thema Islam, Braunschweig 1986

Ucar, Bülent (Hg.), Die Rolle der Religion im Integrationsprozess. Die deutsche Islamdebatte, Frankfurt a. M. u. a. 2010

– (Hg.), Islam im europäischen Kontext. Selbstwahrnehmungen und Außensichten, Frankfurt a. M. 2013

–, Normen des Grundgesetzes und Wandelbarkeit der Scharia – Herausforderungen an die Islamische Religionspädagogik, in: Ucar (Hg.), Islam, 31–63

Uslucan, Haci-Halil, Muslime zwischen Diskriminierung und Opferhaltung, in: Schneiders (Hg.), Islamverherrlichung, 367–377

–, Integration durch Islamischen Religionsunterricht?, in: Meyer/Schubert (Hg.), Politik und Islam, 145–167

Vernet, Juan, Die spanische Kultur in Orient und Okzident, Zürich/München 1984

Vöcking, Hans, Konzeption und Aktivitäten der christlichen Kirchen im Blick auf ethnische und religiöse Minderheiten, in: Lähnemann (Hg.), Erziehung, 158–169

Waardenburg, Jaques, Muslims and Others. Relations in Context, Berlin/New York 2003

Wagner, Joachim, Richter ohne Gesetz, Berlin 2012

Waldhoff, Christian, Neue Religionskonflikte und Staatliche Neutralität, Gutachten D zum 68. Deutschen Juristentag, München 2010

–, Die Kirchen und der moderne Verfassungsstaat, in: Waldhoff (Hg.), Recht und Konfession – Konfessionalität im Recht?, Frankfurt a. M. 2016, 219–249

Wehrstein, Daniela, Deutsche und französische Pressetexte zum Thema Islam. Die Wirkungsmacht impliziter Argumentationsmuster, Berlin/Boston 2013

Weiß, Volker, Das Reich und der Islam, in: Globisch/Pufelska/Weiß (Hg.), Die Dynamik der europäischen Rechten, 227–243

Weithmann, Michael, Ein Baier unter «Türcken und Tataren»: Hans Schiltbergers unfreiwillige Reise in den Orient, in: Reindl-Kiel/Kenan (Hg.), FS Beydilli, 63–87

Wensierski, Hans-Jürgen von/Lübcke, Claudia, «Als Moslem fühlt man sich hier auch zu Hause»- Biographien und Alltagskulturen junger Muslime in Deutschland, Opladen 2012

Werquet, Jan, Fremdzuschreibung oder Selbstdarstellung? Moscheenbau in Deutschland und Frankreich seit dem frühen 20. Jahrhundert, in: Beier-de Haan/Werquet (Hg.), Fremde?, 130–137

Wielandt, Rotraud, Das Bild der Europäer in der modernen arabischen Erzähl- und Theaterliteratur, Beirut 1980

Wieczorek, Alfried/Fansa, Mamoun/Meller, Harald (Hg.), Saladin und die Kreuzfahrer, Mainz 2005

Wild, Johann, Reysbeschreibung eines Gefangenen Christen Anno 1604, Stuttgart 1964

Wild, Stefan, Koran, Dschihad und Moderne, in: Neuwirth, Angelika/Stock, Günter (Hg.), Europa im Nahen Osten – Der nahe Osten in Europa, Berlin 2010, 27–38

Wimmer, Stefan Jakob, München und der Orient, München 2012

Wokoeck, Ursula, German Orientalism. The study of the Middle East and Islam from 1800 to 1945, London/New York 2009

Wunn, Ina, Muslimische Gruppierungen in Deutschland. Ein Handbuch, Stuttgart 2007

–, Religiosität muslimischer Frauen in Deutschland, Bertelsmann Religionsmonitor 2008, 60–67

Yaşar, Aysun, Die DITIB zwischen der Türkei und Deutschland. Untersuchungen zur Türkisch-Islamischen Union der Anstalt für Religion e. V., Würzburg 2012

Yassari, Nadjma, Die Brautgabe im Familienvermögensrecht. Innerislamischer Rechtsvergleich und Integration in das deutsche Recht, Tübingen 2014

Zemke, Reinhold, Die Moschee als Aufgabe der Stadtplanung, Münster 2008

Zentrum für Islamische Frauenforschung und Frauenförderung (Hg.), Ein einziges Wort und seine große Wirkung: eine hermeneutische Betrachtungsweise zum Qur'an Sure 4, Vers 34, mit Blick auf das Geschlechterverhältnis im Islam, Köln 2005

Zick, Andreas, Islam- und muslimfeindliche Einstellungen in der Bevölkerung, in: DIK, Muslimfeindlichkeit, 35–46

Bildnachweis

Seite 25: © akg-images/Erich Lessing

Seite 35: Aus: E. v. Hoffmeister, Kairo – Bagdad – Konstantinopel. Wanderungen und Stimmungen, Leipzig/Berlin: Teubner, 1910, nach Seite 118

Seite 37: © akg-images

Seite 44: © bpk

Seite 68: © picture alliance/dpa

Seite 70: © Frank Rumpenhorst/picture alliance/dpa

Seite 184: © akg-images/euroluftbild.de/Hans Blossey

Seite 185: © Frank Mächler/picture alliance/dpa

Seite 200–201: © dpa-infografik GmbH

Seite 297: Cover von «Inamo. Informationsprojekt Naher und Mittlerer Osten», Jahrgang 15, Heft 57, Frühling 2009

Seite 29, 30, 31, 41, 49, 50: Privatsammlung

Personenregister